德道論 辛丑夏劉大鈞

德本体—德道论

任国杰 著

人民出版社

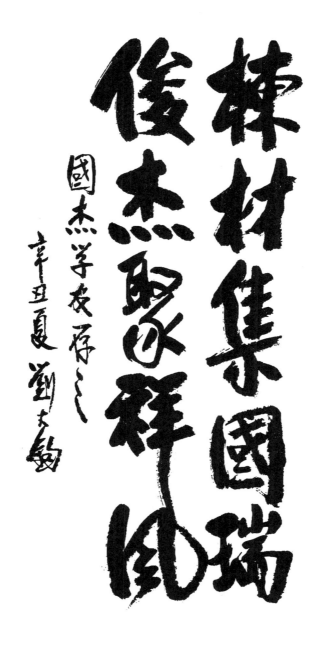

棟材集國瑞
俊杰聚祥風

國杰学友存之
辛丑夏　劉大鈞

●刘大钧先生　山东大学易学与中国古代哲学研究中心主任，教授、博士生导师，《周易研究》主编，中央文史研究馆馆员，中国周易学会荣誉会长。

责任编辑:宫 共

封面设计:陶 非 源 源

图书在版编目(CIP)数据

德本体:德道论/任国杰 著. —北京:人民出版社,2022.6

ISBN 978-7-01-024782-3

Ⅰ.①德⋯ Ⅱ.①任⋯ Ⅲ.①道德–研究–中国 Ⅳ.①B82

中国版本图书馆 CIP 数据核字(2022)第 079124 号

德本体—德道论
DEBENTI DEDAOLUN

任国杰 著

人民出版社 出版发行

(100706 北京市东城区隆福寺街 99 号)

北京盛通印刷股份有限公司印刷 新华书店经销

2022 年 6 月第 1 版 2022 年 6 月北京第 1 次印刷

开本:710 毫米×1000 毫米 1/16 印张:25.75 字数:358 千字

ISBN 978-7-01-024782-3 定价:69.00 元

邮购地址 100706 北京市东城区隆福寺街 99 号

人民东方图书销售中心 电话 (010)65250042 65289539

目　录

第一篇　德本体论

何为"本体"

中国社会科学院李泽厚先生提出"情本体"论，以期"中国哲学登场"世界舞台。清华大学陈来先生以"仁本体"论响应。大连重明书院任国杰先生以"德本体"论跟进。李、陈、任，比肩而立，成鼎足之势。

齿有长幼，学有先后，思无高下。为重塑未来人性，回望"轴心时代"，重新发现真理，三位奉献给读者的却是不同的发现。

历史里埋藏有人们的一切期望吗？这要看你怎么理解诸多不同用法的"本体"了。中文"本体"是"本末"之"本"与"体用"之"体"的结合，并与英文"ontology"对译，这样的理解应该是大体共识的。

作为一个哲学概念的"本体"，已经从前科学主义的"本原"或"终极"的绝对性，逐渐转变成文化学的有"历史"和"结构"的相对性概念。

就结构说，至少要区分宇宙物理本体和人类社会本体。既然决定宇宙结构的引力、强力、电磁力和弱力四种宇宙力被视为宇宙"本体"，我们就有理由将维系社会秩序的道德、权势、财富、智慧和情感五种社会力认作社会"本体"。

按照"社会中轴转换"原理，作为社会本体的五种社会力——德、权、财、智、情，依序更替成为社会运转的中轴，是历史大样的逻辑。社会的历史就是德、权、财、智、情不断扩散和完善的过程。"创造性转化"是一种顶层文化设计，以适应预期社会的中轴。

国杰君基于对《周易》的解读，尤其是"元亨利贞"新解，将孔子的"观德义"思想放大，以"人性善"为前提，建立德道理论体系。

自然演化出人类，人类创造了文化。人类既属于自然又属于文化，一切善恶都根源于这种二重性。宇宙万物共生该是善之最高境界。

在《周易》研究中，卦爻符号与缀辞之间的逻辑关系，迄今也未能真正解决，以致清代易学家焦循主张，把文字也看作符号，区别于卦爻的另一种符号。已故当代哲学家冯友兰先生干脆将易经视为"宇宙代数"。这样，"元亨利贞"既可以解读为天道"春、夏、秋、冬"，也可以解读为人道"德、权、财、智"。

国杰君博古通今，融汇中西。其人有气魄、著书够专业。《德本体—德道论》志向高远，叙事宏大；长于论证，说服力强。有幸先读，受益匪浅。高兴感而为之序。

董光璧

辛丑年中秋佳节于北京名流花园

（作者系中国科学院自然科学史研究所研究员，从事科学哲学和科学社会学及国家科学文件战略研究，曾任国际易学联合会会长）

序

　　任国杰君是儒商，做学问只是他的副业。他的著作有《童子问易》（人民出版社2013年版），论文以《〈周易〉经传法哲学思想新论》《〈易经〉"君子社会"与"共同体"同源并存论》《论儒学分期的原则和标准》等为代表。经吾友清华大学廖名春先生介绍，作者于2019年五一期间来珞珈山向我问学，我们相识。

　　国杰君自2018年开始构思撰写《德本体—德道论》，今已杀青。该书特点如下：

一、问题意识强

　　作者高度认同"启蒙现代性最大的问题是造成了终极关怀缺失"的观点，他重拾"德本体—德道论"的主要目的，是立志为黎民百姓寻求安身立命之所、焕发"申命行事"之志。

　　李约瑟曾指出，"西方在没有适当的资具与准备情况下，因科技工商业的片面发达而被推为世界领袖，结果造成了灾难性的后果"。国杰君坚信拥有五千年不间断文明史的中华文化不仅具有"对话"的资具、"破茧"的资具，而且还有"引领"的资具。

　　作者从古文字学、训诂学角度入手，将甲骨文"德"字三类写法，按着《洪范》的释义做了识读，指证"德"字最初是讲哲学。通过深入的比较研究，他很好地回答了"德"是如何在中华古代文明中形成的，是在何种程度上与西哲亚里士多德"德性之后"的"正直"和"正义"、作为"第一推动力"的"隐德莱希"，乃至古希腊的 Ethos（社会气质、民族精神）相互"通约"的；神圣的、没有"堕落"以前的"德世界"又是在哪种语境下可以与西方基督文明互镜的。

二、逻辑性强

作者既不是从"今古文之争"，也不是从"超越的突破"角度，而是从 S. N. 艾森斯塔特的"第二序反思"角度定义原儒——孔子的，认为老年孔子融汇儒、易创造的新儒学提升了儒学的品质。

《德本体—德道论》在布局谋篇上分上下两篇。

在第一篇，作者采用了纵（从"形而下"到"形而中"，再到"形而上"）、横（知识论、本体论、价值论）两条线论证了"德本体如何可能"的问题。他指出，德本体论是以德为本体、终极关怀和研究对象，以价值来源、价值构成与匹配规律为主要研究内容的学问。德本体具有宗教性、客观性、自洽性、普适性、开放性等特征。

作者主张要跳出"内圣外王"的窠臼。认为"讲'大全'不讲'整体'的德本体呈现的自由，才是中华文化、乃至中华民族的真精神"。

在第二篇，作者将"德本体论"向传统作了转换和回归，打造出了有中国特色的话语体系——德道论。国杰君强调，德道是以德本体论为基础，以建构生态伦理、建设新型文明形态、追求幸福生活为旨归的保合太和、万国咸宁之道。

作者对德道与"道德"做了严格区别，认为：德道唤醒的是忧患保命意识，道德突出的是"利他主义"意识；德道强调对自己的义务（权利），道德强化的是对他人的义务；德道讲价值来源，道德行价值践履；德道讲"自律"与"他律"的统一，道德专讲"自律"。

作者对德道和"霸道"及"王道"也做了区分，认为：如果说"霸道夺之""王道予之"，那么德道就是去"中心化"的开源、开放、共建、共赢、共享之道。

三、原创性强

国杰君是在对以往价值理性论说进行深刻反思基础上，在本体宇宙论背景下，在重塑生态伦理语境中立定"内在目的性"和价值理性进而展开新的"宏大叙事"的。

《德本体—德道论》有若干新发现：

作者以企业家的敏锐，发现《易》有"四易"，即除了"变易""简易"和"不易"之外，还有"交易"。认为"交易"具有现代性。大易"交易而退，各得其所"和"裒多益寡，称物平施"，体现的正是"交换正义"和"分配正义"的思想，这与原儒对"德"之本义——"正直""正义"的解读是卯榫相合的。

作者以儒商的笃实，肯认"继善成性"学理，认为法治的基础是"统一人性论"，绝非单纯的"性恶论"。他慧眼识珠，发现古老的《易经》早已给"法"下过定义，即"见乃谓之象，形乃谓之器，制而用之谓之法"。"法"是"制器之器"——模和范。这个"法"来自于"自然之象"，出于"下济"天道的"应然"——自然法，属于"价值法系"，进而为社会主义善法良治夯实了学理基础。

作者以神学家式的虔诚，深度刻画了"太上以德抚民，然后亲亲，以相及也"——没有"堕落"、不分等差、不讲尊卑的"天爱"世界，并直言这种本无家庭伦理束缚的"太上之德"正是建构普适伦理的动力之所在。

作者以学者式的严谨，不仅为中华文化找到了价值源头——德、从超越的"德世界"疏通了价值的源头活水，还通过论证"君子社会"与

"共同体"之同源、并生，为打造人类命运共同体提供了理论支援。

作者按着"先验的"哲学原理，即德本体—德道论，从"历史哲学"角度对儒学重新做了分期，提出了他自己的"儒学五期说"：孔子开创的德本体—德道论为第一期；孟、荀、董子为第二期，打造了中华文化的"小传统"；班固诸儒"转换"的儒学为第三期，打造了所谓的中华文化的"大传统"；宋儒为第四期，儒学自此走向了东北亚、东亚、南亚；"新时代"儒学为第五期。儒学二、三、四期的特点都是"接着讲"的，第五期的目标宜"照着"原儒讲，重回第一期老年孔子，从中国再出发，使儒学重新走向世界。

国杰君经过严格论证提出了不少新命题，如"德者自得""两个世界，一元德本""以德安人，依法治国""德道成就民主和科学""德元为体，东西为用"等，可谓真知频现，令人啧啧称奇。

作者得出了"中国文化不仅早熟，而且成熟"的重要结论。

《德本体—德道论》会通中西，打通了文史哲、贯通了政经法，论据坚实，很有说服力。它能全面回应西方世界形形色色的有关消解价值理性以及贬损中华文化品质的理论，为我们重新掌握"解释中国的话语权"提供了丰富的、顶用的新"资具"。

国杰君身处体制外，常有感于"草根"不能与学术共同体达成基本的交流，故他总是主动、频繁、广泛运用东、西"共同体范式"。他始终强调：对西方范式的运用，并不存在西方哲学比中国哲学高明的预设，只不过是用中西都能听得懂的话语与其平等对话而已。

当然，书稿在论证细节上也存在部分问题，建议作者修订时补正。如国杰君在第一篇第一章第四节"德本体论对实践理性'对话共同体'的超逾"中，自认"西方范式的频繁运用，尽管显得比较专业，但未必妥帖"。可贵的是他能在用康德范式论证"德本体如何可能"过程中穿插了金岳霖关于"式"与"能"之间的辩证关系洞识加以补救，但仍不够，还需在"通"和"真"上多做文章。再如在关于儒学分期问题上，尽管国杰君将班固诸儒"转化"的儒学单列一期对于我们在新时代如何深度融合儒学与马克思主义深有启发意义，但这期儒学和"政治儒学"究竟是什么关系？如何评价？相关问题还有待斟酌和深入研究。

总之，作者有理论创造的勇气，心知其意，返本开新，在"德文化"研究上下了真功夫，对中国文化的"两创"作出了新贡献，难能可贵，特此推荐。

是为序。

郭齐勇

辛丑年中秋于武昌珞珈山

（本文作者系武汉大学哲学学院与国学院教授、博士生导师，国学院名誉院长。曾任国际中国哲学会会长）

绪　论

　　《史记》记载孔子在临终时发出"天下无道久矣，莫能宗予"[①] 的慨叹，这分明是在讲老年孔子创立了一个可以使天下有"道"——"滋厚于后世"的理论学说，这一学说在其"身前"就没有被天下"宗"。究其原因，盖是老年孔子对"天"的认识有了变化[②]，"易学观"有了重大转变[③]，进而开始大谈性命、天道，致使像子贡那样的弟子，特别是列国公侯听到了却听不懂（"夫子之言性与天道，不可得而闻也"[④]）。时过一千五百余年，素受北宋朝廷青睐、有"儒宗"美誉的李觏还在大呼："孔子之言满天下，孔子之道未尝行！"[⑤] 足见孔子之"道"在其"身后"仍未被天下"宗"。李觏之所以这样说，是因为他认为作为儒门"亚圣"的孟子没有"照着"孔子讲。若问这个有别于"孔子之言"的"孔子之道

① （汉）司马迁撰，（宋）裴骃集解，（唐）司马贞索隐，（唐）张守节正义：《史记》（点校本二十四史修订本），中华书局 2013 年版，第 2293 页。下引该书，仅标注作者、书名与页码。

② 张岱年、冯契等：《中国哲学范畴集》，人民出版社 1985 年版，第 97 页。下引该书，仅标注作者、书名与页码。

③ 参见李学勤《周易溯源》，巴蜀书社 2005 年版，第 372—376 页。下引该书，仅标注作者、书名与页码。

④ 李学勤：《李学勤讲演录》，长春出版社 2012 年版，第 128 页。下引该书，仅标注作者、书名与页码。

⑤ 李觏：《李泰伯先生全集·潜书》，台北文海出版社 1971 年版，下引该书，仅标注作者、书名与页码。

（理论学说）"究竟是什么，我们在李觏"诃孟子"的文字中并没有找到明确的答案。耐人寻味的是，我们于儒家代表人物荀子《非十二子》中却觅到了线索。在荀子"非""思孟学派"的字里行间我们发现：由子思阐发的、孔子意在"滋厚于后世"的有关"德"的学说①，不仅因《五行》"无类""无说""无解"，而且也不符合荀子所谓的"三奸"（"奸事""奸心""奸说"）②，特别是"性恶论"的标准，遂遭到他的激烈批判和否定。基于荀子在战国末期学术界的权威地位和"三拜稷下学宫祭酒"的准官方立场，"五行"学说随即遭到时人打压、封杀，进而导致孔子的"德"论成为绝学。这一认知在20世纪70年代出土的马王堆帛书和90年代出土的郭店楚简《五行》篇等佚籍中得到了印证。然而我们只能说"思孟学派"的"五行"学说得到了孔子的部分真传，并非视"五行"学说为孔子"德"论的全部。作出这一研判，是因为我们在帛书易《要》篇中发现，无论《五行》的"经"还是"说"，都尚局限在"思"个体价值范畴，没有全面展开孔子"思"思想和"思"社会核心价值的论域。孔子曾自豪于"天生德于予"③，也慨叹"知德者鲜矣"④，所以我们要为往圣继"绝学"，窥孔子"德"论全豹，还需要继续以《五行》的视角探赜索隐、抽丝剥茧，拂去历史尘埃，在对老年孔子哲学思想的全面诠释上下足功夫。

专家们常说：中国传统文化的核心是儒学，儒学的核心是经学，群经之首是《易经》。而面对《易经》这座神圣的宫殿，研易者能否既"登堂"又"入室"，其关键在于能否破解"乾，元、亨、利、贞"这组"密

---

① 廖名春解读：《荀子·节选》，国家图书馆出版社2019年版，第126页。下引该书，仅标注作者、书名与页码。

② 廖名春解读：《荀子·节选》，第128页。

③ 曾振宇等校注：《论语新注》，人民出版社2015年版，第56页。下引该书，仅标注作者、书名与页码。

④ 曾振宇等校注：《论语新注》，第204页。

码"。在前述文明链条上，"乾，元、亨、利、贞"究竟讲什么？几千年来，可以说凡尊经、尊孔者无一例外，或者将其解释为仁、义、礼、智，或者将其与春、夏、秋、冬和东、西、南、北①对号。诸解是耶、非耶？

英国李约瑟研究所前所长何丙郁先生曾说过，中国科学史的研究要想有前途，就应该按照中国科学本身的发展来研究中国科学。受此启发，我们说研究"经学"也应回归到春秋以前的文化与学术史的本来面貌去开展。这个"本来面貌"盖为"六经皆史"②的面貌，因为在春秋后期到战国前期这段时间，"六经"的称谓是"新六艺"（《礼》时为《仪礼》）。其实，中国古代学术有着悠久的传统，诚如李学勤先生所说："《周易》里《文言》的头几句就来自《左传》。这些到底讲的是什么，春秋时代的学术是怎样的，不是没有，而是我们没有研究。"③

下面我们就站在先贤的肩膀上，由《文言·乾》的前几句话逆推、上溯，对中华文明链条上几个相关的核心问题做个"研究"和概述。

一、《周易》"乾，元、亨、利、贞" 究竟在讲什么

《文言·乾》开篇讲："元者，善之长也；亨者，嘉之会也；利者，义之和也；贞者，事之干也。"《周易》本是筮占之书。卜、筮的目的是贞问命运、生命，它关涉终极归宿、最后实在和本元之大根、大本问题。

---

① 见（魏）王弼撰，（唐）孔颖达疏，余培德点校《周易正义》[简称《周易正义》（注疏本）]，九州出版社 2004 年版，第 26—28 页；（宋）朱熹注《周易本义》（以清·武英殿本为底本），上海古籍出版社 1987 年版，第 1 页；（清）尚秉和《周易尚氏传》，九州出版社 2011 年版，第 15 页；金景芳《周易讲座》，广西师范大学出版社 2005 年版，第 89 页。下引诸书，仅标注作者、书名与页码。

② （清）章学诚著，钱茂伟等注：《文史通义》，中州古籍出版社 2012 年版，第 15 页。下引该书，仅标注作者、书名与页码。

③ 李学勤：《李学勤讲演录》，第 123 页。

孔子老而好《易》，"后其祝卜""观其'德义'"①。老年的孔子为什么不问《周易》之"元"，而是观《易》之"德义"？这恐怕需从"元"字在《周易》中的用法找根据。许慎的《说文解字》释元为"始"，并以《易传》"元者，善之长也"为例证②，高亨先生则直陈"许训元为始，以元为一兀合体，皆不符元之初形初义"③。至于高先生将"元"释为"大"，并判定"《易》中元皆为此义"④，亦明显失当，更过于武断。《辞海》对"元"的释义有"元，古代哲学概念，指天地万物的本原"⑤一条，是可据。即"元"为本原，与"本体"对应。然而《周易》本经所讲的"元"都不具有本原——"本体"的含义。因为作为"本体"的"元"应是"无对"的，可《周易》多处讲元，竟有《乾》《屯》《随》《临》《无妄》和《革》六卦卦辞是"元、亨、利、贞"平列。从《左传》和《国语》中的二十多条筮例看，凡涉及"元"之释义，也都不是指本体。如《国语·晋语》司空季子讲，"主震雷，长也，故曰元"⑥；《左传·襄公九年》穆姜讲，"固在下位，而有不仁，不可谓元"⑦；《左传·昭公十二年》子服惠伯说，"上美为元，下美则裳"⑧。这里的"元"讲的都是顺序的次第或位置的高下，这当是春秋时期关于《周易》"元"之话语的

① 廖名春：《帛书〈周易〉论集》，上海古籍出版社2008年版，第389页。下引该书，仅标注作者、书名与页码。

② （汉）许慎：《说文解字：附检字》，中华书局1963年版，第7页。下引该书，仅标注作者、书名与页码。

③ 高亨：《周易古经今注》，清华大学出版社2010年版，第79页。下引该书，仅标注作者、书名与页码。

④ 高亨：《周易古经今注》，第79页。

⑤ 辞海编辑委员会编：《辞海》，上海辞书出版社1979年版，第652页。下引该书，仅标注作者、书名与页码。

⑥ 陈桐生译注：《国语》，中华书局2013年版，第399—400页。下引该书，仅标注作者、书名与页码。

⑦ 杨伯峻：《春秋左传注》（修订本），中华书局2009年版，第964—965页。下引该书，仅标注作者、书名与页码。

⑧ 杨伯峻：《春秋左传注》（修订本），第1336—1338页。

本来面貌。故，尽管老年孔子于《易》"彬彬"①，但他还是撇开《周易》之"元"，径直观《周易》之"德"，并为易作《传》，其目的就是以"德"代"元"，另辟新径来寻找和求证"本体"，以实现自己"道"（理论）的自洽和圆融。

　　事实上，"德"可代"元"是有充分依据的。《尚书·舜典》就讲"柔远能迩，惇德允元"②，《尚书·酒诰》讲"惟天若元德"③，《尚书·召诰》讲"若有功，其惟王位在德元"④，《尚书·吕刑》讲"惟克天德，自作元命"⑤。西周青铜器虢叔旅钟铭文记有"秉元明德"，历鼎铭文讲"肇对元德"⑥，叔向父簋和番生簋金文也是"元德"并提⑦。这些都说明在《尚书》和金文中，"德"与"元"的概念是可以互换的。孔子"观《易》之德"，所做的就是"秉德明元"的工作。而"秉德明元"或"以德代元"需要孔子实现从"以仁释礼"到"以德摄仁"的学术转向。事实证明，孔子在这方面早已做了理论上的铺垫。

　　《史记·孔子世家》讲，"孔子晚而喜《易》，序《彖》《系》《象》《说卦》《文言》，读《易》，韦编三绝，曰'假我数年，若是，我于《易》则彬彬矣'"⑧。《汉书·艺文志》说"孔氏为之《彖》《象》《系

---

① （汉）司马迁撰，（宋）裴骃集解，（唐）司马贞索隐，（唐）张守节正义：《史记》（点校本二十四史修订本），第 2334 页。

② 《十三经注疏》整理委员会：《尚书正义》，北京大学出版社 2000 年版，第 85 页。下引该书，仅标注作者、书名与页码。

③ 《十三经注疏》整理委员会：《尚书正义》，第 444 页。

④ 《十三经注疏》整理委员会：《尚书正义》，第 472 页。

⑤ 《十三经注疏》整理委员会：《尚书正义》，第 638 页。

⑥ 转引自刘翔《中国传统价值观诠释学》，华东师范大学出版社 2009 年版，第 99 页。下引该书，仅标注作者、书名与页码。

⑦ 郭沫若：《青铜时代》，中国人民大学出版社 2005 年版，第 18 页。下引该书，仅标注作者、书名与页码。

⑧ （汉）司马迁撰，（宋）裴骃集解，（唐）司马贞索隐，（唐）张守节正义：《史记》（点校本二十四史修订本），第 2334 页。

辞》《文言》《序卦》之属十篇"①。《汉书·儒林传》还说，孔子"盖晚而好《易》，读之韦编三绝而为之传"，即《易传》为孔子所作。《易传》将"仁""义"与"阴""阳"和"刚""柔"范畴并列，说明"仁"与"义"是一对矛盾。"仁"与"义"怎么能"矛盾"呢？因为"义"的古义并不是后世（主要指春秋末期之后）伦理道德赋予的含义，它的本义是"宜"，即"杀"②。《论语·子路》就讲"上好义，则民莫敢不服"。而"仁"呢？孔子讲"仁者爱人"。"仁"是双人之"爱"，又由于"泛爱众而亲仁"③，所以这种爱自"单"人出，到相人"偶"，可博施于三人之"众"，乃至于"类"（"类族辨物"《同人·象》）。"义"就是自觉地对这种"泛爱"之"杀"，即对"泛爱"的节制，可归于"动机论"的义行。可见"仁"与"义"构成一对矛盾。不但如此，"礼"与"智"也是一对矛盾，因为大易讲"知崇礼卑"④。这说明，在《易传》中"仁""义"和"礼""智"都是范畴，当然都是较低级的范畴。

从出土简、帛《五行》中我们知道，"善"是指仁、义、礼、智"四行和"，"德"是指仁、义、礼、智、圣"五行和"。"德，天道也"⑤。子思说"五行"，"此先君子之真言也"⑥。这里的"先君子"即指孔子，对这一点李学勤先生已做过揭示⑦。"五行说"以"德"摄仁、义、礼、智、圣，"德"自然是高级的范畴。这就为我们从形而上的高度重新诠释

---

① （汉）班固著，谢秉洪注评：《汉书》，凤凰出版社 2011 年版，第 101 页。下引该书，仅标注作者、书名与页码。

② 庞朴：《儒家辩证法研究》，中华书局 2009 年版，第 20—23 页。下引该书，仅标注作者、书名与页码。

③ 曾振宇等校注：《论语新注》，第 5 页。

④ 《易传·系辞·上》第七章。

⑤ 庞朴：《竹帛〈五行〉篇校注及研究》，（台北）万卷楼图书有限公司 2000 年版，第 11 页。下引该书仅标注作者、书名与页码。

⑥ 李学勤：《简帛佚籍与学术史》，江西教育出版社 2001 年版，第 279 页。下引该书，仅标注作者、书名与页码。

⑦ 李学勤：《简帛佚籍与学术史》，第 279 页。

"元者，善之长也；亨者，嘉之会也；利者，义之和也；贞者，事之干也"诸定义提供了新视角。

其实，过往易学家、注疏家们（包括今日有些"哲学家"）严重低估了原儒的思想层次和理论水准，造成了原儒理论资源的巨大流失。最直接的例子就是，大家都说《周易》讲辩证法，他们只能从宏观层面看到"非覆即变"的事物间相互否定的辩证法，却不能从微观层面理解"仁""义"和"礼""智"等相互否定的辩证法，更看不到事物本身"自否定"的辩证法①，即"夫乾，其静也专，其动也直"和"夫坤，其静也翕，其动也辟"② 的事物自我否定、自我赋形的辩证法。而事物间相互否定的辩证法只能以事物自否定辩证法为基础。事物相互否定和自否定辩证法使《文言》前几句的内涵在形上学层面得到澄明。

我们回过头来读"乾，元、亨、利、贞"。既然"元"讲"善"（仁、义、礼、智"四行和"），那么"亨""利""贞"便不应同语反复，还讲义、礼、智或夏、秋、冬。我们再看"亨"和"贞"。"嘉"不单有"夏之佳美"的意思，从《诗经·烝民》的"仲山甫之德，柔嘉维则"③看，"嘉"还有"阳刚"之义。汉人虞翻在解《随卦》九五爻辞"孚于嘉，吉"时，就讲"嘉为阳"。④ 如果"亨者，嘉之会也"是指"乾"之"直"，那么"贞者，事之干也"就是"乾"之"专"，这样"亨"和"贞"就是讲"乾"的自否定。"元者，善之长也"应是讲"至善"。下面我们再重温"利者，义之和也"的定义。前面我们讲过，"仁""义"是对矛盾，既然"义"能"杀"仁（泛爱），成为"动机论"义行，那

---

① 拙著《童子问易》，人民出版社 2013 年版，第 161—164 页。下引该书，仅标注作者、书名与页码。

② （宋）朱熹注：《周易本义》，第 58 页。

③ 《十三经注疏》整理委员会：《毛诗正义》，北京大学出版社 2000 年版，第 1434 页。下引该书，仅标注作者、书名与页码。

④ （清）孙星衍撰，黄冕点校：《孙氏周易集解》，中华书局 2018 年版，第 175 页。下引该书，仅标注作者、书名与页码。

么"仁"自然也可以反过来"节"义，即"义"之"被义"。按照李泽厚先生在回应中国伦理学缺少"公正"价值质疑时所说，中国的"义"实质是指人对五伦、家国和宇宙自然所承担的义务①的讲法，义之"被义"可以诠释为"义务"。"被义"可谓是"非动机论"的义行。因为"合""和"可以互训②，"义之和"可说成是"动机论"和"非动机论"下的义务之和。我们知道，依照现代政治学和法学观念，"义务"是与"权利"相对应的范畴。或问：在春秋以前，对百姓来说有"权利"可言吗？据陈来先生考察，不仅有，而且百姓的权利还很大。他说：

> 在上天面前，人民与君主不是平等的，人民对君主具有优先性和重要性。人民对君主并没有无条件服从和忍受压迫的义务；反而，以皇天作为终极支持者，人民有权利要求君主施行德政；如果君主不行德政而"虐民"，则人民视君主为寇仇是正当的。③

这当是由《尚书》中解读出的人民的"权利观"。在《周易》经传中，圣人对人民的争"讼"权利和"革"命权利都是持积极肯定态度的。《易传》甚至还描述了在"裒多益寡，称物平施"④ 和"交易而退，各得其所"⑤ 治世美景下"百官以治，万民以察"⑥ 的权力运作方式⑦。高亨先

---

① 李泽厚：《哲学纲要》（最新修订版），中华书局 2015 年版，第 145 页。下引该书，仅标注作者、书名与页码。
② 王辉：《古文字通假字典》，中华书局 2008 年版，第 550 页。下引该书，仅标注作者、书名与页码。
③ 陈来：《孔夫子与现代世界》，北京大学出版社 2011 年版，第 24 页。下引该书，仅标注作者、书名与页码。
④ 《易传·谦·象》。
⑤ 《易传·系辞·下》第二章。
⑥ 《易传·系辞·下》第二章。
⑦ 参见拙作《〈周易〉经传法哲学思想新论》，《大连海事大学学报》（社科版）2017 年第 1 期。

生说，"周易利字皆为利益"①。按现在的讲法，利益的获得一般需以拥有所有权、使用权和受益权等权利为前提。虽说高亨先生体会到了这一层，但只讲"利之本义为土地所出者"②，这又未免太过局限（西周晚期施行的"析券""约剂"制度表明，那时国有土地确实已经上市交易了③）。在这种语境下，我们运用孔门"执两（义与利）用中"方法，"利者，义之和也"当诠释为权利与义务要对等、匹配和相应。由此看出，《易经》讲义务，但这个"义务"首先是"对自己的义务"，其实质是康德所说的"人性的权利"④。这样，"乾，元、亨、利、贞"就是在性善论前提下，在阴阳平衡、三才会通的语境中讲万民权利、义务的匹配、相应和对等，进而成为我们打开《易经》宫殿之门的钥匙。郭齐勇先生也早指出，"人与终极的天具有贯通及德性的禀赋"⑤。权利价值是乾元自涵和德天所赋。

二、儒学何以成为传统文化的核心

《易经》被后儒推为儒家"群经之首"，这在帛书《要》篇可找到直接理据。如孔子讲"《诗》《书》《礼》《乐》不口（止）百篇，难以致之"，"得一（易）以群毕"。⑥ 意思是说，《诗经》《尚书》《仪礼》和《乐经》虽说有很多篇章，但都达不到《周易》的高度。有一部《周易》在手，就足以取代其他全部典籍了。可见《易经》在"六经"中的核心

---

① 高亨：《周易古经今注》，第 80 页。
② 高亨：《周易古经今注》，第 80 页。
③ 宫长为编：《李学勤说先秦》，上海科学技术文献出版社 2009 年版，第 197—201 页。下引该书，仅标注作者、书名与页码。
④ 朱高正：《朱高正讲康德》，北京大学出版社 2005 年版，第 140—144 页。下引该书，仅标注作者、书名与页码。
⑤ 郭齐勇：《中国哲学史十讲》，复旦大学出版社 2020 年版，第 44 页。下引该书，仅标注作者、书名与页码。
⑥ 廖名春：《帛书〈周易〉论集》，第 389 页。

地位。不仅如此，《易经》形上学还兼具爱智特点和明德特征。《易经》娴熟地运用了二进制、十进制、量子代数和群结构、等比级数结构、同余结构等数学知识①，掌握了丰富的天文、地理、乐理、仿生等技术，还具有阴阳不测、万物纠缠、天地感应等"量子意识"。《易经》"洁净精微"②，作易者"聪明睿智""英明神武"③。尤其是在注重礼乐教化的周代，曾宣誓过"吾从周"④ 的孔子竟然提出了"知崇礼卑"⑤ 的光辉命题，凸显了其"爱智"的追求；《易经》讲卦有卦德，蓍亦有蓍德——"蓍之德圆而神，卦之德方以知"，其"神"、其"智"在于要"明数而达乎德"⑥。事实上，爱智与明德并重，已成为华人族群的文化基因。有学者从托马斯·库恩"科学发展属于文化现象"理论角度出发，认为不同的文化应该有不同的理智思考和不同的科学精神，并提出中国有自己特色的科学精神，只不过它没有表现在物理上面，而是表现在医学上面⑦的观点。尽管这一说法未必全面，但我们对这种认知表示赞赏。

　　至于儒学能成为传统文化核心，主要在于《易经》是儒家的作品（帛书《易》也是儒家作品）⑧；其次应归功于董子推动施行的"罢黜百家，独尊儒术"政策；再次当是唐开元科举取士（"明经科"分"三礼""三传"，合易、诗、书"九经"）和元朝将《四书集注》作为取士规范制

① 董光璧：《关于科学与易学研究的回顾与展望》，引自廖名春选编《周易二十讲》，华夏出版社 2008 年版，第 418 页。下引该书，仅标注作者、书名与页码。
② 《十三经注疏》整理委员会：《礼记正义》，北京大学出版社 2000 年版，第 1597 页。下引该书，仅标注作者、书名与页码。
③ （宋）朱熹：《周易本义》，第 62 页。
④ 李零：《去圣乃得真孔子》，第 273 页。
⑤ （宋）朱熹：《周易本义》，第 59 页。
⑥ 廖名春：《帛书〈周易〉论集》，第 389 页。
⑦ 杜维明：《现代精神与儒家传统》，生活·读书·新知三联书店 2013 年版，第 334 页。下引该书，仅标注作者、书名与页码。
⑧ 刘大钧：《周易概论》（增补修订本），第 178—179 页。亦见廖名春《帛书〈周易〉论集》，第 22—23 页；李学勤《走出疑古时代》，长春出版社 2007 年版，第 43—47 页。下引该书，仅标注作者、书名与页码。

度铸就的传统的贡献。

若问：后儒谁是儒学正宗呢？我们知道，春秋末叶，儒学一变，成儒门八派。战国后，儒门才人辈出，各领风骚，儒学再变、三变而异彩纷呈：孟子有其性善论儒学，荀子有其性恶论儒学，董子有其性三品儒学；程朱有其"理学"，陆王有其心学；港台新儒家有其新心性儒学；等等。在闪耀的群星中，究竟谁得老年孔子真传？哪家又为儒学正宗？

儒学讲求入世，每个时期的儒学自然都有自己的问题意识和言说语境。不过老年孔子讲"利"，孟子则重义轻利，甚至否认"利"；孔子比类取象，注重自然大法，荀子则只认"圣人之法"，否认自然法①；孔子认为"圣"端圣智是国人特有的超越本领，董子则砍去人的"圣端"，以"信"代"圣"。孔子讲"万民以察"，董子讲"屈民伸君"；孔子讲"德博而化"，大化流形，变动不居，朱子则高悬"死""理"②；孔子观天地之心，象山则只逗大我"心"。如果把孔子的儒学比作巍峨大厦，那么后儒们有的在横撑竖架中破坏了大厦的结构，有的在无意间捣毁了儒学大厦的地基。

最令人痛心疾首的是，在中华民族自我淘洗精神文明的过程中，封建军阀利用儒家资源、符号倡导"尊孔读经"，把儒学当成用拙劣的意识形态来控制人民的工具行为，进一步激起了新文化运动先驱的愤怒和反感，新文化运动旗手们在向西方"要"民主和科学的同时，喊出了"砸碎孔家店"的激进口号，致使传统文化遭受了一场史无前例的浩劫。其间悲剧、闹剧频出，有时让人啼笑皆非。被胡适誉为"四川只手打倒孔家店的老英雄"吴虞，坚决反对封建专制主义，其行事风格却极其专治。虽家有"九凤"，他偏还要生儿子以传宗接代。胡适本人也是"旧伦理中新思想的师表，新文化中旧道德的模范"。说"可信的不可爱，可爱的不可

---

① 梁启超：《儒家哲学》，上海人民出版社 2009 年版，第 292 页。下引该书，仅标注作者、书名与页码。

② 朱子认为"理"不动。

信"的王国维抱憾投湖自尽（从罗振玉之子公开的观堂给雪堂的信件看，王氏属保皇派），其"爱"的还是大清帝国①。传统文化守护者、"深谙易道"的牟宗三先生却无视《易经》中的民治与科学思想，非要从"内圣"开"外王"，且要求圆满的"良知"不断"坎陷"（自我否定）②。传统文化的同情者金耀基先生为"传统文化与中国现代化越来越不相干"而"忧心如焚"。传统文化的批判者余英时先生信誓旦旦要"转化儒家"，提出了"一定要把儒家文化彻底消灭。只有与之彻底决裂，才有创造转化的可能"③ 的观点。如此等等。

新文化运动后，有儒者开始用西方的"手术刀"解剖中国哲学，有儒者用道家命题作儒家文章，有的仍按着奥古斯特·孔德（A. Comte）的"神学时代、哲学时代和科学时代"三分法来审视中国历史，有的还在留恋汉家"霸王道杂之"④ 制度。李学勤先生坚决反对"先秦是子学时代，两汉是经学时代"⑤ 的划分，并指证其忽视先秦经学研究造成的危害。杜维明先生反对"程朱代表理学，陆王代表心学"的划分，因为朱熹的哲学完全是围绕着"心"的问题而展开的⑥。郭齐勇先生要求必须将历史上与政治紧密相连的儒教与作为民族文化价值的儒学明确区分开来⑦。汤一介先生反对将道家的"内圣外王"之道作为儒学的母题，指出"'内圣外王之道'仅具有有限的意义，它不可能成为中华文明的真精神，相反它

---

① 转引自杜维明《现代精神与儒家传统》，第 362 页。
② 牟宗三：《道德的理想主义》，吉林出版集团有限责任公司 2010 年版，第 14 页。
③ 杜维明：《现代精神与儒家传统》，第 423 页。
④ 汉宣帝说"汉家自有制度，本以霸王道杂之"。见（汉）班固著，（宋）吕祖谦编纂，周天游导读，戴扬本整理《汉书详节》，上海古籍出版社 2007 年版，第 47 页。下引该书，仅标注作者、书名与页码。
⑤ 见李学勤先生 2005 年 10 月在岳麓书院关于《国学与经学的几个问题》演讲和 2008 年 4 月在岳麓书院关于《中国学术的缘起》演讲，引自《李学勤讲演录》，第 124、174—175 页。
⑥ 杜维明：《现代精神与儒家传统》，第 472 页。
⑦ 郭齐勇：《中国儒学之精神》，复旦大学出版社 2009 年版，第 260 页。下引该书，仅标注作者、书名与页码。

却为道德美化政治，政治绑架道德提供理论依据"①，并向国家呼吁一定要开出外在超越的一面——法律、制度、政治乃至宗教的外在超越。也就是以"内在超越"为地基，"充分吸收并融合以外在超越为特征的宗教和哲学以及以此为基础的政治法律制度，使中国传统哲学能在一个更高的层次上自我完善，也许它才可以适应现代社会发展的要求"②。

悲夫！在当代，有学者开始扬荀子，有学者开始打"孟旗"，有学者止于朱子，有学者限于阳明。今日儒学内部常常是各搭各台，各弹各调，后学不时上演"关公战秦琼"的闹剧却喜不自知。

三、儒家谁的什么学问堪当传统文化的"硬核"

儒家是一个渊源有自、历史悠久的庞大群体。在这个群体中，孔子是儒家思想的集大成者。儒学由孔子开创③。孔子身处"轴心时期"，其创立儒学的目的"是对'郁郁乎文哉'的周代文化传统的没落所做的自觉的、全面的反省"④。本书所说的"原儒"系指孔子。

严格讲，孔子思想又分为两个阶段：一是"老年以前的"孔子思想和"晚而喜《易》"后的孔子思想。

若问今日传统文化研究者为何大多"迷宗"，盖由于后儒大多不识老年孔子，在"兼祧文明""缵续传统"的过程中，不知不觉制造了前述儒学"源与流的颠倒、正题与反题倒置和学术史的逐次错位"等诸多难题⑤。这

① 汤一介：《论儒学的境界观》，《北京社会科学》1987 年第 4 期。

② 汤一介：《儒学十论及外五篇》，北京大学出版社 2009 年版，第 78—79 页。下引该书，仅标注作者、书名与页码。

③ 李学勤：《李学勤讲演录》，第 133 页。

④ 杜维明：《儒学第三期发展的前景问题》，生活·读书·新知三联书店 2013 年版，第 7 页。下引该书，仅标注作者、书名与页码。

⑤ 李学勤：《通向文明之路》，商务印书馆 2010 年版，第 634—635 页。下引该书，仅标注作者、书名与页码。

当与后儒重点使用的研究孔子的资料有关，与"经"的权威地位有关，与封建帝王对原儒思想的利用转换有关，与后世疑古思潮有关，与现代人的"科学主义"思维和理性至上的"唯物"主义思想羁绊等有关。

学人研究孔子主要依靠《论语》，这没错，但如果视《论语》为孔子的"日记"或"传记"就大错特错了。因为"《论语》者，孔子应答弟子、时人，及弟子相与言而接闻于孔子之语也。当时弟子各有所记，夫子即卒，门人相与辑而论纂，故谓之《论语》"①。就是说《论语》出于孔子弟子之手。其实老年孔子恰如今天有"多个研究方向"的大博导，"道德科"（如闵子骞）、"文学科"（如田子方）、"政事科"（如冉有）和"言语科"（如子贡）的诸弟子对孔子其他研究方向的思想成果的理解定有不到位之处；对"老而好《易》"② 大谈性命、天道的内容的理解会更加有限。这些弟子的记录（"各有所记"）是很难分清老年孔子与老年孔子以前谈话内容的实质区别的，有些"接闻之语"的思想高度是存在很大问题的。最典型的，当属坚决主张树孔子为圣人的子贡。如有人问他"仲尼焉学"时，他的回答仍局限于孔子的广收博取，即无固定老师层面③，而没有注意到孔子从歌颂文王"事殷"之德④到赞美其"轻国"之智⑤，再到"祖述尧舜，宪章文武"⑥ 的思想转向；当子贡质问孔子学《易》是"用奇于人"时，孔子回答"我观其德义耳"，他好像还是没有理解孔子超离周室⑦、"以德摄仁""以德代元"理论创新的深意，更不明白孔子开创天、地、人"三才共治"⑧

---

① （汉）班固著，谢秉洪注评：《汉书》，第 105 页。

② 廖名春：《帛书〈周易〉论集》，第 388 页。

③ 曾振宇等校注：《论语新注》，第 263 页。

④ 曾振宇等校注：《论语新注》，第 108 页。

⑤ 参见刘国忠《走近清华简》（增补版），清华大学出版社 2020 年版，第 112—120 页。下引该书，仅标注作者、书名与页码。

⑥ 《十三经注疏》整理委员会：《礼记正义》，第 1703 页。

⑦ 参见刘国忠《走近清华简》（增补版），第 107—117 页。

⑧ 郭齐勇：《第二届海峡两岸青年易学论文发表会闭幕词》，转引自肖汉明主编《大易情性》，湖北教育出版社 2001 年版，第 302 页。

这种去"中心化"文明形态的伟大意义。恰如子贡自责的"夫子之言性与天道，不可得而闻也"。就是说，他听到了孔子关于性与天道的言论，但很难听得懂。我们以为这在儒门弟子中绝不是个别现象，孔子在子贡式非传易弟子心目中的圣人形象，仅是"素圣"而已。可以说，虽然孔子生命的最后时光由子贡陪伴，甚至子贡为孔子庐墓六年，但子贡并没全面"认识"老年孔子。由此引出的话题是：李零先生坚持"去圣乃得真孔子"①。我们以为把孔子"素圣"的光环去掉是对的、有益的，是利于我们解除思想禁锢重新发现"精神性的孔子"的。

　　《论语》在东汉始进入"经书"之列。是宋儒朱熹将《论语》抬到了比"五经"（《乐经》早已遗失，原"六经"变为"五经"）还高的位置。鉴于"经"之至高无上的地位和元朝将《四书集注》定为取士标准，后人只能按着朱子的"集注"宣讲《论语》了。《论语》的集注掺杂了许多帝王将相、男尊女卑的封建思想。有云其始于汉章帝"三纲"之"儒教"②，有云其始于"小程"，有云其强化于朱子③。另外，后学者之所以难望孔子项背，"疑古思潮"的影响绝不容小觑。尽管"疑古"对于"夷经为史"、解放思想意义非凡，但"疑古过勇"（胡适说"东周以前无史"。顾颉刚"考"出"大禹是条大虫"。至今仍有人坚持说"《易传》作于荀子的门人"，且怀疑《易传》主体是孔子作品④）是错误、有害的。当然，像"今文经学"的兴起对于确立孔子的儒宗地位作用很大，但无

---

① 李零：《去圣乃得真孔子》，第 127—138 页。

② 杜维明：《儒学第三期发展的前景问题》，第 275 页。

③ 熊十力：《乾坤衍》，上海书店出版社 2008 年版，第 213 页。下引该书，仅标注作者、书名与页码。冯契、张岱年先生也都有类似说法。参见冯契，张岱年等著《中国哲学范畴集》，第 15、411 页。

④ 李学勤先生提供充分的证据证明郭沫若所说"《易传》作于荀子的门人"说法是错误的。《易传》的主体部分系孔子所作。参见李学勤《周易溯源》，第 128—136 页、《走出疑古时代》第 43—47 页。张岱年先生也持这种看法，参见其《〈周易〉经传的历史地位》，《人文杂志》1990 年第 6 期。

限拔高孔子的地位（如廖季平说经学有"六变"，越变孔子地位越高，越变孔子以前的学问就越少，甚至说文字都是孔子造的①）也是有失公允的、无益的。值得庆幸的是，我国考古成就打破了中华文明的"中原中心论"。随着马王堆帛书、郭店楚简、"上博简"、"清华简"、双古堆简牍和八角廊竹简（主要指"竹简本《家语》"②）等的面世，我们了解古史、研究孔子的思想已具备了前所未有的优越条件。

孟子言孔子为"集大成者"是对的，但"集大成"绝不只是"金声玉振"——"始条理""终条理"那么简单。孔子的"集大成"当是指集儒家、道家、法家、兵阴阳家等之大成③（"本篇附论"中有详论），其成果就是号称儒家"群经之首"和道家"三玄之一"的《易传》；孟子云"先圣后圣，其揆一也"也是对的，但虞舜、文王所"揆"，绝不只是"得志行乎中国"④。伏羲、虞舜、文王、周公、孔子还"五圣同揆"治易。五圣所"揆"的是易之"阴阳""三才"形式⑤，其落脚点也是《易传》。因此，我们认为研究老年孔子的思想应依靠《易传》（简称"大易"或易大传）。

孔子"老而好《易》"⑥，观《易》之"德义"，其为《易》作"传"的目的之一，是反对当时的两种社会思潮，即道家主张绝仁弃义、绝圣弃智、毁掉文明回到"小国寡民"的状态和儒家内部"天道远，人道迩"人类中心主义思想泛滥，败德僭越、礼崩乐坏思潮，为建设"百官以治，

---

① 李学勤：《李学勤讲演录》，第118—119页。

② 由于阜阳汉简木牍有关篇章早于王肃所作《孔子家语》，李先生便亲切地把双古堆木牍有关部分和八角廊《儒家者言》统称为"竹简本《家语》"。见李学勤《简帛佚籍与学术史》，第380、392页。

③ 参见李泽厚《中国古代思想史论》，第77—96页。

④ 方勇译注：《孟子》，中华书局2015年版，第150页。下引该书，仅标注作者、书名与页码。

⑤ 参见拙著《童子问易》，第193—200页。笔者以"清华简"《保训》篇讲"舜测阴阳之物，咸顺不逆"为线索，通过地上、地下多重证据得出了"五圣同揆"的结论。

⑥ 廖名春：《帛书〈周易〉论集》，第388页。

万民以察"的君子社会作论证。这个君子社会是同德未济、"富予其邻""与尔共靡"的开源、开放、共建、共赢、共享的社会。整个《大象传》分明就是一部价值论，就是"乾道变化，各正性命"——价值世界的澄明与开显。而孔子在《易传》中着重阐发的"德"的理论——百姓万民依凭圣端，打通了"先天""后天"世界，疏通了价值之源，使《易经》揭示的诸价值自洽、圆融，进而构成完整的价值体系。

回过头我们发现，在中华传统文化发展的链条上，最核心的还是老年孔子会通儒、易创建的德文化。

我对孔子德文化的关注始于 2012 年拙著《童子问易》收尾之际。当时在我的心目中，传统文化的核心无非是"内圣外王"。我心想，小书结论只要靠上"内圣外王"就算大功告成。可万万没有料到的是，从我掌握的资料到整个论证过程却怎么也得不出这个结论！无奈之下我只好从头开始厘清"内圣外王"命题的来龙去脉，终于明白"内圣外王"命题出于庄子①，它并不是儒学命题的母题。于是我便原原本本地提出了"内圣外王之道不是儒学真传"，儒学的真传是德道②的大胆想法。如果说，讲"内圣外王之道不是儒学真传"算是有理有据的话，那么，说"儒学的真传是德道"和"德道与古希腊哲学家所追寻的美德不会有什么两样"，则纯属直觉发现。为了证明这些"发现"，加上后来有了重写《童子问易》第二篇"易宗"以"填补'空心化'哲学"的心思，自 2016 年起，无论公司业务怎么繁忙，应酬如何繁多，业余时间我都坚持学习，参加学术研讨，并陆续发表了多篇学术论文。正是在这个基础上才有了今天《德本体—德道论》的面世。这本小书实际是《童子问易》第二篇"易宗"，特别是"易宗新说"的替代篇章。

本书稿分两篇。第一篇名为"德本体论"，这部分共分三章。第一章

---

① 方勇译注：《庄子·天下》，中华书局 2015 年版，第 568 页。下引该书，仅标注作者、书名与页码。

② 拙著《童子问易》，第 157 页。

是按着西方范式论证"德本体何以可能"的问题。在"原儒的知识论"一节，我紧盯"形而下"，坐实"数"的知识，有针对性地回应了"中国古代只有技术没有科学"的质疑；瞄准"形而中"，用"现象学还原"等方法，扩充了康德式的"知识论"。同时，还提出了"形而中者谓之法"的命题，为建构中国价值法系疏通了学理。特别是借助希伯来文明尚存活的"苏菲传统"（智的直觉）和国人特有的"圣端"圣智，觅到了"形而上"的知识，澄明了"太上以德抚民"的"德世界"。在"原儒的本体论"一节，主要考察了"本体论"概念使用的"合法性"问题，重点揭示"德"之为"实体"的非心、非物特性。在"原儒的价值论"一节，主要揭示"德本体"与总体、整体论实体的异同，强调"德本体"讲价值，并申明：是国人的"圣智"打通了"先天"和"后天"世界，疏通了价值的源头活水。"德本体对实践理性、'对话共同体'的超逾"一节的主要目的是证成德本体，并对中西范式的优劣做了简单比较。第二章考察德本体研究的对象和内容问题。提出了德本体是把德作为本体、终极关怀和研究对象，以价值来源、价值构成、价值运行和匹配规律为主要内容的学问概念，突出了德本体开源、开放、共建、共赢、共享的去"中心化"的特点。这两章以《试论〈易经〉的德本体思想》（《沈阳师范大学学报》2017 年第 1 期）、《再论〈易经〉的德本体思想》（《渤海大学学报》2018 年第 2 期）和《三论〈易经〉的德本体思想》（《2018 全国第三届周文化暨周公思想文化研讨会〈周易与岐山〉论文集》）等论文为基础。第三章主要讲述"德本体"理论体系建构的可行性问题。这里分为二节：第一节讲重构德本体理论体系的必要性，侧重揭示了重构德本体论的现代意义。第二节讲构建该理论体系的可能性。第二节的第一个问题是根据拙著《童子问易》总结的伏羲、虞舜、文王、周公、孔子"五圣同揆""五圣异宗"说，强调《易经》中的宗揆只"驱鬼"不"杀鬼"，"宗揆"重知识、讲科学的特性。有拙文《〈易传〉的"宗揆驱鬼""以形判道"》（《辽宁师范大学学报》2014 年第 4 期）做基础。第二个问题是根据大逻辑学家金岳霖先生知识论求"通"的思路讲构建理论体系的可能性问题。第三个问题是强调，与全能的上帝相比较，"人谋"带来的"偶然性"对于开放式理论建构的重要性问题。书稿的第二篇名为"德道论"，是对"德本体论"的转换，力图打造哲学社科领域的中国话语。这部分开篇就引述了儒学发展的一个"悖论"：儒学只有经过创造性转换才能现代化（所谓"现代化的转换"），只有经过现代转化的儒学才能助力现代性（所谓"现代性的呈现"）。这部分共分四章（按目录次序为四—七章）。第四章讲"德本体"思想向德道的转换与回归。"德道"概念由荀子（《解蔽》）和董子（《春秋繁露·深察名号》）分别提出，我们只是用德道"旧瓶"，装上了本体论"新酒"。在李学勤先生"孔子观《易》之'德义'是说明孔子是从哲学角度研究《周易》的"思想指引下，笔者通过对甲骨文和金文"德"字众多写法的研究，体悟了孔子以"䲧"代《周易》之"元"的高明，并找到了孔氏以"㣚"代"道"的例证。本论对"乾，元、亨、利、贞"重新做了诠释，认为"乾，元、亨、利、贞"是在性善论的前提下，在阴阳平衡、三才会通的语境中讲权利、义务的匹配、对等和相应。按着金岳霖先生在《论道》中提出的"'式'与'能'可以分开来说，不能分开来有……研究逻辑的时候可以不谈'能'……在形而上学我们不能不谈到'能'，因为我们也要在积极方面表示逻辑命题之不能不真"[①] 原理规范，孔子说的"夫道者，所以明德也。德者，所以尊道也。是以非德道不尊，非道德不明"[②] 的真正意思表达——"道以明德"和"德以尊道"都是中国形上学的真命题。"德"与"道"之间的关系就是内容与形式之间的关系。世间"道"有千万条，而"德"是最高的道。德道是以德本体论为基础，以建构生态伦理、建

①　金岳霖：《论道》，商务印书馆2015年版，第69页。下引该书，仅标注作者、书名与页码。
②　王国轩、王秀梅译注：《孔子家语》，中华书局2009年版，第19页。该书"前言"指出，"上个世纪末期，出土文献中忽现与《家语》类似文字，王肃伪造说不攻自破。"下引该书，仅标注作者、书名与页码。

设新型文明形态为旨归的保合太和、万国咸宁之道。第五章研究的是原儒德道思想的形成过程。在这一章里，笔者主要揭示了孔子由"儒"的身份绘就的思想底色和老年孔子悔"过"后"仰望星空""尊道明德"的新追求。第六章力图探求中华文化的真精神。在这里，笔者详细辨析了德道与"道德形上学"、德道与"道德"、德道与"霸道"及"王道"、德道与"刑德之治"、德道与儒教、德道与"内圣外王之道"等的主要区别，判定老年孔子会通儒、易后创立的德道是一种新儒学，体现了儒学的真精神。鉴于后儒与原儒思想的种种差异，笔者从历史哲学角度提出了儒学分期的原则和标准，提出了儒学分期"五期说"——原儒孔子单列第一期。该期为对"前轴心文明"的反思暨儒家德道思想的创立期。孟子、荀子、董子为第二期。该期采用"接着讲"的方式，儒学由鲁地走向全国，但仍为华夏的"小传统"。东汉明帝、章帝的官方儒学为第三期。该期在事实上塑造了中华文化的"大传统"。宋明儒学为第四期。该期特点是由"四书"取代"五经"，儒学走向了东亚、南亚。当下为第五期。儒学第五期的目标是回归第一期的老年孔子，且"照着讲"。从中国再出发，让原儒儒学重新直接走向世界。在仔细分梳中我们发现，原儒的德道话语本身就具有"现代性"，并不存在所谓的"儒学发展悖论"问题。这一章以拙作《论儒学分期的原则和标准：以"内圣外王"之道演变为例》（《大连海事大学学报》2016年第6期）为基础。第七章讲德道的主要功能和作用，这里主要是讲"体用关系"问题，认为"圣端"是转"体"为"用"之桥梁。大易之"用"不是功利主义之"用"。这一章以拙作《〈周易〉经传法哲学思想新论》和《〈易经〉的"共同体"与"君子社会"思想同源并存论》（《大连海事大学学报》2017年第1期和2019年第2期）为基础。在书稿第一篇和第二篇的结尾，笔者又分别增添了"本篇附论"，简单加以串讲，并补充了有关重要知识的背景资料。小书"结语"是对本论作的较全面的总结。着重突出了"德者自得""两个世界，一元德本""外在超越成就民主""形而中者谓之法""以德安人，依法治国"和"德元为体，东西为用"等新命题对解释世界，特别是"解释中国"的作用问题。强调要全面完成哲学"改造世界"与"解释世界"的双重任务。

本论采用的研究方法主要有："三重证据法"①、训诂法、文献批判学、古文字学和中西比较法、现象学还原法、辩证法与哲学诠释学法等方法。本论对西方范式的频繁运用绝不预设西方哲学比中国哲学高明的前提，只是想用西方学界可能听得懂的话语与其平等对话而已。

有前辈说，呐喊原儒返魅于"两个世界"，是易童子②发现有人"鼻子长长了"。这，或许属实；有专家讲，读《德本体—德道论》始知《易》外有书。诚如是，则吾岂敢！原儒德道广大，备包有无。尽管笔者在体贴、呈现原儒德道思想的生命历程中，"思如泉涌，汲之逾新"，有如神助，但着笔处仍不及万一，仅只提纲挈领。然，"纲"健如弦，"德音"③不远。

---

① 杨向奎先生提出了在王国维"二重证"基础上加"民族学"的"三重证据法"；饶宗颐先生提出了"二重证"加"没有文字考古材料"的"三重证据法"；姜亮夫先生提出了"二重证"加"文化人类学"的"三重证据法"。引自李学勤《重写学术史》，第3、432页。

② 笔者因处女作《童子问易》而获"易童子"昵称。笔者的理想就是做个名副其实的不唯书、不唯上、立不易方、卑以自牧的易童子。

③ 《诗经·大雅·假乐》篇讲"威仪抑抑，德音秩秩"。周公后人祭公谋父作《祈招之诗》，有"祈招之愔愔，式昭德音"诗句，见杨伯峻《春秋左传注》（修订本），第1341页。

第一篇　德本体论

第一章 "德本体"如何可能

《尚书·皋陶谟》讲"知人则哲"①，是说"哲人"的特点在于"知"（智）。尽管在遥远的"三代"以前②我们就有了"哲人"③，可是，以往无论中西都不承认中国有哲学（philosophy）。现在则不同了。西方不仅承认中国有哲学，而且说中国有更高明的哲学。西方的哲学号称有爱智的特点，中国哲学也有"智崇礼卑"——崇智的特征；西方形而上学称"物理学之后"（即形而上之学），叫"第一哲学"，中国的形而上学出自《易经》"形而上者谓之道"，叫"道"，而"道以明德"。在西方，从爱智学（philosophia）到形而上学（metaphysics）是一个成熟的过程、系统化的过程；在中国，形而上学是在明德的基础上增添的爱智特色。中国的形而上学就是中国的哲学。

中国哲学无疑需要现代化。而这个"现代化"主要是指"把它分析

---

① 《十三经注疏》整理委员会：《尚书正义》，第 123 页。

② 有学人反对"三代以前"的说法，理由是连"夏朝"都城我们都没找到，遑论"三代以前"。我们且不论李学勤先生在《重写学术史》中所申明的立场——"夏还不是最早的王朝，中国文明的起源远在其前。这一观点，我至今没有改变！"从我国没有文字记载、又被列为世界文化遗产的良渚文明（距今 5300—4300 年）看，"夏都"只不过是在与我们捉迷藏而已。

③ 侯外庐先生认为用"贤哲"概念方能与古希腊的"哲人"配合起来。见侯外庐等著《中国思想通史》第 1 卷，人民出版社 1958 年版，第 33—41 页。下引该书，仅标注作者、书名与页码。

化，使之能够成为一种论证清楚的语言表达形式"①。

第一节　中国哲学的知识论

鉴于古往今来海内外、体制内外学人都说中国传统不讲逻辑，自然更谈不上重知识，所以，我们讲中国的哲学，首先要讲一讲中国哲学的"知识论"。既然叫"知识论"，不是讲中国"知识史"，我们便可以放下讲知识易挂一漏万的包袱，见仁见智了。更何况金岳霖先生在其《知识论》巨著中说，知识论尽管也研究"普遍的理"，但目标不是求"真"，而是求"通"。②

哲学是一门科学。哲学知识不是靠培根所说的归纳法获得的，因为经验归纳法获得的只是经验的共同性，而不是逻辑的必然性。哲学知识不是玄学知识，需要有经验性内容，这样就需要我们为知识"划界限"。

1. 关于"形而下"知识

叶秀山先生讲，就"知识"的形态而言，主要分为两种知识：一种是"元物理学"，即以自然科学为雏形的知识；一种是"现代现象学"，即以生活和历史知识为雏形的知识。这两类知识究竟如何获得呢？前者靠逻辑推理获得，后者靠"历史的、现实的推理"获得③。由于"以生活和历史为雏形的知识"属于对康德知识论的"扩充"，严格讲，尚不属于"形而下"的知识。在这里我们只讲有关"数"的知识和以"元物理学"为雏形的知识。

---

① 成中英、杨庆中：《从中西会通到本体诠释》，中国人民大学出版社 2013 年版，第 245 页。下引该书，仅标注作者、书名与页码。

② 金岳霖：《知识论》，中国人民大学出版社 2010 年版，第 8—10 页。下引该书，仅标注作者、书名与页码。

③ 叶秀山：《美的哲学》，世界图书出版公司 2010 年版，第 113 页。下引该书，仅标注作者、书名与页码。

哲学的共性是爱智，讲逻辑，重知识，中国的形而上学也有崇智的特点。

著名汉学家葛瑞汉（Angus Charles Graham）早期说，中国哲学之所以不能和西方哲学配合起来，原因就在于思维尚没有达到 G. E. 摩尔所说的阶段，即分不清实然、应然，事实、价值，常把 ought 和 is 混在一起犯了"自然主义谬误"。① 中国人果真是天生没有科学脑筋，分不清天（客）、人（主）和实然、应然吗？从出土的郭店楚简《穷达以时》（公元前 4 世纪成书的作品）所载"又（有）天又（有）人，天人又（有）分。察天人之分，而智（知）所行矣"② 看，古人并不是分不清主、客，天、人。结合《易经》有时提及"与时偕极""三极之道"（"三才至极之道"）③，但强调的却是"三才之道"的角度体察，我国古代先贤本来能分清主、客，天、人，实然、应然，只是在长期的历史实践中，发现这种"排斥性二分"的世界并不是真实的世界。如果一味地追求主、客，心、物，天、人，实然、应然等截然二分，恰恰会制造新的"谬误"，因为即使像讲求"纯粹客观"的康德，其所谓"理性向自然立法"不过也是强调主体自身制定规则的作用罢了，笛卡尔的"我思"更不例外。回过头来我们再仔细看看，用现当代科技知识衡量摩尔们所说的"实然"，究竟有几分"成色"。常言道"耳听为虚，眼见为实"，其实，不止"流言蜚语"靠不住，人类的听觉本身也确实无法保证所听为"实"。据施一公先生介绍，人类听觉形成过程大致是：声源→耳郭（收集声波）→外耳道（传导声波）→鼓膜（将声波转换成振动）→耳蜗（将振动转换成神经冲动）→听神经（听觉传导道）→大脑听觉中枢（形成听觉）。其

---

① 杜维明、卢风：《现代性与物欲的释放》，中国人民大学出版社 2010 年版，第 68 页。下引该书，仅标注作者、书名与页码。

② 陈伟等：《楚地出土战国简册（十四种）》，经济科学出版社 2009 年版，第 176 页。下引该书，仅标注作者、书名与页码。

③ （魏）王弼撰，（唐）孔颖达疏，余培德点校：《周易正义》，第 358 页。

中，蜗管中的基底膜的振动使螺旋器与盖膜相连的毛细胞发生弯曲变形，产生与声波相应频率的电位变化，进而引起听神经产生冲动，经听觉传导道传到中枢神经而引起听觉。可见，这种"听"是因人而异的，是有"主观性"的。而"眼见"（视）亦然。按着视觉原理，我们的视觉是由视网膜细胞对可见波段为390—760nm电磁波的感受形成的，这当然更有"主观性"。至于嗅觉、味觉、触觉，也不过是通过区区600多种蛋白质形成的，也谈不上所谓的"客观性"。因此说，国人不再重视"三极之道"，也只是先贤发现"排斥性二分法"并不绝对科学而不再加以强调，以致被后人误读、误解了而已。晚年的葛瑞汉直呼是自己搞错了，甚至认为中国哲学最重要的贡献就是"拒绝划分实然与应然"①，中国传统的"德性之知"是更高维度的智慧。

形式逻辑研究的是抽象概念。《易经》就十分注重抽象概念的研究，讲"其称名也，杂而不越，于稽其类"，就是说"下概念"要准确，要符合种属关系，这样才能"当名辨物，正言断辞"，并作出关系判断——"卦有大小，辞有险易"，"其称名也小，其取类也大"。其实，古人解释"概念"的一个重要方法就是"声训"。《易经》注重声训，如乾，健也；坤，顺也；坎，陷也；离，丽也；履，礼也；咸，感也；晋，进也等。而声训是概念化、逻辑化的必然步骤。用黑格尔的话说，概念是具体共相。"共相"具有绝对的普遍性。

冯契先生曾引述过一段话，讲爱因斯坦在一封信中说："西方科学的发展以两个伟大的成就为基础，那就是，希腊哲学家发明了形式逻辑体系（在欧几里得几何学中），以及通过系统的实验发现有可能找出因果关系（在文艺复兴时期）。在我看来，中国的贤哲没有走上这两步，那是用不着惊奇的。令人惊奇的倒是这些发现全都做出来了。"其原因，在冯契先生看来并不是说中国人不讲逻辑，只是因为"中国古代中的逻辑范畴是以'类、

① 杜维明、卢风：《现代性与物欲的释放：杜维明先生访谈录》，第68—73页。

故、理'为骨干的。"① 《易经》就提出了许多重要范畴。如"类"范畴，大易"比类取象"，把阳、男、奇、刚、规、法、开、有等视为一类，将阴、女、偶、柔、矩、器、关、无等视为一类。这一范畴主要研究普遍性的问题。比如"故"范畴，问"阳卦多阴，阴卦多阳，其故何"，讲"明于忧患与故"等。这一范畴主要研究因果问题。比如"理"范畴，讲"顺性命之理"，讲"穷理尽性以至于命"。这一范畴主要研究必然性问题。而认知的普遍性和必然性正是"知识"成为可能的逻辑前提。

（1）有关"数"的知识

因数学是"自然科学之母"，所以我们将"数的知识"单列。

我们知道，龟卜与筮占有本质的不同，"筮的本质是数"。睡虎地秦简《日书》乙种就把"卜筮"写成"卜筭"。② "筭"与"算"都是心纽元部字，二字相通。《易经》的"天地之数"就娴熟地运用了十进制知识（"清华简"《算表》是十进制算法的应用实物，"被确定为世界上最早的十进制乘法表"③）。如"天一、地二，天三、地四，天五、地六，天七、地八，天九、地十。天数五，地数五，五位相得而各有合。天数二十五，地数三十。天地之数五十有五"，可表示为：（1+3+5+7+9）= 25，（2+4+6+8+10）= 30，25+30＝55；讲"乾之策二百一十有六，坤之策百四十有四，凡三百有六十"，可表示为：（36×6）= 216，（24×6）= 144。216+144＝360；讲"二篇之策，万有一千五百二十"，由于六十四卦阴阳平衡，阴爻 192 爻，阳爻也是 192 爻，故可表示为：192×36+192×24 = 11520。《周易》用"大衍筮法"衍卦，其所运用的商高定理知识④和演

---

① 张岱年、冯契等：《中国哲学范畴集》，第1—2页。

② 李零：《唯一的规则：〈孙子〉的斗争哲学》，生活·读书·新知三联书店 2010 年版，第 55 页。下引该书，仅标注作者、书名与页码。

③ 刘国忠：《走近清华简》（增补版），第 237—242 页。

④ 章太炎著，虞云国校点：《菿汉三言》，上海古籍出版社 2011 年版，第 62 页。下引该书，仅标注作者、书名与页码。

算体现的"同余结构"也都是典型的数学问题。

《易经》八经卦体系和六十四卦重卦体系运用的则是二进制知识。

谈起"二进制",首先我们不能回避《周易》时代有没有 0 和 1 的知识问题。关于 0 的知识,据饶宗颐先生考证,"零"在商朝甲骨文中屡见,写作"𝕮",像雨点,义为"空"。《诗经·东山》所说的"零雨",石鼓文作"霝雨"。《广雅·释古》"霝,空也";《说文解字》"霝,雨霝也","霝"是"零"的本字。陈良佐先生考证,战国刀币有关"零"的换算(如《齐刀》),就是以"〇"代之,如"Ⴑ工乄〇 = 左工五〇"。敦煌的《立成算经》则以空(档)表示零位,如"IIII IIIII = 405"。类似情形还有中山王𰵷铭和《熹平石经》之《尚书·盘庚》上、中、下篇用"〇"断句。① 在唐君毅先生看来,数学的演算,就是在 0 和 1 间"屈伸"。唐先生认为,"类的概念先于数的概念",数是人所发现之类概念之内容与所判断之事物内容之统一,这也就是 1 之数;而在整个数学世界,无非是"类与不类,相与为类。而其相类者,而又皆可由相减,以等于数之'0'之一世界。于是一切数之演算,皆可以说是出没升降于一'0'的世界中"。这"'0'之义可连于空类"。② 因此说《易经》中"终""死""无"的观念就是 0 的观念。关于 1 的知识,从马王堆帛书《五行》"经"与"说"提供的资料看,子思子已经沿着孔子的思路展开了新的论域。其实,"慎独"不止《大学》"慎其独居所为"一种讲法,还有《礼记·礼器》所载的"以少为贵"的"少"之"独"的讲法③。结合《中庸》开篇所讲"道也者,不可须臾离也,可离非道也。是故君子戒惧其所不睹,恐惧其所不闻,莫现乎隐,莫显乎微,故君子慎其独也"的"慎独"是修"道"功夫的理解可知,"慎独"就是求"一"。因为帛书

---

① 饶宗颐:《饶宗颐史学论著选》,上海古籍出版社 1993 年版,第 324—326 页。

② 参见唐君毅《生命存在与心灵境界》,中国社会科学出版社 2006 年版,第 7—18、234—245 页。

③ 《十三经注疏》整理委员会:《礼记正义》,第 856 页。

《五行》说：君子"慎其独也者，言舍五而慎其心之谓也。……慎独也，舍体也"。这里的"舍五"是指舍去"仁、义、礼、智、圣"五行；"舍体"是指舍去躯体之"杂多"，用心去思、去悟"一"，进而保证能"为一"。并申论道："能为一然后能为君子。能为一者，言能以一为多；以多为一也者，言能以夫五为一也。"① 这种认知，与《易经》讲的"天下之动，贞夫一也"是一致的。

其次，要厘清 0 和 1 两个计数符号与阴阳、坤乾的对应关系问题。在《易经》中，恰恰采用的是"阴"（柔）"阳"（刚）两个符号"叠用"的计数法。《易经》讲"乾坤，其易之蕴（门）邪。乾，阳物也。坤，阴物也"和"阖户之谓坤，辟户之谓乾"，是说乾、坤作为两个符号，乾代表天、有、刚、开等"阳物"，坤代表地、无、柔、关等"阴物"。这两个符号又像"门"之两端和所处"门"之内外。《易经》志在"经纶天地"。帛书易所说的"乾坤，其易之经邪"当是说"乾""坤"代表着"经线"的两极。《易经》还讲"原始反终""原始要终"，并强调"终则有始"。讲"天地之数""参天两地而倚数"和"极其数遂定天下之象"，乾、坤又代表着始、终和奇、偶。如果说 0 是"偶""无""空""终"和"关"，那么 1 就是"奇""有""多""始"和"开"。0 和 1 是一对哲学范畴。1 作为"多"，自然能代表十进制中的一切数。二进制就是用 0 和 1 两个符号去表示其他所有数字。

再次，需要深入揭示"卦有大小"的卦序。《易经》明确讲"齐小大者存乎卦"，强调卦有"小大"之别。尽管今传本《易经》始《乾》终《未济》卦序每卦都有"序号"，但这个"序号"仅能从训诂角度寻求易理的前后通顺，它并不代表、也不能反映卦之大小的实质。从"乾坤成列，而易立乎其中矣"这个始坤（乾）、终乾（坤）维度审视，在今传本《周易》卦序后边还暗含着一个按着"二进制"次序排列的"卦有大小"

---

① 庞朴：《竹帛〈五行〉篇校注及研究》，第 39—40 页。

的卦序。

"八卦成列，象在其中矣"。八经卦"齐小大"——由小到大排序可表示为：坤（000）→艮（001）→坎（010）→巽（011）→震（100）→离（101）→兑（110）→乾（111）。

重卦体系"齐小大"——由小到大排列如下：

000000	000001	000010	000011	000100	000101	000110	000111
坤	剥	比	观	豫	晋	萃	否

001000	001001	001010	001011	001100	001101	001110	001111
谦	艮	蹇	渐	小过	旅	咸	遁

010000	010001	010010	010011	010100	010101	010110	010111
师	蒙	坎	涣	解	未济	困	讼

011000	011001	011010	011011	011100	011101	011110	011111
升	蛊	井	巽	恒	鼎	大过	姤

100000	100001	100010	100011	100100	100101	100110	100111
复	颐	屯	益	震	噬磕	随	无妄

101000	101001	101010	101011	101100	101101	101110	101111
明夷	贲	既济	家人	丰	离	革	同人

110000	110001	110010	110011	110100	110101	110110	110111
临	损	节	中孚	归妹	睽	兑	履

111000	111001	111010	111011	111100	111101	111110	111111
泰	大畜	需	小畜	大壮	大有	夬	乾

需要说明的是，这个由坤→否→谦→遁→师→讼→升→姤→复→无妄→明夷→同人→临→履→泰→乾组成的卦序是以 0 和 1 为基本范畴，用奇（阳、1）和偶（阴、0）两个符号计数的重卦体系，依据的是天地设位"乾坤成列"说，体现的是"刚柔相推"和"三极之道"易理，展现的是"乾元""坤元"平等、"乾坤共建"① 和"原始反终"思想。

事实上，对今传本《易经》蕴含二进制算数（逻辑）有深刻体认者当推德国大哲学家莱布尼茨和拥有"国王数学家"美誉的法籍传教士白晋。莱氏曾以近乎嘲讽的语气讥评几千年来中国的"经典注疏者们"和时人，说他们根本没有跟上圣人的思路，慨叹道：

> 我和白晋神父两人已经发现了似是中国创始人伏羲所造的符号的原本意义。其实，这六十四卦组成的似是伟大立法家伏羲原有的二进制算数，也是我在他数千年后重新发现的。……不过这种算数（逻辑）在后来似乎完全失传。而后代的中国人并没有继续按着这种方式思考，甚至将伏羲的符号，变成一种征象与象形文字。②

---

① （明）王夫之撰：《周易内传·周易大象解·周易稗疏·周易外传》，岳麓书社 2010 年版，第 41 页。下引该书，仅标注作者、书名与页码。

② 赵晓春编：《莱布尼茨》，上海交通大学出版社 2009 年版，第 53—55 页。

关于莱布尼茨的"二进制"与《易经》关系这段公案，在这里是有必要加以澄清和详细说明的。事实上，与莱布尼茨交往密切的德国著名神学家斯比塞尔（G. Spizel）在 1660 年出版的《中国文史评析》中就已经把中国的《易图》称作"二进制"了（相关资料现藏于比利时新鲁汶图书馆，其复印版本在《四库未收西著》有录）①。"莱布尼茨在 20 岁时已读过该书"②。莱氏在世时，除白晋外，时任阿姆斯特丹市市长的威特森（N. Witsen）通过其好友卡泽（C. Caze），还有德国著名史学家、著名编辑滕柴尔（Tentzel，W. E）指证莱氏的"二进制"与中国的易理同出一辙③。为此莱布尼茨在"临终忏悔"④ 中便承认了自己是从 13 世纪的阿拉伯人阿卜杜拉·白达瓦鲁斯讲述的中国《易经》中学到了"二进制"知识的事实。⑤ 可在莱氏逝后三百年的今天，无论是易学界还是非易学界的绝大多数人仍在"理性地、客观地、耐心地讲述《易经》不存在二进制的事实"。只要谁将易与二进制或科学相联系，就认为是往自己脸上贴金，视之为可耻之事。如果这仅仅是由于当代部分易学专家仍"没有跟上圣人的思路"倒也无妨，可怕的是有些学术"权威"借此打压易学，"炮轰"《易经》，给《易经》扣上"迷信""误国"等大帽子，令国人谈易色变，其理由和手段与荀子对思孟学派《五行》理论的封杀何其相似尔！如果我们后人"哀之而不鉴之"，定"亦使后人而复哀后人也"。

另外，考古发现还有大量的"数字卦"出现，比如陕西省西安市长安区张家坡出土的卜骨和河南省安阳市四盘磨出土的卜骨等。张家坡卜骨

---

① 胡杨、李长铎：《莱布尼茨二进制与伏羲八卦图考》，上海人民出版社 2006 年版，第 43 页。下引该书，仅标注作者、书名与页码。

② 胡杨、李长铎：《莱布尼茨二进制与伏羲八卦图考》，第 118 页。

③ 胡杨、李长铎：《莱布尼茨二进制与伏羲八卦图考》，第 81 页。

④ 1716 年"致雷德蒙先生（法国摄政顾问）的信"。

⑤ 胡杨、李长铎：《莱布尼茨二进制与伏羲八卦图考》，第 81—82 页。

中的一块刻写的"六八一一五一"可转译成《大壮》卦,"五一一六八一"可转写成《无妄》卦;另一块"六六八一一六"可转写成《升》卦,"六一六六六一"可转写成《屯》卦。四盘磨卜骨刻写的是"七五七六六六曰思女""七八七六七六曰思女"。① 著名的"安州六器"之一"中方鼎"还以数字卦"七八六六六六"和"八七六六六六"来择日记功。② 尽管"数字卦"与今传本在数字表示上有别,如有的在卦画上有别,有的卦名还有别,但有一点是相同的,就是古人似乎在用数字表示万物了。我们可不可以称其为"数字化1.0"版本呢? 还有,先贤不仅用数码呈现事物,还认为宇宙大化、品物流形,即世界是个过程,万物皆流。

筮占与龟卜有本质上的不同,"筮的本质是数"。万物皆可数字化,皆可互联互通;同为易文化的《周易》与《连山》和《归藏》也不同。据廖名春先生考证,在《周易》和《易传》110多见的"贞"字中,已"没有一例做'贞问'解了。"③ 其发生学依据盖在于李学勤先生所揭示的:"西周卜辞不像殷墟甲骨那样以'鼎'为'贞',而是均改为从'卜'的'贞',如'卟'等了。"④《连山》《归藏》占不变的7和8,是在算命,而《周易》占变化的9和6,是在做预测。

如果说"点"代表一维,"线"代表二维,"面"代表三维,"体"(空间)代表四维,"时间"代表五维,那么"数"则代表高维。由于通过"筮"既可"默识",又能"穷神知化"⑤,所以说,《易经》属于高阶思维。

---

① 张政烺:《张政烺论易丛稿》,中华书局2011年版,第17—18页。

② 李学勤:《周易溯源》,第215—216页。

③ 廖名春:《周易真精神》,第16页。

④ 参见李学勤《周易溯源》,第197—198页。

⑤ 《易传·系辞·下》第五章。

（2）有关"元物理学"类的知识

①关于"阴阳不测"的"纠缠"意识

《易经》比类取象，把万事万物进行抽象，属于天道的，抽象为阴和阳；属于地道的，抽象为柔和刚；属于人道的，抽象为仁与义，而每组对立范畴之间都是"互系"①的，也就是相互纠缠的。并作出或然判断——"变动不居，周流六虚，上下无常，刚柔相易"。大易讲"阴阳不测"，仿佛是在描绘一幅量子世界的图景——"阴阳"纠缠，"三才"叠加。提出"不恒其德，或承之羞，不占而已矣"的思想，而"百占七十当"（70%概率）又像是讲"波函数"。筮占（干涉）将导致波函数坍缩，但只要筮者筮占，它一定会给你个结果——"客观结论"，可以说这些都与量子思想暗合。不仅如此，大易还将阴阳纠缠思想从微观世界引到宏观世界，发现万物"咸感"的秘密，有直言判断："天地不交而万物不通也"，"圣人感人心而天下和平"，"感而遂通天下之故"等。

②关于"同声相应"的共振原理

《文言·乾》讲"同声相应，同气相求"。《比》初六爻辞讲"有孚盈缶"，《比·象》讲"不宁方来，上下应也"，意为"声比则应"。《中孚》九二爻辞讲"鸣鹤在荫，其子和之"。《系辞》申论道："君子居其室，其出言也善，则千里之外应之。""同声相应""音律同矣"就是共振。《易经》对共振原理的发现，奠定了我国古代乐理知识的深厚基础。

③关于"尚象制器"的再仿生思想

大易讲"备物致用，立成器以为天下利"②，盛赞三皇五帝"结绳为网，以佃以渔；刳木为舟，剡木为楫；服牛乘马，引重致远；上栋下宇，以待风雨"等仿生制器行为，讴歌"黄帝、尧、舜垂衣裳而天下治"和"百官以治，万民以察"的盛世美景。

---

① ［美］田辰山《中国辩证法：从易经到马克思主义》，萧延中译，中国人民大学出版社 2008 年版，第 10 页。

② 《易传·系辞·上》第十一章。

④关于"观乎天文,以察时变"的天文历法知识

《易经》对于天文知识有一系列判断,如全称肯定判断的"天地革而四时成",全称否定判断的"天地以顺动,故日月不过,而四时不忒",关系判断的"先甲三日,后甲三日""先庚三日,后庚三日""日月得天而能久照,四时变化而能久成"和"刚柔交错,天文也",必然判断的"日中则昃,月盈则食。天地盈虚,与时消息"和"亢龙有悔,盈不可久也"。这些逻辑推论证明,《周易》创作的时代已经摆脱了"物候历"和"观象授时"的阶段,进入了"治历明时"的科学时代。

⑤关于"医国""医人"

《易经》蕴藏着丰富的治国理政的智慧。比如我们提出的"和平共处"的外交原则,处理国际和地区分歧的"求同存异"的方法,"与时俱进"的时代要求,以及有关世界治理的"打造人类命运共同体"等中国思想无一例外都源于《易经》。

《易经》还有很多指导人类伦常日用的高超智慧,许多"经验事实"可以表述为"三段论"。

例一:

大前提:积恶灭身。

小前提:小人以小恶无伤而弗去。

结论:故恶积而不可掩,罪大而不可解。

例二:

大前提:法为模(范)。

小前提:形乃制器之器。

结论:是故,形之谓法。

例三:

大前提:亢龙有悔。

小前提:贵而无位,高而无民,贤人在下位而无辅。

结论:是以动而有悔也。

总之，《易经》有强烈的主体意识，以"宗揆驱鬼"①，强调"人谋"的作用。《易经》传授知识，它之所以能传授科学知识，是因为易学知识具备可重复性的特征。这种可重复性不仅表现在"文王重卦"与《连山》《归藏》都是六十四卦上面，还表现在"大衍筮法"中"四营""十八变"的演算结果只能揲筮出"6、7、8、9"四个数上面，更表现在"治历明时"指导伦常日用上面。

2. 关于"形而中"的知识

我们认为《易经》"形而上者谓之道，形而下者谓之器"命题的提出，必然有个"形而中"的预设。

我们知道，康德的批判哲学确立了知识的普遍性和必然性的基础，但康德把知识仅仅限制在数学和自然科学的领域。其后学——新康德主义的各个流派（马堡学派、弗莱堡学派，乃至西南德意志学派等）都在努力扩充康德的"知识"领域和范围。形形色色的新康德主义者起码还是承认形而上学存在的。而以胡塞尔为代表的现代现象学派则不同，他们不仅反对形而上学，否定形而上知识——"物理学之后"的知识存在，也坚持要把"形而下的知识""括出去"。把"形而上"与"形而下"知识"括出去"之后剩下了什么呢？我们以为就是有关"形而中"的知识，也就是叶秀山先生所说的以"现代现象学"为雏形的知识。

"易与天地准"②。《易经》取法自然，其实是在描摹宇宙的运行机制。告诫人们要法天正己，尊时守位，知常明变，趋利避害，建功立业。从胡塞尔的生活现象学角度看，所谓"法天"就是要读懂大自然这本"无字"天书，与我们生活的世界建立一种"直接的关系"；从海德格尔"历史现象学"角度体察，所谓"描摹宇宙的运行机制"犹如"后天卦位"用八卦将"四正""四隅"的节点在世人面前敞开（澄明）一样。

---

① 拙作《〈易传〉的"宗揆驱鬼""以形判道"》，《辽宁师范大学学报》（社科版）2014 年第 4 期。

② 《易传·系辞·上》第四章。

因此,《易经》贡献给后人许多脍炙人口的成语,如:

自强不息;厚德载物;君临天下;九五之尊;一分为二;声比则应;
亢龙有悔;出类拔萃;革故鼎新;既济有为;自求口实;不速之客;
鱼贯而入;匪夷所思;大道至简;否极泰来;潜龙勿用;枯杨生华;
穷则思变;开物成务;谦谦君子;卑以自牧;美在其中;阳刚之美;
阴柔之美;中和之美;含章可贞;各正性命;品物流形;含弘光大;
观国之光;信及豚鱼;原始反终;革言三就;洗心革面;咎由自取;
丧马勿逐;穷寇莫追;羝羊触藩;突如其来;虎视眈眈;颐养天年;
白贲无咎;耿介如石;富予其邻;劳民伤财;王用三驱;出师有名;
因地制宜;群龙无首;先迷后得;首出庶物;蒙以养正;刚柔相济;
以文化成;物极必反;殊途同归;持之以恒;满腹经纶;舍逆取顺;
雷出地奋;以明庶政;硕果累累;至日闭关;憧憧往来;朋从尔思;
不恒其德,或承之羞;德不配位,必有余殃;二人同心,其利断金;
人以类聚,物以群分;无平不陂,无往不复;见仁见智;非礼弗履;
德门咸庆;惩忿窒欲;明慎用刑;申命行事;过犹不及;进德修业;
触类旁通;各得其所;称物平施;安土敦仁;伺命妄为;极数知来;
崇德广业;穷神知化;感而遂通;极深研几;钩深致远;探赜索隐;
七上八下;三阳开泰;天遂人愿;袖里乾坤;居安思危;生于忧患;
等等。

这些知识不是靠逻辑推理得来的,而是靠"历史的、现实的推理"——"直观的理性"获得的,属于"现代现象学"的知识。

那"形而中"究竟该怎么界定呢?探讨"形而中",应该从"形"和"法"二字说起。

(1)关于"形"的分判

"形"是个多义字,如形名(概念)、比较(相形见绌)、表现(喜形于色)、局势(形势)、酷刑(刑罚)、式样(形式)等。除了前述几层含义之外,还有个重要的用法,就是通"型"的"模具"义。因为古"型"和"形"都是匣纽耕部字,二字相通。那么,二字通假用法在现有的文献中最早见于何处呢?《左传·昭公十二年》有这样一则记载,说左史倚相向楚灵王讲述祭公谋父作《祈招之诗》讽谏周穆王的故事。这首诗的内容是:

> 祈招之愔愔,式昭德音。思我王度,式如玉,式如金。形民之力,而无醉饱之心。

这里所谓"形民之力",按杜预的注释讲,是"言国之用民,当随其力任,如金冶之器,随器而制形"[①],即把"形"(式)视为模具。我们认为左史倚相复述的《祈招之诗》的内容是靠得住的。因为转述该诗的倚相不仅楚王称他"是良史也""是能读三坟、五典、八索、九丘"[②],楚国大夫王孙圉更赞其为"楚之宝也""左史倚相能道训典,以叙百物,以朝夕献善败于寡君,使寡君无忘先王之业;又能上下说与鬼神,顺道其欲恶,使神无有怨痛于楚国"[③]。那可靠的《祈招之诗》的诗作者祭公谋父又是何许人也?祭公谋父可大有来头。他身为周公嫡孙,自周昭王时开始在朝廷任职,至周穆王时已位高权重,声名显赫。祭公谋父是西周人。可见,"形"(式)作为"模具"用法的历史是比较悠久的,而模具就是"范"("洪范"之"范"和"范围天地"之"范"都具此义)和"法"。那么什么是"法"呢?有些人拘泥于《说文》古"灋"字,望文生义,说《易经》讲什么"独角兽神判"之类的迷信。其实大易对"法"下过

① 辞海编辑委员会:《辞海》,第813页。
② 杨伯峻:《春秋左传注》(修订本),第1340—1341页。
③ 陈桐生译注:《国语》,第645页。

定义,"形乃谓之器,制而用之谓之法",即一件器物,仅从具体性角度看,它是个"器";如果从普遍性考察,它是"制器之器",是"式",是"模",是"范",是"法"。儒家"思孟学派"的"五行"学说所讲的"形于内""形于外"之"形",墨家"同铸一型"①之"型"的用法与《易经》是一脉相承的,皆指"式""模""范"和"法"。难能可贵的是,法国著名人类学家杜瑞乐(Joel Thoraval)先生也参透了古"形"之精义。他说:

> 《易经》中一段名言说:"形而上者谓之道,形而下者谓之器,化而裁之谓之变,推而行之谓之通。"光说形而下与形而上不可分是不够的。必须承认,如果没有转化后者的努力,进入前者的可能性也许根本不存在。成圣事业既需要"形"(physical)也需要"形而上"。②

杜氏强调"形"是"physical"(物理的),可谓"模"和"法""式",而"式昭德音"。

值得注意的是,在今传本《老子》第五十一章中所讲的"道生之,德畜之,物形之,势成之"③,在帛书本《老子·德篇》"甲本"(用篆书抄写)中说"道生之而德畜之,物刑之而器成之";"乙本"(用隶书抄写)中说"道生之,德畜之,物刑之而器成之"④。看来帛书本(甲、乙)皆以"器"代"势",当更符合《老子》原貌("刑"与"形"皆为匣纽耕部字,二字可通假,刑即形)。这句话实际是在阐明"道"与

---

① 陈柱、章太炎、梁启超:《诸子十六讲》,中国友谊出版公司 2009 年版,第 238、242 页。

② 哈佛燕京学社:《波士顿的儒家》,江苏教育出版社 2009 年版,第 84 页。下引该书,仅标注作者、书名与页码。

③ 杨树达:《周易古义;老子古义》,上海古籍出版社 2007 年版,第 64 页。下引该书,仅标注作者、书名与页码。

④ 高明:《帛书老子校注》,中华书局 1996 年版,第 69 页。下引该书,仅标注作者、书名与页码。

"德"和"器"与"形"之间的辩证关系。

藉此，我们作出了"形而中者谓之法"的判断。《易经》注重事物的"自我赋形"能力（下文有详述）。我们的推理过程是：因为"形而上者谓之道，形而下者谓之器"，而又因为"形"是"法"，故"形而中者谓之法"。

（2）关于"法"的知识

① "法自理出"①

我们知道，孔子说自己"信而好古"只是谦辞而已。② 对于《周易》，老年孔子不仅"述"，还"作"，而且"革"。③

第一个问题：关于"性善论"的建构。

我们知道，法律的制定需要有统一的人性论作支撑，而原儒早已开始了"性善论"的建构。《论语·宪问》讲："子曰：为命，裨谌草创之，世叔讨论之，行人子羽修饰之，东里子产润色之。"若论裨谌最重要的草创，当属"善之代不善，天命也"④ "为命"的提出。老年孔子对裨谌这一"草创之功"是认可乃至赞赏的。盖正基于此，方有《易传》"一阴一阳之谓道，继之者善也，成之者性也"命题的形成。先贤告诉我们，天、地、人诸道皆善，是上天成就了人的善性。这种讲法，是"性"决定"善"的讲法，不是以"善"评价性的讲法。然而这并不单单是国人特有的宇宙情怀，汪子嵩先生就讲"古希腊人认为人性是本善的，他们那时没有人性恶的问题"⑤。西方启蒙运动先驱卢梭对"性善论"还做过论证。

---

① 彭蒙答宋钘说："圣人者，自己出也；圣法者，自理出也。"见厉时熙注《尹文子简注》，上海人民出版社 1977 年版，第 47 页。

② （宋）朱熹：《四书章句集注》，浙江古籍出版社 2011 年版，第 83 页。又见杜维明《儒学第三期发展的前景问题》，生活·读书·新知三联书店 2013 年版，第 300 页；宫长为《李学勤说先秦》，上海科技文献出版社 2009 年版，第 248—249 页。下引诸书，仅标注作者、书名与页码。

③ 拙著《童子问易》，第 104—108 页。

④ 杨伯峻：《春秋左传注》（修订本），第 1168 页。

⑤ 转引自郑开《德礼之间：前诸子时期的思想史》，生活·读书·新知三联书店 2009 年版，第 384 页。下引该书，仅标注作者、书名与页码。

他说：

> 假使人性本恶，那就抽去了任何道德的根本基础。因为如果是这样，要使人们弃恶从善，反而是败坏了人的天性；人们将因为行善而悔恨，世界各处都将充斥对善的憎恨和对恶的赞美。然而事实却是相反的。①

沃尔夫形而上学本体论就认为"'有'是唯一的、善的"②。"性善论"的建构可以为社会"良法善治"提供学理基础。

第二个问题：关于"遏恶"与民治思想的确立。

为了搞清学理，我们有必要首先对西方基督神学的发展脉络以及"原罪""性恶"观念与"科学"和"民主"之间究竟有着怎样的关系做个分疏。

我们先谈谈基督神学发展的脉络。对基督神学，我们拥有的一般知识大概是：原始基督教认为"人性本恶"，人有原罪在身，上帝拥有绝对价值，人在上帝面前微不足道。到了中世纪，人在上帝面前更是变得一文不值。对于这些神学知识，它究竟有没有现代化的诉求与可能呢？

当哥白尼的"日心说"经过伽利略、开普勒不断修正而成为科学真理后，欧洲教廷极力维护的托勒密"地心说"遂遭到彻底动摇，以反宗教（尤其是基督教）为目标的"文艺复兴"运动、启蒙运动狂飙突起。如《罗马帝国的衰亡》作者爱德华·吉本（Edward Gibbon）极端鄙视早期基督教的原始信仰。休谟的怀疑主义与基督教信仰大相径庭。康德把"存在"理解为心灵的反映，即"上帝的客观存在"也不得不依赖于理智的客观设准。黑格尔用"绝对精神"代替上帝。奥古斯特·孔德用科学

---

① 王树人、李凤鸣编：《西方哲学家评传》，山东人民出版社 1984 年版，第 191—192 页。

② 转引自［德］黑格尔《哲学史讲演录》，贺麟等译，商务印书馆 1959 年版，第 201 页。下引该书，仅标注作者、书名与页码。

实在论取代宗教。约翰·穆勒虽然赞美耶稣为伟大的道德改革者，但也坦率地指出基督教对自由主义构成的威胁等等。尼采又喊出"上帝死了"，要"重估一切价值""个人至上"的时代最强音。然而，在"人"取代上帝后，启蒙现代性导致物欲的释放，社会乌烟瘴气、腐败透顶，现代人深切体验到人生的无意义和荒诞，致使老年的谢林、卡尔·施米特和列奥·施特劳斯都要回到神，认为只有强调神的"律法"高于人世，高于世间的一切，具有绝对性，才能解决问题。与谢林几乎同时离世的克尔凯戈尔（Soren Kierkegaard，又译克尔凯郭尔或祁克果）开始严肃思考在同质化的、物欲横流的世界里，人"如何自己选择有意义人生"的问题。克尔凯戈尔的存在主义毫不犹豫选择了委身于上帝，坚信上帝会给基督徒指出最好的道路，期待从绝望中获得拯救。尽管克尔凯戈尔认为基督教义是"一种表达存在主义的矛盾的存在主义的信息"①，但他始终坚持"永恒与暂时的东西、无限与有限的东西、上帝与人是完全隔绝的"信念，坚持"上帝是有罪人的最后赎罪者"的观点。虽说克氏在世时并不出名，但在他那个时代，以吸收"日心说"的理论成果见长的"理神论"已开始流行。

在达尔文的进化论出现之后，"人类中心主义"、特别是"欧洲中心主义"观念遭到了动摇。美苏"冷战"期间，以美国为中心的基督教原教旨主义开始复活，竟声称上帝站在美国一边，甚至叫嚣不惜与苏联开展核战，以消灭"邪恶的苏联"。面对原教旨主义者"倒果为因"的狂热和"科技异化"给人类生存带来的新威胁，当代神学者们又开始重新思考如何发挥上帝的"社会性"问题，即上帝在人与人之间如何发挥博爱作用的问题，并试图对西方宗教作出重新解释。其主流观点认为，希伯来传统所讲的人性之恶体现的是人和造物主之间的异化：上帝给人最珍贵的礼物

---

① 转引自［美］L. J. 宾克莱《理想的冲突：西方社会中变化着的价值观》，马元德、王太庆等译，商务印书馆 1986 年版，第 175 页。下引该书，仅标注作者、书名与页码。

是理性，要求人们妥善地运用它。上帝要靠人来凸显他的爱——"人能弘道"。像自由主义神学家卡莱尔（Caryle）就坚持上帝的信息需在历史或在自然中显露。戈尔登·考夫曼（Gordon Kaufman，又译沃尔特·考夫曼）则认为上帝的观念是人塑造的，即使启示，也是通过人的理解和自觉的解释。在他看来，上帝的概念都是文化的、语言的塑造。人是体现上帝精神的最具灵性者，神不可能做出连人的理性都不可能理解的事。

在弗洛伊德精神分析理论出现之后，西方"自我中心主义"思想也遭到了动摇。现在有越来越多的神学家认为，上帝很可能不是完全"超越外在的实体"，不是我们所不能完全理解的"全能"。若掘井及泉，上帝很可能就存在于我们的内心深处，做我之为我的最根本的、也是最自然的终极基础。[1]

上述情形让我们看到，随着科学的发展，"人类中心主义""欧洲中心主义""美国中心主义"和"自我中心主义"已逐步退出历史舞台，基督神学反倒以各种面目出现，在顽强地成长。这一切也终于使我们明白：基督教与其他宗教信仰一样，不是社会现象，而是一种生存心理现象，它是不会随着社会的进步而消亡的。而这并不是说原始宗教信仰不会受到科学进步的"冲击"，这种影响只不过更多地表现为神学家们如何运用新的科学知识武装宗教以获得新的说服力的问题。或者说，科学的进步成了神学发展的助缘。因此，所谓的基督神学史，就是以耶稣受难为母题，利用最新的科学成果（新型宇宙观）不断加以诠释、不断现代化的历史。其实，现在已有学者总结出西方现代基督教思想现代化的四个努力方向：如"消解神话之企图""宗教语言之象征""对经验和过程的重视"和"宗教的彻底俗世化"[2]。可见，基督教要想获得生命力，同样需要与时俱进、不断现代化。说得具体点，就是基督教所谓的"性恶""原罪""两个世

---

[1] 参见杜维明《儒学第三期发展的前景问题》，第 118 页。

[2] 参见刘述先《儒家思想的转型与展望》，河北人民出版社 2010 年版，第 263—271 页。下引该书，仅标注作者、书名与页码。

界绝缘"等核心观念仍有解释空间。

至于"原罪""性恶"等信仰与科学、民主之间到底有没有必然的联系，孔汉思（Hans Küng，又译汉思·昆或汉斯·库恩）说：

> 西方民主、科学等主要价值并不是因为基督教，而是在基督教的压制和反对下建立起来的。①

杜维明等先生则认为，不是原罪、性恶催生了民主、科学，而是科学推动了基督神学的发展。

那么，退一万步讲，"能与民主建立联系"的社会"抗衡"思想也仅仅是西方的特产吗？中华元典《易经》就是关于矛盾——"抗衡"的学问。帛书易《衷》开篇就讲"易之义呼（称举）阴与阳"②。不仅雷风相薄、水火不相射，而且天地"睽"、男女"睽"、万物"睽"。"乾"之动"直"、静"专"，"坤"之动"辟"、静"翕"的"自否定"思想为"三才""自我赋形"奠定了基础，使君子"独立不惧""立不易方"的独立人格的形成成为可能。其最高的人格形态当是张岱年先生常讲的"以德抗位"。杜维明先生说曾子十分注重"位"（在朝廷，因爵位获得话语权）、"齿"（在乡党因年龄拥有话语权）和"德"（指道义、正义在手）"三达尊"。子思子就是"以德抗位"的典范。郭店楚简《鲁穆公问子思》篇记载鲁穆公请教子思，问"什么样的臣子是忠臣"这个问题。子思说"恒称其君之恶者，可谓忠臣"③，翻译过来大致是说经常指出君王缺点的臣子是忠臣。事实上，生活中的子思就以敢于批评君王而著称。有

---

① 参见刘述先《儒家思想开拓的尝试》，中国社会科学出版社 2001 年版，第 106—107 页。下引该书，仅标注作者、书名与页码。

② 廖名春：《帛书〈周易〉论集》，第 178 页。

③ 廖名春等：《写在简帛上的文明：长江流域的简牍和帛书》，浙江大学出版社 2011 年版，第 35 页。

人会说，子思之所以敢于批评君王，是因为他既是鲁穆公的老师，又是孔子的嫡孙的特殊身份，换成别人可能不敢如此。其实，儒家"以德抗位"是有一套自己的理论的。比如，在朝廷靠身位说话，因有"不在其位，不谋其政"的约束，"下人"是不该多言的。在乡党靠资历、年龄说话，因有乡村礼俗的制约，"小的"是不敢造次的。可在"位"与"齿"的权威无限膨胀扩大之时，君子只要"正义在手"，即可"以德抗位"，这就是后儒歌颂的民主"抗议精神"。

至于"科学精神"也一样。儒家文化圈完全能区分天、人、主、客，况且儒家强调"学而第一"，什么都可以学。从当今科技发展的势头看，用衡量"科学精神"的重要指标——对现代制造业技术掌握的程度来衡量，儒家文化圈与基督文化圈相比毫不逊色！

然而，"恶"的问题也是一种精神现象。恶永远存在着，它构成了对哲学问题的根本挑战，任何一种文明都不可忽视它，不能不对其作出哲学反思。保罗·利科（P. Ricoeur）已指出：

> 恶是所有哲学思想的关键点：如果它们将恶吸纳其中，这就是它们的最大成功；但是被吸纳了的恶已不再为恶了，因为它不再荒谬和受人指指点点了。它也不再是置于法律和理想之外了。但如果它们没有将恶吸纳，哲学就不为其本身了。哲学至少应该自成体系，海纳百川而无所遗漏。①

从前述的当代西方世界对基督文明"罪""恶"等文明现象的反思看，中华文明有关"善之代不善"和"遏恶扬善"思想自有其深刻之处。

原儒对"善之代不善，天命也"命题的首肯，首先是承认世界有

---

① 转引自哈佛燕京学社《启蒙的反思》，凤凰出版传媒集团2005年版，第105—106页。下引该书，仅标注作者、书名与页码。

"不善"存在，"不善"中自然包含着"罪"与"恶"。有人讲胡适曾不无慧黠地说道，"传教士几个世纪以来都因为中国人无法严肃地对待'罪'而沮丧懊恼"。李泽厚先生说中国人没有"耻感文化"和"罪感文化"①。汉学家牟复礼（Frederick W. Mote）曾深刻地指出：

> 在中国人的世界里，恶不能作为积极和主动的力量存在，也没有被令人恐惧地人格化。恶不能控制人和宇宙。人犯的错（error）和其他文明的罪（sin）不一样。②

牟氏的洞识也让我们联想到西方基督神学关于性善（靠自力救赎）和性恶（靠他力救赎）理论发展史及现当代神学家关于基督教在"人堕落之后"的心理趋向的解释。其实基督教关于"救赎"的理论被严重扭曲过。因为按着基督教的传统，要通过上帝的恩赐，即神子耶稣被钉在十字架上为人类赎罪，方由基督复活的信仰重新获得新生。本来救赎既靠自力，也靠他力，不幸的是，在基督教发展过程中过分崇信奥古斯丁的"原罪说"而有了偏向，把偏爱自力（人性善）的思想家如贝拉基（Pelagius，又译皮莱鸠斯）判为异端，以至于演变为只剩性恶——靠他力救赎之一途③。当代神学家对人"堕落"后的心理趋向有了新解释：即人纵使堕落了，也有与上帝"重新结合"的祈盼。正如保罗·田立克（Paul Tillich，又译蒂利希）解析"堕落"神话时所说：

> 在这次堕落以后，人在自己的生活中就发现其自我已经与自然和

① 李泽厚、刘续源：《该中国哲学登场了?》，上海译文出版社 2011 年版，第 93—98 页。下引该书，仅标注作者、书名与页码。
② ［美］牟复礼：《中国思想之渊源》，王立刚译，北京大学出版社 2009 年版，第 22 页。下引该书，仅标注作者、书名与页码。
③ 参阅刘述先《儒家思想的转型与展望》，第 259 页。

其他自我相隔离了，但他仍然有使自我和他人及自然本身重新结合起来的强烈愿望。①

这就是人希望与"存在的依据"——上帝重新结合的象征。我们以为，原儒不是对"恶"没有体察，而是在原儒看来，人是天地化生而来（乾坤为父母），人的本性（普遍本质）是善的，人人皆负有天命，国人没有所谓的原罪，展现出的完全是西方人"原始无罪时期"——没有"堕落"以前的情形和模样。这也像牟复礼所描述的，尽管"恶会破坏天地的秩序，但一般而言，不是一个明确的威胁，只是在这秩序上开了一条缝隙而已"②。"经验神学家"尼尔森·魏曼（Henry Nelson Wieman，又译尼尔逊·威曼）有感于传统基督教相信一个全知、全能、全善的上帝，致使恶的来源问题得不到善解，不得不求助于"过程神学"。他解释道：上帝的力量虽然是永远不竭的，但不能保证恶的蹂躏不会降到我们身上。人只有坚定自己的终极托付，与罪恶作斗争，使善的创造力量发生最大的威力，而这乃是我们唯一的希望。③ 这与原儒认为"恶"是可以被遏制的，号召君子要"遏恶扬善"的主张多么合拍！

第三个问题：关于权利价值的学理基础。

法治建设需要出现独立人格，要确立权利观念、民主观念、自由观念、平等观念等。《易经》为"权利"价值提供的学理基础是什么呢？我们重新理顺一下大易关于"乾，元、亨、利、贞"诸定义诠释的思路。

笔者在拙著《童子问易》中，以宋儒欧阳修提出《乾》"四德说"

---

① ［美］L. J. 宾克莱：《理想的冲突：西方社会中变化着的价值观》，马元德、王太庆等译，第311—312页。

② ［美］牟复礼：《中国思想之渊源》，王立刚译，第40页。

③ 参见刘述先《理想与现实的纠结》，吉林出版集团有限责任公司2011年版，第251页。下引该书，仅标注作者、书名与页码。

来源可疑①为线索，紧紧围绕李学勤发出的"《文言》的头几句就来自《左传》。这些到底讲的是什么"② 的世纪之问为核心，依据著名的"刘大钧猜想——六十四卦每卦皆有'文言'"，从文献批判学、文化考古学等角度发现所谓《乾》"四德说"（"君子体仁足以长人，嘉会足以合礼，利物足以合义，贞固足以干事"）是《随》"四德说"（体仁足以长人，嘉德足以合礼，利物足以合义，贞固足以干事）窜入的内容（欧阳修《易童子问》开篇就讲"童子曰：然则乾无'四德'，而《文言》非圣人书乎。曰：是鲁穆姜之言也，在襄公之九年"③）。因为《随》"文言"第一句讲的是"元，体之长也"，故下一段对应的第一句只能接着"体仁"申论。我们知道，《周易》有《乾》《随》《无妄》等六卦卦辞讲"元""亨""利""贞"。其他五卦的"元""亨""利""贞"与"乾，元、亨、利、贞"的意思绝不可能相同，故我们有必要对"乾，元、亨、利、贞"的"元者，善之长也；亨者，嘉之会也；利者，义之和也；贞者，事之干也"诸定义重新加以诠释。

以往权威注疏家几乎无一例外皆把"元、亨、利、贞"解释为春、夏、秋、冬，或仁、义、礼、智，或东、西、南、北，这类传统解释现在已暴露出局限性了。

我们先讲"元"。从"德性论"五行学说（相对于"元素论"五行说而言）角度看，既然"元"是"善之长"，"善"囊括仁、义、礼、智（仁、义、礼、智"四行和"），"亨""利""贞"便不能再同语反复。

我们再看"亨"和"贞"。"亨者，嘉之会也"的"嘉"似有夏之佳美义；"贞者，事之干也"的"干"也似有冬之聚藏义。而从《诗经·烝

---

① 刘大钧：《周易概论》（增补修订本），第76页。

② 李学勤：《李学勤讲演录》，第123页。

③ （宋）欧阳修：《欧阳修全集》，北京市中国书店1986年版，第561页。下引该书，仅标注作者、书名与页码。

民》的"仲山甫之德，柔嘉维则"① 中"嘉"义为"刚"；虞翻释《随》卦九五爻辞"孚于嘉"之"嘉"为阳；孙星衍释《遁》卦九五爻"嘉遁"之"嘉"为乾，释《革》卦六二"小象"辞"行有嘉"之"嘉"为"乾"② 体察，"嘉"还有"阳刚"升扬之义，"干"自然也有"阴柔"凝聚之义。"夫乾，其静也专，其动也直"，"直"即为"刚"，"专"即为"柔"③。由于"亨"指动，"贞"指静④，按着阴阳矛盾理论，如果"嘉之会"是指"乾"之"直"，那么"事之干"就是"乾"之"专"，这样"亨"和"贞"就是讲"乾"的"自否定"。"元者，善之长也"应是讲"至善"（第二篇"孔子以德代元"一节有申论）。

回头我们学习一下"利者，义之和也"。先看看"义"。《易传》将"仁"与"义"与"阴""阳"和"刚""柔"范畴并列，"仁"与"义"以一对矛盾面目出现。"仁"与"义"之所以是对矛盾，是因为"义"的古义并不是战国后讲伦理道德所赋予的含义，"义"的本义是"宜"，即"杀"⑤。《论语·子路》就讲"上好义，则民莫敢不服"。而"仁"呢？孔子讲"仁者爱人"，"仁"是双人之"爱"，又由于"泛爱众而亲仁"⑥，即这种爱自"单"人出，到相人"偶"，可博施于三人之"众"，乃至于"类"。"义"就是自觉地对这种"泛爱"之"杀"，即对泛爱的节制，可归于"动机论"的义行。当然，"仁"也可以反过来节制"义"行，"义"可以"被义"，即引申为"非动机论"的"义务"。这里我们将"义"解释为"义务"是有根据的。因为程颐说"义与利，只是个公

---

① 《十三经注疏》整理委员会：《毛诗正义》，第 1434 页。

② （清）孙星衍撰，黄冕点校：《孙氏周易集解》，第 286、406 页。

③ 参见（清）李光地撰，冯雷益等整理《御纂周易折中》，中央编译局 2018 年版，第 552 页。下引该书，仅标注作者、书名与页码。

④ 参见（清）李光地撰，冯雷益等整理《御纂周易折中》，第 465 页。

⑤ 庞朴：《儒家辩证法研究》，第 20—23 页。

⑥ 李零：《去圣乃得真孔子》，第 271 页。

与私也"①。李泽厚先生在回应中国伦理学缺乏"公正"等价值时曾经指出，关于"中国的'义'译为righteousness、justice 都不很准确，也许可以译为 obligation，它是人对五伦、家国和宇宙自然所承担的义务"②。因此我们说"义"是讲义务。由于"合""和"可以互训③，"义之和也"可说成是动机论和非动机论的义务之和。我们知道"义务"是与"权利"对应的范畴。关于"权利意识"，早在西周初期时武王姬发就已深深懂得了"民之所欲，天必从之"④ 的道理。按着陈来先生对《尚书》的解读，皇天授命给君王也只不过是让有德的君王代表上天来保障人民权利的行使⑤而已。在《周易》中，《坎》卦九五爻辞"坎不盈，祗既平"所描述的现象在现实中并不存在，它追求的当是一种公平的境界。庄子就曾借仲尼之口说"平者，水停之盛也。其可以为法也，内保之而外不荡也"⑥。在《论语·里仁》篇中，孔子认为"以约失之者鲜矣"⑦，强调的是契约的约束力。结合《易传》讲君子"独立不惧""立不易方"和"百官以治，万民以察"所体现的"权利""民主""民治"等思想⑧，特别是"阴主义，阳主利"思想⑨，我们运用孔门"执两（利与义）用中"的方法来分析，"利者，义之和也"当诠释为权利与义务要对等、匹配和相应。由此看出，《易经》讲"义务"，但这个"义务"首先是"对自己的义务"［绝不是伊尔纽曼·列维纳斯（Emmanual Levinas）所说的"对他

---

① 汤一介：《儒学十论及外五篇》，第 175—176 页。

② 李泽厚：《哲学史纲》（最新修订版），第 145 页。

③ 王辉：《古文字通假字典》，第 550 页。

④ 《十三经注疏》整理委员会：《尚书正义》，第 325 页。

⑤ 参见陈来《孔夫子与现代世界》，第 23—24 页。

⑥ 方勇译注：《庄子》，第 86 页。

⑦ 李零：《去圣乃得真孔子》，第 275 页。

⑧ 参阅拙作《〈周易〉经传法哲学思想新论》，《大连海事大学学报》（社科版）2017 年第 1 期。

⑨ （宋）朱熹著，柯誉整理：《周易本义》（以清·和硕怡亲王府藏本为底本），中央编译出版社 2010 年版，第 31 页。下引该书，仅标注作者、书名与页码。

者的无限义务和责任"①]，它实质是康德所说的"人性的权利"②。

因此我们说，"乾，元、亨、利、贞"就是在性善论的前提下，在阴阳平衡、三才会通的语境中讲万民权利、义务的匹配、相应和对等。郭齐勇先生也早就指出，"人与终极的天具有贯通及德性的禀赋"③。"权利"是乾元自涵和德天所赋。这种突出权利价值的易哲学与后世专注义务的泛道德主义是有天壤之别的。

杜维明先生曾对中国传统文化中个体的权利意识有过洞察。他针对有学人关于"儒家与人权"研究得出的"社群和国家高于个人"的结论持反对意见④。杜先生说：社群和国家高于个人，这不一定符合儒家精神。……儒家认为人是关系网络的中心点。所谓中心点就是他有不可消解的群体批判的自我意识。这是他的权利。假如我们不重视这个方面，而只是强调个人的社会责任，为社会服务的精神，那儒家从先秦以来关于个体的自主性和抗议精神的许多重要资源就被忽视了。⑤

新编《韦氏国际大辞典》（第三版）对"自由主义"下的定义是：

> 自由主义是建立在对于进步，关于人的基本善性和个人自主性信念之上的哲学。⑥

这一界定与中华传统对自由的理解和在政治学、社会学、法学意义上的运

---

① ［法］列维纳斯：《总体与无限》，朱刚译，北京大学出版社 2016 年版，第 297 页。下引该书，仅标注作者、书名与页码。
② 朱高正：《朱高正讲康德》，第 140—144 页。
③ 郭齐勇：《中国哲学史十讲》，第 44 页。
④ 香港学人陈祖慰先生提出儒家人权"五大原则"，其中"第一原则是社群和国家高于个人，他们认为这是儒家伦理"，引自哈佛燕京学社、三联书店主编《儒家与自由主义》，生活·读书·新知三联书店 2001 年版，第 74 页。下引该书，仅标注作者、书名与页码。
⑤ 哈佛燕京学社、三联书店主编：《儒家与自由主义》，第 74 页。
⑥ ［美］狄百瑞：《中国的自由传统》，李弘祺译，中华书局 2016 年版，第 56 页。

用已别无二致。从我国古代的司法实践看，韩非子按着荀子性恶论打造的大秦酷律、"家罚"，使大秦帝国大厦不过二世便轰然倒塌。当今学界却有人仍迷信西方性恶论，努力"转化传统"搞"新的儒法互用"和"阳儒阴法"，这些做法极易让人产生负面联想。

"法自理出"。法治的建设需要有统一的人性论基础，但不是以"性恶论"为唯一基础；法治建设需要有独立人格的形成和权利价值、自由价值等的确立，但契约背景下的"人"绝不是个抽象的人，人应当是"立体的人"，当是其所是。

②《易经》体现的是价值法思想

《易经》六十四卦中有十多卦谈到"法"和法治的问题，像"师出以律""明罚敕法""明慎用刑""以明庶政""赦过宥罪""议狱缓死""刑罚清而民服""百官以治，万民以察"。《易》"与天地相似"①。原儒把"营辰之斗"（北斗七星）视作宇宙大法（钟），临摹宇宙运行的节律、机制，指导人们日用伦常。由于"见乃谓之象"，而"成象之谓乾，效法之谓坤"②，乾制之象是"自然法"；坤作之"法"仅为"实证法"。制易者（立法者）以二者重合度逾高为"实证法"的正当性逾高，以二者重合度逾低为"实证法"正当性逾低；以合乎宇宙运行节律之法为"合法"，以违背宇宙运行节律之法为"非法"。也就是说宇宙大法——"自然法"告诉我们的不是"法是什么"的"实证法"问题，而是"法应该是什么"的"价值法"问题。③ 如果在中华传统中存在"法系"的话，当属价值法系。

世界法权哲学创始人之一费希特就认为，法权哲学的学科使命就在于，它要对法学本身作出反思，为法学提供最终的理性根据，为各个法学部门奠定可靠的基础。如果说法学研究实证法，法权哲学就研究应然法。

---

① 《易传·系辞·上》第四章。
② 《易传·系辞·上》第五章。
③ 参见朱高正《朱高正讲康德》，第66—82页。

它的出发点不是个别的、偶然的，而是普遍的、必然的，因而不属于变化无常的感性世界，而是属于持续、稳定的理性世界。①

这种价值法（应然法）在我国已有悠久的历史传统。价值法的源头像"明德"源头一样，仍然在"三代"以前的虞舜。《史记》载，"尧崩，舜让避丹朱于南河之南。诸侯觐见者不之丹朱而之舜；狱讼者不之丹朱而之舜"②。虞舜的"法务"大臣皋陶早就揭示了价值法的"主权在民"原则，即"天聪明，自我民聪明；天明畏，自我民明威"。虞舜多次叮咛告诫皋陶："钦哉！钦哉！惟刑之恤哉！"③ 就是提醒皋陶千万要慎用刑罚。《尚书·舜典》讲的"象以典刑"④ 绝不是我国有些法学专家望文生义、喜闻乐道的残酷"象刑"⑤，而是秉承"法象观"的传统，主张"'利用刑人'，以正法也"⑥、"明罚敕法"⑦、"明慎用刑"⑧、"折狱致刑"⑨、"赦过宥罪"⑩、"议狱缓死"⑪，强调"刑罚清而民服"⑫ 等。这有《汉书·刑法志》圣人"立法设刑，动缘民情，而则天象地"⑬ "释法"之佐证。

我们讲的"自然法"与"实证法"相对，虽说它脱胎于古罗马西塞

---

① 转引自张东辉《费希特的法权哲学》，中国社会科学出版社 2010 年版，第 262 页。下引该书，仅标注作者、书名与页码。

② （汉）司马迁撰，（宋）裴骃集解，（唐）司马贞索隐，（唐）张守节正义：《史记》（点校本二十四史修订本），第 36 页。

③ 《十三经注疏》整理委员会：《尚书正义》，第 78 页。

④ 《十三经注疏》整理委员会：《尚书正义》，第 77—78 页。

⑤ 胡留元、冯卓慧：《夏商西周法制史》，商务印书馆 2009 年版，第 14 页。

⑥ 《易传·蒙·象》。

⑦ 《易传·噬嗑·象》。

⑧ 《易传·旅·象》。

⑨ 《易传·丰·象》。

⑩ 《易传·解·象》。

⑪ 《易传·中孚·象》。

⑫ 《易传·豫·象》。

⑬ （汉）班固著，（宋）吕祖谦编纂，戴扬本整理：《汉书详节》，第 82 页。

罗到西班牙的瓦斯盖兹（Fernando Vasquez）和荷兰（时为西班牙属地）格劳秀斯（Hugo Grotius），再到德国沃尔夫的自然法思想，沿袭的是康德理性法意义上的自然法①，但它拥有中国血统。这种讲法可以得到西方19世纪权威史学家阿道夫·赖克韦恩等提出的关于"莱布尼茨和沃尔福（夫）都认识到，在欧洲非常重要的自然法的概念，非常类似于儒家的'道'的概念"②的印证。美国著名法学家罗斯科·庞德（Roscoe Pound）从反对"法律强力说"角度切入，讲"如果我们不能建立一个为每个人所同意的普遍的法律价值尺度，也不能由此得出结论，我们必须放弃一切而将社会交给不受制约的强力"。他还打比方说："爱因斯坦曾教导我们说，我们生活在一个曲线的宇宙中，这里没有任何直线、平面、直角或垂直线。可是我们并不能因为这原因而放弃进行测量。直线和平面等等是不存在的。但是作为一种实际活动的各种假设，他们为了某种实际活动的需要，已经相当接近真实。被近代各种法律体系所假设或接受的价值尺度，也是这样。"③台湾地区第四期大法官李钟声先生曾在其《中华法系》一书中从其他典籍采撷证据论证了中华价值法系的形成与特色，还乐观地介绍了美国、德国等法系朝价值法系构建的走向。他说：

> 现代的法学家们，对于法律与价值的关系已日趋重视，不仅是素受功利主义和实用主义交互影响的美国法学家如此，欧洲如此，即连拉丁美洲的国家亦如此，越来越普遍，已经不只是一个学派，俨然是新兴的法律思想运动。④

---

① 朱高正：《朱高正讲康德》，第74—75页。
② ［美］顾立雅：《孔子与中国之道》，高专诚译，大象出版社2014年版，第273页。下引该书，仅标注作者、书名与页码。
③ ［美］罗斯科·庞德：《通过法律控制社会》，沈宗灵译，商务印书馆2013年版，第65—66页。下引该书，仅标注作者、书名与页码。
④ 李钟声：《中华法系》，台湾华欣文化事业中心1985年版，第328—334页。

坐落在美国首都华盛顿特区第一街的美国联邦最高法院东门楣上竖立的与摩西、梭伦并列的巨幅孔子雕像，昭示着美国人对做过大司寇的孔子的另类解读。

我们作这种研判是因为，就在这同一建筑物的浮雕群像中再次出现了另一幅讲求礼仪的孔子形象。

③价值法的主要概念

《易经》有一系列特殊的概念，比如"观"。圣人"观天下""观神道""观四时""观我生""观其生""观人文"等等，讲的分明就是世界观、人生观、人文观和价值观。《易经》还讲"复观"，要求察几显微，"复见天地之心"。我们说，无论当代西方学人诠释"轴心文明"时提"超越"也罢，提"第二序反思"也好，都是《易经》之"观"应有之义。关于"体"字。《易传》中"体"具有多义性：有的指"本体"，讲尺度和价值，如"阴阳合德而刚柔有体"；有的指体察，如"体天地之撰"；有的指"形状"，如"神无方而易无体"。比如"法"字。从字源学上研究"灋"，如从"水"代表公平，"去""廌"代表独角兽神判等，这是一种讲法，即实证法。今传本《易传》不见许慎"《易经》讲，井者，刑也"的提法。《易传》的明确说法是"制而用之谓之法"，即"制器之器"。此外，《易传》还讲用乾坤阖开、翕辟"图式"去"体天地之撰"的宇宙大法。这种种"法"皆从"象"来，属于自然法——价值法。比如"讼"字。《讼》卦主要讲诉讼程序，宣传的不是"息讼"思想。这里我们从构词法上体察，"讼"是"言公"，其本意是讲公正、公道的言论，引申为通过诉讼寻求公平，进而成为法学的关键词。比如"纳约"。中华文化坚信文明嘉汇，讲究"以同而异"，自古以来就拥有丰富的"纳约"智慧，老年孔子"返魅"观《易》之"德"就是与皇天上帝订立"盟约"，充分尽人之性以完成天地之化育。①

① "儒家与天盟约"是杜维明先生的提法。尽管杜先生是在"内在超越"前提下讲的"盟约"，我们以为在原儒"外在超越"方面同样适用（下文有详述）。参见刘述先《儒家思想的转型与展望》，第233—234页。

可令人遗憾的是，古往今来易学界几乎无一例外都把"上古结绳而治，后世圣人易之以书契"的"书契"二字解释为"契刻"，即在龟甲、竹牍上面画符、刻字等，这是天大的误解。请注意，作易者不是说上古结绳"记事"，明确讲"结绳而治"，讲的是治国。关于"变"字。《易经》尚变。我们说易经哲学讲本体，但乾坤代表的宇宙图式非心、非物，恰恰没有形体。它的特征是与时偕行，唯变所适，从而给后世立法，特别是"敕法"工作做了理论上的铺垫。

④价值法的主要范畴和基本命题

主要范畴：

利与义范畴。《易传》中"利""义"二字都有多义性。"利"字有的讲功利，有的讲权利；"义"字有的指道德、肃杀，有的讲义务。尽管如此，它们并没有掩盖《易经》丰富的权利本位思想。这一重要思想，来源于自然法和不讲"总体""整体"的德所释放的个体的自由。《易传》对《周易》古经吉凶"福祸观"进行了转换，树立了"万民以察"的权利观①。在《乾·文言》中，"利者，义之和也"，即讲权利和义务是一体两面，二者相应，是辩证统一的关系。义务必须从权利中得到引申，是与权利对应的义务。权利与义务范畴是易经法哲学的"第一范畴"。

理与欲范畴。我们一直误以为理欲关系到宋时才开始讨论，其实不然。李学勤先生对"理欲范畴的始源"做过专门考证，于2001年8月在"长沙三国吴简暨百年来简帛发现与研究国际研讨会"上指出：谈"天理人欲的'是早期儒学的正宗'"②。人欲与权利关系甚密。"纳约"是一种妥协的艺术，如果任由欲望使然，无视理性（康德的"外在自由"）召唤，契约难以达成，家国不能稳定。《易传》讲"惩忿窒欲""节以制度"等都涉及理、欲之辨证。

---

① 拙著《童子问易》，第105页。
② 李学勤：《中国古代文明研究》，华东师范大学出版社2004年版，第238—240页。

数与度范畴。"筮的本质是数"。筮占关键在于能不能"达乎数"。筮占主要靠"天地之数"和"大衍筮法"。清儒孔广森说大衍之数"以勾三股四弦五为本"①。《易传》中"大衍筮法"就是用49（7^2 即"勾股并而自乘之数"）根著草衍天，衍算步骤体现的是"3（三才）""4（四时）""5（闰周）"，就是用商高（勾股）定理衍天、衍地。因为边长为7的正方形各边可以分为（勾3+股4）或（股4+勾3）。勾3与临边的股4连线，弦为5；股4与临边的勾3连线，弦亦为5。四条弦连起来又成为一个正方形。如果把此正方形边长同样"勾股并"设定为7，继续分为勾3和股4或股4和勾3，依次连线结果同样是正方形，这样以至无穷。其于几微的"深"处，可以无限接近事物的根底；与广大的"远"处，可以无限接近宇宙。"数"的范畴无论于宏观层面理解还是在微观层面把握，都是支持"自然法"法理的。"度"同样是《易》的重要范畴。《易经》尚变，十分重视事物由量变到质变的转变问题，尤其是少阳进到老阳、少阴退到老阴的关节点，即"度"的把握。从当今的司法实践角度看，在立法环节，如工程招标投标法与政府采购法之间、海商法与铁路法之间、程序法与实体法之间等都应有"度"的分界；在民事合同签订环节，是通过司法仲裁还是通过法院判决解决纠纷，是首先要约定清楚的事项；在诉讼环节，是打"程序官司"还是打"实体官司"，也必须要搞清楚；在执法环节，强制执行与非强制执行之间的次序安排等过程中，都有"度"的问题。极而言之，对"度"的把握、拿捏，直接关系到当事人的得失成败。

器与法关系范畴。《易经》有"形而上"和"形而下"的分判。古往今来，人们多注意形上之"道"和形下之"器"的解读，而恰恰忽视了"形"本身。"形"本身究竟是什么？我们以为是"制器之器"。因为《易传》说"天垂象，见凶吉，圣人象之"，讲"见（现）乃谓之象，形

① 转引自章太炎著，虞云国校点《菿汉三言》，第62页。

乃谓之器，制而用之谓之法"。即就特殊性来说，"器"是个具体的"形"；就普遍性来说，"制器之器"是个共用的"形"。此形演变为人人共"法"。"器"与制器之器之间的关系是具体与普遍的关系，是实与名的关系。

基本命题：

人人皆有价值。基督教认为人人皆有原罪，人体这个皮囊即代表着有罪之身。而中国传统认为"太上以德抚民"，"天生百物，人为贵"。[①] 自古以来国人对身体都十分重视，因为身体发肤受之父母。古书记载虞舜小的时候，当父亲不高兴用树条打他的时候，他就忍受；当父亲抡起木棒时，他就逃跑。人家问他何故，他说身体是父母给的，打坏了，不仅自己受苦，父亲也是会心疼的。这则故事可作国人人身高贵的明证。在中国，一个成年的男性，是父母的儿子、太太的丈夫、孩子的父亲、单位的同事、社会的公民、宇宙大化的参与者，总之是一切社会关系的总和，在不同层面体现着不同的价值。人人具有圣端，都是价值的贡献者。在当今社会，人最起码可以释放"人口红利"。儒家信奉的价值是圣人与上天"讨价还价"的结果，这与西方"人类中心主义者"提出的"人是万物的尺度"相左，《易经》认为"德是万物的价值尺度"。

人人共法。《易经》的"法"是制器之器，来自天象，传达"德音"，而"天垂象，见凶吉"。《论语》中孔子讲君子"三畏"，《易经》讲"震惊百里"，讲"恐惧修省"，讲"先天而天弗违，后天而奉天时。天且弗违，况于人乎？况于鬼神乎"。《易经》乾坤图式是宇宙大法，人人共范。《易传》"广大悉备""范围天地"，也就是法外无法，其具有普适性，即法律面前人人平等。

善优先于权利。关于"善"与"权利"谁有优先性的问题是近代西方理论界一直聚讼不已的大问题，对此当代自由主义者和共同体主义者的

---

① 　陈伟等：《楚地出土战国简册（十四种）》，第245页。

争执尤为激烈。由于这一问题关系到自由与法治的问题，这两个重大问题又都与康德开创的传统有关，于是我们不得不回到康德那里寻找答案。尼采说康德是"孔尼茨堡最伟大的中国人"①，沈有鼎先生在留德期间比较黑格尔与康德价值论差异（即关于真、善、美认知顺序之差别）时得出结论："康德是中国人。"② 这从莱布尼茨到沃尔夫，到鲍姆加登，到康德的学术谱系来说是不奇怪的。由于康德"三大批判"学术体系庞大，后学者见仁见智，不仅从中开出了实证和价值两大法系，还从康德对"自由"的两种运用中得出了各自不同的结论。正如西季威克（Henry Sedgewic）指出的那样：康德没有意识到他在两种意义上使用了"自由"一词："一种意义上的'自由'就是主体独立于欲望的控制等等，另一层意思的'自由'则是去'自由的选择做善还是做恶'。从第一层的自由推断不出有这样'自由'的人一定选择'做善'。"③ 当代自由主义思想家罗尔斯坚持"后义而先利"，自认为其"无知之幕"的"原初状态"超越了康德关于"自由"的第二层意思。认为当事人在"原初状态下"会选择"正义"进而组成新的"普世的社会"。共同体主义者质疑：为什么这些在"无知之幕"后的连自己是男女都分不清的"裸人"会毫不犹豫地选择"正义"，而不是像毫无约束的野兽一样选择罪恶？其保证何在？这些是罗尔斯们回答不了的。如果执意讲"无知之幕"后的当事人会"毫不犹豫地选择'正义'"，结论只有一个，那就是人性本善，就是善对于权利的优先性。④ 尽管西方共同体主义者之善的概念与我国善的概念不尽相同，但却有着真正的"重叠共识"。《文言·乾》讲"元为至善"，

① 朱谦之：《中国哲学对欧洲的影响》，第 342 页。

② 参见汤一介《儒学十论及外五篇》，第 158 页。

③ ［美］列奥·施特劳斯：《自然权利与历史》"导言"，彭刚译，生活·读书·新知三联书店 2003 年版，第 52 页。下引该书，仅标注作者、书名与页码。

④ 列奥·施特劳斯认为"善先于权利"。见［美］列奥·施特劳斯《自然权利与历史》"导言"，彭刚译，第 47 页。

讲"利义和合",讲"乾始,以美利利天下,不言所利",都说明中华传统文化认为善优先于权利。如果说"交易而退,各得其所"体现的是交换正义,那么"哀多益寡,称物平施"体现的则是分配正义。

⑤礼法互补

关于礼与法的关系,在春秋时期"礼"与"仪"已开始分离,有《左传》郑国子大叔对赵简子的"礼论"为证。赵简子向子大叔请教揖让、周旋之"礼",子大叔说,你问的是"仪"不是"礼"。简子又追问:敢问,何为礼?子大叔答,他听子产说过:"夫礼,天之经也,地之义也,民之行也。""天地之经,而民实则之。"① 这种"礼"在《礼运》看来,"夫礼必本于大一,分而为天地,转而为阴阳,变而为四时,列而为鬼神。其降曰命"②。可见"礼"在原儒眼中是指社会典章制度。它起码是能使人"有耻且格"的习惯法。当代韩国学人咸在鹤对"礼"的研究已有突破。他肯认"礼"是儒家的"宪章",认为假如宪法是一种调节机制,那么限制政府、政府的最高领导、传统的君王等在资源运用、人事安排中的不合理掠夺的儒家之"礼"所代表的精神,就是同样重要的调节机制,他称之为"儒家的宪法主义"。③ 关于"礼"与"法"的关系,《史记·太史公自序》作过揭示:"夫礼禁未然之前,法施已然之后;法之所为用者易见,而礼之所为禁者难知。"④ 习惯法还需要与时俱进进行"整饬"。在当前的立法实践中,宜注重将符合中国公序良俗的重要的习惯法转变为强制法,强化礼俗"他律",以充分体现中国善法良治的特色。

3. 关于"形而上"的知识

以胡塞尔为代表的现代现象学家进一步打破康德对知识的"垄断",

---

① 杨伯峻:《春秋左传注》(修订本),第1457页。
② 《十三经注疏》整理委员会:《礼记正义》,第824页。
③ 参见哈佛燕京学社《儒学与自由主义》,第45、77页。
④ (汉)司马迁撰,(宋)裴骃集解,(唐)司马贞索隐,(唐)张守节正义:《史记》(点校本二十四史修订本),第3976页。

以现象学还原等方法重新确立知识基础①的做法是可取的，但其只承认"天垂之象"而不承认"天象"背后的形而上学则是与原儒思想相扞格的。原儒不仅承认"形而上"的知识存在，而且认为其可知。

《易经》"形而上的知识"主要讲世界观和方法论。

（1）原儒的世界观

《周易》本经设有《观》卦，展现的是最开放的世界观、人生观和价值观。②

当代儒者基本都不肯承认中国传统文化、特别是儒家文化中有一个超越的世界。一些活跃于国内的汉学家也鼓励我们强化这一观念以示与西方文化的差别。在《易经》中，原儒明确区分出"后天"的世俗世界和"先天"的超越世界。因为殷、周之际思想家们认为存在一个人格化的"皇天上帝"。殷人始终认为祖先神就是上帝（祖、示、帝、天，一也），周人（主要是周公）则以祖先神"配"上帝（"上帝"被转换为主宰之神，祖先神"禘后稷而宗文王③"），将"人王"奉为"天子"。周人在论证其政权合法性的同时，揭示出"皇天上帝"的两个面向。一是"皇天无亲，惟德是辅"④。"惟德是辅"是倒装句，即皇天唯辅是"德"；另一面向是"惟不敬厥德，乃早坠厥命"⑤。即是说，皇天上帝（乃至万民）是伊曼纽尔·列维纳斯所说的"绝对的他者"⑥。只要天子"失德"，不仅皇天上帝要收回天命，百姓万民也可以"革"他的命。陈来先生甚至说"民"是西周人"历史中的上帝"⑦。我们知道，张岱年先生应该说是

---

① 王太庆、曹青春：《王太庆教授访谈》，《学术月刊》2019年第8期。

② 成中英：《易学本体论》，北京大学出版社2006年版，第83页。

③ 侯外庐等：《中国思想史论》第1卷，第81页。

④ 《十三经注疏》整理委员会：《尚书正义》，第534页。又见《左传·僖公五年》。

⑤ 《十三经注疏》整理委员会：《尚书正义》，第471页。

⑥ ［法］列维纳斯：《总体与无限》，朱刚译，第316页。

⑦ 陈来：《古代宗教与伦理》"引言"，生活·读书·新知三联书店2009年版，第9页。下引该书，仅标注作者、书名与页码。

我国"图书情报专业"的鼻祖和权威。经他研究发现，老年的孔子对"天"的认识确实起了很大的变化。这个变化当是老年孔子认识到了"人""民"理性的有限性！孔子"老而好易"，强化了"返魅"的向往并实现了"第二序反思"（在第二篇"孔子思想特色形成的基础"一节将有论述），进而为易作《传》，"与天盟约，创立了崭新的'德世界'"。如果说《周易》是"中圣"文王与上天签订的"旧约"，《易传》是"后圣"孔子与上天签订的"新约"①，那么"先天"超越的世界与"后天"的世俗世界之间并没有不可逾越的鸿沟。"先天"世界尽管可以批判"后天"世界，却并不否认"后天"世界。"先天"世界与"后天"世界是关联共生的大全世界：

第一，由于"乾道变化，各正性命"，乾元"是生"（自否定）解决了个体的独特性问题；万物"化生"解决了世界的丰富性问题，整个世界便构成一个部分与整体之间呈现差异性同一的、万物并育而不相害的世界。第二，由于天、地有"心"，此"心"是世界本然之心、物我感应之心。"天地之心"说明德世界就在我们心中（"内在超越"的着落处），它从本体论层面揭示了天性、人性、物性、神性的同一性，而这个被肯认的万物一体只能是"德体"。按着逻辑学家金岳霖的讲法，"本然世界皆相关联"。本然世界的关联是"共相关联"，而"共相底关联有至当不易的秩序"②。这理所当然存在第三，"一阴一阳之谓道，继之者善也，成之者性也"，而"德"是万事万物的价值尺度（这里不存在南乐山指责怀特海过程哲学存在的上帝与"创造性"之间的"分离"问题）③ ——"德

---

① 拙作《〈周易〉经传法哲学思想新论》，《大连海事大学学报》（社科版）2017 年第 1 期。关于"新约"与"旧约"区别问题，在"本篇附论"中有详论。

② 参见金岳霖《论道》，第 113—124 页。

③ 参见［美］白诗朗《论创造性：朱熹、怀特海、南乐山的比较研究》，陈浩译，中国社会科学出版社 2012 年版，第 31—91 页。下引该书，仅标注作者、书名与页码。

主生生"（不存在"阴阳震荡"之悖论）①，这个世界既体现出万物生生的秩序，又呈现为一个宇宙的大化流形——生成与绵延的"大全"。其生生变易的动力来源和秩序形成都在于"德"。第四，由于"太上以德抚民，其次亲亲，以相及也"②，这个世界是个"以德安人"——坦然面对"陌生人"，应对"不确定性"。第五，由于"先天而天弗违，后天而奉天时"，后天世界又是个有尊严的、合法的、统一的、和谐的世界。这当是李约瑟认定中国的宇宙模式"没有主宰却和谐有序"的原因。③ 李约瑟所说的"没有主宰"是讲"无中心"。汉学家牟复礼对李约瑟描绘的中国独特的有机宇宙感到惊讶，发现它与古希腊，特别是古闪族的宇宙观之间存在巨大的差别：

> 古希腊的宇宙论，总有逻各斯、主神或者其他想象出来的主宰俯视着被创造出来的世界，他们对于存在的世界是不可或缺的；中国人的观念跟古闪族传统差异更甚，闪族传统孕育了基督教和伊斯兰教的创世观，上帝用手在虚无中创造，或是上帝通过自己的意志创造世界。④

牟复礼的这一观察，进一步强化了我们关于"德世界"是一个去"中心化"的世界的信念。第六，德世界表现为终日乾乾的创造过程。它不像西方上帝在创世之后就"休息"了。"天地之大德曰生"，德正是世界生生不息的"施动者"。"德"的呈现正是世界存在、关联、生生与运动的根源，这种根源不是宇宙发生意义上的根源，而是指宇宙时时而有、永不

---

① ［美］白诗朗：《论创造性：朱熹、怀特海、南乐山的比较研究》，陈浩译，第88—89页。
② 杨伯峻：《春秋左传注》（修订本），第420页。
③ 转引自［美］牟复礼《中国思想之渊源》，王立刚译，第22页。
④ ［美］牟复礼：《中国思想之渊源》，王立刚译，第22页。

枯竭的内在根源①，而"两个世界"由"德"贯通。② 那我们这里所说的
"德"究竟是指什么呢？陈来先生在定义古代"德感文化"③ 时已经
指出：

> 从西周以来逐渐发展了一种思想，即认为在现行的政治秩序之后
> 还有一个道德法，政治运行必须合于某些道德要求，否则就必然导致
> 失败。……在西周早期，这个道德秩序和道德法在一方面被说成即是
> 上帝的意愿或天命的内涵……而到春秋时代，一方面在君子为代表的
> 知识阶层看来，上帝的意志更多地演变为天命的必然性；另一方面，
> 天命也越来越多地采用民意化的形式，要求着德的配合。④

可见，这里的"德"是我们今天所说的"道德"背后的东西——道德法
（后文将有详论，笔者名之为德本体、德道）。这样，建基于此的原儒的
世界观就是：世界是人神共同创造的、万物关联共生的和谐世界。"先
天"德世界和"后天"世俗世界构成了一个有机的完整的世界，实体可
知。需要申明的是，中国的皇天上帝并不全能，还不言不语（"天何言
哉"），他主要通过"天垂象"的方式表达自己的意志。百姓万民通过
"观象""玩辞""观过"⑤ 等方式领受"天命"；德世界在百姓万民参天
地、赞化育的过程中获得"幽赞"与"辅相"。德世界具有社会性。陈来
先生曾说：

---

① 陈来：《仁学本体论》，第 12 页。
② 拙作《〈易经〉的"内外超越"与"命运共同体"思想管窥》，《渤海大学学报》（社科版）
  2016 年第 5 期。
③ 陈来：《古代宗教与伦理》，第 9 页。
④ 陈来：《古代宗教与伦理》，第 324—325 页。
⑤ 《论语·里仁》有"观过知仁"说法。

从宗教上看，殷代虽然有了人格化的至上神，但神与人并未定约，这种纯粹的宇宙信仰并未产生出一套宰制人间的法则，从而，这种信仰对社会组织的影响，只能停留在形式上的合法性、理论上的合法性方面，而无法展开为一种社会伦理和政治法则。这使得，中国文明在实质上，政治法则是由历史经验不断试错而积累形成，社会伦理由共同体的需要而渐渐产生，造成西周"神"与"人"离异的结构特征。……中国文明实际所走的是第三条道路（笔者注：另两条道路一是"用神吃掉人"；一是"以人打倒神"），这就是既不彻底消解神性，又不过分向世俗发展……保留神圣性是为了使价值仍能有超越的权威，发展世俗性说明它早已在相当程度上理性化了。①

这第三条路接近于老年孔子以"德"融通人与皇天上帝之"内、外超越"的路。可以说，"德世界"纵使是个"世俗世界"，它也是个有机的世界。

回过头来我们详细了解一下西方"神学文化"的真实背景。请问，有谁会相信德国前总理赫尔穆特·施密特曾坦承，其身为基督徒，从小到大竟从来不知道另有同源的犹太教和伊斯兰教呢？基于这一点，对于联合国"普遍伦理计划"的积极推动者、美国费城天普大学教授、天主教徒史威德勒（Swidler，又译斯维德勒）毫不留情地揭露基督徒们对其神学文化传统的无知——对拉比（rabbi，犹太教士）文献完全无知，就不令人十分惊诧了。史威德勒指出：在多少个世纪里，基督教学者一直都认为耶稣是反对律法（Torah）的。他们忘记了，作为基督教柱石的拿撒勒的耶稣不是基督徒。耶稣是个地地道道的犹太教拉比。耶稣活着的时候犹太教至少有六个可识别的主要团体：①撒都该教派；②狂热派；③禁欲派；④希腊派；⑤法利赛人；⑥原型拉比派。其中，具有讽刺意味的是，法利赛人经常被描绘成耶稣或基督教的敌人。其实，法利赛人教派是与耶稣靠

① 陈来：《古代宗教与伦理》，第 227 页。

得最近的团体。因为在《马太福音》中耶稣说："不要想我来要废掉律法和先知。我来不是要废掉，而是要完成。"耶稣谆谆教诲信徒要"爱上帝，爱邻如己"。《路加福音》第 10 章第 25—28 节耶稣在答复一个律法师的时候就明白地说"爱上帝，爱邻居"的戒律都来自犹太教的《圣经》。与"开明的希勒尔（Hillel）"拉比和"保守的山迈（Shammai）"拉比所不同的是，耶稣对"律法"作了"自由的"处置。耶稣最与众不同之处在于，他不是按照教律活着，而是按照他的远为超越的虚心无我的理想而生活，超出法庭的规定，甚至达到为了朋友而痛苦地死去的程度——他的智慧和爱透出神性的光辉。可见，虽然耶稣与众不同、独一无二，但他仍活在犹太教内，不仅他是犹太人，他的第一批追随者——最初的基都教会成员也是犹太人，多方面接近法利赛人的教义和习俗。但是，在以色列之外的犹太教堂里，有许多"敬畏上帝者"，他们是一批未行割礼，也不遵守犹太教所有的例行律法的非犹太人，他们是以色列之外的第一批"道"的追随者。久而久之，法利赛人和耶稣的追随者关于"道"的理解出现了分歧：法利赛人的追随者坚持"道"是 halacha，耶稣的追随者则说"道"是 hodos，而犹太教的"道"是希伯来语，基督教的"道"是希腊语。鉴于耶稣信徒构成的复杂性，许多信徒开始自觉不自觉地用希腊思维模式去格义犹太教教义了。① 刘述先先生慨叹，用希腊化的思想去诠释犹太教信仰，特别是将耶稣的神性本体论化，简直是"差之毫厘，谬之千里"。刘先生指出，如果退回到希伯来的脉络，耶稣从来没有光耀他自己，他只是要信众专注于实践他所宣示的"道"——在天上光耀上帝（超越），在人间爱邻如己（内在）。刘述先的结论是：耶稣是有限的人，从来没有耶稣是神的问题，他只不过是闪耀着神性的光辉而已。是希腊化思想本体化倾向才把耶稣转化为神，进而在逻辑上制造了耶稣既是"人"（有限），又是"神"（无限）的不可消解的矛盾。而这一

---

① 参阅刘述先《儒家思想的转型与展望》，第 249—251 页。

矛盾在基督教发展"过程语言"误用的过程中得到了强化。比如，希伯来的表达是譬喻式的，希腊化的表达却转化为实指式的。于是"神性的"原来是形容词，后来却转化为名词的"神"。对于"复活"也是一样，四福音书中最后起的《约翰福音》明显受到了希腊化的影响。有据可查的是，在尼西亚（公元前325年）、君士坦丁堡（公元381年）和卡尔西顿（公元451年）召开的几次公会议上对于基督教的教理的理解都是犹太人的方式。① 在这个语境下我们审查一下"以色列之外"的"敬畏上帝者"克尔凯戈尔的有关言论就会发现，他说"要想变成一个基督徒，就要完全接受基督'既是上帝又是人'这样一个悖论"的说法是合理的；而他坚持"上帝与人、永恒与时间之间存在着不可逾越的鸿沟"的说法又是缺乏"睿识"的。

既然基督徒们对自己的神学文化这般无知，我们对基督神学文化种种神圣"故事"以及霸凌说辞做到心知肚明也就罢了。

前述关于耶稣和上帝、上帝与人的知识，为我们讨论"先天世界"与"后天世界"之间的桥梁架设问题开了方便之门。我们知道，康德的"本体界"与"现象界"之间就有不可逾越的鸿沟。牟宗三先生认为这个"天堑"可以沟通，其架设沟通这"两个世界"②的桥梁是"智的直觉"。"智的直觉"本是希伯来神学话语，认为只有上帝拥有"智的直觉"。但从托马斯·阿奎那临终前几个月的一次神秘宗教体验（他说通过这次知觉体验所获得的知识，是如此的确凿明定，让他此前毕生的著述和证明都一无是处③）看，信徒（人）确实也有"智的直觉"。对此汉学家牟复礼斩钉截铁地指出：

> 托马斯·阿奎那所体验的不是信仰的飞跃（leap of faith，尽管这

---

① 引自刘述先《儒家思想的转型与展望》，第252页。
② 牟宗三：《智的直觉与中国哲学》，中国社会科学出版社2008年版，第114—140页。
③ 据说托马斯·阿奎那停止了《神学大全》的写作，使其成为未完成的作品与此直接相关。

是一个虔诚的基督徒不可或缺的），而是一种直截、顿透式的（direct and immediate）的确知。①

不仅如此，当代新儒家代表人物之一刘述先先生指证："牟宗三先生肯定智的直觉，与目前还活着的苏菲传统，有若合符节之处。"② 这个"苏菲传统"的继承人是西方"现代哲学家图书馆"截至目前仅收录的两位非西方哲学家中的第二人——杰出的伊斯兰哲学家纳塞（Seyyed Hossein Nasr，又译纳瑟）。纳赛针对西方社会对"知识"的了解日趋狭隘与浅薄，已经不了解知识的神圣根源的实际，呼吁回归"苏菲传统"，即"恢复柏拉图、奥古斯丁、普洛泰纳斯（Plotinus）以至亚维西拿（Avicenna 或 Ibn Sina）的睿智。这个传统肯定'智的直觉'"③。所谓"智的直觉"，在柏拉图那里是"理智的直觉"，在西赛罗那叫"智虑明达"④，在爱德华兹（Jonathan Edwards）那里是"内在灵现"，在神学家保罗·田立克那里为"理性之深层"⑤，在哲学家迈克尔·波兰尼那里为"默会的维度"⑥；在文化中国就是人人皆有的"圣端"，如在荀子那里称作"灵明"，在张载那里属于"体知"，用陆象山的说法就是"东西海圣人出，心同、理同是也"的"心通"，在王阳明那里是"良知"。

德国著名哲学家谢林在论证因果性与目的性的统一时提出了"理智直观"的认识方法：

---

① ［美］牟复礼：《中国思想之渊源》，王立刚译，第 25 页。

② 刘述先：《儒家思想的转型与展望》，第 223 页。

③ 转引自刘述先《儒家思想的转型与展望》，第 223 页。

④ ［英］约翰·托兰德：《泛神论要义》，陈启伟译，第 53 页。

⑤ 参见 ［美］保罗·蒂利希《文化神学》，陈新权、王平译，工人出版社 1988 年版，第 7 页。杜维明先生认为将 Tillich 译成蒂利希是错误的译法，故在本书稿中称 Paul Tillich 为保罗·田立克。

⑥ ［匈牙利］迈克·波兰尼：《个人知识：迈向后批判哲学》，许泽民译，贵州人民出版社 2000 年版。

无论整个自然界的合目的性，还是个别产物的合目的性，只有用一种原来业已把概念的概念和客体本身不可分离地统一起来的直观，才能理解。①

国际易学联合会前主席、科学易泰斗董光璧先生就十分重视"直觉"在认识事物中的独特作用。他说：

理性的局限在于它排斥直觉。在我看来，理性的表现形式由低级到高级依次为逻辑、数学、实验和直觉。直觉是理性的最高形式，它之所以比逻辑理性、数学理性、实验理性高，就在于它具有最高的创造力，它能把握最难把握的东西。②

其实，我们的"先天世界"与"后天世界"之间本来就没有不可逾越的鸿沟（黑格尔也说过"理念不是一个永远达不到的'应当'"③）。国人的"圣端"圣智是实现"超越"的桥梁，实现方式是"穷神知化"。

值得关注的是，进入20世纪，西方那种神圣与凡俗彻底割裂的神学倾向受到了严厉的批判。上帝很可能存在于我们的内心深处，作为我之为我的最根本的，也是最自然的终极基础。而这个精神实体必须通过我个人的自觉与反省，通过全人类的自觉与反省，才能真正体现出来。④ 这种趋

---

① ［德］谢林：《先验唯心论体系》，梁志学、石泉译，中华书局1976年版，第259页。下引该书，仅标注作者、书名与页码。

② 董光璧：《道家思想的现代性及世界意义》，陈鼓应编《道家文化研究》第1辑，上海古籍出版社1992年版，第72页。下引该书，仅标注作者、书名与页码。

③ 陈来主编：《贺麟选集》，吉林人民出版社2005年版，第459页。下引该书，仅标注作者、书名与页码。

④ 参见杜维明《儒学第三期发展的前景问题》，第118页。

向与皇天上帝的社会性吻合，与原儒"内外超越"① 思想合拍。

原儒的最高理想不单是"了解世界"，还在于"改造世界"。"善之代不善，天命也"。"遏恶扬善"是德"於穆不已"的天命。国人与皇天上帝（"太上"）之间的关系去"中心化"，是一种信赖的关系、一体的关系、和谐的关系。原儒讲"继善成性"，坚信世界是"善"的——天道、地道、人道皆善。国人在遵循"天秩"的过程中追求至善，这也可以说成是德世界的有机目的论。

有汉学家十分注重"儒家的感受性话语"，其所提出的"向善的连续性可以替代目的论"的观点具有参考价值。②

（2）上古的天人观

凡在世界上有辉煌历史的民族，天人关系问题对其来说都是个重大的问题，因为它不仅直接关系到人在这个族群中地位的高低，还关涉到整个民族的文化品格（特色）的形成。

《圣经·创世纪》中有个著名的蛇诱人犯罪的故事。本来在《以赛亚书》中的露西弗是一位拥有荣光的天使，可他伺命妄为，后来竟狂妄到与上帝争位，以致被上帝打入地狱，成为信徒所熟知的撒旦魔王。这个撒旦不仅与上帝作对，还与人作对，他干的最大坏事就是化身为一条毒蛇在伊甸园里引诱夏娃犯罪。亚当和夏娃在伊甸园里原本享受着上帝的宠爱，过着无忧无虑的生活。上帝虽说对亚当、夏娃恩宠有加，但对他们的要求和管理也极其严格。上帝给他们发了一道个禁令：无论如何不可摘取园中那两棵树上的苹果来吃，否则必遭天谴！一天，撒旦化成毒蛇告诉夏娃说，那两棵树一棵唤作智慧之树，吃其果可以聪明如上帝；另一棵唤作生命之树，吃其果可以长生如上帝。夏娃贪心顿起，竟忘记了上帝的戒律，

---

① 拙作《〈易经〉的"内外超越"与"命运共同体"思想管窥》，《渤海大学学报》（社科版）2016 年第 5 期。

② 转引自［美］郝大维、安乐哲《先贤的民主：杜威、孔子与中国民主之希望》，何刚强译，江苏人民出版社 2004 年版，第 182 页。下引该书，仅标注作者、书名与页码。

从智慧树上摘了个苹果吃。因夫妻情笃恩爱，她又将余下的部分送给亚当吃掉。这样，人背负着"原罪"彻底"堕落"了，亚当、夏娃受到了上帝的严厉惩罚。失乐园后，西方"神圣"和"凡俗"两个世界便出现了不可逾越的鸿沟：上帝全在、全能、全知，但上帝不可知。上帝是全部价值的体现。人性暴露出本恶的面目，人在上帝面前永远是罪人，且一文不值。

在中国，与其相似的神话故事是嫦娥奔月。故事梗概为：在上古，天上突然出现了十个太阳，江河断流，大地干裂，百姓已无法生活。有一个力大无比的英雄叫后羿，他登上昆仑山顶，运足气力，拉满神弓，一口气射下九个太阳，使宇宙秩序得以恢复。后羿为老百姓除了害，百姓很敬重他，很多人拜他为师，跟他学习武艺。有个叫逢蒙的人，为人奸诈贪婪，也随着众邻里混迹其中。一天，昆仑山上的西王母赠送后羿一丸仙药，并告诉他，吃了它不但能长生不老，还可以升天成仙。可是，后羿不愿意离开妻子嫦娥，就让她将仙药藏在百宝匣里。这件事被逢蒙知道了，他一心想把仙药弄到手。八月十五这天清晨，后羿要带弟子出门，逢蒙假装生病，留了下来。到了晚上，逢蒙手提宝剑，迫不及待地闯进后羿家，威逼嫦娥把仙药交出。嫦娥哪肯让逢蒙之辈得到仙药！于是，她便机智地与逢蒙周旋。逢蒙见嫦娥不肯交出仙药，就翻箱倒柜，四处搜寻。眼看就要搜到百宝匣了，嫦娥疾步向前，取出仙药，一口吞了下去。嫦娥吃了仙药，突然飘飘悠悠地飞了起来。她飞出了窗子，飞过了洒满银辉的郊野，越飞越高。碧蓝碧蓝的夜空中挂着一轮明月，嫦娥便一直飞到了月宫。

在这则故事里的嫦娥或许类似于夏娃，逢蒙尽管是坏人，可与撒旦魔王却不可比。我们要说的是，嫦娥服下长生不老药是受逢蒙所逼的（纵使按另一个版本说嫦娥是偷服长生不老药升天的，起码说明嫦娥有走近上帝的愿望，上帝也成全了她的愿望，并没有把她打到地狱），这里没有人性恶的问题，更没有所谓"原罪"的问题。从上古中国延续下来的人神（天人）之间的关系犹如伊甸园人类没有堕落之前的人神（天人）关系。

如果说"嫦娥奔月"的故事不具有代表性，那么《山海经·海外西经》所载的"刑天与帝争神"中的"刑天"被"帝"断首葬于"常羊之山"似有可比之处。而这个"刑天"被斩首后也只是"以乳为目，以脐为口，操干戚而舞"①而已。他愿赌服输，乐观豁达，与人为善，并不像撒旦那样邪恶无比、与人为敌。

国人拒绝诱惑，永不堕落。基于古老中国这种天人关系，按照纳塞所说的"'堕落'之前的人的禀赋有'智的直觉'"②的说法，国人（"堕落"之前的族群）自然具有"智的直觉"，即"圣端"的穷神知化。儒家认为人人皆有圣端，大易讲"天地设位，圣人成能；人谋鬼谋，百姓与能"，意思是说，人作为创造者之一，具有神性且肩负天命。"穷神知化""感而遂通"，国人的"圣端"便是实现"后天"向"先天"超越的桥梁。

（3）原儒的"天爱"观

根据《左传·僖公二十四年》记载，"太上以德抚民，然后亲亲，以相及也"这一思想是由东周大臣富辰在谏诤周襄王应当维护周室与郑国"亲亲"关系时引述的。周天子之所以没有接受富辰"爱有差等"的说辞，不仅坚持依靠异姓狄国力量征讨肆意兼并扩张的同姓郑国，并迎娶赤狄媿姓之女为妻③，而且还借助诸侯之力诛杀了多次犯上作乱的同胞兄弟王子带，是因为在周王看来，他自己的一系列"亲亲之杀"正是对"太上以德抚民"执政理念的坚定维护。其实，根据《史记·周本纪》记载，周人先祖不窋在"失官"落魄后已不能在"诸夏"谋生存，只得到"戎狄之间"求发展。"戎狄之地"正是周人启运之地。《尚书·泰誓》讲"虽有周亲，不如仁人"，《尚书·康诰》讲"顾乃德，远乃猷"，《诗经·大雅·文王》还说"无念尔祖，聿修厥德"。这种不分尊卑、无论等

① 方韬译注：《山海经》，中华书局 2011 年版，第 186 页。
② 转引自刘述先《儒家思想的转型与展望》，第 295 页。
③ 李零：《从文物看山西：启以夏政，疆以戎索》，《澎湃新闻》2021 年 11 月 3 日。

差的"太上"之"德"当是周王朝执政者维护的德文化。由于老年孔子"祖述尧舜，宪章文武"①，这种"太上之德"，自然也是原儒认同的德文化。

按着《论语·学而》"泛爱众而亲仁"和《易传·系辞》"安土敦乎仁故能爱"等讲法，原儒的德文化传达出的是一种普遍的爱，其一视同仁，可"博施于众"。那么这种"泛爱"的实质究竟是什么呢？有学者对"儒教"和基督教做了系统地比较研究，得出的结论是"儒教"讲"仁爱"，基督教讲"神爱"；"儒教"讲"人本"，基督教讲"神本"②。我们则认为：儒学具有宗教性，但儒学不是"儒教"（在下文"德本体的研究对象"一节有详论）；原儒讲"天爱"，且"天爱"非秉"人本"。

回顾世界历史我们发现，无论是肇始于春秋战国时期的"人本主义"，还是西方文艺复兴时期高扬的"人本主义"，其共同点都是崇尚个人"自我定义"——人怀着"理性的傲慢"，忘乎所以，失却自知之明，甚至多次将人类带到万劫不复的边缘，其教训惨痛而深刻。海德格尔在他的《尼采的话："上帝死了"》中谈尼采的"超人哲学"时，所宣扬的"这另一种存在者之存在这时已经成了主体性——而这一点正标志着现代形而上学的开端"③思想恰恰是在为"形而上学的自我中心主义""人类中心主义"和"以人为中心的人道主义"张目。④ 现当代存在主义者将对"存在者之存在"的追问指向了"主体性"无疑是极其危险的。这是我们不赞成将原儒之"爱"的实质归结为"人本"的主要原因。

---

① 老年孔子对执政者武王思想的重视，可以从易经《彖·革》超越的语境中赞颂武王革命"顺乎天而应乎人"得到证实。

② 姚新中：《儒教与基督教：仁与爱的比较研究》，赵艳霞译，中国社会科学出版社 2002 年版，第 134—176 页。下引该书，仅标注作者、书名与页码。

③ 孙周兴编：《海德格尔选集》，上海三联书店 1996 年版，第 808 页。下引该书，仅标注作者、书名与页码。

④ ［意］托马斯·阿奎那：《论存在者与本质》，段德智译，商务印书馆 2013 年版，第 187 页。下引该书，仅标注作者、书名与页码。

儒家认为"性自命出，命自天降"，内外宇宙全息，仁端善性只是宇宙性的延伸——尽人性、执天命。儒家说"天降大常，以理人伦"①，这个"大常"不是别的，正是"德"。因为德含仁、义、礼、智、圣五常（行）；因为"天命靡常"而"德"有"常"，"德""不言而信"②，"德是一个不折不扣的宗教性概念"③。藉此，我们说原儒的"泛爱"是"天爱"，其实质是"德本"。

原儒号召君子要"与天地合其德"，说明"天爱"具有把人与超越者的终极统一作为基本内容的特点。这种爱是"德合无疆"的宇宙大爱——我爱人人、人人爱我，是"太上"的恩典。

"太上以德抚人，然后亲亲，以相及也"这种本无家庭伦理束缚的"天爱"，完全可以面向世界开出普适伦理。

儒学具有宗教性。这种宗教性充分揭示了人只不过是"面向无限而在"的"有限存在者"而已。它与富辰理解的"爱有差等"及孟子谩骂墨学的"无父无母"不可同日而语。我们不能把宗教性的"爱"混同于伦理学的"孝悌"、文化学的"认同"及心理学的"喜欢"和"移情"等。

事实上，"爱有差等""人分尊卑"这种被富辰严重误读、扭曲的"太上之德"，因他的固执己见，在实践中不仅落得个搭上了自己，乃至同僚周公忌父、原伯、毛伯等性命的下场，还导致周襄王被迫出逃、江山社稷险些丢失的惨烈结局。可见，"爱有差等""人分尊卑"思想并非原儒"天爱"的真谛。它经富辰提出、后儒定型，已成为封建的意识形态、中国的"大传统"，至今依然在禁锢人们的头脑、羁系华人的魂灵。原儒推崇"天爱"之无差等、去尊卑思想的先进性、普适性，这一特征在当今的都市文化、法治文化、"抗疫"文化、"托育"与"康养"文化面

---

① 陈伟等：《楚地出土战国简册（十四种）》，第204页。
② 《易传·系辞·上》第十二章。
③ 唐文明：《隐秘的颠覆》，第26页。

前，特别是在经济全球化面前，都逐步或即将得到验证。

陈来先生在比较西方的"罪感文化"、日本的"耻感文化"和华夏文明的差异时，得出中华文化是"德感文化"的重要结论。"德感文化"强调的是"天爱"之感通，它来自于"天视自民""天听自民"的悠久传统。"太上"究竟在看什么？在听什么？在闻什么？我们在上文讲述"形"的知识时囿于"知识划界"的要求得不到展开；而在宗教神学领域，这些信仰类内容则应加以"刻画"和"铺陈"。

我们先看"太上"之"闻"。儒家认为"黍稷非馨，明德惟馨"，意思是说在祭祀活动中，"太上"能"闻"到的并不是"黍""稷"之馨，而是"明德"之香。这与《周易》《既济》卦九五爻辞"东邻杀牛，不如西邻之禴祭，实受其福"的说法是一致的。也就是说，"太上"不在意用什么作祭品，而在意行祭祀（通常说法是自周起，春祭曰祠，夏祭曰禴，秋祭曰尝，冬祭曰烝）这种与"天地同节"的经纬大礼。周宣王之所以没有使周王朝真正"复兴"，史官将之与宣王废除了立春时节先王"籍田之礼"相联系，批评他"修先王之绪而弃其大功"[①]。那么"太上"之"听"与"视"呢？常言道，人在做，天在看。"太上"的"听"一般是指听闻黎民百姓的疾苦声。若进一步追问：接受天命"作民主"[②]、"作民父母"的人王如何避免给百姓、万民带来疾苦呢？其根本在于人间立法者（人王）如何取"式"（法、共同体）。因为祭公谋父在《祈招之诗》中讲"式昭德音"，也就是说人间之"礼""法"（共同体）能昭示"德音"。

原儒以"天地之撰""抚民"体现对人类的"天爱"。对"天地之撰"这种名副其实的人类命运共同体，我们参照马科斯·舍勒讲"绝对价值"的"爱的共同体"称谓[③]，倾向于名之为"法权共同体"。因为大

---

① 陈桐生译注：《国语·周语上》，第 22 页。

② 《十三经注疏》整理委员会：《尚书正义》，第 540—541 页。

③ ［德］马科斯·舍勒：《知识社会学问题》，艾彦译，北京联合出版社 2014 年版，第 20 页。下引该书，仅标注作者、书名与页码。

易的"群龙无首"①和"保合太和"②之界分群己的思想,是典型的法权思想。"法权共同体"比国内专家所说的"天命共同体"③蕴藏更深刻的内涵,即康德所云:伦理主体的确立,须以法权主体的确立为前提。④我们强调"法权主体"的优先次序,不仅可避免落入"天命共同体"暗含的"爱有差等"之伦理次序⑤俗套,更利于摆脱"道德主义"的桎梏。

法权共同体的根隐喻,可谓儒家"形民之力"打造的人类命运共同体比之希伯来文明的"诺亚方舟",只不过它的尺寸足够大并装有"德芯"。它承载的不只是诺亚一家,而是天下百姓、万民;它的目标也不只是"开发"阿勒山,而是"创建"地球村,打通"元宇宙"。

(4)原儒的"自我"观

哥白尼的日心说,把"地心说"打破了;

达尔文的进化论,把"人类中心说"打破了;

弗洛伊德的"潜意识"理论,把人的"自我中心说"打破了;

……

那么,人究竟有没有"自我"?

现代人类学知识告诉我们,每个人都选择不了自己的父母和种族、肤色,决定不了自己的性别和年龄,这说明人很有局限性;从现代儿童心理学角度看,表面上是大人教孩子说话,实际上是"话在说人"(李泽厚先生语)。正如杜维明先生所言,儿童2—3岁时很自我。到了3岁以后,儿童开始变得依赖他人。与动物相比,人的依赖性很强;从潜意识理论角度体察,一个成人的意见、态度,乃至行为,从形式上看是自我的决定,可细想起来,这个"意见、态度、决定"的背后又常常受制于很多其他因

---

① 《周易》《乾》卦"用九"爻辞。
② 《易传·象·乾》。
③ 唐文明:《隐秘的颠覆》,第37页。
④ 朱高正:《朱高正讲康德》,第87页。
⑤ 唐文明:《隐秘的颠覆》,第37页。

素,也就是说"自我"很难——极而言之,纯粹"自我"根本就不存在。事实上,原儒对前述诸种人性能力早有深刻的洞察,坚持从具体环境(人存在于一定的时空中——性别、族群、年龄、母语、德心、遭际等)出发"建构""自我"。

在原儒看来,虽然人是由各种不同的关系网络组织而成的,但人有转化这些关系网络制约的能力。"自我"是各种关系网络的中心点。人有自我超越("扩展、提升"义)的本事,人的发展可以用不断扩展的人际关系来表达——超越自己、家族、国家和以人为中心的世界观,进而达到天人合一的境界。在这个"内在超越"的过程中,儒家"自我"对"他者"开放。儒家的精神发展体现为群体批判的自我意识和共同体行为。儒家自我与他者的"共生现象"绝不是"混沌的有机论"。真正的儒家从不屈服于外力,不依附世俗的"齿"("尚齿"指自然秩序的权威,其在中国有悠久的历史,有虞氏、夏后氏、殷人、周人皆继承了这个传统①)和"位"(政治地位及权力关怀)。中国的"士"绝不肯做政治的附庸,皆有使命担当(士君子本是"合则留,不合则去"的)。正像化为上帝肉身的耶稣,也不过象征着人凭借自己的力量应该可以实现自我的一个见证。② 托马斯·梅茨格(中文名墨子刻)还针对韦伯所谓的"儒家伦理是调适世界的伦理"的观点发起了严肃的挑战。他指出:

> 典型儒者在修身和服务社会之间所处的困境,同样也能促生一种内部的精神动力,就其强度而言,堪与加尔文信众在清教徒内在禁欲主义影响下产生的精神动力相媲美。③

---

① 《十三经注疏》整理委员会:《礼记正义》,第 1561 页。
② 杜维明:《儒家思想:以创造转化为自我认同》,段德智译,生活·读书·新知三联书店 2013 年版,第 145 页。下引该书,仅标注作者、书名与页码。
③ 杜维明:《道·学·政:儒家公共知识分子的三个面向》,生活·读书·新知三联书店 2013 年版,第 177 页。下引该书,仅标注作者、书名与页码。

墨子刻的洞见在于他看到了儒家"内在超越"之掘井及泉的功夫和自我转化的能力。

其实，原儒已经肯认百姓、万民具有"超越道德伦理的宗教向度"①，认为从超越的"德世界"出发，也可以建构"自我"。"太上"的恩典使人有限的神性得到彰显，光耀着德世界——"耀德"（"耀德"概念曾由祭公谋父在进谏周穆王时提出②）。太上"抚"民，是指生德于"民"，孔子就讲"天生德于予"，这种"德合天地"的自我体认，犹如西塞罗所说"认识自己的人首先会感到在自己身体上有某种神圣的东西，认为自己在内在本质上是上帝的一种神圣的影像；因此他会永远以值得得到神的大恩惠的方式行为和思考"③。"民之秉彝，好是懿德"。民（人）既有实现超越到"德世界"的内在向往，也可凭借"耀德"实现自己与"存在的根据"（德）的终极统一。这种强烈的外在超越精神是韦伯们所照察不到的。

原儒的"德世界"与后天世界之间的关系既不是基督文明那种超越世界与世俗世界之间"绝缘"的关系、印度佛教那种两个世界间"舍离"的关系，也不是笛卡尔那种主、客间"排斥性二分"的关系。儒家自我实现的终极基础在"内外双重超越"。④ 用控制论的观点看，儒家的"自我"就是个不断完善的自反馈系统；用皮亚杰的发生认识论衡量，儒家的"自我"是在"主客体双重建构"过程中实现的"自我"建构。"自我"不断成长；"自我"是个过程。

若问：如何成就"自我"？我们知道，2018 年 8 月 13—20 日在北京

① 杜维明：《中庸：论儒学的宗教性》"译后记"，生活·读书·新知三联书店 2013 年版，第 149—154 页。下引该书，仅标注作者、书名与页码。
② 李学勤：《祭公谋父之德论》，《齐鲁学刊》1988 年第 3 期。
③ 引自［英］约翰·托兰德《泛神论要义》，陈启伟译，第 52 页。
④ 参见拙作《〈易经〉"内外超越"与"命运共同体"思想管窥》，《渤海大学学报》2016 年第 5 期。

召开的"第24届世界哲学大会"的主题"学以成人",在某种意义上就是讨论人何以"成就自我"的问题。笔者有幸参加了这次盛会并参与了"学以成人"如何可能问题(哲学界对大会"学以成人"主题存有广泛的争议)的交流讨论,还作为代表发言。笔者"学以知性,率性成人"[①] 的心得受到了大会的欢迎[②]。笔者的基本观点是,"学以成人"不是"以学成人"。"人"承载天命而来,天生就是人,绝不是因"学"变成了人。"学"只能增添人的知识、技能,改变人的性格、气质等,这里还包括谁是"人"、向谁学、学什么、如何学、学后是否认同等诸多人类学、教育学、心理学、社会学的复杂问题,而这些学问又都不是哲学研究的内容。从本体宇宙论角度看,"天命之谓性,率性之谓道",即"学"的目的是知(识)"性"。人性是天命的延伸,尽了人性,才算完成了天命。这样,"学以成人"应分解为"学以知性"和"率性成人"两个相关、递进的命题。事实上,我们认同"率性成人"即是在讲"率性故我在"了。那"人"如何"思"呢?大易讲:"天下何思何虑?天下同归而殊途,一致而百虑,天下何思何虑?"[③] 这种既不同于笛卡尔的"主观之思",也不同于海德格尔"客观之思"的"天下之思",突出的则是人的"类本质"[④]。"天下之思"是指"天下人"之"思"——"共同体"之思。所谓"天下人",就是处于时空中、具有时间性的人。"天下人"不仅能直接接通"你""我"和"他者",还可以接通历史和未来。故这种"天下之思"既利于解决"上帝"缺位或者上帝"不作为"带来的价值来源没有着落的问题,又利于防范价值相对主义。

---

① 任国杰:《"学以成人"如何可能?》,2018年8月在第24届世界哲学大会"比较哲学"等组别宣读论文。

② https://www.yidianzixun.com/article/0JpZxtoW?s=4&share_count=2&from=singlemessage。

③ (宋)朱熹:《周易本义》,第65页。

④ 中央党校编写小组:《〈路德维希·费尔巴哈和德国古典哲学的终结〉提要和注释》,人民出版社1973年版,第58页。

"学以成人"成就的是具体的人，而具体的人（自我）究竟有什么特点呢？我们说，第一，人首先是个特殊的存在者，他与天地并列，与天、地、鬼、神同处于一个"世界"①之中，人是"才"，是构成世界的三种材料（天、地、人）之一。但人是有独立人格的实体。乾之专、直，坤之翕、辟的自否定为"人""物"赋形提供了学理支持。"天地之睽""男女之睽""万物之睽"等对世间"恶"之"遏"（冲突）为独立人格形成创造了条件，"呈现"的是"独立不惧""立不易方"的人格形态，这种不屈从外力的独立的人格是自由的体现。第二，人是各种网络交会的中心点，拥有圣智（内在目的性）和终极关怀，具有创造性。"百姓与能"，国人皆可"辅相""佑神""参天地"。第三，人善于面对"他者"。时下学术界在批评传统文化缺陷时有个流行说法，说国人不善于面对陌生人，只拘泥于血缘关系，而无法扩展成普通的人与人之间的关系。而在原儒看来，"太上以德抚人，然后亲亲，以相及也"，就是说，"德世界"首先是一个"陌生人"平等的、和谐相安的世界。从这个世界出发再"内推"到熟人（血缘）的世界。第四，人能掌握、会运用"度"。如果说"数"范畴讲创造的逻辑可能性，那么"度"范畴就是讲创造的现实可能性。中国哲学有"崇智"的特点，讲"知崇礼卑"，即"智"可节制"礼"②，反之亦然。这种种"节制"存在个"度"的问题，人的"圣端"恰恰能掌握这个"度"，可以会通天地。第五，人人皆有价值。《易经》讲"刚健笃实辉光，日新其德"，讲"大人虎变，君子豹变，小人洗心革面"就是"使人存在"，且苟日新，日日新。第六，人有能善始善终——"达德"的特点。《诗经·荡之什》讲"靡不有初，鲜克有终"。《论语·学而》讲"慎终追远，民德归厚"。作为卜筮之书的《周易》有急功近利的成分，而大易作为哲学则讲大全大用。它强调的是"君子做事谋始"

---

① 张汝伦：《海德格尔与现代哲学》，第 99 页。
② 拙著《童子问易》，第 137 页。

"大明终始""原始反终"，也就是要善始善终。人能善始善终，自然功德圆满。

总之，原儒的"自我"观成就的是"立体的人"。原儒的"自我建构"不仅说明不存在"个体对于共同体的'绝对优先性'"（西方自由主义者的说辞），而且还证明抽象"单面的人"（马尔库塞语）不能构成"制度建设的坚实基础"。

（5）原儒的文化观

大易《象·贲》讲，"观乎天文，以察时变；观乎人文，以化成天下"，简言之就是"以文化成"——文化。文化、文化，就是"以文化成"的略语。那什么是"文"呢？人生活在天地间，"文"是人与天地万物相互作用留下的痕迹。而"文"是一个持续的、长期的过程，这便引申出"纹"和"理"。"纹"即"文"，"理"也是"文"。故，在天叫天纹，在地叫地理，在人叫人文。"腹有诗书气自华"等属"人文"；鸡血石的矿脉扩张等叫"地理"；环境污染严重的城市的落霞那可怖的红色等叫"天文"。这里的"文"属于"自然的人化"范畴。

若问《诗经·小雅》为什么讲"下民之孽，匪降自天。噂沓背憎，职竟有人"[1]，俗语也讲"天作孽犹可违，人作孽不可活"呢？这是先贤在告诫后人"文"一定要适度。"文"过度了，如像西方把客体（自然）当成宰制的对象、没有限度的"文"，就是灾难。所以人类还要注意"观天文""察地理"，检讨自己，纠正错误，与时偕行。"观乎天文"是"复观"的一种形式。它凝聚着人类群体批判的自我意识。

（6）原儒的文明观

英国学者格林·丹尼尔于1958年在其名著《最初的文明》中提出了认定古代社会是不是文明社会的几条标准，其中包括：要有城市，要有文

---

[1] 《十三经注疏》整理委员会：《毛诗正义》，第852页。

字，要有大型礼仪性建筑。后来日本学者又加上了一条，强调要有冶金术①。现在世界"四大文明古国"就是通过这种方法认定的。而在笔者看来，这种认定"文明"的视角仅属于科学观、历史观的视角，其所谈论的"文明"，也只是侧重了它的"长度"问题，而原儒的文明观是与本体宇宙论联系在一起的，它不仅审视文明的"长度"，更注重文明的"宽度"和"高度"。

我们知道世界上最早提出"文明"概念的典籍是《尚书·舜典》②，而较具体、翔实阐述文明、文化思想特征的元典则是《易经》，如《彖·同人》讲"文明以健，中正而应，君子正也"，《彖·大有》讲"其德刚健而文明，应乎天而时行"，《彖·明夷》讲"内文明而外柔顺"，《彖·革》讲"文明以悦，大亨以正"。这种"文明"的特征主要表现为由"德"赋予的"光明""中正""刚健"和不相冲突等特性。不仅如此，《易经》《彖·贲》还讲"刚柔交错，天文也；文明以止，人文也"，《彖·艮》讲"艮，止也。时止则止，时行则行。动静不失其时，其道光明"，《彖·谦》讲"天道下济而光明"等。这里突出的是"文明""适可而止"的特性，这一点非常重要。它的意思是说，"人文"不可没有节制（"时止则止"），不能没有"变化"，"人文"也不能没有终极关怀（"下济"）。古埃及、古巴比伦、古印度三大古代文明之所以像恒星一样永久消失在历史的天空之中，恐与其没有"时止"和"下济"等智慧深有关联。因为"日月丽乎天，百谷草木丽乎土，重明以丽乎正，可以化成天下"③，"日月得天而能久照，四时变化而能久成，圣人久于其道而天下化成"④。如果说大易讲"天下文明"，是指它的"宽度"，那么讲"文明以止""适时之变""天道下济"则是指它的"高度"。

---

① 李学勤：《李学勤讲演录》，第13页。
② 《十三经注疏》整理委员会：《尚书正义》，第60页。
③ 《易传·彖·离》。
④ 《易传·彖·恒》。

文化是文明的基础，文明是文化的升华。原儒讲"观乎人文，以化成天下"就是要求后人要吸收一切人类文明成果，求同存异，兼容并蓄。我们完全有理由说原儒的文明、文化观是生态文明观、天下文明观，是一种包容性极强的人文主义。这种人文主义，可以成为"第二次轴心文明"① 的助缘。

（7）原儒的天下观

我们知道，《说卦传》中有"帝出乎震……致役乎坤……止乎艮"一章，有专家认为这章是治易者"用了错简，是夏朝易书《连山》内容窜入的部分"②。拙著《童子问易》对这个问题做过辨析，以为这部分内容当为《说卦传》本来面貌。笔者又超越"今古文之争"，得出了包括虞舜在内的"五圣"治易，且"五圣同揆"的结论③。其实，从清华简《保训》篇说舜"测阴阳之物，咸顺不逆"④ 内容看，《易传》恐不单是《周易》的传，也是商之《归藏》的传，夏之《连山》的传，还是有虞氏"阴阳之物"的传。"三代"以前"太上以德抚民"，那时的天下观不是一家一姓的天下观。《易经》突破了"天尊地卑"和等级制度的框架，讲"天地设位"⑤ 和"天地定位"⑥，绝不拘泥于"天尊地卑"；强调人人皆为尧舜，人人皆可参天地、赞化育，皆可"辅相天地""幽赞佑神"⑦。大易体现的天下观正是百姓万民的天下观。对于这一认知，秦汉之际贤者对"公共天下"（官天下）和"血统天下"（家天下）所作的分疏可资参考。

刘向编《说苑》卷一四《至公篇》记：

① "第二轴心文明"新人文主义主张是尤尔·卡森斯（Ewert Cousins）率先提出的说法。
② 金景芳：《周易讲座》，第 81 页。
③ 拙著《童子问易》，第 193—200 页。
④ 刘国忠：《走近清华简》（增补版），第 107 页。
⑤ 《易传·系辞·下》。
⑥ 《易传·说卦》第三章。
⑦ 《易传·系辞·上》。

秦始皇帝既吞天下，乃召群臣而议曰："古者五帝禅贤，三王世继，孰是？将为之。"博士七十人未对。鲍白令之对曰："天下官，则让贤是也；天下家则世继是也。故五帝以天下为官，三王以天下为家。"秦始皇帝仰天而叹曰："吾德出于五帝，吾将官天下。谁可使代我后者。"鲍白令之对曰："下行桀纣之道，欲为五帝之禅，非陛下所能行也。"秦始皇帝大怒曰："令之前！若何以言我行桀纣之道也？趣说之，不解则死。"令之对曰："臣请说之。陛下筑台千云，宫殿五里，建千石之钟，万石之簴，妇女连百，倡优累千，兴作骊山宫室至雍，相继不绝。所以自奉者，殚天下，竭民力，偏驳自私，不能以及人。陛下所谓自营仅存之主也。何暇比德五帝，欲官天下哉？"始皇暗然无以应之，面有惭色。久之，曰："令之之言，乃令众丑我。"遂罢谋，无禅意也。①

从鲍白令之的应对看，若帝王无德，欲"行禅""还天下于百姓"，似是大逆不道的事。

西汉末的谷永则对"两种"天下观的实质区别做过清楚的表述。《汉书》卷八五载：

臣闻天生烝民，不能相治，为立王者以统理之，方制海内非为天子，列土封疆非为诸侯，皆以为民也。垂三统，列三正，去无道，开有德，不私一姓，明天下乃天下之天下，非一人之天下也。②

《汉书》卷七七本传还载，司隶校尉盖宽饶

①　［日］渡辺信一郎：《中国古代的王权与天下秩序：从日中比较史的视角出发》，徐冲译，中华书局 2012 年版，第 130—131 页。下引该书，仅标注作者、书名与页码。

②　［日］渡辺信一郎：《中国古代的王权与天下秩序：从日中比较史的视角出发》，徐冲译，第 129 页。

又引《韩氏易传》言："五帝官天下，三王家天下。家以传子，官以传贤，若四时之运，功成者去，不得其人，则不居其位。"①

鲍白令之、谷永和盖宽饶所说（引）的"官天下"思想盖都以原儒天爱之"天下为公"理想为依据，因为《礼记·礼运篇》恰恰是孔子弟子子游一系的作品。②

如果问原儒在认同"太上以德抚民"这种德文化后与西周、东周执政者，特别是形形色色的谋臣策士的思想还有什么根本差异的话，就是孔子秉持的"天下观"不是一家一姓的天下观，而是百姓万民的天下观。

（8）原儒的方法论

①德"不言而信"对"终极存有"的肯定

今传本《周易》六十四卦的排列遵循"非覆即变"的规律，又以"未济"卦作结，是在告诉我们，世界是开放的、运动的、辩证发展的。金景芳先生早已指出："中国之《周易》与西土之唯物辩证法，事隔几千年，地距几万里，而其说若合符节。"③ 不仅如此，大易的辩证法还体现在范畴之间相互否定并逐级提升上面。比如，阴阳、奇偶、始终、有无等是一个层次的范畴；数、形、变、度是一个层次的范畴。"明数达乎德"，德即为最高的范畴。事物间的相互否定就是对终极存有——德的最终肯定。

②乾之专、直对"客观存有"的否定

除了事物之间相互否定之外，事物内部也存在着"自否定"。大易"由大到小"按着二进制原理排列的卦序就是通过刚柔之间"自否定"展现出事物内在的辩证运动。大易不仅讲乾之专、直，也讲坤之翕、辟。

---

① ［日］渡辺信一郎：《中国古代的王权与天下秩序：从日中比较史的视角出发》，徐冲译，第131页。

② 李学勤：《李学勤讲演录》，第140页。

③ 廖名春：《帛书〈周易〉论集》"序"。

乾、坤的内部"对反"正是对"客观存有"的否定。

"德博而化"。三才之间"人才"的自我肯定，是通过乾、坤对客观存有的否定进而实现对终极存有的肯定获得的。

③复见天地心——看到了"历史"

《周易》本经设有《复》卦，突出的是"逆数""察往""反思"的方法论。《易经》提出"逆数知往""察往知来"，《复·彖》要求"复见天地之心"。这种自我批判性和彻底的反思精神，在世界哲学史上是空前的。《诗经·鲁颂》有"济济多士，克广德心"①的说法，所谓"天地之心"就是宇宙生生之德心。百姓、万民皆可复观天地之心（德），其"知道的"不单单是"一个人的自由"，而是"所有人的自由"，而这种历史哲学观正是"文化中国"民族精神之所从出。复观过程也透视出了中国的"历史"。

其实，在原儒的工具箱里，"方法论"是丰富多彩的（如归纳法、演绎法、损益法、大衍法、辩证法、复观法、直觉法等），影响也是深远广泛的。比如汤因比《历史研究》运用的基本方法就是原儒的阴阳理论。像他在第四章"问题的提出以及为何无法解决"中讲，我们无法找到原始社会与文明社会永久的、本质的区别的方法，但我们得到了文明起源的某种启示，文明的形成与衰落是个动态与静态相互转换的大过程。他说：

> 这种动与静、运动与休止与再运动的转换韵律，被不同时代的观察者看作是宇宙的某种基本性质。中国社会的贤人用充满智慧的比喻，把这种变化称作"阴"与"阳"——"阴"表示静，"阳"表示动。

在第十九章"灵魂的分裂"中总结道：

———————————

① 《十三经注疏》整理委员会：《毛诗正义》，第1649页。

用我们这部书的开始提及的中国古代的一对术语来说，文明的解体就是在阴阳的不停转换的周期运动中使自己完成了超脱。在节律的第一节，毁灭性的阳的运动（即解体运动）进入了阴的阶段（遁世阶段），这是个经历不断衰竭的和平阶段；但是，这个节律运动并没有在这个死亡点上终止，而是再次转入了阳的运动（变容阶段），阴阳交替的双重运动正是我们在这一部分开始提到的解体现象、后来称之为'分裂—重生'现象中出现的归隐——复出运动的特殊形式。①

这里美中不足的是，汤因比在运用阴阳思想时又引入了柏格森的"生命冲动"理论，这说明汤因比并没有看到原儒"阴"与"阳""自否定"的动力机制和深刻内涵。

第二节 原儒的本体论

我们澄清了"知识的界限"，保证了"理论理性"的"纯粹性"，却把"作为世界大全根据"的本体问题划在了"线"外。此节就是要研究康德视界"实践理性"范围内的本体、大全问题。

1. 现当代"本体论"思想研究刍议

（1）西方现代"存在论本体论"与其"形而上学本体论"的区别

"本体论"是我们从日本"拿来"的对希腊文 Ontology 的翻译。这个翻译到底准不准确，多年来在我国学界一直争论不断。究其原因，多半是在 20 世纪 30 年代以后日本哲学界放弃了"本体论"的译法，转而用"存在论"代之。这样，我们就有必要剖析下西语 Ontology 究竟是研究什么的学问。

---

① ［英］汤因比著，［英］萨默维尔编：《历史研究》，郭小凌等译，上海人民出版社 2010 年版，第 56、521 页。下引该书，仅标注作者、书名与页码。

现代"存在论"的开创者是海德格尔。按着海氏的说法，与传统形而上学本体论讲"存在者"相比，他的本体论研究的对象是"存在"，其研究方向是"追问存在的意义"①。这样，为了表述方便我们不妨将本体论分为"传统形而上学本体论"、古典形而上学本体论和"现代存在论本体论"。

传统形而上学本体论有漫长的发展史。如果我们根据从存在自我隐蔽的模棱两可派生的显现者和显现的二重性来思考形而上学的本质，那么形而上学开始于巴门尼德的"为什么存在存在，非存在不存在"之问；如果把超感觉的世界和感觉世界分离看作是形而上学的本质的话，那么形而上学开始于亚里士多德的"存在作为存在"，当然这些都属于古希腊的典范。面对中世纪经院哲学的挑战，近代"形而上学本体论"研究范式有了转变，这一转变始于克里斯提安·沃尔夫（又译沃尔福、沃尔弗）。沃尔夫是最早用德文写作的德籍哲学家，他"是第一个使哲学成了德国本地的东西"的人。黑格尔认为沃尔夫"十分彻底地排除了经院式亚里士多德哲学"②，进而建立了德国古典哲学的典范。沃氏"理论哲学"项下的"形而上学"分为四个部分，侧重点是讲"本体论"和"宇宙论"。他的"本体论""论述各种关于'有'的抽象的、完全普遍的哲学范畴，认为'有'是惟一的、善的"；他的"宇宙论""是关于形体、关于世界的普遍学说"。③

对于建构形而上学本体论的意义，康德说："世界上无论什么时候都要有形而上学。"④ 黑格尔说得则更形象："一个有文化的民族竟没有形而

---

① 张汝伦：《海德格尔与现代哲学》，复旦大学出版社 1995 年版，第 56 页。下引该书，仅标注作者、书名与页码。

② ［德］黑格尔：《哲学史讲演录（四）》，第 210 页。

③ ［德］黑格尔：《哲学史讲演录（四）》，第 210—211 页。

④ 叶秀山：《启蒙与自由》，江苏人民出版社 2011 年版，第 400—403 页。下引该书，仅标注作者、书名与页码。

上学，就像一座神庙，其他各方面都装饰得富丽堂皇，却没有至圣的神那样。"① 英国的怀特海甚至说"形而上学无非是比科学概括和抽象程度更高的理论体系"②。曾经"背叛"业师怀特海投入到维也纳学派阵营的美籍哲学家奎因（Willard Van Orman Quine，又译蒯因），在发现逻辑实证主义基本信条的狭隘性和僵硬性，以及面对逻辑实证主义学派遭受众多诘难和挑战的情况下，认为"应把本体论问题恢复为科学的正当问题"，便勇敢地举起了"复兴形而上学"③ 的大旗。可见，我们认为的德国古典哲学典范的形而上学本体论是以"本体"为研究对象的说法是成立的。

康德认为从莱布尼茨到沃尔夫都是"唯理论者"，称他们的形而上学充满了"理性的傲慢"。为了防止理性的僭越，康德主张把"经验世界"和"超验世界"区分开来。在"经验世界"，他把时、空作为"感官的内形式"，设计了"范导"感知的精巧结构，用知性范畴"建构"自己的知识论。在"超验世界"他设定了自然与宇宙共在的"物自体"（noumena，字根是 nous）这个本体。也就是说，与其"理论理性"建构的知识论相区别的本体论构成了他"实践理性"的核心内容。

那么康德的本体论与知识论之间究竟是一种什么关系呢？我们知道，在康德看来，在"超验世界"，"物自体"不可知、灵魂不灭不可知、上帝不可知。令人惊讶的是，在其界定的"经验世界"，作为知性手段的"时、空"本身也不可知。从中我们不难发现，康德的"纯粹"理性也不够"纯粹"，它起码多出了"时、空"这类难以界定的内容。如果把"时、空"也纳入不可知的"超验世界"，则康德的知识论与本体论便是一致的，康德的"时空"范导实际是为认识"知识"准备逻辑前提，也

---

① 转引自张汝伦《黑格尔与我们同在：黑格尔哲学新论》，上海人民出版社 2017 年版，第 37 页。下引该书，仅标注作者、书名与页码。

② 陈奎德：《怀特海哲学演化概论》，上海人民出版社 1988 年版，第 250 页。下引该书，仅标注作者、书名与页码。

③ 陈奎德：《怀特海哲学演化概论》，第 253—255 页。

就是说康德的"本体论"是在为其知识论奠基。海德格尔关于这个问题的认知与我们有相似之处。海氏认为，康德对人的理智设限有其必要性。但康德"设限""立法"本身存在问题，这个问题就在于他认为"时、空"属于纯形式，也是不可知的；康德的"物自体"又是个抽象的"绝对"的理性，不仅不可知，还永远不开显。康德苦心孤诣经营的"纯粹实践理性"，实际是给"知识论"培植根基。① 需要补充的是，对康德知识论与其本体论之间的关系，黑格尔也做过研究。黑氏认为，康德将上帝的属性赋予"先验自我"，目的就是为知识的普遍性和必然性提供本体论的基础。②

黑格尔将康德的理论理性和实践理性结合成绝对精神。绝对精神就是实体，就是最高本体。前文引述叶秀山先生所说，在西方从爱智学到哲学，再到形而上学是一个成熟的过程、系统化的过程，这里的形而上学应当就是指黑格尔形而上学本体论体系。

总之，我们至少可以说，把黑格尔所推崇的、以沃尔夫为代表的德国古典哲学典范下的 Ontology 翻译成"本体论"是没有什么问题的。

其实，海德格尔批判传统形而上学，但不否定形而上学。他认为从本体论角度看传统形而上学是"忘了追问存在的意义问题"。那么海德格尔所谓的"存在"究竟是什么呢？对此海氏有许多晦涩、难懂的称谓，如果我们顺着海氏追问存在的意义思路探索，则有可能揭开谜底。

海德格尔的"存在论"在追问存在的意义，而追问"存在意义"的那个追问者是人。海氏从"比人更基本的是他的此在（Dasein）的有限性"这种对人本质的规定出发，从根本上否定了近代哲学以"我思"为实质内容的主体的基础性，提出了"我在故我思"③ 的命题。对此叶秀山先生指出，"我在"的"在"不单指自然的、物质性的存在，人的存在就

---

① 叶秀山：《启蒙与自由》，第 401—403 页。

② 参见张汝伦《黑格尔与我们同在》，第 323—324 页。

③ 叶秀山：《美的哲学》，第 41 页。

是人的生活。"我在"是指我活生生的生活。海氏的前述命题可表述为"我在"就是我活着,而由"我活着",则可以推出"我思想"。"'我活着'的'活',不是生物学上的'概念',而是基本生活经验里的词语,是基本生活世界里的'度'。"从"度"这个角度来"理解海德格尔的Dasein",正是他"想说而没有完全说出或说好的意思"①。这样一来,"存在"这个过程、这个"度"也只不过是个特殊的"存在者"罢了。我们这么诠释海氏的"存在"不是"化约""存在",因为海德格尔没有说好的地方着实很多,比如其把"'死'纳入'Dasein'的'Da'是很有问题的做法。其实'死'才真正是在'Da'之外的,是'超越的',不是基本生活经验所能体验得到的事"②。比如他硬生生地把 alēcheia(真理)的 a 和 lēcheia 分开,说是"不""埋没"——"去弊",遂遭到古典学家的一致反对③,卡尔纳普在一篇专门分析海德格尔的文章中甚至说"那是一些毫无意义的胡说(nonscnse)"④ 等。当然,海德格尔自有其独到发现,就是发现了传统形而上学关于存在和存在者之间的区别"被遗忘"的原因,用他的话说就是在很大程度上是由印欧语系语言中 being——"存在"内在的模糊性造成的⑤。而笔者要强调的观点是,关于Ontology 的翻译,学术界采取认真的态度是可取的。将 Ontology 译为"本体论"自有古典哲学典范的依据;将其改译为"存在论"也有其"是论"的学理基础。但将 Ontology 改译为"存在论"的问题在于,它是以放弃希腊文表示存在的"on"("on"有两种含义,既表示"在者"的共性,又表示"本源")的"更深层的意蕴——本源义"为代价的。⑥ 再者,我

---

① 叶秀山:《美的哲学》,第 42 页。
② 叶秀山:《美的哲学》,第 42 页。
③ 叶秀山:《哲学要义》,第 45 页。
④ 转引自李泽厚、刘绪源《中国哲学如何登场?》,上海译文出版社 2012 年版,第 24 页。下引该书,仅标注作者、书名与页码。
⑤ 张汝伦:《海德格尔与现代哲学》,第 60 页。
⑥ 钱善刚:《中国语境下的本体论》,《东方丛刊》2008 年第 2 期。

国翻译界也完全没有必要唯日本翻译界马首是瞻。

（2）中国形而上"本体论"概念使用合法性考察

前面讲到的让国内学者聚讼不已的关于"本体论"的翻译问题，从根本上来讲是学术界纠结于我们使用"本体论"的合法性问题。笔者的观点是，我们使用"本体论"概念具有合法性。

形而上学有广义和狭义之分。海德格尔所说的"形而上学的终结"是指印欧语系中狭义的、"用思辨的方式探索 Being（存在）的纯理性追求的某种'终结'"①，而广义的形而上学无论中西自古皆有，这就是以概念形态表达对人生意义、世界本原、社会基础、认识可能等根本问题的探求。所谓形而上学本体论，就是研究天地和万事万物所以然的学问。

其实，西方的"形而上学"也来自日本人对希腊文 metaphysics 的翻译，在亚里士多德那里叫"第一哲学"。"形而上学"出自《易经》的"形而上者谓之道"。大易形而上学讲"本"（《系辞·下》第九章说"其初难知，其上易知，本末也"）和"体"（"阴阳合德而刚柔有体"）。孔子"观《易》之德义"，就是在《周易》的"元"之外寻找这个本体——"天之道"与"民之故"和"死生之故"，因为"本立而道生"②，"志于道，据于德"③。倘若以斯宾诺莎的本体论对实体的讨论来衡量，我们所说的本体就属于"实体"，而"实体是自身的原因"④。若说亚里士多德并没用过"形而上学"概念，"形而上学"一词的合法性也值得怀疑的话，那么同样身处印欧语系、用德语研究哲学的沃尔夫，其使用与中国相当的"形而上学"和"本体"概念则是毋庸置疑的。陈来先生在《仁学

---

① 李泽厚、刘绪源：《该中国哲学登场了?》，上海译文出版社2011年版，第2页。下引该书，仅标注作者、书名与页码。

② 李泽厚：《论语今读》，第27页。

③ 李泽厚：《论语今读》，第193页。

④ ［荷兰］斯宾诺莎：《知性改进论》，贺麟译，商务印书馆1960年版，第61页；［法］德勒兹：《斯宾诺莎的实践哲学》，冯炳昆译，商务印书馆2004年版，第65—67页。

本体论》中就曾质问：李泽厚说西方的本体论不讲本体，那么西方的什么论讲本体？我们应该讲明，沃尔夫的形而上学是讨论本体、实体的。①

与本体论有关的外来语翻译确实有获得一致赞同的成例，那就是著名逻辑实证主义者奎因提出的"本体论承诺"标准问题。"本体论承诺"之所以不叫"存在论承诺"，盖因为：

> 我们现在有一个较为明确的标准，从此决定一个给定的理论或一种理论形式作出了什么本体论承诺。这个标准是：为了使一个理论中作出的断定成为真的，这个理论的约束变量必须能够指称某些实体，正是对于这些并且仅仅是对于这些实体，这个理论才作出了承诺。②

可见，奎因本体论③的指向是明确的，它指向实体，目的是保证"命题"之为"真"。

哲学有古希腊和德国古典哲学两种典范，德国古典哲学范式无疑是由沃尔夫建立起来的。如果说作为莱布尼茨弟子的沃尔夫对莱氏哲学有系统化之功，那么笔者以为，作为孔子"超级粉丝"的沃尔夫④，其对孔子哲学当有科学化之实。因此，我们可以理直气壮地谈论中国的哲学本体论。

（3）中国当代代表性"本体论"思想述要

杨国荣先生主张中国哲学要走"具体形上学"之路。⑤ 中国当代关于本体论讨论最著名的"具体形上学"当属李泽厚先生的"情本体"和陈来先生的"仁本体"。"情本体"的问世标志着中国哲学正式登场世界舞

---

① 陈来：《仁学本体论》，第 399 页。

② 张汝伦：《海德格尔与现代哲学》，第 91—92 页。

③ 奎因认为本体论具有相对性。见成中英、杨庆中《从中西会通到本体诠释》，第 29 页。

④ 克里斯提安·沃尔夫为了在德国传播孔子的思想险些遭受绞刑。见朱谦之《中国哲学对欧洲的影响》，第 246—252、361 页。

⑤ 杨国荣：《成己与成物》"引言"，北京大学出版社 2020 年版，第 4—5 页。

台。① 陈来先生明言，他的"仁本体"就是响应李先生关于"中国哲学登场"的呼吁，对"情本体"作出的回应。② 陈先生认为李先生的"情本体"还有许多值得商榷的地方，比如：一是李先生不仅历史本体论和心理本体论是在科学的典范下展开，而且"人类如何可能"也从科学上讲，没能放到本体论、宇宙论上去解决，这些都不是真正的哲学视角和方法，自然也不能为其形而上学提供一个基础。二是李先生把不可知的"物自体"设定为"人类与宇宙协同共在"。他把人和自然宇宙视为对一个世俗世界的肯定，这等于自行取消了中国哲学的本体论。而且"共在"是部分与全体的关系，在这里的确是平面的，体的意义无法确立。特别是，"物自体"的不可知只是"程度的"不可知，并不是"可能的"不可知。李先生的"物自体"就变成了不可知意义的"他者"，根本没有存在的意义。三是虽说李先生提出了"心理积淀"——个体参与本体建构的问题，但他并没有预设人身已经"存在"着本体，其"心理本体是通过参与建立的"，这不是中国式的"与天地参"。四是李先生的"情本体"的重要依据虽是郭店楚简所说的"道始于情"，但其实他"隐匿"了后半句"情生于性"。因此，陈先生创立了他的"仁本体论"，并强调"仁本体论"并非专以世界哲学为思考基点，而以适应中国当代文化传承和创新发展、参与中华文化的复兴、发展新的儒家哲学为要务。③

陈先生的"仁本体论"自 2014 年问世以来，其以"仁"为"总体""整体"的讲法也受到了个别人的质疑。为此，陈先生在 2017 年出版的《孔子·孟子·荀子：先秦儒学讲稿》开篇就讲：

> 有些学者以"成德"或"明德"为中国哲学的特色，以与爱智

---

① 李泽厚、刘绪源：《该中国哲学登场了？》，第 75 页。

② 陈来：《仁学本体论》，第 501 页。

③ 陈来：《仁学本体论》，第 502 页。

形成对比，这些说法也都言之成理。①

以宽广胸怀和弥高姿态，向学人敞开了"德"的视界。

李泽厚先生的"情本体"提出了人类历史本体和心理本体"双本体论"②；陈来先生的"仁本体"既坚持以"万物关联共生的总体"为本体，又承认宇宙实体的本体义，提出了"双层本体论"③。李先生的"双本体论"没有体用关联，故李先生的"情本体"实际是无本体；陈先生的"双层本体论"体现了体用关联，不过陈先生"以仁为体，以和为用"体用论的主要关注似乎仍在仁人伦理领域，而陈先生所洞察的孔子"在道德观念上已经突破封建的社会，也突破了血缘关系，而进至于更一般的人与人关系"④ 的事实及提出儒家本体论应以"贞定价值理性，确定道德方向"为指引的目标，则为后学发掘原儒"德文化"所呈现的普适价值奠定了基础，确立了坐标。

2. 中国的"实体本体论"发展趋向

陈来先生坚定围绕"价值"立论，揭橥了中国本体论的当代发展趋向。

（1）"实体"概念的来源与演变

"实体"概念来自亚里士多德⑤。亚氏是古希腊哲学的集大成者，有专家指出其"实体"概念主要是针对芝诺"飞矢不动"论证提出的。⑥为了回应爱利亚学派否定多、否定变、否定运动等思想，亚氏除了引入赫拉克利特"唯动过程论"之外，还侧重从语法学主词—谓词二分法角度

---

① 陈来：《孔子·孟子·荀子：先秦儒家讲稿》，生活·读书·新知三联书店 2017 年版，第 5 页。

② 陈来：《仁学本体论》，第 57 页。

③ 陈来：《仁学本体论》，第 62 页。

④ 陈来：《仁学本体论》，第 458 页。

⑤ ［古希腊］亚里士多德：《形而上学》，黄颖译，时事出版社 2014 年版，第 165 页。亚里士多德讲"综合实体"——"一部分是物质，另一部分就是通式"。

⑥ 陈奎德：《怀特海哲学演化概论》，第 79—80 页。

赋予"实体"以"动"的功能，提出了"存在作为存在"（being as being）命题，强调系辞"是"的动名词义，认为"存在"是"实体"最根本、最普遍的属性①，进而把实体与属性二分，将"静"和"一元"归为实体，将"动"和多样化归为属性，稳定了当时的哲学界。笛卡尔强化了这种"二分"，将实体割裂为物质实体和精神实体。斯宾诺莎批判笛卡尔"从我出发"的二元论，强调从客观世界出发，提出了"自因说"，把实体定义为"实体是自身的原因"，认为实体在时间上和空间上都是无限的，是不可分割的，它是无所不包的整个自然。②

（2）"驱逐实体"论者的纠结

怀特海以科学家的视角，认为牛顿宇宙观的"单纯位置"观念和休谟哲学"简单孤立印象"观念都是"具体性误置"。认为"只存在事件的流过和事件的互相包容的广延"③ 这两个事实。因此，从"事件本体论"角度考察，西方传统中所谓的"实体"概念也犯了"具体性误置"错误。不过怀特海早期哲学的"事件"本体论也遭到了诘难："事件流"理论究竟承不承认宇宙间存在恒定的因素？

（3）中国"实体本体"的载体

① "德"作为实体体现了"流动性"与"恒定性"的统一

郭店楚简《尊德义》讲"德之流，速乎置邮而传命"。《易经》不仅讲德"周流六虚""大化流形"，还强调"乾"之专、直以及"坤"之翕、辟的自否定和自我定形。笔者以为孔子只承认一个本体——德本体。"德本体"是个依自不依它的"实体"，兼具存在（存在者意义上的存在）和运动两大属性，体现了"流动性"与"恒定性"的统一。当代量子理论"存在与变化二重性"的辩证法也告诉我们，德本体在"物理学

---

① 叶秀山：《哲学要义》，第 54—57 页。

② ［荷兰］斯宾诺莎：《伦理学》，贺麟译，商务印书馆 1997 年版，第 II 页。下引该书，仅标注作者者、书名与页码。

③ ［英］怀特海：《自然的概念》，张桂权译，译林出版社 2011 年版，第 75 页。

之后",但不在彼岸世界。它是生生不息的宇宙生命形态。

②"天地德心""阴阳感应"致万物一体

海德格尔有"共在"的提法。海氏将"共在"说成是"自我与他人同时显现出来的存在方式",但他却极力避开与他人的共在,认为"共在是非本真的"①。这与怀特海关于"共在"的提法是不同的。陈来先生强调指出:"值得关注的是怀特海提出了'共在(together)','各种存在物都是通过这些方法而共在于任何一种实际场合之中。'"②不过怀特海这种"共在"还只停留在"万物通体相关"的层次,尚不是"万物一体"的层次。原儒讲的"万物一体"是指宇宙大全、实体意义上的"一体"(李泽厚先生只承认"整体"的本体义、熊十力先生只承认"实体"的本体义)。我们追问宇宙的终极实在、终极根源,意在追寻世界的所以然。章太炎先生讲子思一脉将"五行"导入儒家"开了数术与儒家融合的先河"③,这一说法严重低估了子思学派"五行学说"的本体论意义。仁、义、礼、智"四行和"为善,善系人道;仁、义、礼、智、圣"五行和"为德,德系天道。德天赋予了宇宙、世界以人文关怀,澄明了人文的世界。易经《象·复》的"天地之心"遂成"德心"——德芯。此"德芯"当是具有圣智的 nG 之"芯"。因为《复》卦的卦象是"一阳复生",展现的是天地感应之心,而"天地之大德曰生"。这种"生"不是宇宙发生学之生,讲的是"生"之所以然,而"本然世界皆相关联"④。易世界注重阴阳纠缠、万物感应的关联"事件"。天地之德心就是在本体论层面肯定人性、天性和物性的同一性,肯定万物一体之"德体",即"德"是万物关联共生的大全——本体。在这里是没有"宇宙物理本体"和"人类社会本体"分别的。

---

① 李泽厚:《人类学历史本体论》,天津社会科学院出版社 2010 年版,第 220—227 页。
② 陈来:《仁学本体论》,第 72—73 页。
③ 转引自李学勤《简帛佚籍与学术史》,第 284 页。
④ 金岳霖:《论道》,第 115 页。

③"德"是"纯粹活动"的"纯粹存在"

哲学的本质是追问"存在者何以存在"。海德格尔强调"存在"是个"过程",存在论哲学的主要任务就是要通过"时间的断裂"揭示这个"过程",使"存在"——"呈现"。在深入的学习中我们发现,海氏的"存在"绝不是哲学界所说的"普遍本质"、终极规定性,而是每个事物都是自己独特的存在。他的存在因"终"("无"、"断裂")而呈现,又因"始"("有"、"绵延")而遮蔽。可见,若与"无限"相比,这个"存在过程"只是个"小过程"而已。也就是说,具有时间性的"存在"实质是一个个存在者。原儒则认为,"天命靡常","德"有"常"。这个"常"是宇宙大化流形的"大过程",就是永恒。参照托马斯·阿奎那的讲法,"德"是"纯粹活动"的"纯粹存在"。①

④涵盖古往今来的"整体"与"个体"之德是真"大全"

在西方语境中,本体或者称为"总体"②或者称为"整体"③。列维纳斯严厉批判作为至大无外、无所不包的"总体",认为"总体"充满对"他者"的暴力。④ 在我们看来,过分强调"总体"和"整体"也确实不利于解放个体的自由。我们研究中国的本体,所追问的是什么为"大全"。我们所说的"大全"涵盖古往今来的一切"整体"和"个体",其自然包括列维纳斯所关心的"他者"。在"大全"中的"整体"和"个体"是有机统一的关系。由于"太上以德抚民",中国的天人关系是是非分明的人神关系,而不是列维纳斯所讲的"伦理关系",也不因为"他人的在场"而"成就道德自我"。

⑤"德主生生"结构开创了中华本体宇宙论的传统

笼统地讲,宇宙论(Cosmology)是关于宇宙演化的学说。本体论

---

① [意]托马斯·阿奎那:《论存在者与本质》,段德智译,第50页注[19]、183—184页。
② [法]列维纳斯:《总体与无限》,朱刚译,第6—12页。
③ 陈来:《仁学本体论》,第13—16页。
④ [法]列维纳斯:《总体与无限》,朱刚译,第317—319页。

（Ontology）是关于存在根据的学说。熊十力先生强调的"体用不二"、马一浮先生所说的"全体全用"、陈来先生所讲的"宇宙本体"等都是对传统本体宇宙论的首肯和发明。我们对张岱年先生明确提出的"古代中国的自然哲学体现出了本体论和宇宙论统一特点"的洞识表示赞赏，但对张先生把中国古代本体论归于道家老子①的主张则不敢苟同。我们以为古代本体论发轫于原儒孔子。因为王弼曾对老子和孔子思想的高下作过比较，他说"圣人贵在体无"，老子把"无"当"有"讲了。② 老年以前的孔子不问性命、生死，老年以后的孔子大谈性命天道，大易就提出了"原始反终，故知死生之说"。"生"就是"有"，"死"就是"无"。不仅如此，大易更讲"由终返始""日新其德""日新之谓盛德"，也就是说"有能生无""无中生有"。在原儒那里，"有"与"无"是辩证统一的关系，其体现在自然哲学方面，则是本体论与宇宙论的统一。这种统一表现于一种"德主生生"的结构或曰机制，即大易讲的"天地之大德曰生""生生之谓易"。"生生"中第二个"生"是宇宙论之"是生"，有如"太极"之生，形似鸡生蛋，"是生"解决了事物的独特性问题；第一个"生"是最高本体"德"之"化生"，有如"天地氤氲"，形似蛋生鸡，"化生"解决了世界的丰富性问题。

⑥"德本体"与辩证逻辑的"亲和关系"

我们前面在讨论中国的知识论时，运用了形式逻辑的知识。现在讨论本体论，也需要逻辑知识。由于本体论研究终极实在，便不宜使用纯抽象的概念，而应使用黑格尔式的"具体概念"，所使用的逻辑亦当是"辩证逻辑"。

大易辩证法的精髓就是"自否定"和"自我赋形"。我们以往理解的辩证法是事物间相互否定，进而实现否定之否定。有学者说中国哲学传统

---

① 张岱年：《中国古代本体论的发展规律》，《社会科学战线》1985 年第 3 期。

② 转引自冯友兰《中国哲学简史》，北京大学出版社 2010 年版，第 183 页。

没有"自否定"①，这种认知不符合事实。大易的辩证法有比西方更丰富的内容，它首先强调事物自身的自否定。比如少阳7，通过量的累升，自否定，成为老阳9；少阴8，通过量的贞固（积淀），退回老阴6；"乾"自身的"直"与"专"的动、静，"坤"自身"辟"与"翕"的相互开、关，这些都属于事物的自否定。由于阴、阳有了自否定的能力，才会自我定形。事物的"自否定"和"自我赋形"能力使事物获得了"客观性的真正形式"，概念也便有别于形式逻辑的纯粹"抽象概念"，成为了"具体的概念"，正可谓"天下之动，贞夫一也"②。

当然大易也讲事物之间的相互否定，比如说"阖户之谓坤，辟户之谓乾"中乾坤之间的"开关辟阖"，以及离坎之间的"水火不相射"、震巽之间的"雷风相薄"、艮兑之间的"山泽通气"等互相否定和老阴变老阳与老阳变老阴的阴阳互相否定等都是如此。

我们为什么说马克思主义的辩证法是发展的、变化的，呈螺旋状上升的呢？因为在马克思主义者看来，范畴是有层次的。《易经》既讲"原始反终"，还讲"终则有始"。除点、线、面、体，我们从时间角度观察，所谓"终"就是"无"，所谓"始"就是"有"，如果"与时偕极"则会有"变"的呈现。"原始反终""复观天下"绝不是简单循环，而是体现着"有（始）""无（终）"之"变"。"变"是高于"有（始）""无（终）"之上的范畴。同理，比"器"和"法"更高的范畴是"形"，比"质"和"量"更高的范畴是"度"，比"0"和"1"更高的范畴是"数"，而"明数达乎德"，故"德"高于"变""形""度""数"，"'德'是万物的尺度"，是最高的范畴。

3. "德本体论"的逻辑起点

如果说中国哲学也有个逻辑起点的话，那就是"原始反终"中那个

---

① 邓晓芒：《思辨的张力》，商务印书馆 2018 年版，第 88—90 页。下引该书，仅标注作者、书名与页码。

② 《易传·系辞·下》第一章。

具体的概念"始"。从"始"出发，我们学习"易有太极，是生两仪，两仪生四象，四象生八卦"这句话，就会有新的认知。阴、阳通过自否定、"自我定形"而成为"两仪"，阴、阳两仪正、反合为"太极"，而这里的"太极"仅仅是个"有"。"太极"生两仪、生四象、生八卦、生万物，自然会有它的生成机制——二进制（特指阴、阳的自否定运动）。我们由"始"出发，经过"变""形""度""数"等较高的范畴螺旋式上升，攀升到最高范畴——"德"。

第三节　原儒的价值论

与逻辑学讲对、错，认识论讲真、假相比，本体论讲"有"与"无"的辩证关系。"人给世界平添了一个'无'"①。通过这个"无"，本体论便进入了价值论。

1. 原儒的"能动时间观"

若说在西方，自柏格森和海德格尔起，时间问题进入了本体论，"时间问题开始成为与本体论不可分、甚至相等同的问题"② 大致不错；若硬说中国古人对时间问题只能做"自然的外部理解"，不能做"人为的内部理解"③ 则有问题。其实大易"与时偕行""与时偕极""时行时止""天地盈虚，与时消息"等这种"后天而奉天时"的"对自然时间的外部理解"讲法，是符合康德知识论关于时间的"前行"与范畴因果关系一致性考量的，属于"形式性的时间"。而大易更注重"先天而天弗违"的"实质性的时间"的理解。这种"实质性的时间"就是"阴阳不测""群龙无首""变动不居，周流六虚"的"自由"和"品物流形""往来无穷"的"绵延"。这种认知来自对"非存在"——"终"（无）的深刻理

---

① ［美］A. C. 丹图：《萨特》，安延明译，工人出版社1987年版，第21页。
② 邓晓芒：《论中西本体论的差异》，《世界哲学》2004年第1期。
③ 邓晓芒：《论中西本体论的差异》，《世界哲学》2004年第1期。

解："《易》之为书也，原始要终以为质也""大明终始，六位时成""乾道变化，各正性命""含章可贞，以时发也""笃实辉光，日新其德"。这种对时间的"内部理解"源于对"存在"的"时间性"的深刻认知，源于无中生有、天地之动、刚柔相推、阴阳变化，来自乾、坤"动"与"静"的"不安生"。

2. 价值论与传统知识论及本体论的依附关系

金岳霖先生对中西知识论作过比较，说西方的知识论求"真"，中国的知识论求"通"。这种"通"是贯通"知识论""本体论"和"价值论"之通。藉此，杨国荣先生从"存在之维"着重诠释、揭示了本体论、价值论、认识论、伦理学、方法论等互融、互渗的面向。① 与西方基督文明的"神赋"价值相比，原儒的价值论则与传统知识论、本体论有内在的依附关系，认为价值来源于本体之"德"。

3. "超验"的价值观与"经验性"价值言说的关系

原儒的价值论是传统形而上学的有机组成部分，是关于价值来源、价值构成及运行规律的学问，属于"实践理性"的论域。大易关于上古先贤治理天下的描述体现的历史观相当深刻精彩。"三皇五帝"热衷"效法"自然。无论是伏羲仰观俯察，近收远取，依二进制原理画八卦，通神明、类万物而"王天下"，还是"五帝"按同一原理重六十四卦，倡文明、建大业达"天下治"，都说明不管是事实世界还是价值世界皆"比类取象"于同一宇宙。在先贤看来，实然与应然是同一的，且价值具有超越性、合法性和普世性。《大象传》所弘扬的价值观不是对经验生活的简单总结，这种"德博而化"的合规律性的"德"之下贯，是靠"观象""玩辞"的"再取象"——0 和 1 的开合翕辟、原始反终的逻辑推导来实现的价值观的推阐。

---

① 杨国荣：《存在之维：后形而上学时代的形上学》，人民出版社 2005 年版，第 31 页。

第四节 "德本体"论对实践理性
"对话共同体"的超逾

1."康德范式"德本体之证成

运用西方范式论证"德本体如何可能",也就是说我们论证"德"作为"本体"能够成立,需要"知识论"的前提。前文提到,康德的"本体论"开始为其"知识论"培植根基,到了当代,西方的本体论、知识论和价值论方实现三者的统一①,而在我国传统文化中,"本体论""知识论"和"价值论"原本就是统一的②。

从知识论角度论证"德"作为本体之能够成立,就是要说明其具有逻辑的必然性和范畴的普遍有效性。在传统文化中,最系统论证"德"文化的典籍就是《易经》。大易不仅讲逻辑的必然性,还讲概念和范畴的普遍有效性。大易注重声训。王力先生早已指出,与约定俗成派相比,"声训派是本质论者"③。特别是大易的范畴由低到高具有层次性,如"形"高于"器"和"法","变"高于"有"和"无","数"高于"0"和"1","度"高于"质"和"量"等。"数""度"范畴还高于"形""变"范畴,而"德"又高于"数""度"范畴,是最高的范畴,所以说"德"是本体。如果承认本体是"大全",那么"德"囊括仁、义、礼、智、圣五行,能够原始反终,恰堪当这个"大全"。

从本体宇宙论角度论证"德"作为本体之能够成立,就是要厘清万物一体(大全、实体双重意义上)的学理。宇宙阴阳纠缠,三才相互感应,天地有生物之心,而德主生生,人文化成,实现了万物一体。"德"

---

① 叶秀山:《哲学要义》,第128—139页。

② 杨国荣:《道论》"引言",北京大学出版社2020年版,第11页。下引该书,仅标注作者、书名与页码。

③ 王力:《中国语言学史》,上海复旦大学出版社2010年版,第45页。

就是这个万物关联共生的"大全"——本体。

还有，我们一直强调，我们是在中国形而上学语境下讲"本体"的。中国传统认为"道始于情""情生于性""性自命出""敬德保命""立德不朽"。既然"情"作为本体能够成立，"仁"作为本体还能成立，那么层次高于"情""仁"范畴、能贯通宇宙生命的"德"作为本体无疑也能成立。

牟宗三先生曾说，春秋之"仁"，实由"明德"传统转出者。① 简、帛《五行》之"仁"也只是"德"之一"行"而已。张横渠的《张子正蒙》讲"德其体，道其用"②。王阳明的《大学问》直言"明明德，体也；亲民，用也"③。近年来，主张"仁本体"的陈来先生也对中国形而上学"德"的特色予以首肯，说明将"德"作为最高本体在国内正在逐渐形成共识。

2. 康德范式"客观主义"思想的羁绊

读者不难发现，我们在论证"德本体如何可能"时所采用的范式实为典型的"康德范式"。尽管康德的《判断力批判》力图证明审美体验是共通的，不是个人的偏好，但在康德那里，审美体验无疑扎根于人类主观性之中；尽管"艺术要素""情感"和"移情"等能减轻人们对自然科学方法的依赖，但它依然迫使人文科学（精神科学）在自我分析中依靠自然科学的方法论。笔者在提出"德本体"想法时，就面临着一些有深厚西方学术背景的学者的质疑。他们不约而同地质问："德本体如何可能？"应该说这仅是个别专家逼迫笔者提供德文化的"客观知识"，以建立他们所需要的人文科学的合法性。其实，笔者深知康德批判哲学背后有

---

① 牟宗三：《心体与性体》（全三册），上海古籍出版社1999年版，第19页。下引该书，仅标注作者、书名与页码。

② （宋）张载撰，（清）王夫之注，汤勤福导读：《张子正蒙》，上海古籍出版社2000年版，第114页。

③ 转引自陈来《仁学本体论》，第298页。

"笛卡尔沉思"——主、客排斥性二分的传统,这是一个被卡尔·波普尔等所维护,却遭到托马斯·库恩等解构、批判的传统。① 用康德的范式格义原儒的德文化,尽管不是"将可以西洋哲学名之者,选出而叙述之",尽管言之成理,显得比较"专业",但也未必妥帖。

3. "对话共同体"视域下的德本体

在多元文化的背景下,以伽达默尔、汉娜·阿伦特、哈贝马斯和理查德·罗蒂为代表的西方当代著名哲学家在与文化"客观主义"和文化"相对主义"的往复辩难中,不约而同地参与了促进实践理性繁荣发展"对话共同体"的"运动"。这种"对话共同体"不是传统的"在追求共同目的中由相互利益统一起来的团体",而是"社群"。"社群的个人的道路在生活中结合起来","社群个人是由礼仪而不是由共同的目标,更不是由某一共同的基础联合起来的。"② 用美国比较哲学家理查德·J. 伯恩施坦的话说,促进实践理性繁荣的"对话共同体"运动正是马克思所倡导的。因为马克思早期强调,"在我们献身于加强那种奠基于对话共同体内的联合,参加互相重新认识这一实践任务的时候,这样一种运动,才能获得现实性的力量"③。这里有两个理论问题值得重视:一是"对话共同体"理念本身就是对文化"相对主义"的反动;二是"对话共同体"恢复了"实践"概念之亚里士多德的古义,认为理论活动本身就是实践,进而彻底摒弃了将实践降低为理论贯彻的那种"技术钳制"式的工具理性思想。然而,没有目的、不懂得什么是"应该"的对话是没有前途、没有意义的对话。尽管哈贝马斯后期思想强化了宗教维度,但其关于

---

① [英]伊姆雷·拉卡托斯、艾兰·马斯格雷夫编:《批判与知识的增长》,周寄中译,华夏出版社1987年版。

② 参见[美]理查德·罗蒂《哲学和自然之镜》,李幼蒸译,商务印书馆2012年版,第338页。

③ 转引自[美]理查德·J. 伯恩施坦《超越客观主义和相对主义》,郭小平、康兴平译,光明日报出版社1992年版,第288页。

"宗教的人"的观念依然是克尔凯戈尔的"宗教的人"——孤立的个体——社群个人。而原儒心仪的社群是"信赖社群"①。儒家"宗教的人"是"整全的人"。儒家是具有宗教性的终极存在，儒家讲"德性之知"，对"德"具有宗教性的肃穆态度和敬畏之情。② 德是本体——德本体。

---

① 在杜维明先生看来，基于"信赖"的社群不同于基于"契约"的社群。杜维明《中庸：论儒学的宗教性》，段德智译，第 118 页。
② 参见杜维明《中庸：论儒学的宗教性》，段德智译，第 149—154 页。

第二章 德本体研究对象及主要内容

第一节 德本体的研究对象

德本体是把"德"作为本体、终极关怀和研究对象的学问。

1. 什么是"德"？

"德"字在周初金文中有见，如辛鼎写作德①，这种用法是孔子所能见到的。德究竟起源于何时？郑开教授从词源学、音韵学、训诂学和考据学等多角度对甲骨文中与之相类的"德"字的来龙去脉作了比较详细的梳理，胪列了专家们对德字训释的几类见解：A. 释为"德"的专家有罗振玉、孙怡让、陈梦家、唐兰、斯维至等；B. 释为"值""值"或"陟"的专家有徐中舒、郭沫若、商承祚和刘恒等；C. 释为"省""徝"或"眚"的专家有王襄、赵诚、闻一多等；D. 释为"循"的专家有于省吾和李孝定等。郑开教授默认 A 类解释，认为 B 类"值"（德）也是德的初文。至于 C 类、D 类情形，在古文字专家与他本人无法从字形和字音上找到"徝""循"与德之间的对应关系的情况下，郑开教授另辟蹊径，创造性地将上述德义的多种情况"梳理为两个系统——A.'值'以及省'彳'的'直'系统……B.'徝'以及省'彳'的'省'系

---

① 容庚：《金文编》，中华书局 1996 年版，第 110—111 页。

统……"①，并从"省（徇、眚）方""巡（循）守"制度层面切入，得出甲骨文的𢔖就是"徇"和"循"的展开，"𢔖就是德的重要来源"②的结论。

笔者于 2018 年在拜读唐文明先生大著《隐秘的颠覆》时，始知郑开教授《德礼之间：前诸子时期的思想史》对"德"作过系统研究，于是马上求购，拜读。遗憾的是笔者在学习中发现郑教授的论证束缚太多：比如，对于殷周之际的剧变，他有"前轴心时期"没有"道"（哲学）成见的束缚；对于古文字的训释，他有专家告诫"甲骨文、金文没有思想史"的束缚；对于有古文字专家断然否认𢔖之为"德"初形的讲法他有同情的理解，有"将𢔖解释为'德'（道德之 virtue）却不符合卜辞语境中的用法"的束缚；对于周初理性主义的高扬，他有为"德""开启了'返魅'的后门"忧心的束缚等。这导致了他的整个论证过于曲折迂回，令人不由也心生纠结。

郑教授为什么乐于按着王襄、闻一多和小仓芳彦等先生的意见将𢔖释为"徇"，同时也接受于省吾、李孝定等先生将𢔖释为"循"的说法？一方面在于他后面有个预设：这个预设就是𢔖不是讲哲学和终极关怀，它"最初是一个政治概念"③，"'美德'（virtue）意义上的'德'的实际基础仍在于社会政治结构以及文化模式、精神气质"④。我们感觉这好像是个倒因为果的讲法。因为殷商人行卜、问筮就是在贞问生命，体现的是终极关切，𢔖之为德（virtues）则恰好符合卜辞语境。⑤ 更何况《前编》卷

---

① 郑开：《德礼之间》，第 51、61 页。
② 郑开：《德礼之间》，第 168 页。
③ 郑开：《德礼之间》，第 11、278 页。
④ 郑开：《德礼之间》，第 23 页。
⑤ 郑开教授说，许多学者之所以断然否认𢔖之为德，是因为"把𢔖直接解释为德（virtue）却不符合卜辞语境中的用法"。见郑开《德礼之间》，第 51 页。我们认为将𢔖按着亚里士多德"美德的复数用法"释为 virtues 和蒂利希"道德主义的复数形式"释为 moralisms，恰恰符合卜筮贞问终极关怀的语境。参见［美］麦金泰尔《追寻德性》，宋继杰译，第 296 页和［美］保罗·蒂利希《文化神学》，陈新权译，第 172—174 页。

一、四十六页 3 号甲骨分明记录的是"贞戜乎✸白古，三月"。"戜"即"摧"字。① 这句话的大意是说有位叫戜的人在三月间贞问"德"。这个"✸"（即✸，下文有说明）无疑是指终极关怀，讲的当然是哲学。再者，任何政治结构、文化模式（统称工具理性）的建立都需要有价值理性（✸）作支撑，而舍✸非它；另一方面是他想通过"德"这个"前轴心时期或前诸子时期的逻各斯"② 来建立他的"德——礼"结构。我们知道，卜筮有"鬼谋"等非理性成分存在，它不讲逻各斯，且以反对"逻各斯中心主义"作为自己的特色示人。总之，郑教授所讲的✸无关于哲学、讲✸是"逻各斯"等观点是我们所不愿采纳的。

严格讲，古文字学家释✸为"徜"似不可通；如果我们草率地接受释"循"为✸的说法，亦觉未安。笔者从中华书局出版的《古文字通假字典》"徝"词条的"按语"中找到了✸之为德的旁证。按语云："徝"字"林义光释循，叶玉森、李孝定、陈炜湛、姚孝遂从之，说其义为巡。王襄释徜，饶宗颐从之。……此字即德字，应无疑问"③。这也就是说，✸、✸、✸都是"德"字。

其实甲骨文"德"字有多种写法，如✸（《甲编》二三〇四），有时省略✸左边的"彳"写作✸（《前编》七·一二·一）；有时省略右边的"丁"写作✸（《精粹》八六四），但始终保持中间的✸（直目）。

在甲骨文"德"字的三类写法中，"目"下皆没有"心"，不是由战国中后期一直延续到今日的"道德"的"惪"。李泽厚先生早已指出，"'德'被了解为统治者的方术、品德以致被了解为道德，是远为后来的

① 于省吾说是古摧字，详见《古文字诂林》第 2 册，上海教育出版社 1999 年版，第 1671—1676 页。笔者专门请教了北京大学宋亚云教授和清华大学刘国忠教授，二位都认为戜（摧）当是贞人名。

② 郑开：《德礼之间》，第 392 页。

③ 王辉编著：《古文字通假字典》，中华书局 2013 年版，第 232 页。

事情"①。那"德"字究竟是什么意思呢？虽说郑教授以"循"释德不足取，但他对𢁏字形的分析对我们确有启发性。他说："从字形上看，'彳'意味着道路、行路。甲骨文中尚有'�'的字例，乃𢁏之繁写，其中'�'更加直观，像四通八达的道路。"② 至于郑教授所下的"偏旁'彳'意味着'巡行'，这一点，诸家都没有异议"的结论，恐怕就有些主观了，因为"巡行"是看（巡视）他人。而从"�";"�"、"�"各类写法（金文类似）都保留𥄉（"目"是眼睛，"直"是方向、标尺）这种"质"的内在规定性看，说明�代指"天视"，突出的是"�"之"正直""正义"等价值属性。我们这样讲绝不是牵强附会。因为"三代"前的皋陶讲"行有'九德'"时已包含"柔而立""直而温"和"刚而塞"三德。③殷商遗老箕子（纣王叔叔，官太师。他一定见过甲骨文，对商文化的解释当具权威性）在《洪范》（由孔子"删述"。尽管孔子可能没有见过甲骨文，但他绝对了解箕子的思想）九畴中讲"彝伦攸叙"时只提"三德"："一曰正直，二曰刚克，三曰柔克。""𥄉"可代表"正直"。"�"保留"彳"之简体，"�"可以理解为"刚克"；保留"丁"之简体，"�"可以理解为"柔克"。而"无偏无陂，遵王之义"中"义"所说的正是"正义"。④《国语·周语中》也讲"夫正，德之道也"⑤。这与古希腊学者特别是亚里士多德所讲的"正义"之德和"形式因"一样，都有着深厚的语言文字学根基，"依自不依它"；从"彳""丁"至少要存其一，这种"量"的外部规定性看，说明�是不可离之"尊德"的"道"（度），即生命的冲动有了内在的尺度，从而使"德"与"道"之间的关系得到了自我开显："德"专注于"道"的内在规定性；"道"则固守于

---

① 李泽厚：《中国古代思想史论》，第 88 页。

② 郑开：《德礼之间》，第 50 页。

③ 《十三经注疏》整理委员会：《尚书正义》，第 125 页。

④ 《十三经注疏》整理委员会：《尚书正义》，第 368—369 页。

⑤ 陈桐生译注：《国语》，第 106 页。

自身外在的逻辑形式。

关于"德"的含义，据汉学家倪德卫（David S. Nivison）观察，在殷商之际"德已成为一种同时具有道德的和超自然的两个方面的因素的灵力"①。有学者说是上天赋予某些特殊的个体用以领受天命的特殊能力②，我们以为这个能力当由"圣端"来承担。参照《易经》"先天而天弗违""初筮告""出入以度""制数度，议德行""明数达乎德""筮的本质是数"等说法和先贤对"德"的描述，即"夫德，俭而有度，登降有数，文物以纪之，声明以发之，以临照百官，百官于是乎戒惧，而不敢易纪律"③ 来看，有先生说"它的原义显然并非道德，而可能是各氏族的习惯法规"④，而陈来先生目光如炬，视"德"为"道德法"⑤。鉴于殷商的"帝""在意识形态中的地位在周初已被结合天意与人事的'德'所取代"⑥，"德"就是万物的价值尺度。"德"之天命就是裁成万物、辅相天地。

2. 德本体的内涵

我们前面讲过，德本体论与沃尔夫的形上学相类，因为在这里笔者试图通过李先生的"情本体"、陈先生的"仁本体"追寻原儒的德本体，故没有采用形上学的说法。广义的形上学即是人们对人生意义、生活价值、宇宙根源的探寻，当是人类心灵的一种永恒追求。而"根源"的东西就是终极的东西，"永恒"的东西就是不朽的东西，借用保罗·田立克的话说就是"终极关怀""终极眷注"⑦。田立克尝言，一个人的终极关怀就

---

① ［美］倪德卫著，［美］万白安编：《儒家之道》，周炽成译，江苏人民出版社 2006 年版，第 98 页。

② 唐文明：《隐秘的颠覆》，第 27 页。

③ 杨伯峻：《春秋左传注》（修订本），第 89 页。

④ 李泽厚：《中国古代思想史论》，第 86 页。

⑤ 陈来：《古代宗教与伦理》，第 324 页。

⑥ 张光直：《中国青铜时代》，生活·读书·新知三联书店 1963 年版，第 307 页。

⑦ ［美］保罗·蒂利希：《文化神学》，陈新权、王平译，第 7 页。

是他的宗教——"宗教就是被一种终极关怀紧紧把握住的状态"①。原儒的德本体就是关于把德作为终极归宿和价值来源的学问。在这里我们有必要对保罗·田立克的"终极关怀"（终极眷注）思想形成的来龙去脉做个简要交代。

田立克是站在存在主义针对基督徒"自主选择有意义的人生"的基础上立论的，但田氏认为这个"受众"过于狭窄，他的受众目标不应只是基督徒，还要涵盖广大的无神论者。而田立克的理论前提与马克思者关于"异化"的理论相似，认为基督教"原罪"出于"自我异化"观念，即从根本上颠倒了自我和世界（人与神）的关系。田立克曾说，"没有世界的自我是空虚的；没有自我的世界是死寂的"②，而排除"丧失自我独立性"和"丧失世界"这两极危险的唯一的"宗教"，就是"终极关怀"（终极眷注），因为这里"包含着人生意义的终极解答"。我们以为，田立克关于"一个人的终极关怀就是他的宗教"理论具有解释力，它不仅能解决存在主义者无力提出"应当如何选择"的问题，而且还可以突破存在主义表面上只重"存在"、排斥"本质"的学理问题，与德本体思想十分相近。其实，存在主义的代表人物无论是萨特还是海德格尔都"已经把一种本质偷偷塞给了人"③。

现当代研究"本体"的学问大致有两类，一类如斯宾诺莎把"本体"说成是"实体"（"实体是自身的原因"）；一类如怀特海把"本体"说成是价值。④ 由于怀特海是为了摆脱事件流变如何具有恒定性的困难而引入

---

① 转引自［美］L. J. 宾克莱《理想的冲突：西方社会中变化着的价值观念》，马元德、王太庆等译，第 296—297 页。

② ［美］L. J. 宾克莱《理想的冲突：西方社会中变化着的价值观念》，马元德、王太庆等译，第 294 页。

③ ［美］L. J. 宾克莱：《理想的冲突：西方社会中变化着的价值观念》，马元德、王太庆等译，第 276—277 页。

④ ［英］怀特海：《科学与近代世界》，何钦译，商务印书馆 1959 年版，第 185—199 页。下引该书，仅标注作者、书名与页码。

价值论的。他的逻辑是把价值诉诸"永恒客体"，而他对"永恒客体"性质的规定恰恰是：永恒客体都是个体，都是以自身特别的方式成为自身。① 用其浓缩版的《过程与实在》中话语表述就是"没有任何东西能和它（指'永恒实体'，笔者注）相比，它就是斯宾诺莎的唯一无限实体。"② 可见，怀特海的"永恒客体"与斯宾诺莎的"实体"并没有什么原则区别。又由于中国的本体是指最根本最真实的存在、最后的存在③，《大象传》"德博而化"，以价值观为导向立言，因此我们这里兼而取之，采用本体是"实体"，但本体讲"价值"的说法。

鉴于"否定实体，价值也就不能获得最高的肯定"④，故"德本体"是实体，讲价值。

"诚者自成，道以自道"⑤。因为"诚"即是德⑥，所以德者自得，依自不依它。"德"是自身的原因，恰符合"实体"的定义。"德本体"是最高本体，"德"是价值之源。我们之所以不对价值本身作肯定性的陈述，是因为本体论与知识论相较，它研究的是"自由"，不是"知识"问题，故不强调逻辑的必然性，它只问"应当"（应然）问题。怀特海也提醒我们，"在哲学的探讨中，对于终极性的陈述即使是最细微的一点武断地确定，都是愚蠢的表现"⑦。

德本体就是把德作为本体、终极关怀和研究对象，以价值来源、价值构成、价值运行与匹配规律为主要研究内容的学问。

---

① 参见陈奎德《怀特海哲学演化概论》，第 111 页。

② ［英］怀特海：《科学与近代世界》，何钦译，第 170 页。

③ 成中英、杨庆中：《从中西会通到本体诠释》，第 245—248 页。

④ 陈来：《仁学本体论》，第 8 页。

⑤ 《十三经注疏》整理委员会：《礼记正义》，第 1694 页。

⑥ 关于"诚"之释义，上博简《〈子羔〉篇"孔子诗论"》讲，"德"即"诚"。引自李零《上博楚简三篇校读记》，中国人民大学出版社 2007 年版，第 150 页。下引该书，仅标注作者、书名与页码。廖名春：《上博〈诗论〉简的天命观和"诚"论》，也持相同看法，见《哲学研究》2002 年第 9 期。

⑦ ［英］怀特海：《过程与实在》，李步楼译，商务印书馆 2012 年版，第 6 页。

3. 德本体的特征

德本体具有宗教性、超越性、创造性、客观性、合目的性、合法性、开放性、流动性、自洽性和普适性等特征。

（1）宗教性

被誉为哈佛大学"宗教研究之父"的威尔弗雷德·坎特维尔·史密斯曾指出：

> 把基督教之外的精神文明判定为宗教且配上"主义（-ism）"的语根，是十七世纪以来西方学人的偏见，如佛教（Buddhism）、儒教（Confucianism）、道教（Taoism）、犹太教（Judaism）、伊斯兰教（Islam）。宗教学必须超越基督教神学的限制。[①]

站在这种文化多元主义的立场，我们便可以接受宗教是"有关研究克服生命局限的途径以及由此而来的对于生命的终极意义的探究"的定义。[②]我们始终强调老年孔子会通儒易之后发展的学问是儒学的崭新形态。而儒学是入世的学问，特别是孔子肯认的是非人格化的上帝——德。"德本体"是依自不依它、德者自得的实体，具有宗教性。我们强调德本体有宗教性，不认为"德本体"是宗教。"'明德'既是理性祛魅的结果，又是神秘主义'反魅'的'后门'。"[③]"德博而化""不言而信"。"朝闻道，夕死可矣"。[④] 这种宗教性是一种生存心理现象，不是"过渡性的社会现象"。因为过渡性社会现象随着社会进步最终会走向消亡[⑤]，生存心理现象则不会消亡。事实上在英语语境中，宗教不是我们通常所理解的迷

---

① 杜维明：《中庸：论儒学的宗教性》，段德智译，第6页。
② 姚新中：《儒教与基督教：仁与爱的比较研究》，赵艳霞译，第8页。
③ 郑开：《德礼之间》，第237页。
④ 李泽厚：《论语今读》，第113页。
⑤ 参见刘小枫《儒教与民族国家》，华夏出版社2007年版，第1页。

信和教条，它拥有热爱、忠诚、诚实、尽责和虔诚等赞美性的内涵。因此，我们不要用"科学主义"的眼光排拒德本体的宗教性（奥古斯特·孔德晚年也转而开始提倡"人道教"了①）。

（2）超越性

超越性问题与宗教性问题密切相关。从文化多元性视角出发，我们发现"超越理论"与希伯来传统的"神学学说"之间存在着重大的差别。在希伯来传统的神学学说中，不论犹太教、基督教还是伊斯兰教，都是关于上帝（真主等）的学问，且上帝（真主）等是全知、全在、全能的人格神。而在非以上帝（人格神）为中心的宗教中，突出的则是"超越"的特征。这种"超越"实际是对有意志或无意志的"无限"与人类存在和自然世界的创造关系的理论反思。② 神学学说关注的是外在力量的"拯救"，超越理论强调的是人类自我的超越。这种"超越"又不同于康德的"超验"（Transcendent）。康德的"超验"是标示知识的界限，其目的是阻塞通往信仰和形而上学的通路。"超验"的总是不可知的；"超验"与经验界完全隔绝，且一往而不返。牟宗三先生将康德的"Transcendental"译为"超越"比较确当。"超越"是指先于经验而有，不由经验得来，但却不能离开经验而又返回来（"往而复返"）"驾驭经验"。③ 我们主要强调德本体不是"知性思维"的产物，它能体认不能通过经验和科学为我们所觉知的实体④，它具有高于自然和人类的力量，能够控制人类事物和命运，能决定自然的演化方式。德本体具有超越性。韦伯认为儒学具有超

① 转引自刘述先《儒家思想的转型与展望》，第 264 页。

② 参见姚新中《儒教与基督教：仁与爱的比较研究》，赵艳霞译，第 8—9 页。

③ 牟宗三：《中西哲学之会通十四讲》，吉林出版集团有限公司 2010 年版，第 41—43 页。有趣的是，牟宗三先生在澄清超越与超验的概念后并不是就"Transcendental"讲超越，相反，他是在 Transcendent 超验层面上讲超越和他的"道德的形上学"。因为他认为人具有上帝才具有的"智的直觉"。我们也承认，人有"通天"的本事，但这种本事来自人人皆有的"圣端"圣智。

④ 杜维明、卢风：《现代性与物欲的释放》，第 19 页。

117

越性，但超越性不够。他的逻辑是：儒学讲求入世，既然入世了，就得服从于世间的游戏规则，因此儒家的超越性很弱。其实，原儒所体知的"超越"是双向的。"外在超越"是对"德世界"的信仰，相信德的力量能够改变命运；"内在超越"就是儒家在入世的过程中，并不是随波逐流（"不为世转"——明末清初颜李学派创始人颜元语），而是要转化这个世界。这种转化不是离散的，而是全面的。杜维明先生曾说儒家的资源不是来自这个世界，而是来自历史、文化，来自超越，来自替天行道的思想。① 而在墨子刻看来，具有儒家传统人格的人，身心内部具有很大的张力。这种张力和基督教的张力性质不同，但强度相似。②

（3）创生性

大易盛赞"天地之大德曰生"。这种"生"有取《离》卦卦象为网罟、《大壮》卦卦象为宫室之"再仿生"，有"和实生物"这种天地之"杂"的"杂物撰德"之生，还有"男女构精"交合之生。"乾道变化，各正性命"。贯穿整个《易经》的是深刻的本体宇宙论思想，即"易有太极，是生两仪"的宇宙大化流形。刘纲纪先生慨叹说，"把生命的产生、存在提高到本源性、始基性的地位，赋予它以最高的哲学意义……就世界范围而论，在各国古代哲学中，也很难找到与此相类的思想"③。庞朴先生形象地将"是生"比喻成鸡生蛋，把"化生"比喻成蛋生鸡。而无论是"是生"，还是"化生"都是德之生。创生性在某种意义上也是创造性。德本体讲万物并育，知"悔吝忧虞"且"善补过也"，可以与天地参，具有创造性。创生性呈现的当是董光璧先生所说的"整体生成"④ 的特性。如果说德本体的宗教性和超越性意在创造一个有意义的、有秩序的

---

① 杜维明：《现代精神与儒家传统》，第 447 页。

② 参见［美］墨子刻《摆脱困境：新儒学与中国政治文化的演进》，颜世安等译，第 3 页。

③ 刘纲纪：《〈周易〉美学》，武汉大学出版社 2006 年版，第 25 页。

④ 参见董光璧《道家思想的现代性和世界意义》。引自陈鼓应《道家文化研究》第 1 辑，第 39—75 页。

世界，那么其创造性的"革故鼎新""推陈出新"就是在做"熵减"，因为"变动不居""否极者泰""阴阳平衡"是儒家坚定不移的信念。

（4）客观性

客观性的"客观"很重要。萨特讲"人给世界平添了一个'无'"，他的意思是说，像知、情、意（包括价值）这些东西客观世界本来没有，是人出现后带给世界的"礼物"。当人们、特别是国人侃侃而谈价值问题时，别说是有启蒙心态的自由主义者排拒，就是稍微有科学头脑的人也说这是主观的东西。从这个层面观察，西方人揶揄国人有"泛道德主义倾向"是不足为怪的。谈到"客观性"，一般来讲有三种基本表现形式：一是依据逻辑学（形式逻辑和辩证逻辑）的范畴规定的"客观性"；二是依据皮亚杰发生认识论主客体双重建构而来的"客观性"（客体性）[1]；再就是本体宇宙论的、依据实体规定的"客观性"。德本体的客观性，既不是一般认识论所规定的"客观性"，也不是发生认识论所规定的"客观性"，而是由本体宇宙论实体所规定的客观性——一种纯粹的客观性。

（5）合目的性

西方文艺复兴以来，日益兴盛的机械决定论者将整个自然界描绘成一切事物都是精确地按着机械因果性发生的。全部未来事件都严格地取决于全部过去的事件。在机械唯物主义者眼里，一定原因作用于系统，只能产生一定的结果，这个结果并不反作用于那个原因（"有如直线，不返回自身"）；而遭到贬抑的外在目的论及其论者把整个自然界描绘成一切事物都是精确地按着某种超自然的目的发生的，全部未来的事件都严格地取决于过去业已设定的外在目的。在唯心主义外在目的论者看来，不同的原因作用于系统，总是产生同一个结果。而在德本体论看来，无论是无机界还是有机界，德主生生，德博而化，德合内外之道，就是说整个宇宙（大

---

① ［瑞士］皮亚杰：《发生认识论原理》，王宪钿等译，商务印书馆 1981 年版，第 105—117 页。

宇宙、小宇宙"德心"相印）是一个原因与结果相互作用和相互转化的大有机体、大反馈系统。这种反馈式因果序列在自然变化中造成一种变化的更替（"有如直线画圆，返回其自身"）①。梁志学先生曾深刻地指出：从哲学的观点看，那种直线式因果性只是相互作用的结果不反作用于原因时的极限情况；那种超自然的目的性是用外在目标代替结果对原因的反作用，使系统在不同外部因素面前只产生同一结果的特殊情况。② 德本体因果性和目的性原理映射出特殊与普遍、个别与整体之间的关系，它扬弃了机械因果性与外在目的论的对立，具有"内在目的性"，其原理与控制论"反馈"——相互作用范畴相通。然而，反馈有正反馈，还有负反馈。当负反馈达到一定阈限时，就出现了"合法性危机"的问题。在哈贝马斯看来，危机过程具有客观性，"危机是从无法解决的控制问题中产生出来的"③。

（6）合法性

《易经》比类取象，取法自然，以自然为法。需要明确的是，这个"自然"既指"人化"的"自然"（如河图、洛书这种无字天书），也有现象学的"天地之撰"（如天之所行、地之所载和"帝出乎震"之游八宫），此"撰"指天地之图式。④ 大易讲"阴阳合德而刚柔有体，以体天地之撰，以通神明之德"。由于天视自民，天听自民，"天地之撰"也即民意、德音的体现——既与天地合德，也通"神明之德"，并以合"民意"为合法，以不合"民意"为非法。德本体之"天地之撰"，具有合法性。

---

① ［德］谢林：《先验唯心论体系》，梁志学、石泉译，第 149 页。

② 中国社会科学院哲学研究所编：《论康德黑格尔哲学：纪念文集》，上海人民出版社 1981 年版，第 40—41 页。下引该书，仅标注作者、书名与页码。

③ ［德］尤尔根·哈贝马斯：《合法化危机》，刘北成、曹卫东译，上海人民出版社 2000 年版，第 6 页。

④ 拙作《〈易传〉的"宗揆驱鬼""以形判道"》，《辽宁师范大学学报》（社科版）2014 年第 4 期。

（7）开放性

《易经》认为世界既有由既济到未济的对外相对"无限开放"，又有由始至终的"有限中的无限"的绝对的开放。这就是"变动不居，周流六虚"的德世界。德本体具有开放性。从实践层面看，中国的"经"是可以"改动"的，比如朱熹用"四书"——《论语》《孟子》《大学》《中庸》取代了先秦"五经"《诗经》《书经》《礼经》《易经》《春秋》，这在西方是不可想象的。西方人可以对宗教仪轨进行改革，但对《圣经》只是"注"，是不敢改的。儒家没有真正宗教意义的"教条"，无论性善、性恶，无论夫夫、妇妇还是修己、达人等等观念，都可以拿出来讨论，这些与自由主义都是相通的。儒家的"自我"也是一个开放的系统①，儒家自我向他者和共同体乃至天地开放。

（8）流动性

针对宋儒"理"体不动和斯宾诺莎的"实体"不动而言，德本体变动不居，周流六虚，大化流形，具有流动性。现代量子科学存在与运动"二象性"体现的正是"德本体"的特征。

（9）自洽性

中国社科领域的原创作品本来就不多，权威们却又多喜欢做描述、下断语（转语）。由于缺乏严格的论证，使得古往今来许多闪光的哲思成了无本之木。也由于理论不自洽，使得传统文化"看上去有生命力，实际上无说服力"。用不自洽的理论去"弘扬"或者"诠释"传统文化，无异于在"焊接""文化航母"。本体论能"穷极万化之原，乃学问之归墟"②。在时贤众多本体论中，德本体论似能较好地解决理论自洽性问题。

（10）普适性

当代西方学术界有个动向，就是有些有远见的"自由主义者"已开

---

① 杜维明：《儒家思想：以创造性转化为自我认同》，生活·读书·新知三联书店 2013 年版，第 126 页。

② 陈来：《现代中国哲学的追寻：新理学与新心学》，第 29 页。

始考虑在公共领域的价值论说问题。针对美国的开国领袖杰斐逊说"公共领域只有通过法律来塑造"和前美国国会图书馆馆长丹尼尔·布斯丁（Boorstin）说"美国建立共和国是一种没有价值预设的新型文明形态，只是一种'选择性'的存在"① 等讲法，罗伯特·贝拉（Robert Bellah）教授予以公开回应。他认为美国是像《旧约》的"出埃及记"一样，是由一些被残杀和被宗教迫害的逃出欧洲的一些新教徒所创立的共和国，是主动自觉的"社群选择"结果，是由基督教理念创立的新型文明形态。我们强调的是，德本体能超越"社会阶段论"，能超越意识形态，具有普遍适用性。它既可以启蒙"封建"的中国，又能启蒙资本主义的上升时期②，也能启蒙社会主义国度。

4. 德本体的外延

（1）按"德"之形态划分：有非心非物德本体、"唯物论"德本体、"唯心论"德本体。

（2）从心理学角度划分：有知识论德本体、情感论德本体、意志论德本体。

5. 德本体论与西方"新实在论"逻辑实证主义流派、科学实在论学派的异同

德本体研究对象的非心非物取向与西方"新实在论"志趣相通，但也有许多区别。

第一，德本体逻辑命题"不能不真"与实证主义逻辑命题"不能假"的区别。金岳霖先生在其名著《论道》中早已指出，形而上学是要在积极方面论证逻辑命题之不能不真，逻辑学的任务仅仅是在消极方面证明逻辑命题不能假而已。③

---

① 见哈佛燕京学社《儒家与自由主义》，第94—95 页；杜维明《现代精神与儒家传统》，第196—200、233 页。

② 参见朱谦之《中国哲学对欧洲的影响》，第362 页。

③ 金岳霖：《论道》，第69 页。

第二，德本体形而上的进路与"科学实在论"的科学进路的区别。陈来先生明确指出，"就本体论建构而言，从科学到哲学是不易行得通的"①。

第三，德本体寻求存在之所是与"科学实在论"只揭示自然奥秘的区别。

第四，德本体关注生活、生命与"科学实在论"只关注学理的区别。分析学派有套说法：他们认为做分析哲学的本分就是做逻辑分析和语言分析工作；做分析伦理学的本分就是分析道德词语的正确用法，或分析道德话语是否有意义，至于其社会效果与己无关。德本体论则是"穷理尽性以至于命"——研究君子安身立命、申命行事的学问。

6. 德本体论与西方有关价值学说的异同

德本体论以德为终极关怀和研究对象。德本体讲"价值"，但不认为"价值"是形而上学的全部。新康德主义弗莱堡学派则不然，其代表人物无论是文德尔班还是李凯尔特，都把价值视为哲学的全部。如果说德本体论是有关终极追求与价值来源的哲学理论，那么新康德主义弗莱堡学派的价值哲学就是将哲学的对象归于价值；如果是德本体的主要任务是追寻价值来源，那么新康德主义弗莱堡学派的主要任务就是从主观的价值角度出发对理论的东西和实践的东西进行估价。

原儒的德本体价值论与新康德主义弗莱堡学派不同，与怀特海的价值论则有许多相通之处。怀特海以价值为核心的过程哲学是在批判新康德主义弗莱堡学派价值哲学的过程中逐步走向成熟的。文德尔班沿袭康德截然区分"经验世界"和"超验世界"的思路，把知识（世界）分为"价值的知识（世界）"和"事实的知识（也是主观世界）"两类，将其分别归属于"历史人文科学"和"自然科学"。李凯尔特走得更远，认为自然科学是寻求规律，寻求"齐一性"的，处理的是可重复的普遍事实；历史人文科学则是寻求理解，处理的是"一次性"的不可重复的独特的历

---

① 陈来：《仁学本体论》，第2页。

程，彻底将自然科学和人文科学"打成两橛"①。在怀特海看来，这种"两个世界"的分裂，是人类文明史上的巨大悲剧。怀氏认为，无论"事实的知识"还是"价值的知识"都是对同一个宇宙的抽象。这里不存在单一"自足的抽象"，"每一个抽象都蕴含着对实存整体的涉及"②。这种看法与黑格尔批判康德的"知性思维"将概念视为无联系和"有限的"，"它停留在各个固定的规定性和彼此差别上"③ 是一致的。怀氏的认知正与中国"天人合一""三才之道"的学理相通。

我们赞赏怀特海关于事实世界与价值世界相互关联、相互作用，以及事实世界为价值世界提供可能性，价值世界给事实世界提供意义的主张，肯定怀特海以"事实世界"体现流动性，用"价值世界"展示不朽性的立论基础。④ 我们视"德"为实体，但不像西方那样把上帝（上天）作为价值的独立来源。中国的价值有自己的来源，它是百姓、万民向超越的"先天世界"讨价还价、损益盈虚、穷神知化的结果。

第二节　德本体的主要内容

德本体以价值终极来源、价值构成及价值运行与匹配规律为主要研究内容。

1. 价值主要来源及特点

（1）"前轴心时期"的封建文化源头

于殷周之际开启的"前轴心时期"，在周室，由于皇天"惟辅是德"，"德"关涉天命予夺，皇天上帝"超越"而"外在"，是人格神。其中，天命归人王独享；大千世界的动力来源于创造者——"皇天上帝"。这是

---

① ［英］怀特海：《科学与近代世界》，何钦译，第 101 页。
② 陈奎德：《怀特海哲学演化概论》，第 150—155 页。
③ 张汝伦：《黑格尔与我们同在：黑格尔哲学新论》，第 319—320 页。
④ 陈奎德：《怀特海哲学演化概论》，第 144—145 页。

以周公为代表的思想家"损益"殷商文明而"转化"出的、旨在维护宗法制度的、"爱有差等""尊卑有序"的封建文化。它在当代中国依然处于统治地位。

俯瞰中华几千年文明史，周公在形塑中华文化方面的重大成果之一，当是将"德"与终极关怀、天命相联系。只不过这种"天命"尚局限于一家一姓的"天命"；世界发展变化的动力源自外部而已。

（2）"轴心时期"的德文化源头

到了发轫于春秋战国之际的"轴心时期"，"德"文化开始发生变化，这种变化主要表现在祭祀文化的剧变上。如果说周初祭祀"其所以祈天永命者，乃在德与民二字"[1]（实际上，以大巫身份出现的周公，他只注重抽象的"德"一字），那么在"轴心时期"则突变为祈"民"永命了：如讲"媚于神而和于民"[2]、"禋于神而亲于民"[3]、"不亲于民而用焉，民必违之"[4]、"民和而后神降之福。……若布德于民而平均其政事，……是以用民无不听，求福无不丰"[5]，甚至讲"民，神之主也。是以圣王先成民而后致力于神"[6] 等。从该期祭祀文化的"接闻"语气判断，前述诸多说辞都是时兴的"理性主义"者的主张。不可否认，"人""民"地位得到提升无疑是历史进步的表现，但把人摆到了比"神"还高的不适当的位置，无疑是"理性的傲慢"使然。这时的祭祀文化恐怕仍是"绝地天通"[7] 方式的延续，人、神"交通"尚未放开，更未普及。

---

[1] 王国维：《观堂集林》（附别集），中华书局 2020 年版，第 476 页。下引该书，仅标注作者、书名与页码。

[2] 《国语·周语上》。

[3] 《国语·周语上》。

[4] 《国语·周语上》。

[5] 《国语·鲁语上》。

[6] 《左传·桓公六年》。

[7] 据文献记载，在上古发生一起由重、黎发动的"绝地天通"的重大事件（《国语·楚语》，说是颛顼命之；《尚书·吕刑》讲是唐尧命之。总之，此事件发生在"三代"以前），自此由原来的"人神杂糅"状态变为所谓的"人神归位"状态。

可以说，轴心时期在祭祀文化中"民"作为周人"历史中的上帝"身份的恢复，当与执政者周平王在"保天下"时感念武王打天下时"宣誓"过的"民之所欲，天必从之"和"虽有周亲，不如仁人"① 的认知有关。轴心时期"民"之地位的"抬升"，标志着统治者"天命观"的鼎革。而这种嬗变绝非偶然，它有过理性的铺垫，诚如侯外庐先生研究发现："在这里（指《诗经》的《崧高》和《烝民》篇——笔者注）所出现的'天'字，与周初的'天'字是不同的：一、周初天命的功用在逻辑上是全称，只要配天受命，命就一如人意。此处所讲的天命在逻辑上是特称，仅以降生佐王的大臣为天命。二、周初配天命的原则在逻辑上是特称，天命只与先王相合，降福曾孙。此处所讲的配天命是全称，不但贵族可以配天，而且一般的人民也和天命有关了。"② 即"天命"不再为人王所独享，百姓万民也成为天命的拥有者。周室天命观的这种剧变是在比平王稍早的"宣王中兴"时期实现的。我们沿着这个脉络，始知在历史上险些重演平王悲剧的周襄王开始坚守"太上以德抚人，然后亲亲，以相及也"这种爱无差等、人人平等的"德文化"所具有的历史必然性：因为"民"拥有天命、人人怀"德"，所以执政者重拾"太上以德抚民"理念不仅成了"皇天辅德"命题的应有之义和逻辑展开，而且也是对当时"祈民永命"——"人类中心主义"思潮泛滥的有力拨正。

春秋诸侯争霸，灭国之事时有发生，个别史官携"国之重器""出奔"，致使《周易》流落民间。孔子老而好《易》，从中发现了"人神杂糅"的妙道和人神直接交通的佳径。孔子"韦编三绝"，"观《易》之德义"，与皇天上帝讨价还价，铸就了超越的"德世界"。

鉴于统治者承诺"祈天永命""敬德保民"：为了保证"民"与"王"天命同出、身份平等，为了摆脱"群氓政治"乱象使"百官以治，

① 《十三经注疏》整理委员会：《尚书正义》，第325、329页。
② 侯外庐等：《中国思想通史》第1卷，第118页。

万民以察"之"分权""分治"更有效率，为了克服"百姓""万民"的有限性，为了警示"万民""恐惧修省"①、"卑以自牧"② 而不"堕落"，老年孔子为《易》作《传》——与皇天上帝签订了"新约"，确立了"先天""德世界"，并从中引出了价值的源头活水。孔子的这个伟大"举措"，使"民"真正成为"天下之民"，并真正成就了天下之民的事业——"举而措之天下之民谓之事业"③。《易经》开辟了崭新的德世界，进而成了中国的"精神现象学"。

原儒开创的易文化属于新型的德文化。如果说在周公那里，统治者执政的终极合法性在于拥有抽象的"天之德"，那么，在原儒这里，统治者执政的终极合法性在于拥有具体的"民之德"。在原儒的"德世界"，"德"是非人格神；百姓万民皆天命在身；爱无差等、人人平等；世界发展变化的动力主要来自事物内部——"生生之德"。

（3）原儒德文化的特点

①人神"共谋"特点

从前述价值论与德本体论、知识论之间的关系及民与人格化的皇天上帝之间的关系分析看，在原儒那里，人与皇天不仅是一种对话关系，而且是一种辩难关系。在对皇天的质疑中，把人理性的价值体现到极致，直到理性达不到的高度时实现了价值创造的呈现（基督教称"显灵"，大易叫"穷神知化"）。从发生学意义上讲，德本体价值既非单独来自于世俗化的经验，也非单独来自于超越的皇天上帝，而是来自作为"三才"之一的、拥有圣端的人与皇天讨价还价之"共谋"。《诗经·大雅》讲"民之秉彝，好是懿德"。"德"本然存在于个体之中，系民之所"秉"；个体既济担当的申命行为使之朗现。

---

① 《易传·象·震》。

② 《易传·小象·谦》。

③ 《易传·系辞·上》第十二章。

②去"中心化"的特点

古希腊哲学以"逻各斯"为中心。西方自文艺复兴运动、特别是启蒙运动以来，其文明形态变成了以"人"为中心。"中心化"是西方文明的特色。我们的德世界是个"人神共铸"的世界，没有中心可言；是个"信托的世界"①（皇天上帝演变为"太上"），人神双方关系平等；原儒虽然讲"三极之道"② 将人视为一"极"，但在实践中强调的却是"三才之道"③ ——三才共治，因此，由不受家庭伦理束缚的"德世界"可开出非人类中心主义的"生态伦理"。"文明"本身就是一种价值，且最早见于中华元典。去"中心化"是中华哲学的最大亮点。

③"开放""开源"特点

基督文明认为上帝全在、全知、全能，在这个"必然性"的大箍下建构的形而上学体系自然是封闭的体系。中国的形而上学是"人谋鬼谋，百姓与能"的产物，其所建立的体系自然是未济开放的。大易还讲"乾坤，其易之蕴邪"？"阖户谓之乾，辟户谓之坤，一阖一辟谓之变，往来不穷谓之通"。0 和 1 代表着乾坤之"阖"（关）与"辟"（开），万物开源、万物互联。中国形而上学体系既开放，又开源。

④连续性特点

世界文明大致有三种类型：一种是有古无今类型，如古埃及、古巴比伦、古印度；一种是有今无古类型，如美国、日本、俄罗斯；再就是有古有今类型，这种类型只有中国。中华文明有始有终、绵延不绝，具有连续性。德主生生，於穆不已。中华文明具有旺盛的生命力及强劲的辐射力。

2. 价值构成

孔子贵族出身，尽管老年"累累若丧家之犬"，却成为我国"轴心时期"第一个"仰望星空"，进而成为在思想上"最富有"的人。孔子

---

① 转引自刘述先《儒家思想的转型与展望》，第 233—234 页。
② 《易传·系辞·上》第二章。
③ 《易传·系辞·下》第十章。

"在道德观念上已经突破封建的社会"，他的思想竟也能"影响了资本主义的上升时期"①。这说明孔子所提出的价值观必然具有普遍性。我们知道，孔子借用"卜筮之书"的形式表达自己深刻的哲学思想，"卜筮"具有超越性，孔子用卜筮形式表达的价值观也一定具有超越性。而孔子价值观的超越性、普遍性等特点正是由作为世界大全的"德"主导、决定的。也正因此，我们从德本体中解读出"权利""自由""平等""民治""科学"等价值和生态伦理之大用就不足为怪了。

（1）关于君子个体展现的价值

儒家理想是"万国咸宁"，讲"君子以类族辨群"和"安土敦乎仁故能爱"，讲一言九鼎，讲"二人同心，其利断金"，讲"鸣鹤在阴，其子和之。我有好爵，吾与尔靡之"等。这些思想与我们强调的爱国、敬业、诚信、友善、合作、共赢、共享价值是一致的。我们以为，《易经》中提出的"君子独立不惧""立不易方""自求口实""利者，义之和也"思想，赞美的"劳谦君子""卑以自牧"作风，提出的"在人之道，曰仁曰义""智崇礼卑"和乐天知命主张等，又可归纳出独立自主，谦卑自牧，仁、义、礼、智，安身立命等价值。还有，《易传》明确提出"乾道变化，各正性命"的命题，区分"言者""动者""制器者""卜筮者"，或如《春秋·穀梁传》之古者有四民，即有士民、有农民、有工民、有商民的社会分工思想②和"君子终日乾乾""富予其邻""建功立业"等爱岗敬业精神及责任担当意识都是值得关注的。

---

① 朱谦之：《中国哲学对欧洲的影响》，第 362 页。

② 《十三经注疏》整理委员会：《春秋穀梁传注疏》，第 242 页。关于古之"社会分工"思想在传统文献中习见。如《春秋左传正义·桓公二年》讲："士有隶子弟，庶人、工、商，各有分亲，皆有等衰。"《管子·治国》说："先王使农、市、商、工四民交能易作。"《国语·齐语》讲："昔圣王处士也，使就闲燕；处工，就官府；处商，就市井；处农，就田野。"秦帝国统一后，《韩非子·五蠹》，开始把"士""商""工"打入"五蠹"之列等。

（2）君子"社群"倡导的核心价值

"社群主义者"信奉文化多元主义，具有深厚的历史意识。在他们看来，自由主义者在设定个人身份时，首先赋予了个人在社会生活中的绝对优先性，而事实上这种个人优先性是不存在的。社群主义者主张回到社会人与人之间真实的互动中来，还原人作为人际关系网络的中心点，即"人有不可消解的群体批判的自我意识"①。这些观念与原儒思想是合拍的，倡导的都是"加厚"的价值。《易经》是世界上最早提出并全面阐述"文明"概念的文献。它提出的"君子申命行事"和"既济有为"思想，"天下和平""天下文明""刚健文明"思想，"见仁见智""变动不居""群龙无首""六龙御天"等自由思想，"保合太和""明罚敕法""明慎用刑""赦过宥罪"等法治思想等，与我们强调的富强、民主、文明、和谐、自由、平等、公正、法治等价值是相应的。我们以为，《易经》提出的"遏恶扬善""首出庶物""出类拔萃"思想，"交易而退，各得其所"与"裒多益寡，称物平施"和"坎不盈，祇既平"思想，以及"革，去故也；鼎，取新也"思想等，卦序以"未济""开放"作结，特别是大衍筮法"明数达德"展示的"同余结构"和十进制运算法则，大易提出的"察几显微""唯变所适""阴阳纠缠""三才叠加""天地感通"等量子思想，"八卦体系""六十四卦体系"体现的二进制原理，以及易卦符号排列体系蕴含的量子代数思想，又可以开发出首出庶物、贤能良治、正义、文明、公平、效率、女权、改革、开放、创新和科学等价值。

总之，作为群经之首的《易经》的价值资源是极其丰厚的。从中我们不难看出，西方"启蒙心态"下的自由主义者所热衷的"超薄"的价值我们的确是"古已有之"的。从"人人皆可成尧舜""天听自民"和"百官以治，万民以察"等基本信念进行制度建构，完全可以接受像孔汉思提出的"最大公约数"和最大限度的相对公正等现代社会治理原则。

———————————

① 哈佛燕京学社：《儒家与自由主义》，第74页。

有人可能会质疑：儒家怎么讲起了男女平等？其实，在原儒看来，男女、夫妇与天地、乾坤一样都是阴阳平等的。大易就讲"有天地，然后有万物；有万物然后有男女；有男女然后有夫妇；有夫妇然后有父子；有父子然后有君臣""天地设位，圣人成能；人谋鬼谋，百姓与能"等。而泼在儒家身上"三纲"的脏水是汉章帝之所为，具体内容由班固落笔于《白虎通义》中。事实上，民主和自由不仅仅是一种理念，也是具体的生命形态和生活实践。尼布尔（R. Niebuhr）就讲过："因为人性本善，民主才有可能；因为人性本恶，民主才有必要。"①

我们不无遗憾地指出，西方世界自启蒙运动至 20 世纪 60 年代之前还没有开发出"环保""女权"等重要价值。② 如果说以推崇理性、高扬个体解放为旗帜的启蒙运动在开发多元宗教价值方面出现短板尚可理解，那么其在人与自然（环保与生态）、人与人之间（男与女）出现价值缺失则不能不令人感到惊异。尽管哈贝马斯已知"现代性——一个未完成的计划"，并主动承担起"再启蒙"的重担，但我们以为其掌握的现有资源好像不够。杜维明先生指出：

> 生态环保、女性主义、宗教多元、全球伦理这类问题的出现，自由、理性、权利、法治、个人尊严这些价值的说服力和影响力虽然没有减弱，但它面对人类所遇到的困境就力有不逮，需要另外的同样可以普世化的价值的出现和提倡，才能回应我们碰到的挑战……在这个向度，儒家与自由主义不仅可比，而且还有很强的优势。③

（3）天下普适价值

在"后现代"那里，只讲"碎片"和"偶然"，否认并反对普遍性。

---

① 转引自哈佛燕京学社《儒家与自由主义》，第 115 页。

② 参见哈佛燕京学社《儒家与自由主义》，第 12—14 页。

③ 哈佛燕京学社：《儒家与自由主义》，第 40 页。

维特根斯坦干脆说普遍性只是"家族相似性"而已。其实，承认"家族相似性"，至少是承认有"相似理性"存在的，并未排除普遍性存在。[①]原儒强调社会秩序与宇宙秩序的一致性。大易讲求百姓、万民的天下观，信奉的是文明和谐的普适价值观。

3. 价值匹配的主导因素

事实上，在一个健康的社会的不同历史时期，存在价值匹配与取舍，以求取综合价值最大化的问题。比如民主价值与效率价值有时就存在矛盾，过分强调民主，就会丧失效率；比如自由与公平价值，过分强调经济自由主义，会导致社会贫富差距拉大，丢掉公平。当然，对现代价值的扬抑、存废，与社会制度有深度关联，与执政者的情怀志趣也有交集。价值匹配可以归纳为宇宙论偏好因素、结构性因素、历史因素和社会实践因素等。

第三节　价值论说的现代性参照系

我们津津乐道的"现代性"概念的权威界定出于马克斯·韦伯。韦伯是在对其"伦理公设"的解构中推导出现代性的阈限的。他指出：

> 现代性的阈限在于：宇宙由神意注定的合法性逐渐失效了；只有当已经设定的宇宙的合法性不再被视为理所当然、无可非议时，才会出现现代性，才会有这种或那种现代性。[②]

这样，一般来讲，现代性分两种主要形式：一种是启蒙现代性，一种是审美现代性。我们这里所讨论的只是"启蒙现代性"的有关价值论说，

---

① 成中英、杨庆中：《从中西会通到本体诠释》，第 88 页。
② ［以色列］艾森斯塔特：《反思现代性》，旷新年、王爱松译，生活·读书·新知三联书店 2006 年版，第 69 页。下引该书，仅标注作者、书名与页码。

其范畴运用与杜维明、刘述先等先生的通常用法相同。

1. 多元现代性的主要形态

在马克斯·韦伯时代，世界上只有一种由新教伦理催生的现代性形式。因为大多数古典社会学和经典社会学的现代化研究假定（或含蓄地假定）：

> 汇合在欧洲的现代性中的基本制度格局，以及在西方产生的现代性方案，将"自然而然"最后为所有正在现代化的社会照单全收。①

而从 20 世纪 50 年代"冷战"开始，已经出现了社会主义阵营的现代性形式。在七八十年代后，又出现了东亚现代性的新形式。为此，波士顿大学彼得·柏格（Peter L. Berger，又译贝格尔）教授总结道：世界上有三种不同的工业文明，即西欧和美国的模式，苏联和东欧模式及"工业东亚"模式。② 而在艾森斯塔特看来，现代性的形态比柏格总结的要多，起码还有印度和日本，并强调日本是"仅有的非轴心文明"形成了首例"非西方现代性"③。列维·施特劳斯（Claued Lévi-Strauss）就曾质问：

> 难道我们这个行星将以全盘西化而告终，其多样性只是俄国和美国吗？是否将出现混合的形式，如人们在伊斯兰世界、印度和中国的西方化所感觉到的可能性那样？④

---

① ［以色列］艾森斯塔特：《反思现代性》，旷新年、王爱松译，第 21 页。艾森斯塔特把韦伯、涂尔干和马克思等社会学理论称为"古典社会学理论"，把 20 世纪出现的社会学理论称为"经典社会学理论"。

② 转引自杜维明《现代精神与儒家传统》，第 128 页。

③ ［以色列］艾森斯塔特：《反思现代性》，旷新年、王爱松译，第 89—90 页。

④ 转引自张汝伦《现代西方哲学十五讲》，中信出版社 2020 年版，第 470 页。下引该书，仅标注作者、书名与页码。

由此看来，现代性是多元的，其存在形态呈现出多样化。

2. 西方现代性的价值论域

现代性的论域十分广阔，涉及美学、文艺、建筑、经济、法律、政治和哲学等多个领域。我们这里侧重讨论政治哲学和神学中的价值问题。

（1）西方价值的宗教来源和理性来源

西方价值来源主要有宗教来源和启蒙现代性来源。宗教原本是人的本质力量对象化。现实的悖论竟是：上帝按着自己的形式造人，上帝具有绝对价值，人一文不值。上帝本是希望人能体现他的爱和无穷的智慧；但是人已经过度傲慢，把上帝的绝对价值变成相对价值，现实中的人和原来上帝造的他的理念有了分化——"异化"，因异化而出"原罪"，人反而被工具化了。基督教的特色在于"上帝的归上帝，恺撒的归恺撒"。在"恺撒的世界"便可导出工具理性——维持生活、经济条件，乃至政治秩序背后的价值。这种信仰在路德和加尔文教改之后只有强化，没有减弱；西方人文价值的另一个来源是启蒙现代性来源。在人类中心主义语境下的启蒙运动制造了主体与客体、心与物、实然与应然等一系列"排斥性二分"。在科学主义的范式中，主体对客体、人对自然就是赤裸裸的宰制关系。人的自由、解放、理性、民主、权利等价值成了拥有启蒙心态的自由主义者追求的核心价值，这也正与"异化了的宗教"所维护的秩序的背后的基本价值相吻合。

（2）现代性的价值导向

前现代社会，无论是犹太教、伊斯兰教、佛教，还是儒教传统，都承认意义（价值）的世界，将"物质主义"视为洪水猛兽。在启蒙运动之后，随着理性主义的兴起，理性主义将意义问题转换成了真理问题。而追求真理就是发掘客体的运作机制，进而征服自然、掠夺自然。与此相关的就是自由主义者推出的"理性人"（经济人）观念。经济人是理性的动物，推崇前述的自由、理性、法治、人权等价值；经济人更有贪婪的本性，以追求利润为"志业"和"天职"。在他们看来，只要不违法，"吃相怎么难看"都行。特别是在"资本的逻辑"大行其道的今天，经济主义、消费主义经过大众传媒的包装，经过经济学家的论证都成了指导大众生活的"科学"——全面指导人们意义追求的信念体系。① 自此，原本被轴心文明唾弃的"物质主义"（经济主义、消费主义）又披着合法的外衣"借尸还魂"，堂堂正正地走进了大众的生活。这种粗俗的物质主义不仅在伦常日用中消解了人生的意义，又通过合法的制度削弱着一切真正强调精神超越的宗教和人生哲学。美国政治哲学家列奥·施特劳斯（Leo Strauss）批评说：

> 虽然现代性建立在"低俗但稳靠"的基础上，并非没有其正当性，但其"低俗"最终导致现代性最大的悖论，即现代性最初是要把人提到神的地位，结果却把人降低到了动物的地位。②

此言甚是。

（3）有启蒙心态自由主义者的"自我限制"

全球化以美国为主导，因此我们必须对美国的自由主义，特别是20世纪60年代以后以罗尔斯为代表的自由主义思想加以深入考察。结果发现，罗尔斯的思想比较复杂，笼统地将其说成是"自由主义者"与实际并不相符。因为他在经济领域极力维护罗斯福新政，全面论证国家干预经济的合理性。在这个领域，他是一个十足的"保守主义者"；在德性文化领域，他作为60年代兴起的"文化多元论"的支持者，坚决反对国家干预道德宗教生活（从消极的意义上讲），主张德性文化的"绝对中立"（价值中立），在这方面他才是个自由主义者。

罗尔斯所说的"价值中立"，从发生学角度看，始于马基雅维里对奥

---

① 参见杜维明、卢风《现代性与物欲的释放》，第4、20—21页。
② ［美］列奥·施特劳斯：《自然权利与历史》"导言"，彭刚译，第33页。

古斯丁"上帝之城"等级秩序的颠覆。在奥古斯丁心目中的"秩序"是做一个好基督徒绝对高于做任何一个好公民;"上帝之城"绝对高于任何公民政治。马基雅维里则认为"爱你的城邦高于爱你的灵魂",即强调做个好公民要高于做个好基督徒的问题。把"好公民"的问题变成了绝对第一位的问题,从而把做个好基督徒(好人)的问题放到了私人领域,变成了私人领域讨论的问题。罗尔斯将霍布斯的"天赋权利"思想修正为"权利优先于善"的命题,就是以更彻底的方式规定了马基雅维里的"好公民的问题是最高问题"的基本立场。从文化考古学的立场看,罗尔斯的"价值中立"说与斯宾诺莎用"自由真人世界"立场反对"神学政治"立场是一脉相承的。康德的"自由意志"保证了"自由真人"的出发点。罗尔斯《正义论》所设计的"原初立场"和"无知之幕"同样是为了保证"无知之幕"后面的"当事人"是没有宗教偏见、没有种族偏见、没有性别偏见的"自由真人",以此维护、保证社会正义。

对于罗尔斯的"无知之幕"背后那些连自己是男是女都不知道的"当事人"凭什么能作出理性的决策①这一问题,列奥·施特劳斯批评说:

> 像康德、罗尔斯那样,先把所有人都提升到"绝对自由"的状态,这等于把所有人都连根拔起,等于必须以"虚无主义"才能奠定社会根基,结果只可能是彻底动摇政治社会的根基。②

而我们所忧虑的,则是自由主义学者们研究的课题"漏项"太多。比如哈贝马斯和罗尔斯对生态问题(人与自然的关系)几乎没有研究,对女性问题(人与人的关系)没有关注,对宗教问题(人与宇宙的关系)

---

① [美]列奥·施特劳斯:《自然权利与历史》"导言",彭刚译,第52页。
② [美]列奥·施特劳斯:《自然权利与历史》"导言",彭刚译,第56页。

几乎没有感受。① 不仅如此，他们的自我限制也很多。其中主要的限制就是肇始于洛克、卢梭和康德的传统社会契约论，它把"人"做了一个抽象。哈耶克在经济领域、罗尔斯在德性文化领域干脆都把架空价值理性、排拒价值理性参与制度建设当成一种政治原则、一种秩序要求。哈耶克的"自由宪章"迷信"看不见的手"的作用，坚决反对政府参与（干预）市场行为。我们知道，市场是有很多假象的，纯粹依赖市场是险象环生、万万不行的。比如，股市交易是市场行为吧？凡有炒股票经历的股民都知道，股票交易软件的"K线图"庄家是完全可以"做出来"的，如果纯任"K线图"交易，定会赔个底儿掉！汇率市场属于市场行为吧？自1971年全球货币体系脱离贵金属开始，汇率体系便成了"无锚定货币体系"。由于不存在客观市场成本，汇率便不再由市场决定。国际结算属于市场行为吧？1997年爆发的东南亚金融危机，殷鉴不远！美国开发的国际支付系统（SWIFT），可以任意"薅他国羊毛"。其实"价值中立"学说是自由主义者的一个运思策略，是指在自由、民主等价值优先前提下的"价值中立"。该理论缺乏彻底性，具有十足的虚伪性。当代自由主义者运用近代机械论哲学观解构传统目的论宇宙观，认为价值具有主观性，不能作为经验对象来处理，从而将绝对普遍的价值消解、放逐，于是价值"中立"了。不难看出，这种"价值中立"应是相对于"主观"的人的"中立"。而人，无论从"进化论"还是"创造论"哪个论域看，都不是历史的偶然。由于生民与天地万物一体，离散价值的"中立"便成了伪命题，终极关怀自然成为人生根源性的大问题。

---

① 参见哈佛燕京学社《儒家与自由主义》，第17页。需要指出的一点是，笔者在哈贝马斯《论杜威〈确定性的寻求〉》一文中发现，哈贝马斯对宗教和"自然神学"是有同情地了解的，特别是他将杜威"理想"（可能）与现实的关系表述为"内在超越"（Transzendenz von innen）关系。与罗尔斯相比，哈贝马斯的宗教感受性更强。参见［美］杜威《确定性的寻求》，傅统先译，上海人民出版社2004年版，第3—4页；［德］于尔根·哈贝马斯、［德］米夏埃尔·雷德尔等编《对于缺失的意识：一场与哈贝马斯的讨论》，郁喆隽译，商务印书馆2013年版，第47—55页。

与麦金泰尔"美德伦理"相较，罗尔斯建构的伦理属于"现代性规范伦理"。"现代规范伦理"是出于对"现代性"的社会确信和对于"西方世界"现代自由主义价值的确信。这两个确信反过来又都成了罗尔斯的"限制"。这种限制，这种"对西方自由主义价值标准的执着，限制了他的正义规范伦理的普遍意义，这与其普遍主义的规范伦理追求是相抵牾的"①。又由于现代伦理剥夺了人类生活的内在目的意义和品格基础，罗氏伦理学几乎成了纯粹外在规范的约束设计，其伦理学变成了近似于法律的规则体系。西季威克就说"近世西方的伦理学概念是'准司法或法律主义的'"②。我们常说法律是道德的底线，在罗尔斯那里，"有耻且格"的道德只剩下了"无耻"。麦金泰尔预言：

> 以罗尔斯为代表的新自由主义者竭力在分析理性的基础上恢复或重建康德理性主义规范伦理学的企图是启蒙运动、特别是康德庞大的规则伦理建构计划的继续。这也许是启蒙运动谋划之失败的最后一次重演。因为克尔凯戈尔、尼采和弗洛伊德都为康德理性主义伦理学的破产立下了墓志铭。③

（4）西方主要价值相互关系的特点

特点之一是，现代西方文化有先天不足。从西方价值的两个主要来源看，它们有个共性，就是人与自然之间存在着无法克服的内在张力。这种内在张力从根本上决定了在学理上从西方基督文化和启蒙现代性中难以开出"生态""环保""责任"等现代价值。

---

① 万俊人：《道德类型学及其文化视镜：兼及现代伦理问题与罗尔斯和麦金泰尔对话》，《北京大学学报》（哲学社会科学版）1995年第6期。

② 转引自［美］列奥·施特劳斯《自然权利与历史》，彭刚译，第50页。

③ 参阅阿拉斯代尔·麦金泰尔《谁之正义？何种合理性?》"译者序言"，万俊人等译，第7—8页。

特点之二是，西方推崇的核心价值间存在着内在的张力。原因在于西方文明有许多来源，包括犹太教和基督教来源、古希腊来源和古罗马来源，而欧洲这三大文明（两希文明加古罗马文明）来源始终没有统一整合。现当代西方多元思潮波澜壮阔，各领风骚，说明其不同的思潮内涵来自不同的源头，不同的源头又在不同的层次运作，势必造成"价值观"的混乱。以美国为例，美国一直标榜自己是信守科学、民主、自由等价值的模范，而在以美国为代表的西方，出现了民主、自由价值与高科技（科学价值）之间难以兼容的问题，比如美国很难搞成高铁，很难开展移动支付，在重大公共危机面前力不从心等，尽管这里面存在一定的经济因素和政治因素。其实，不仅西方核心价值之间具有张力，就连科学与技术本身也出现了矛盾，存在技术对科学的钳制问题。本杰明·纳尔逊（Benjamin Nelson，又译尼尔森）认为，经由培根转化的西方科学精神在西方现当代文明中的特色和代表性要比韦伯和帕森斯所理解的资本主义一元现代性更鲜明、更突出。而由工具理性（内在逻辑）引导的科学在 20 世纪遭遇困境。这个困境表现在医学领域就是特殊的技术、仪器在宰制医学。其实，不只是医学，就是整个科学本身也有太多的非理性、非科学的因素在起引领作用。① 技术宰制科学与技术商业化有关；科学遭受宰制可能与科学主义者的"科学方法"有关。西方世界标榜的将主体、客体"打成两橛"的"科学方法"，逐步演变为以主体宰制客体的启蒙信念：有无限的资源供人类征服。人类中心主义世界观给地球带来了毁灭性的灾难，造成了严重的环境生态问题，使人类成为地球无法承载之重。

特点之三是，启蒙现代性把人奉为"理性的动物"，"上帝死后"人成了世界的中心。这种"人类中心论"的结果是造成了终极关怀的缺失。

（5）西方推崇的现代价值的中国因素

无须否认，关于《易经》价值的解读需要"对标"近代西方，而西

---

① 参见杜维明《现代精神与儒家传统》，第 506—507 页。

方价值体系的建立也绝不是平地起高楼。美国前东方学会主席顾立雅指证，是我国西周最先创立的行政管理理论，其中一部分制度（如学校、考试、褒奖、统计等制度）早在 12 世纪的时候就由阿拉伯人传到了西西里的罗杰二世和英格兰的亨利二世朝廷。[①] 郭齐勇先生在第 24 届世界哲学大会期间于《北京日报》刊文指出："西方的文官制度主要来自英国，而英国的文官制度是以中国科举制度为榜样建立起来的。"[②]

在 18 世纪的欧洲大陆，中国哲学无论对德、法都产生过重大的影响。日本学者五来欣造说：

> 18 世纪欧洲文明的缺点，一方面为君主政治的腐败，一方面为贵族政治的弊害；前者以法国为代表，后者以德国为代表。在这个时候医治上层阶级的利己主义，德法均需要一种救药，所谓启明专制主义，这就是中国孔家的根本思想。然而在德国因为有很好的医生，如莱布尼茨、沃尔夫等，又腓烈特大帝亦为中国孔子的间接信徒，运用他的政治手腕，消灭贵族政治的弊害。但在法国，却因受病太深，医师的力量不足，故其结果虽受孔子思想的影响，而不得不走向大革命与流血惨剧一途。[③]

而对于法国"大革命"的学理依据，顾立雅给出的解释则是，西方启蒙主义者从《光明之城》和《马可波罗游记》作者畅游中国的旅程中体会到了"自由"，从公平的取士制度中读出了"平等"，从礼仪之邦看到了"博爱"，从中国朝廷更替中发现了革命的"权利"价值等。[④] 我们说顾氏这种认知，恐要比日人五来欣造对中华文明给法国影响的认识全

---

① 李学勤：《重写学术史》，第 2 页。
② 郭齐勇：《重新"发现"中国》，《北京日报》2018 年 10 月 27 日。
③ 转引自朱谦之《中国哲学对欧洲的影响》，第 253 页。
④ ［美］顾立雅：《孔子与中国之道》，高专诚译，第 261—283 页。

面、深刻得多。恩格斯在 1843 年《大陆上社会改革运动的进展》一书中指出，"德国还在宗教改革时代就曾有人主张实行社会改革"①。但从半个世纪以来，德国引以为自豪的，却是"哲学革命"。他说："在法国发生政治革命的同时，德国发生了哲学革命。这个革命是由康德开始的。"②而由莱布尼茨到沃尔夫，到鲍姆加登和阿亨瓦尔，再到康德的哲学谱系我们是清楚的。③ 康德曾说，"了解我学说的只有哥尼斯堡的舒尔茨（Schultz，又译舒尔兹。朱谦之先生指认他是沃尔夫的弟子、康德的老师④，成中英先生还找到了沃尔夫的弟子 Bellinger 做过年轻康德的助教的证据⑤）"。对于中国哲学给欧洲大陆带来的影响，朱谦之先生的看法是：

> 在中国思想影响下，德国与法国表现尽管不同，但有一个共同之点即是哲学革命。不过同在哲学革命中，德国与法国又有不同。同为孔子思想，德国莱布尼茨、沃尔夫把它当作"自然神教"来接受，法国百科全书派则当作"无神论"来接受；德国偏向于思想革命，法国偏向于政治革命；德国的影响是由哲学家们用那无生气的干燥无味的文体来写辩证法观念论的哲学，法国的影响是由革命思想家们利用中国哲学来鼓动一场伟大的革命。⑥

用今天的话说，就是 18 世纪欧洲的先进知识分子都在用儒家的核心价值提供自反的借镜，为应对本国出现的深刻的社会危机，他们不约而同地都在"拿中国说事"⑦。其理由，在陈来先生看来，就在于儒家文化的

① 《马克思恩格斯全集》第 1 卷，第 584 页。
② 《马克思恩格斯全集》第 1 卷，第 588 页。
③ 参阅［德］康德《逻辑学讲义》，许景行译，第 25 页"哲学史的简短概述"部分。
④ 朱高正：《朱高正讲康德》，第 157 页。
⑤ 成中英、杨庆中：《从中西会通到本体诠释》，第 60—63 页。
⑥ 参见朱谦之《中国哲学对欧洲的影响》，第 254 页。
⑦ 参见杜维明《现代精神与儒家传统》，第 531 页。

理性化。① 享誉世界的现代存在主义大师海德格尔对中国的道学也很是推崇。杜维明先生也曾严肃又谨慎地指出，他通过广泛阅读原始资料及中西学者的诠释，发现不仅英国的亚当·斯密、法国的孟德斯鸠、伏尔泰、魁奈、狄德罗等对儒家的价值耳熟能详，而且 18 世纪儒学论域不断扩大，影响了康德的哲学，以及美国的开国元勋杰斐逊和富兰克林的处世之道。对此，他自己还要"作深厚的描述"②。笔者总的感觉是，17—18 世纪西方思想家并未真正学到中国文化"德性之知"的精髓。

我们申明西方推崇的现代价值中的中国因素，意在回应左派自由主义者所谓的"儒家文化全部现代性的努力都只是表明自己对资本主义的认同""只能证明别人的现代性"的谬论和右派自由主义者所谓的儒家对平等、公义等的诉求意在强化政府的权力，显示了"通向奴役之路"倾向的呓语。我们的态度是：中西文明交流，不是中国价值观与西方能否兼容的问题，而是西方如何正视中华文化、尊重中华文明成果的问题。我们不能带着笛卡尔的有色眼镜，用文化的"全球性"排斥"地方性"，妄自菲薄，武断否认中华文化对西方启蒙运动的启蒙作用。

肇始于笛卡尔的"排斥性二分法"，制造了主体与客体、身与心、天与人等一系列"排斥性"二分。在价值论问题上，杜维明先生强调：

> 我们必须打破三种分割：第一种是现代与传统的分割，要看现代性中的传统问题；第二种是打破全球与地域的分割；第三种是打破西方与西方之外的分割。③

因为全球化并没有使各国公民成为"世界公民"，相反，全球化反倒

① 陈来：《古代宗教与伦理》"导言"，第 11 页。
② 杜维明：《现代性与物欲的释放》，第 150—151 页。
③ 参见哈佛燕京学社《儒家与自由主义》，第 71 页。

加强了族群认同、性别认同、地域认同、阶级认同、年龄代际认同和宗教认同。就美国来说，最大问题就是族群问题，族群问题处理的好坏甚至会关系到美国的共和能不能维持下去的问题。英国的问题更加严重。现代化也并不是一个"同质化"的过程，相反，现代化反倒强化了发达地区的根源意识。这些与生俱来的祖国、民族、语言等问题都具有地域因素。各民族选择现代化的道路绝不止一条；现代性的呈现也绝不是一副面孔，相反，梳理欧洲大陆和英伦三岛的现代性反倒都离不开各自的传统。黑格尔提出了"市民社会"的概念。他所谓的"市民社会"是指国家之下、家庭之上的空间。而欧洲学者普遍认为欧洲英、法、德等传统文明都没有真正创造出"市民社会"①。他们认为真正的市民社会出现在美国。美国的市民社会存在许多弊病，没有国度愿意复制。当法国贵族托克维尔来到美国，面对美国的民主，他喜忧参半，认为美国的民主会发展成暴民政治，会摧毁许多辉煌灿烂的精神价值；当奥匈帝国贵族哈耶克来到美国，他对美国的商业文化深恶痛绝，提出了发展"精神贵族"的问题，其实质就是对传统文化如何保护的问题。美国芝加哥学派代表人物爱德华·希尔斯（Edward Shils）和艾伦·布鲁姆（A. Bloom）都讲美国"心灵的闭塞"，主张要把希腊哲学的价值开发出来。② 20 世纪 80 年代，由希伯来大学社会学教授艾森斯塔特（S. N. Eisenstadt）主持召开一系列国际文化会议集中讨论"轴心文明"问题。取得的共识是"反思的突破"比"超越的突破"更符合"轴心文化"的特色。从轴心时期文化的多样性角度看，空泛地说某种文化因先天不足而缺少其他文化具有的因素，已经成为不合理的要求。理解一个特殊文化的价值系统及其精神方向，应该包括该文化兴起的物质条件、权力结构、社会基础等。文化的多元性决定了现代性的多样性。"现代与传统的关系"问题是多元现代性论者学术路向的核心问

---

① 1989 年在教皇保罗二世的暑期行宫，由伽达默尔主持的会议上，查尔斯·泰勒、狄百瑞（Wm. T. de bary）、杜维明等许多著名学者讨论"西欧的市民社会"得出了这一结论。

② 参见哈佛燕京学社《儒家与自由主义》，第 51—52 页。

题，这与由帕森斯（Talcott Parsons）译述的韦伯文稿中提出的一元现代性理论只在功能系统坐标中衡量传统的学术进路不同。① 20世纪90年代后杜维明先生集中精力研究"文明对话"问题，其中关于"本土宗教"的研讨，根据芝加哥学派本土宗教和初民宗教学术权威朗格（Charles Long）建议，以"物质的精神性"为题开展研究本土宗教的生命取向，得出的结论是：

> 现代西方文明为创造一个干枯无味的世界而大闹天宫，破坏全球生态，是亘古未有的例外、世界宇宙观中的异数、人类精神生命中的歧异！②

（6）萨缪尔·亨廷顿"文明冲突"之"？"传递的信号

苏联解体后，弗朗西斯·福山迫不及待地推出了他的《历史的终结》。他认为，在市场经济与计划经济的竞争中，市场经济胜利了；在民主与集权的竞争中，民主胜利了；在资本主义与社会主义的竞争中，资本主义胜利了。因此，世界已经走向同质化道路，"历史"终结了。他坚信社会主义中国的解体是迟早的事。他认为伊斯兰文明只是与文化无关的政治激进主义。也就是说，在他眼里，西方文明与儒教专制主义、伊斯兰政治激进主义之间的矛盾都不属于"文化冲突"的范畴。从这种意义上看，

---

① 参见杜维明《儒学第三期发展的前景问题》，第305—309页。值得注意的是，越战以前在美国史学界存在一种"传统—近代"的解释非西方国家演变史的理论模式。这种模式认为西方近代社会是当今世界各国万流归宗的楷模。用这种理论模式解释中国近代史，就是"停滞不前的中国"只有"等待西方猛击一掌"才能沿着西方走过的道路向西方近代社会前进。参阅［美］柯文《在中国发现历史：中国中心观在美国的兴起》，林同奇译，商务印书馆1989年版，第4页。笔者认为，柯文所批评的这种"传统—近代"关系（模式）不是杜维明先生所讲的在多元文化背景下的"传统—现代"关系，它讲的是全球性与地方性的关系，其实质与帕森斯的一元现代性观点别无二致。

② 杜维明：《现代精神与儒家传统》，第534—535页。

福山仍只是一个一元现代性论者。其业师塞缪尔·亨廷顿自比福山有见。尽管前者于 1993 年夏在美国《外交》季刊发表了一篇论文《文明冲突?》，提出了"文明冲突"论，但他的立足点是承认多元现代性的。亨廷顿十分欣赏丹尼尔·帕特里克·莫伊尼汉关于文化与政治关系的名言："保守地说，真理的中心在于，对一个社会的成功起决定作用的是文化，而不是政治。开明地说，真理的中心在于，政治可以改变文化，使文化免于沉沦。"① 他十分关注文化因素在社会、政治、经济发展中所起的重要作用。1997 年，亨廷顿正式发表了《文明的冲突与世界秩序的重建》专著中文版。他进一步澄清说，人们忽视了他在"论文"中的问号（?）。② "文化冲突"模式意在强调文化塑造全球政治中的作用，全世界正在根据文化重新界定自己的认同，且"文明冲突（分析）"的框架正在呈现现实的洞见：

> 在未来的岁月里，世界上将不会出现一个单一的普世文化，而是有许多不同的文化和文明相互共存。③

我们以为，这个结论是客观的、可期的，且是富有远见的。

3. 东亚现代性的价值取向

亚洲文明，尤其是东亚、南亚文明都有自己独特的精神气质。比如日本，注重"忠"和"勇"。这个"忠"是对国王或揆首的"忠"，"勇"突出的是"武士道"精神。日本保留有长子继承制（一个家族除了长子之外，其他成员在成人后只能自谋生路），这种传统与精神气质，是比较

---

① ［美］亨廷顿、哈里森主编：《文化的重要作用：价值观如何影响人类进步》，程克雄译，新华出版社 2010 年版，第 8 页。

② ［美］亨廷顿：《文明的冲突与世界秩序重建》"前言"，周琪等译，新华出版社 2009 年版。下引该书，仅标注作者、书名与页码。

③ ［美］亨廷顿：《文明的冲突与世界秩序重建》"中文版序言"，周琪等译。

适应"丛林法则"的。韩国由于在"朝鲜时代"（大致相当于从我国明朝开始一直到19世纪其被日本吞并这个时期）"士祸"不断。所谓士祸，就是官僚集团对士林的镇压，发生在15和16世纪的"戊午士祸""甲子士祸""己卯士祸"和"乙巳士祸"尤其惨烈。大批士大夫、儒者遭到了清洗，甚至屠杀。然而，对内，"士林改革派"在与"旧勋官僚派"的长期斗争中，锻造出一种"不妥协的抗争精神"；对外，面对丰臣秀吉发动的"壬辰倭乱"，儒者又组织义军予以坚决抗击。朝鲜朝凸显出"忠孝""节义"的精神气质。①

然而，不管东亚还是南亚，在"信赖政府""企业家有共同的儒家语言""有选贤任能的选举考试制度""精英参政""储蓄率高""子女依赖父母的年限较长""母亲往往担负起对子女的身教工作""都市功能齐全"等方面具有不可争辩的同构性。这种同构性与儒家文化是紧密相连的。

如果还想深度发掘日本、韩国、新加坡、越南等国的现代性与中国大陆的差异的话，那就是这些国家没有真正引入原儒的德道文化。日本的文化产业尤其是动漫产业显出颓势，恐与此深有关联。

4. 新的"价值统一性"的实现与对其可能转向的防范

我们知道，轴心时期的价值论说是与宇宙整体目的论论说联系在一起的，价值论与目的论是统一的。虽说近代机械论和工具理性解构了传统的目的论，但并不是说"目的论"不存在了（比如德世界的"善目的"），只不过是由原来的宏阔的宇宙叙事方式转换成了对工具理性具体的、有针对性的解构以重建意义世界来展开。

（1）生态伦理建构需要"宏大叙事"

①"宏大叙事"要不要讲？从由帕森斯译述的韦伯文稿而提出的理论框架看，全部现代性的核心问题来源于"世界解咒"，即以机械论哲学观取代亚里士多德的目的论哲学观后，世界进入了以分工为前提的职业化

———————

① 参见陈来《东亚儒学九论》，生活·读书·新知三联书店2008年版，第178—211页。

的阶段，"工具理性"统御了"价值理性"；在逻辑经验主义者看来，"价值"不能作为经验对象来处理，用经验理性和因果性的方法来解释世界，统一价值的可能性便不复存在。

据杜维明先生介绍，哈贝马斯的合作伙伴、韦伯思想研究权威、德国海德堡大学沃尔夫冈·史鲁克特（W. Schluchter，又译沃尔夫冈·施路赫特）教授及其团队在对韦伯理论进行系统研究的基础上呼吁：

> 要把韦伯从帕森斯那业已破产了的单元现代化学说里解救出来，还归其文化多元的宏观背景之中，重新探讨其理性化的含义，是开展韦伯理论，或说是使韦伯理论再度出发的首要任务。①

经过世界韦伯学者的共同努力，"韦伯的形象已从创导现代理论的先知转化成究心于比较文化研究的学人。"② 杜维明先生强调，站在轴心价值文化多元的立场，"把清教伦理当作前现代宗教的唯一代表是偏颇之见"。"新教伦理作为促使资本精神勃兴的动力结构，已经不是神学意义中基督徒自证自验的人生价值了。因此，我们必须从社会效验方面来掌握新教伦理的全部内涵。"③ 杜维明先生申论道："韦伯所说的'解咒'到底什么意思？韦伯原来有一个看法：世界解咒之后，原来的四海之内皆兄弟和人与天地万物为一体的浪漫情调已经没有说服力了，今后的世界应当是以分工为前提的职业化……但是，正是韦伯的这个解咒的世界观现在碰上了生态环保的挑战，因此以天地为一体的理念绝非浪漫情调，反而获得了新的生命力和说服力。"④

其实，不只"韦伯学"存在正本清源的问题，对"消解价值理性的

①　杜维明：《儒学第三期发展的前景问题》，第 312 页。
②　杜维明：《儒学第三期发展的前景问题》，第 312—313 页。
③　哈佛燕京学社：《儒家与自由主义》，第 22 页。
④　哈佛燕京学社：《儒家与自由主义》，第 22 页。

关键人物"维特根斯坦的前、后期思想也应作仔细分疏。维特根斯坦早年是逻辑经验主义的先驱之一，后来他脱离了该流派，成为语言哲学的主要代表。早期的维氏认为"语言、语词、语句的意义是由它们所对应的经验事实决定的"；后期的维氏则认为"语言、语词、语句未有固定的经验对应者，它们的意义是由人们日常习惯中所约定的语言规则"。① 早期的维氏认为"传统哲学问题就产生于用语言去说那些不可说的东西"；后期的维氏说"哲学问题产生于不能区分不同种类的语言游戏或者脱离语境鼓励地去理解语句"②。特别是维氏在去世前一年半时间内撰写的《论确实性》，用译者的话说就是"本书由于其在认识论上所取得的重大进展而占有仅次于上述两书（指《逻辑哲学论》和《哲学研究》）的特殊重要地位"。《论确实性》在总结"知识的基础"时说，"知识和确实性属于不同范畴"，"确实性不需要理由根据，因为确实性本身就是被我们当作理由根据的东西"，"确实性命题不是先于其他知识的知识，而是属于相互依赖的体系"。由此看来，《论确实性》专著并不像译者所说是关于认识论的著作，分明是部关于本体论的著作。鉴于维氏坚持认为"将世界冥想或感受成一有限的整体，乃一神秘的感受"，卡尔·波普尔指证说"维特根斯坦的神秘主义是典型的本体论"③，也正是在这个层面，我们才有理由说"维特根斯坦在这里最有力地抨击了笛卡尔以来认识论只顾追求某种'完全确实'的东西这一错误方向"④。因此我们有理由说，晚年的维特根斯坦是在通过"确实性"来修复行将被消解了的"价值统一

---

① ［英］路德维希·维特根斯坦：《文化和价值》序，黄正东、唐少杰译，清华大学出版社1987年版，第1页。

② ［奥］路德维希·维特根斯坦著，C. 安斯康等编：《论确实性》"前言"，张金言译，广西师范大学出版社2001年版，第2页，下引该书，仅标注作者、书名与页码。

③ ［英］卡尔·波普尔：《开放的社会及其敌人》，陆衡、郑一明等译，中国社会科学出版社2016年版，第378页注①和379页注②。

④ ［奥］路德维希·维特根斯坦著，C. 安斯康等编：《论确实性》"译者序"，张金言译，第4—8页。

性"的。

但，我们不能简单回到以前没有经过系统批判反思的价值理念，在同情地理解工具理性作用的同时，重塑生态伦理语境下的"内在目的性"和价值理性。

②"宏大叙事"宜围绕生态伦理讲。我们知道，从宇宙的发展到人类文明的发展有一系列的起源问题：有宇宙起源问题，有银河系以及太阳系的起源问题，有地球生命的起源问题，有人类的起源问题，有人类文明的起源问题，等等。维特根斯坦说过，你没有离开过地球，就不知道地球的价值。当人类迈向太空之后，方晓得我们的蓝色星球是多么美好，我们的宜居家园资源又是多么有限——大气有限，淡水资源有限，能源供应有限等。原本万物并育不相害，环球同此共凉热，我们怎么能用自己的"文明"亲手把地球毁灭？道家警告，人如果不与自然和谐相处，"天人相悖"，那么结果将是：

> 天无以清将恐裂；地无以宁将恐发（废）；神无以灵将恐歇；谷无以盈将恐竭；万物无以生将恐灭；侯王无以贵高将恐蹶。①

陈来先生指出：

> 近代科学的宇宙观的三个基本假定——基本质料、因果关系、最终动因，已经被现代科学所否定，代之出现的是作为过程之流的宇宙的变动不居的场景，正如卡普拉指出的"宇宙因此被经验为一个能动的不可分割的整体"。这正是要回到全体存在者构成的生成与绵延的全体。这个存在总体应成为形而上学的真正对象。②

---

① 引自杨树达《周易古义；老子古义》，第47页。
② 陈来：《仁学本体论》，第6页。

③宏大叙事围绕着"人的目的性"和"人的创造性"讲。从古往今来的人类历史实践看，人是目的的造化。从进化论和创造论两个论域看，人的出现都不能被看作是"碰巧"的偶然的事件，不是"外在目的性"使然，它意味着人合"内在目的性"，人是目的的造化。维特根斯坦曾说，你没有死过，你就不知道人生的价值。按着他的逻辑推理，"人生有价值"这个命题就是一个"确实性"命题。即人要过有意义、有目的的善的生活。从理论建构的必要性看，罗尔斯仰慕的理性主义伦理学的创立者康德，在其"第二批判"中坦言，"如果没有一个目的论的框架，有关道德的全部筹划就变得不可理解"①。总之，"目的"赋予人不同于草木的造化，就是让人用自己的理智来认识和了解最高的目的及其秩序。如果人滥用了造化给予的灵性，人就草木不如，丧失了存在的意义。现代控制论的系统"自反馈理论"恰能对人的"内在目的性"（非亚里士多德和康德意义上的）作出科学的解释和说明。

人可以辅相天地，是某种意义上的创造者。无论从量子微观世界粒子纠缠，还是从宇宙宏观世界"三才"感应的角度看，人就是宇宙的一个创造者，世界为"天生人成"。哈佛神学家、《俗世之城：由神学的视域看俗世化和城市化》的作者哈维·柯克斯（Harvey Cox，又译哈维·考克斯）就讲："人并不是生活在一个完成的世界之中，人和上帝其实是种'伙伴'关系，一同来创造世界。"② 但人类绝不是宇宙的中心，就像地球不是宇宙的中心一样。古人云："天作孽，犹可违（避）；自作孽，不可逭（逃）。"③ 那人究竟是怎样的存在？海德格尔说，人与自然的关系不是水杯和它里面的水的关系，天、地、人、神之间具有美妙的和谐关系。中国先贤说，世界上有天、地、人三种材料（三才），人是"五行之秀"，人可以辅相、幽赞天地，但不能宰制天地。因此，我们说，意义的世界不

① ［美］阿拉斯代尔·麦金泰尔：《追寻德性》，宋继杰译，第71页。
② 转引自刘述先《儒家思想的转型与展望》，第271页。
③ 《十三经注疏》整理委员会：《尚书正义》，第252页。

是"选择性的存在"，而是有其普世的基础。

④宏大叙事围绕着"不可消解的群体批判意识"讲。人不是绝缘的"单子"。我们知道现代性论说的早期代表是洛克，他所讨论的人完全是一个抽象的人。我们已经指出，有"启蒙心态"的极端自由主义者所标榜的"价值中立"，是在自由、民主、人权等优先的前提下的"价值中立"，这一理论在彻底性上具有十足的虚伪性。极端自由主义者以"最低线的价值观念"和"最大限度的相对公正"理念企图消解"价值的统一性"。这一做法遭到了以桑德尔、麦金泰尔、查尔斯·泰勒和阿米泰尔·艾奇奥尼（Amitai Etzioni）① 等社群主义者从理论层面作的激烈批评。查尔斯·泰勒强调每一文化类型的自在的合理性与合法性，关注它们如何才能公平地介入社会秩序的建设问题。麦金泰尔通过对"什么是人的充分的自我展现"的问题的研究，力图重新恢复目的性和价值理性。桑德尔不仅揭露了自由主义者所标榜的近乎"文化真空"的人是不存在的事实，还从更高的层次强调社会秩序与自然秩序连续性的问题。在实践层面，据杜维明先生介绍，2000 年 9 月，联合国邀请世界 700 位宗教领袖召开千禧年宗教峰会，这是世界第一次把宗教领袖推到公众领域，以探讨人类面临的深重危机问题。耐人寻味的是，在宗教领袖中间不存在所谓的"价值中立"。宗教领袖向凡俗世界发言，在公众领域探讨精神性问题，创造了新境界。②

总之，生态伦理中关于人生的价值、生生不息的价值、人与宇宙和谐的价值无法排拒。天人合一的宇宙观和人所具有的群体批判的自我意识是机械论消解不了的，也是"后现代"解构不了的。

---

① 据杜维明先生介绍，"社群主义"称谓是由被克林顿奉为国师的犹太学者阿米泰尔·艾奇奥尼（曾是哥伦比亚大学教授）率先提出的。他推崇"社群主义"，甚至认为它是解救美国的最好道路。

② 参见哈佛燕京学社《儒家与自由主义》，第 118—119 页。

（2）现代意义论说以重建"价值理性"为鹄的

马克斯·韦伯是从发生学角度研究资本主义兴起的。① 从这个角度看，"工具理性"的日益强化是这样的：一方面，清教徒们坚守"富人进入天国比骆驼进针眼还难"的信念，他们视财富为可以随时丢弃的"外衣"，节衣缩食，不断加大资本积累，促进了资本主义的兴起。② 百年后，人们发现这个"外衣"竟然脱不掉了。欧洲的现代性方案和基本制度格局已经或即将被正在现代性的国家"照单全收"，"外衣"已经变成囚禁世界的"铁笼"，这个"铁笼"使人丧失了自由度。新教伦理是一种工作伦理，现代人往往是工作伦理控制下的牺牲品。另一方面，社会达尔文者鼓噪随着人类理性的发展，将会走向小国寡民状态，中央政府会逐步解体，无政府状态出现，人们会独立自主。而在韦伯看来，现代化就是理性化——合理化、公式化的过程。中央政府会随经济的日益扩张而发展壮大。韦伯关于"大政府"的看法已被社会发展所证实。韦伯之前的传统社会的控制手段是运用象征符号，而"现代"的控制手段是一元或单一政府的领导力量，即科层制度（官僚制度）扩展。科层制度是一种阶层分工极细、一元化系列极强、客观标准极多、凝聚力极大的制度，这种科层制度的力量逐渐吞没世界。科层制度所体现的理性就是"工具理性"，具有极强的技术性特征。从上述两个方面照察社会制度建设与理性之间的关系，韦伯按着笛卡尔理性"总体论"归约，自然"把价值理性或实质理性统摄于以技术统治为特征的工具理性之下"③。可见，"价值理性"概念被韦伯所强化，延续的恰恰是笛卡尔的传统。换句话说，就是韦伯在考察社会制度与理性理念之间的关系时，按着"两希文明"、特别是笛卡尔

① 以美国帕森斯等为代表的后学将韦伯关于资本主义兴起的理由由发生学理由变成了结构性理由，这点不可不察。

② 在韦伯看来，新教伦理与资本主义有"亲和性"，它促进了资本主义的兴起，但不是资本主义兴起的直接原因。

③ ［以色列］艾森斯塔特：《反思现代性》，旷新年、王爱松译，第86页。

的"排斥性二分法"，刻意将价值理性与工具理性分开了。"他认为体现现代性的这套制度安排就是突出工具理性、排除价值理性的结果"①。事实上，韦伯也十分重视价值理性，比如他强调"天职"理念，其晚年的《以科学研究为天职》和《以参政为天职》两篇演讲，宣传的就是"职业业已变成宗教"的观点，具有强烈的价值理性内涵。在韦伯身上，"不管是工具理性还是价值理性，基本上都有主观色彩"②。

其实，任何制度的安排背后都有一个强势的价值理念。价值世界是一个意义世界，价值理性与工具理性是不能截然分开的。

复旦大学的王德峰教授在 2021 年 12 月 7 日录制的小视频中专门谈论了《资本论》的非经济学著作的性质。王教授讲，所谓"经济学"是指经济学家用理性对生产关系、经济关系加以考察、确认，指出其中逻辑关系的学问，它的核心范畴是"商品价值"。马克思正是在其中看到了人和人之间的对抗关系。正如《资本论》的副标题"政治经济学批判"所强调的，马克思的这次哲学革命，目的在于揭示整个人类社会生活的基础是非理性的"社会权利"。哈佛燕京学社的陈明先生也强调马克思的《资本论》首先是一部伦理学。因为它根本不同于搞数据建模等以工具理性为手段的现代经济学著作，而是从资本的逻辑造成劳动的"异化"角度开辟出意义论域的，也是从意义世界出发去解构资本世界存在的合法性的。在《资本论》中，马克思深刻地揭示出：资本运作创造了不同于费尔巴哈"宗教异化"的"劳动异化"——劳动变成了谋生的手段，人不再为生活的意义而存在。③ 人的意义在资本的运作中被消解，人奔波劳碌（劳动）不再是为了生活的意义而活着。劳动成了人们维持生命的手段。谋生的手段成为目的，生命的目的不复存在。苏格拉底曾经说过，"没有意义的人生是不值得度过的人生"。美国学者罗伯特·贝拉的《心灵的积

---

① 哈佛燕京学社：《儒家与自由主义》，第 47—48 页。

② 杜维明：《现代精神与儒家传统》，第 90 页。

③ 参见哈佛燕京学社《儒家与自由主义》，第 92 页。

习》一书的基本理念是超越西方的两大传统——亚里士多德的传统和洛克的传统。他指出亚里士多德所了解的德性是通过习惯的不断积累；洛克的理论是早期自由主义"薄"的要求，没有德道实践和修身的一面。他针对美国社会过分强调工具理性，过分强调个人的权利和个人的发展，而个人追求具有"掠夺性"的现实（"如何得到"），提出了"应当得到"的问题，力图将马尔库塞所说的"单面的人"转化成"立体的人"。而相对于"薄"之"厚"的要求就是追求价值的统一性。

环境生态问题出现后，以人为中心的社会伦理、政治伦理需重新修订，生态伦理亟须发展。晚年的韦伯最忧虑的课题就是普世的工具理性大行其道导致自由和意义全面丧失，他对意义如何复兴表现出极大的关注。晚年的维特根斯坦也想解决人生的意义、人的由来及其价值问题。当今社会，价值教育（包括生态、环境）被放逐在公共领域造成的危害已经引起了包括哈贝马斯、德里达和布尔迪厄等著名学者的关注。诺贝尔经济学奖获得者詹姆士·布坎南（James Buchanan）对"经济人"有过深刻反思，提出了责任、义务和善心价值。罗尔斯提出的"公义"和"礼让"等价值也属于"厚"的价值。总之，公共领域的意义世界是消解不掉的。价值统一性可以实现对"去公共性"之救赎。

德本体具有超越的面向。德本体具有本体宇宙性的依实体而来的纯粹客观性，它不是"经验对象"，能超逾物质主义价值观，进而体认精神价值对人生的意义。并在"同情地理解'工具理性'"的前提下，为建构新的"统一价值论"奠定理论基础。

（3）统一价值对"统一意识形态"的防范

统一价值极易过渡到统一的意识形态。意识形态常常会超离思想争鸣的范围与行政控制相联系。统一价值过渡到统一的意识形态，那将是人间悲剧。这种悲剧在儒家上演过，何况天主教、伊斯兰教酿出的悲剧比起儒家来说还有过之无不及。

防范统一价值滑向统一的意识形态需要忍让和宽容，但反对"判教心态"。所谓"判教心态"是一种以"我"为标准的"兼容并包"。以佛教（无论华严宗还是天台宗，怎么也"跳不出如来的掌心"）最为典型。国内一些"权威人士"唯我独尊、充满话语霸权的言论亦是如此。当代自由主义者将抽象的人作为演绎社会秩序正当性的基础，且要求其所谓的"完美主义"（都要以此为准）也是一种意识形态。因为自由主义者在此设定了个人在社会生活中的绝对优先性，从前述的"原儒的自我观"中看出，这种"优先性"是根本不存在的。

统一价值对"统一意识形态"的防范，还需要贯彻"百花齐放，百家争鸣"的方针；需要坚定地走适合自己国情的道路等。

第三章 德本体理论体系建构的可行性

第一节 重构德本体理论体系的必要性

1. "为往圣继绝学"

孔子临终发出了"天下无道久矣，莫能宗予"的慨叹。那老年孔子究竟提出过一个什么样的"道"（理论）足以为天下"宗"呢？我们知道，孔子逝后，其嫡孙子思曾力图重构孔子有关"德"——"德之行五"的理论，并取得了阶段性成果——"五行"。然而，"五行说"是从性善论角度立论的，恐当时只有竹简本《五行》一个版本，没有作详细解说（"无说""无解"），遂遭到主张性恶论的荀子以"案（按）往旧造说"为借口而予以打压、封杀，进而使孔子这套有关"德"的理论成了绝学。在帛书本《五行》（有"经"、有"说"）、特别是马王堆帛书《易》重见天日之后，我们以孔子观《易》之"德"为线索，通过地上（传统文献与有字文物等）、地下（有字简、帛、木牍及无字文物等出土新证）和文化人类学、民族学等多重证据发现，老年孔子确实提出了一个以"德"为"本体"的理论。我们重构德本体理论，就是在"为往圣继绝学"。

2. 重构德本体理论的现实意义

我们之所以要冒着"本体论误置"[①] 的风险，为往圣继"绝

---

① 郑开：《中国哲学语境中的本体论与形而上学》，《哲学研究》2018 年第 2 期。

学"——执意重构孔子的德本体理论，是因为该理论具有重要的现实意义，可为天下"宗"。具体表现为：

是全面完成"哲学任务"，特别是"解释世界"任务的需要；

是中华思想史正本清源、建设有中国特色社科理论体系的需要；

是全面复兴中华传统文化的需要；

是为改革开放以来迷茫的人群寻求本土化的安身立命之所的需要；

是打造国际交流平台，讲好中国故事的需要；

是打造人类命运共同体的需要；

是打造去"中心化"的世界，重建世界秩序的需要。

因为在本书第二篇有关章节中对这些结论均作逐条申论，故这里只提纲挈领列出，不作详说。

第二节　重构德本体理论体系的可能性

1.《易经》的"宗揆"重知识、讲科学

大凡有"写书"经验的人都有一个体会，就是书一"出来"就后悔：总觉得有些话该那样说，有些事该那样写会更好。拙著《童子问易》面世不久，朋友就帮忙在母校的《辽宁师范大学学报》（社科版）发表了一篇论文，题目叫《〈易传〉的"宗揆驱鬼""以形判道"》。小文之所以说"宗揆驱鬼"，没说宗揆"杀鬼"，原因是笔者不仅想强调《易经》不是讲迷信，更主要的是想疏通原儒"知识论"的学理。大易讲"人谋"的同时，还讲"鬼谋"。为什么人需要"鬼谋"襄助呢？因为人不是"全知"的上帝，人具有有限性。也正因为人是有限性的存在，所以需要知识和科学！《易经》用"大衍筮法"演卦："大衍之数五十有五[①]，其用四十有九。分而为二以像两，挂一以像三，揲之以四以像四时。归奇于扐

---

① 金景芳：《周易讲座》，第11页。

以像闰，五岁再闰，故再扐而后卦。"为什么"天地之数五十有五"，其"用"只是四十九呢？因为先贤是在用"商高定理"演卦，"以勾三股四弦五为本"①，于"几微"之深处，可以接近事物本质；于"渺远"之高处，可无限接近宇宙。"五圣"（伏羲、虞舜、文王、周公、孔子）治易不只异"宗"，还讲同"揆"（阴阳、三才形式）。因此笔者说"宗揆"重知识，而且造就了中国的科学。

2. 知识论求"通"的系统建构进路

金岳霖先生在《知识论》中对"知识论"和"科学"学问作了明确区分。认为不同的科学学问都在研究不同对象的"理"，如物理学研究"物理"，心理学研究"心理"，生物学研究"生理"等，其目标是追求普遍的"真"。"知识论"则不同，它的研究对象是"知识的理"，所要得到的是"真所以为真"的理。值得注意的是，金先生讲知识论研究"真所以为真的理"，却认为人们得不到"真理"。他这里讲的"真理"是指"知识的极限"——不仅真命题全部找到了，还发现了无所不包的真命题的关联结构，而且真命题的精确准确程度达到了极限。指出人们要寻求知识的极限——真理的总结构只能是枉然。尽管人们得不到"真理"，但不是说真理不可思议；尽管人们达不到知识的极限（"真理"），并不是说人们得不到真命题。这样，知识论追求的目标便不是"真""真理"，而是求"通"。所谓"通"，就是指思想系统遵循系统本身标准的一致性。由此看来，金先生尽管没有从获得真理的积极意义上肯认系统建构的可能性，却从谋求真命题之"通"的消极意义上承认个人建构理论体系的可能性。他说：

习哲学的人对于一条一条的真命题不觉得有多大的兴趣，可是他们对真理或真命题的总结构底兴趣非常大。习哲学就是求对于这真理

① 章太炎著，虞云国校点：《菿汉三言》，第62页。

有所见，而一个人的哲学就是他对于这真理的所见。①

因此，我们建构德本体理论体系，在"通"上用功之勤，当属正途。

3. 人辅相天地带来"偶然性"之意义

笔者是在坚持文化多元主义，反对文化相对主义语境下为重拾"文化中国"终极关怀而探讨德本体理论体系建构的。主要目的是对黑格尔所谓中国自古以来就没有哲学的系统回应，对西方当代世界读不懂的"特色中国"屡创经济奇迹和社会管理奇迹的现象背后所蕴含的智慧和学理加以说明，没有"发现统一真理"和试图"统一科学"的梦想和狂妄。"观乎人文，以化成天下"。我们视西方文化是绝对的"他者"，是损益中华之道、发展中华文明的助缘。无须否认，中国的形而上学与西方的形而上学有个重要差别，就是西方的上帝全知、全在、全能。在这个文化背景下，西方人担当意识差，往往把责任推给上帝。西方形而上学体系也只能是封闭的、僵化的。中国传统则不然，中国的上天既不全知，也不全在，更不全能，需要百姓万民的"幽赞""辅相"。中国人具有高度的主体意识，既济有为，敢于担当。而人的行为具有偶然性，偶然性进入形而上学，便使我们建构自洽、开放的理论体系成为可能。

关于"理论体系"建构的可能性问题，杜维明先生始终坚持说：

> 有些学者以为建构大系统的时代已一去不返，现在只能从事微观研究。我完全不能同意！②

而单纯就本体论建构而言，陈来先生认为，"从科学到哲学的路是不

① 金岳霖：《知识论》，第 8、10、696—698 页。
② 杜维明：《现代精神与儒家传统》，第 228 页。

易行得通的"①。陈先生从批判科学实证主义角度还反证了哲学体系建构的必要性和可能性。他说：

> 一个哲学要提出一种世界观，一个哲学体系并不是要提出一套由经验加以论证确定的科学式体系。哲学与科学不同，其功能要义是提出对世界的了解，每一种了解构成一个系统。②

因此我们说，德本体的建构实属必要；因其没有走科学实证主义的路径，所以可能。

本篇附论

关于本书第一篇如何开讲的问题，小书杀青后，笔者在征求意见的过程中，主要听到两种建议：一种是，讲中国哲学，完全不用考虑西方的"套路"（范式），干脆就"自己讲，讲自己"；另一种是，既然讲哲学就要符合学术规范，即不仅要让西方看到中国哲学有生命力，也要让他们感受到中国哲学无可辩驳的说服力。

我想，我们的目标是力图与国际进行平等对话。在具有中国特色的社科话语体系没有正式建立起来之前，我们筚路蓝缕、抛砖引玉，完全有必要先参照西方路径、按着西方范式讲。因为就目前看，别说中国的"本体论"哲学，就连我们的"知识论"西方学界都不一定承认！我们这里坚持讲中国哲学的"知识论""本体论""价值论"，其后果，只不过是国内批判和国际批评声浪高低的问题。如果不从"知识论"讲起，我们所面临的，将是本论到底能不能成立的大问题。

---

① 陈来：《仁学本体论》，第2页。
② 陈来：《仁学本体论》，第4页。

讲"知识论"需要给知识"划界限"。我们是从中国哲学带有自己特点的概念"形""名""元"和范畴"类"（个别、特殊和一般，同一与差异）、"故"（原因和结果）、"理"（必然性和偶然性）讲起的。由于概念（"共相"）具有绝对的普遍性，范畴具有逻辑的必然性，形、名和"类""故""理"自然是中国哲学知识成为可能的前提条件。而"形而下"的知识直接关涉到中国古代到底有没有"科学"的问题，对这个问题，可以说我们提供的论据是比较充分的，且得出了中国古代有科学的结论。

因为我们执意给知识"划界限"，难免就把"本体"问题、意志自由、皇天上帝问题等划到了线外。其实，我们知道"新康德主义者"都在努力从不同角度扩大康德"知识"的范围。而无论是倾心于康德"图式"理论创立了生活现象学的胡塞尔，还是接受了新康德主义马堡学派影响创立"符号论现象学"的卡西尔，他们在扩充康德"知识"的过程中都不承认形而上学，都"扬弃"了"本体"，更反对辩证法。这些做法，与原儒建构新知的思路又都是不合拍的。

老年孔子面对春秋礼崩乐坏、纲纪解纽的乱世，为了中华"保留文明设计的图纸"（辜鸿铭语），果断观《易》之"德"——"返魅"，确实让我们获得了超越的"德世界"有关"德本体"的丰富知识：如"德世界"是人神共享的世界，是一个"人没有堕落"之前的、去"中心化"的和谐世界；"德本体"是最后的根源、最终的实在、最高的实在和实体；超越的"德世界"与世俗世界是一种"信托"的关系等。如果说《周易》是中圣与皇天上帝签订的"旧约"，那么《易传》就是后圣与皇天上帝签订的"新约"。皇天上帝"渎，则不告"，常常"无言"。经常通过"垂象"方式表达自己的意志。超越的君子则通过法象自然，用诸多趋利避害的方式建功立业以实现自己的天命等。那这种被"划"到线外的超越知识是如何获得的呢？按着易大传的讲法，主要是通过"形而中"这个媒介和圣智（"理智的直观"——"智的直觉"）获得的。如果说"形而下"知识的主要命题是"形而下者谓之器","形而上"知识的主要命题是"形而上者谓之道",那么"形而中"知识的主要命题就是"形而中者谓之法"。这个"法"就是《系辞·下》第六章中所讲的"阴阳合德而刚柔有体,以体天地之撰,以通神明之德"的"天地之撰",而"法"来自"天垂之象"。大易所讲的"法"属于价值法。在这里不存在"上帝归上帝,恺撒归恺撒"的分野。原儒开创的宗教文化和法治文化是有机统一的。

我们在看到老年孔子建构形而上学,除了要给后人"保留文明建设的图纸"外,自然还有为当时"败德僭越"者("小人")制造"天讨之""天罚之""革命之"等学理依据的运思。因为"在孔子时代唯一发展的'天命'不再限于人王所有。每个人都受到'天命'的约束"①。所以,孔子一再强调"君子有三畏:畏天命,畏大人,畏圣人之言。小人不知天命而不畏也"②。他希望人人都要尊重天命,对之要有敬畏之心,懂得"人作孽,不可活"的道理。

笔者今天执意要重构老年孔子的形而上学,目的之一就是力图对世界作"大全"来把握,或者说是把世界把握成"大全",把形而上学与人的价值、人的实践、具体的生活世界联系起来对其存在和意义做整体上的说明。还是陈来先生说得好:"当代中国哲学越来越重视价值观问题研究,而价值观的确立需要形而上学的基础。"③

大逻辑学家金岳霖曾说中国的知识论是研究知识"普遍的理",特色是"通"。笔者在学习中发现,这个"特色"还不能被中国知识论所独占,因为在西方还存活着一个"苏菲传统",这是从柏拉图到奥古斯丁,再到沃尔夫、谢林、纳塞打造和坚守的传统。这个传统强调人的"理智的直观"(智的直觉)功能。不仅如此,西方现代现象学又打造了一个

---

① 转引自余英时《论天人之际》,第37—38页。
② 李泽厚:《论语今读》,第460页。
③ 陈来:《仁学本体论》,第4页。

"直观的理智"的传统。① 其中，海德格尔只不过是将胡塞尔"理智的直观""属神的知性"转向了"属人的世界"而已。② 在这些传统中，西方关于宇宙、关于本体等形而上的知识也应该是"通"的。

然而，谈论"本体论""存在论"和"形而上学"，我们直面的问题就是这些概念使用的合法性问题。在本论中，我们侧重考察了克里斯提安·沃尔夫的"形而上学""本体论"问题。尽管沃尔夫是通过莱布尼茨言传身教和传教士卫方济的《中华帝国经典》等间接材料学到了有关孔子的学问，可当卫方济说"孔子的说教不过是指示家族和国家之浅显的道德"时，沃尔夫批驳说：

> 我反对这种说法。在直观的一瞥之下，我发现了此等著述实隐藏着圣智的真理，只有学术才可以发现出来。③

沃氏此说甚是！因为孔子研究的正是道德伦理背后的东西（道德伦理的来源、依据等）。由此足见沃尔夫对孔子哲学把握的高度及其"学术"与孔子哲思相契的程度。陈来先生已经指出，按着沃尔夫的规定，"形而上学"本身就包括本体论和宇宙论。④ 因此说，我们使用沃尔夫的"形而上学"和"本体论"概念可行、合法。

一般来讲，哲思提升到超越维度，价值本身即已得到开显。而我们所讲的哲思维度提升到超越层次，并不是指当人们面临风险时将自己单纯"委身于神"的那种"超越"（因为大易以"宗揆驱鬼"，不仅反对伺命妄为，也反对听命无为），而是指百姓万民依靠辩证法实现的哲思维度的提升。我们知道《易经》主要运用了两种辩证法：一种是事物间相互否

---

① 参见叶秀山《启蒙与自由》，第89—91页。

② 参见叶秀山《启蒙与自由》，第93—94页。

③ 转引自朱谦之《中国哲学对欧洲的影响》，第252页。

④ 陈来：《仁学本体论》，第13页。

定的辩证法，一种是事物"自否定"的辩证法。事物"自否定"辩证法就是"乾"之专、直和"坤"之翕、辟。在"乾，元、亨、利、贞"中，正是由于"亨者，嘉之会也"之"直"和"贞者，事之干也"之"专"的自否定——乾道变化，各正性命，使"利者，义之和也"——权利和义务的对等、匹配和相应价值在阴阳平衡、三才会通的语境下得到了开显。也就是说，原儒通过"人谋鬼谋""圣神共谋"等形式从超越的"德世界"引出了价值的源头活水。这也正是张岱年、陈来、杨国荣诸先生都强调中国本体论与价值论的统一性的理由之所在。我们的结论是：德本体"可能"。德本体是以德为终极关怀和研究对象，以价值的终极来源、价值构成及价值运行与匹配规律为主要研究内容的学问。

这里我们既讲国人相信《易经》的筮占，又讲国人不迷信，这似乎是个矛盾。其实不然，因为《易经》属于高阶思维，其中尽管有非理性成分，但绝不是迷信。我们说国人不信鬼神，那等于我们说国人没有信仰吗？在我们看来，国人有信仰，这个信仰就是"德"。"立德不朽""德门咸庆"，朝闻道，夕死可也。国人把"德"作为终极关怀。"德本体"论就是关于将"德"视为终极关怀的学问。德与德本体是实然与应然之间的关系、事实与价值之间的关系。德本体具有宗教性、超越性、创生性、客观性、合目的性、合法性、流动性、自洽性、开放性、普适性等特征。

由于正文的"大论文"性质，节奏太快，许多知识背景没有机会介绍，在这里，很有必要对有关重要的背景知识加以补充：

附：有关重要知识背景介绍

1. 关于"轴心时期""民"之地位的知识

20 世纪中叶以后，按国际通行的标准，人类上古史被依次划分为"史前时期"（特点是基本没有文字记载，研究方法主要以考古学和人类学方法为主，相当于我国"三代"以前的历史）、"原史时期"（特点是

有文献记载，研究方法主要是文献与考古并重，相当于我国"三代"）和
"历史时期"（相当于春秋战国时期）。在上述各个历史时期中，我国
"民"的历史地位一直不低，甚至可以说还很高。比如在有虞氏①时期皋
陶所讲的"天聪明，自我民聪明；天明畏，自我民明威"（可参阅本书
"关于'形而中'的知识"部分），在"三代"时期《尚书·五子之歌》
所讲的"皇祖有训，民可近，不可下，本固邦宁"②，在周室取得天下之
前武王姬发所说的"天视自我民视，天听自我民听"，以及周室取得天下
之后周公姬旦所说的"人无于水监，当于民监"③，这些都反映了当时
"民"之地位的高度。然而，我们不能不看到"民"在先秦演变历史之漫
长、概念内涵之复杂。甲骨文中究竟有无"民"字尚无定论；金文中有
"民"字则确当无疑。在 20 世纪 70 年代以前，金文所见"民"字以康王
时大盂鼎罗为最早。郭沫若先生将其解读为"横目而带刺，盖盲其一目
而为奴徵"④。鉴于史载周初"民"的地位之高和周朝实行着分封建国
（封建）制度，即使对殷商遗民周室也以"作新民"相许，并未将之降为
奴隶，尽管有专家对郭老释"民"为"奴"存疑，但苦于没有证据，始
终难求正解。自 20 世纪 70 年代成王时的重器何尊出土，人们始发现这个
"罗（民）"字初形并无"盲其一目"之象，反倒有《尚书·泰誓》所言
"今天相民，作陪在下"之象。《尔雅·释诂》说"相，视也"。也就是
说，何尊铭文之"罗"恰与西周"民"之地位相称，与"天视自我民视"
传统相符，也与甲骨文"羲"字中间"屮"所代表的正直、正义相合。
由于本书不讨论中国古代社会的性质，所以我们只采纳权威性的研究结

---

① 古史研究耆宿杨向奎先生呼吁"要给有虞氏一个地位"。中国先秦史学会副会长北大吴荣
曾先生也持相同看法。引自《李学勤讲演录》，第 38 页。《史记·五帝本纪》更是明确说：
"天下明德皆自虞帝始"。（汉）司马迁撰，（宋）裴骃集解，（唐）司马贞索隐，（唐）张
守节正义《史记》（点校本，二十四史修订本），第 51 页。

② 《十三经注疏》整理委员会：《尚书正义》，第 212 页。

③ 《十三经注疏》整理委员会：《尚书正义》，第 449 页。

④ 转引自王德培《〈书〉传求是札记》（上），《天津师范大学学报》1983 年第 4 期。

论：这就是随着东周社会变革加速、社会分化加剧，春秋时期"国人"从氏族组织废墟的崩坏中找得路线：大量自由民开始形成。① 仅就孔子徒裔构成看，孔门弟子除南宫适、司马牛二人是贵族外，"国民阶级占绝对多数"，其中公冶长还是刑满释放人员。② 我们以为，东周以降这种"民"和《易传》所讲"万民""百姓"的含义与我们现在的用法比较接近，基本上是可以互相格义的。

由于"天听自民""天视自民"，"民意"——人民的要求已然被规定为一切政治的终极合法性。在这种语境下，原儒追述"太上以德抚民"，就不能放到人道主义"理性的突破"层面去理解，更不能机械地按马克斯·韦伯所谓的"仪式伦理"和"心志伦理"之分的框架来套，把"轴心时期"的天人关系理解为一种"伦理关系"。这类"过度诠释"表面看似乎是体现了古人思想的某种"先进性"，其实相反，恰恰是降低了原儒哲思的高度。"太上以德抚民"，我们只能将之理解为是"回归"周平王、襄王等执政者（参阅"原儒的天爱观"和"轴心时期"的"德文化源头"部分）关于天人关系的认知，即此时的"民"绝不是奴隶，当然也不是"上帝"。但，民意着实规定着统治者的终极合法性。

2. 关于"易"与春秋时期诸子思想之间关系认知补证

我们先谈《易传》与道、法、阴阳诸家的关系。

笔者在拙著《童子问易》中已作过论证。我们采信司马迁《史记》（《孔子世家》《仲尼弟子列传》）、班固《汉书》（《艺文志》《儒林传》）和当代易学大家金景芳、李学勤、刘大钧、郭齐勇、廖名春等有关《易传》（包括帛书《易》）是儒家作品，《易传》"十翼"的成书是由孔门集体创作且是陆续完成的认知与说法。我们认为，《易传》吸收了道、法、

————————

① 侯外庐等：《中国思想通史》第1卷，第138页。
② 侯外庐等：《中国思想通史》第1卷，第147页。

阴阳诸家思想菁华，堪称是集大成之作。

①关于《易传》与道家的关系

孔子曾向老子"问礼"（请教过）。对这件事，《史记·老子韩非子列传》讲：

> 孔子适周，将问礼于老子。老子曰："子所言者，其人与骨皆已朽矣，独言在耳。且君子得其时则驾，不得其时则蓬累而行。吾闻之，良贾深藏若虚，君子盛德，容貌若愚。去子之骄气与多欲、态色与淫志，是皆无益于子身。吾所以告子，若是而已。"

《孔子家语·观周》说：

> 及去周，老子送之，曰："吾闻富贵者送人以财，仁者送人以言。吾虽不能富贵，而窃仁者之号，请送子以言乎：'凡当今之士，聪明深察而近于死者，好讥议人者也；博辩闳达而危其身，好发人之恶者。无以有己为人子者，无以恶己为人臣者。"孔子曰："敬奉教。"自周返鲁，道弥尊矣。

从《孔子年谱》看，孔子确于公元前518年至公元前517年，也就是他三十四五岁时去过洛阳。尽管《列传》和《观周》两篇文献记述的内容不同，但孔子向老子请教过当是事实。我们尤其关注《观周》篇所说的"自周返鲁，道弥尊矣"这句话。"尊道"（自然天道）当是孔子向老子请教的最大收获。我们知道，老年以前的孔子是个理性主义者，治学偏重"仁学"（人道）一端。自从向老子求教后，开始注重自然、天道的研究，老年作的《易传》就是孔子会通人道和天道的直接成果。郭沫若先生讲，孔子"是把老聃思想和殷周的传统思想融和了"，"在他的思想中'道'即是'天'。后来的儒家，特别是作《易传》的人，是深深地懂得了这种思想的"①。李泽厚先生说得更直接："《易传》固然承接、吸收了《老子》。"② 今传本《易传》也是由有明显道家思想倾向的王弼作的注本。因此我们说《易传》与道家思想有关绝不是无稽之谈。

②关于《易传》与兵阴阳家的关系

我们知道，《周易》六十四卦，无论卦辞和爻辞，没有一句提到阴、阳（"鸣鹤在阴"之"阴"是"荫"的借字），而今传本《易传》处处讲阴、阳，帛书易《衷》开篇就讲："子曰：易之义呼（称举）阴与阳，六画而成章。"③ 那么，孔子的阴阳观念是从哪里来的呢？

李泽厚先生不仅讲《易传》承袭《老子》（老子是讲万物"负阴抱阳"的），还讲《老子》的思想也来自兵家（早期说法是"《老子》哲学的基本观念可能与先秦的兵家思潮有关"④，近期说法是"中国的辩证法，如老子，是行动的辩证法，不是希腊的语言辩论术，它是从孙子那里来的"⑤）。顺着这个思路，我们看看先秦兵阴阳家是如何认识阴、阳观念的。

司马谈《论六家要旨》的顺序是：阴阳、儒者、墨者、法家、名家、道家。阴阳家排在第一位。班固《汉书·艺文志·诸子略》在司马谈讲的儒家、道家、阴阳家、法家、名家和墨家六家基础上，新增纵横家、杂家、农家和小说家，统称"九流十家"。尽管在这里阴阳家没有排在第一位，但班固说，阴阳家同其他诸家（流）一样，也出于"王官之学"："阴阳家者流，盖出羲和之官，敬顺昊天，历象日月星辰，敬授民时。"⑥ 足见阴阳家渊源有自。刘向、刘歆父子把兵书分为"权谋、形势和阴阳、

---

① 郭沫若：《青铜时代》，第35页。

② 李泽厚：《中国古代思想史论》，第95页。

③ 廖名春：《帛书〈周易〉论集》，第178—179页。

④ 李泽厚：《中国古代思想史论》，第83页。

⑤ 李泽厚、刘绪源：《中国哲学如何登场?》，第50—51页。

⑥ （汉）班固著，（宋）吕祖谦编纂，戴扬本整理：《汉书详节》，第132页。

技巧"四门①，后两门属于技术，也就是方法——辩证法。李泽厚先生指出："中国古代辩证观念具有自己特定的形态，应该追溯到先秦兵家。兵家把原始社会的模糊、简单而神秘的对立项观念如昼夜、日月、男女即后世的阴阳观念多样化和世俗化了。"②《孙子》这部书集中在后半部讲了阴阳问题。李零先生强调："哲学是爱智之学，兵法最讲智慧，里面当然有哲学，而且是最聪明最机敏的哲学。我甚至可以说，中国式的思维，和兵法有很大关系，不懂兵法就不懂中国哲学。"③ 这是司马谈、刘向、刘歆、班固和时贤李泽厚、李零先生的视角。这个视角主要是"思维"形式——方法论的视角。

③关于《易经》与法家（主要指管子）的关系

从孔子称赞管子"如其仁，如其仁"，盖与管子讲"不为爱民亏其法，法爱于民"④ 有关。管子讲"法"且已深具"立宪政体"的思想，如发现"国皆有法，而无使法必行之法"⑤ 和"法贵君轻"。他还提出了"不为君欲变其令，令尊于君"⑥ 主张。管子之"法"当属"自然法"思想。《易经》六十四卦，竟有十多卦讲"法"或与"法"问题有关。《易传》的价值法思想与管仲的法治思想息息相关。

我们再说说"易"对春秋诸子思想的影响。

我们如果通过另外一些资料研判"易"与春秋诸家思想之间的关系，"剧情"或已发生反转。

成中英先生已有充分的证据证明兵家的思想来源于《周易》（他曾在美国的战争学院专门开设了《易经》一课，传授相关知识）⑦。参之道家

① 《汉书·艺文志》。

② 李泽厚：《中国古代思想史论》，第82—83页。

③ 李零：《唯一的规则：〈孙子〉的斗争哲学》，"写在前面的话"，第5、11页。

④ 《管子·法法篇》。

⑤ 《管子·七法篇》。

⑥ 《管子·法法篇》。

⑦ 成中英、杨庆中：《中西会通与本体论诠释》，第80页。

无论哪派都自认《易经》是其"三玄之一",《礼记·礼运》篇讲孔子通过《坤乾》(指《归藏》)① 以"观殷道"②,我们感到,历史的真实场景,当是春秋诸子皆从"易"中汲取智慧进而成就了自己的学问。这种认知是符合"经学"与"子学"之间发生学——源流关系的。只是在笔者看来,"易"对诸子的影响不只是《周易》,我们可以把它上溯到《归藏》(《坤乾》),并通过《归藏》和《周易》实现对老子和孔子的思想特征的比较:老子尚"柔",与《归藏》尚"阴"一致;孔子尚"阳",与《周易》尚"阳"一致。老子主张"以柔克刚",孔子主张"以刚制柔"。老子的宇宙论体系是"道生一,一生二,二生三,三生万物",这里的"三"是指"三才",即认为三才生万物。孔子的宇宙论是"易有太极,是生两仪,两仪生四象,四象生八卦"。这里的"两"是指阴阳两仪,即认为是阴阳生万物。③

令人遗憾的是,兵家"唯一的规则,就是没有规则"④。崇尚阴阳斗争哲学的兵家并没有提出自己的宇宙论。

对这种"剧情的反转"究竟该如何解释呢?我们的理解是,这与中华文明的"连续性"特点有关。虽说学界对"诸子之学出于王官之学"说法富有争议,但不可否认的是,先秦诸子基本都是在使用道、器,阴、阳,理、气,有、无,始、终,名、实等同一范畴各抒己见、著书立说(侯外庐先生说孔子也"循而且作"⑤)的,而这些范畴都是易文化的重要范畴。李学勤先生早已讲过,《诗》《书》《礼》《乐》《易》《春秋》在春秋时期就属于"主要教本"。"对六经的引用不仅仅是儒家,其他各家

---

① 李学勤:《周易溯源》,第46页。
② 《十三经注疏》整理委员会:《礼记正义》,第776页。
③ 拙著《童子问易》,第116页。
④ 李零:《唯一的规则:〈孙子〉的斗争哲学》,"题辞"。
⑤ 侯外庐等:《中国思想通史》第1卷,第133—134页。

包括特别不喜欢儒家的人也在引用，像墨子、像庄子、像法家。"① 我们认为"易"（包括《连山》《归藏》和《周易》）是"源"，并采信"易"影响了先秦诸子（"流"）的说法。此种影响只是程度的深浅不同而已。

3. 关于《易传》作者、成书年代及其与《周易》的关系补证

关于《易传》的作者问题，在隋唐以前，其实人们都是认同《史记》和《汉志》关于《易传》是由孔子所作这一传统说法的。只是到了北宋，才由大儒欧阳修刮起了"疑古"之风。欧阳修《易童子问》假托一童子向自己请教易学知识，以师徒一问一答形式成书。其可贵之处在于欧阳文忠公发现了《乾》"四德"是《随》卦窜入的内容，不足之处在于他"疑古过勇"。他只承认《彖传》和《象传》是孔子作品，得出了"十翼"中的其他篇章"何独《系辞》焉，《文言》《说卦》而下，皆非圣人之作"② 的结论。他的理由主要是：《系辞传》不仅有"易有多出"（圣人画卦说、河图洛书说和衍卦说）的矛盾，还频繁出现"子曰"字样（欧阳修认为没有人会把自己称为"子"）。据此，他说《系辞》等其他篇章一定不是孔子作品。清儒崔述在其《洙泗考信录》中又张大"欧阳修之说"，致使由欧阳修刮起的这股疑《易》之风吹得更广、更久。民国时期，受顾颉刚、钱玄同等疑古派的影响，郭沫若以其金石家、考古学家的权威身份在其《青铜时代》又断言"《易传》作于荀子门人"③。这一说法影响甚巨，似乎已成不刊之论。

关于《易传》作者及成书年代问题，近代日本汉学家泷川资言在《易传》成书年代及作者的考据上做了许多扎实、有益的工作。其在《史记会注考证》（卷四十七）中历引《战国策·秦策》蔡泽语、宋玉《小言赋》《荀子·大略》《韩非子·外储说》《新语·道基》及《淮南子·

---

① 李学勤：《李学勤讲演录》，第124页。
② （宋）欧阳修：《欧阳修全集》，第568页。
③ 郭沫若：《青铜时代》，第47页。

缪称》等说明《易传》流传甚久，《易传》与孔子关系密切，力证欧阳修、崔述之说非是。① 至于《系辞》频繁出现"子曰"字样的解释，宋儒朱熹的回答最有说服力。朱子列举宋人胡宏（五峰）在编撰周敦颐《通书》时，出于对周敦颐的崇拜，"将周子（敦颐）《通书》尽除去了篇名，却去上面各添一个'周子曰'，此亦可见其比"②。就是说这种情形古代常见。这个例子说明当是欧阳修尚不了解古书的成书体例（李零先生讲，古书从思想酝酿，到口授笔录，到整齐章句，到分篇定名，到结集成书是一个长过程。它是在学派内部的传习过程中经众人之手陆续完成的，往往因所闻所录各异，加以整理的方式不同，形成各种传本，有时还附有各种参考资料和心得体会，老师的东西和学生的东西并不能分得那么清楚③）。

在笔者看来，欧阳修所谓的"圣人画卦"—"出"与"河图、洛书"之"出"并不矛盾。因为圣人比类取象，"河图""洛书"只不过是"俯察"取法的对象而已（我们对于"河图""洛书"大可不必将之神化。其或由长期揣摩天地之数间阴阳关系的智者，偶然受到某种动物奇特图案，如马身、龟背斑点等启发绘制而成也未可知）。至于"观变于阴阳而立卦"，是讲圣人按着"在天之道，曰阴曰阳；在地之道，曰柔曰刚；在人之道，曰仁曰义"易理，将仰观、俯察、近收、远取之象加以抽象，"发挥于刚柔而生爻""观变于阴阳而立卦"，这一"出"与前两"出"一致，不存在所谓的矛盾。也就是说《系辞》根本不存在"易有多出"的问题。

关于《易传》与荀子及其后学之间的关系问题，国家"夏商周断代研究工程"原首席科学家专家组组长李学勤先生曾用专论《荀子的〈易〉

---

① 转引自李学勤《简帛佚籍与学术史》，第 262 页。

② （宋）黎靖德编，王星贤点校：《朱子语类》六十七，中华书局 1986 年版，第 1675 页。下引该书，仅标注作者、书名与页码。

③ 李零：《出土发现与古书年代的再认识》，（香港）《九州学刊》1988 年第 3 卷第 1 期。

学》批驳郭沫若"《易传》作于荀子门人"的错误观点。李先生指出，荀子的《乐论》承袭的是公孙尼子的《乐记》思想，而《乐记》许多观点承袭了《易传·系辞》①。张岱年先生指证"《乐记》承袭了《系辞》的文句，殊为显然"②。高亨先生也说"《系辞》在公孙尼子所著《礼记·乐记》之前"③。侯外庐先生从《易传》思想性、方法论角度入手，指出《易传》"'显微阐幽'（下传）'探赜索隐，钩深致远'（上传）的方法与荀子精神不合"。还讲《易传》"作者的学派则是和荀子所谓俗儒'受而传之'的精神分不开的"④。尽管侯先生是从消极的意义上得出上述结论的，但无可否认，李、张、高、侯诸先生都从根底处否定了郭沫若的"《易传》作于荀子门人"说法。

除了《易传》的成书年代与作者问题之外，还有个关于《周易》和《易传》间究竟是什么关系的问题。

《汉书·艺文志》讲"《易》道深矣，人更三圣，事历三古"，这里的"三圣"指的是"先圣"伏羲、"中圣"文王和"后圣"孔子⑤。自孔颖达《五经正义》使"周公作爻辞"成为"钦定之说"后，程氏再传弟子郭雍开始对"四圣"（伏羲、文王、周公和孔子）治易之间的内在关联加以引申发挥。他说："包牺（伏羲——笔者注）象三才之道，文王尽三才之义，周公列三才之事，孔子著三才之教。"⑥ 而大儒朱熹虽然承认"四圣"治易之事，却认为"四圣"之易各有不同，即 "四圣不同揆"。

---

① 李学勤：《周易溯源》，第133—136页；《走出疑古时代》，第43—47页。

② 参见张岱年《论〈易大传〉的著作年代及哲学思想》，《中国哲学》1979年第1辑；张岱年《〈周易〉经传的历史地位》，《人文杂志》1990年第6期。

③ 高亨：《周易大传今注》，第7—8页。

④ 侯外庐等：《中国思想通史》第1卷，第371页。

⑤ （汉）班固著，（宋）吕祖谦编纂，戴扬本整理：《汉书详节》，第130页。

⑥ （宋）郭雍著，洛阳市地方史志办公室整理：《郭氏传家易说》，中州古籍出版社2016年版，第27—28页。

他说:"学易者须将易各自看。伏羲易,自作伏羲易看,是时未有一辞也;文王易,自作文王易;周公易,自作周公易;孔子易,自作孔子易看。必欲牵合作一意看,不得。"① 尽管作为大易"义理派殿军人物"的王夫之明确提出"自伏羲氏始画卦,而天下之理尽在其中矣。……(文王)即卦象而体之,乃系之象辞,以发明卦象得失吉凶之所繇。周公又即文王之象,达其变于爻,以研时位之几而精其义。孔子又即文、周象爻之辞,赞其所以然之理。而为文言与彖、象之传;又以其义例之贯通于其变动者,为系传、说卦、杂卦,使占者、学者得其指归以通其殊致。……四圣同揆,后圣以达先圣之意,而未尝有损益者,明矣"② 的"四圣同揆说",力图证明"四圣"之易的内在关联,其中确实存在朱熹所说的"牵合作一意"的问题。最起码是船山忽视了易发展的时代性问题。他的"四圣同揆"说并不足以服人。客观讲,就朱熹所说的"伏羲易""文王易""周公易"和"孔子易"看,其意在强调"易"发展之阶段性("变易"),认为每个时代都有每个时代的主题(郭雍所谓伏羲"三才之道"、文王"三才之义"、周公"三才之事"和孔子"三才之教"体现的正是这个时代主题),即从内容方面看有"易宗"存在,当是诸"圣"皆有所"宗";就朱熹提出的伏羲"画卦"之时"未有一辞"这个有趣问题入手,我们发现易之表现形式(由三爻卦重之为六爻卦)则为文王、周公和孔子所继承("不易"),从形式方面言,按船山的说法有"易揆"存在。诸"圣"所"揆"当是阴阳、三才这种"易"的外在形式。拙著《童子问易》通过"地上的""地下的",有字的、无字的,民族学的、人类学的等多重证据提出了包括虞舜在内的"五圣异宗""五圣同揆"说③(关于虞舜如何"重卦"而成为"治易"之圣,已超出了本论范围,故在此不做引证),受到了李学勤等先生的首肯。

---

① (宋)黎靖德:《朱子语类》六十六,第1622页。

② (明)王夫之:《周易内传·周易大象解·周易稗疏·周易外传》,第649页。

③ 拙著《童子问易》,第193—200页。

关于《易传》的性质问题，杨国荣先生洞察到"《易传》的形而上学在某种意义上取得了价值本体论的形式"，因为"由强调天人的历史连续性进而构建儒家形而上学，这便是《易传》的基本逻辑行程"①，《易经》不仅仅是卜筮之书，《易经》也讲哲学等。

《易经》是"高阶"思维的代表，其用多个维度认知世界，比如点、线、面、体（空间）、时、数码（0、1）、体知、超越（"内外双向超越"）和"智的直觉"（穷神知化）等。《易经》绝不是迷信。大易提醒后人："凡易之情，近而不相得则凶（失）。或害之，悔且吝。"②

4. 关于《易经》中的"二进制"知识补证

我们追求知识论之"通"并不意味着放弃知识之"真"。这里侧重对"二进制"知识的材料作补充。本篇我们花费了大量笔墨证明中国在春秋战国之前就有 0 和 1 数字符号的存在与运用，0 代表"无、空、终、静、偶、关"等阴类范畴，1 代表"有、多、始、动、奇、开"等阳类范畴。《系辞·上》第三章讲"齐小大者存乎卦"和"卦有大小"，《系辞·下》第一章开篇就讲"八卦成列"（如果只有乾坤两卦是无法"成列"的），那么《周易》八经卦到底应该怎样排列呢？对这个问题我们需回到《说卦传》来一探究竟。

《说卦传》第三章"天地定位，山泽通气，雷风相薄，水火不相射。八卦相错"是易学界公认的讲"先天卦位"学理的部分。但对"先天卦位"究竟始于何时的问题，学界则有争议。清儒认为较晚，说它是宋人发明的东西，而据尚秉和研究，发现"先天方位，在两汉皆未失传"③，这个观点也得到了日本铃木由次郎《汉易研究》成果的支持。李学勤先生十分重视古人秉持的"先天卦"观念，对尚秉和与铃木扬弃清儒门户

---

① 杨国荣：《善的历程：儒家价值体系研究》，中国人民大学出版社 2012 年版，第 104 页。

② 《易传·系辞·下》第十二章。

③ 尚秉和：《周易尚氏学》，第 13 页。

之见形成的洞识表示赞赏。① 然而究竟什么是"'先天卦'观念"呢？笔者以为"先天卦观念"应是与"先天而天弗违"相联系的超越的观念。如果说《系辞·上》讲"天尊地卑"还残留有尊卑观念的话，《系辞·下》第十二章讲"天地设位"，《说卦传》第三章讲"天地定位"，则淡化了这种观念，特别是《系辞·下》第二章讲述"五帝"与易的关系，则绝对是超越了"尊卑""等级"的观念。因此，在笔者看来，要把"先天卦观念"形成与"先天卦位图"制作区分开来："先天卦观念"形成不仅早于汉代，甚至可以说在《系辞传》和《说卦传》成书前就业已形成；先天卦位图当为宋人制作。笔者沿袭今人使用 0 和 1 代表阴阳爻的做法，复制了宋人制作的先天卦位图：

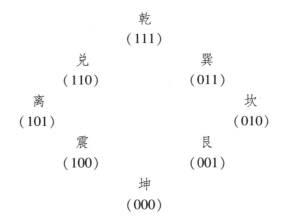

在"先天卦位"中，用 0 和 1 代替阴与阳，八经卦依次可以表示为：坤卦为 000，艮卦为 001，坎卦为 010，巽卦为 011，震卦为 100，离卦为 101，兑卦 110，乾卦为 111。坤→艮→坎→巽→震→离→兑→乾这个卦序就是由 0 与 1 之间相互否定而来的由小到大的卦序。

《系辞·上》第十二章讲"乾坤成列，易立乎其中矣"，而此"易"

_____

① 李学勤：《走出疑古时代》，第 9 页。

是"变动不居"① 的。六十四卦是由八经卦"重卦"而来，所谓"重卦"表现为内、外卦的自否定和相邻重卦之间的相互否定。所谓"内、外卦的自否定"，就是"乾宫"对"兑宫"、"兑宫"对"离宫"、"离宫"对"震宫"、"震宫"对"巽宫"、"巽宫"对"坎宫"、"坎宫"对"艮宫"、"艮宫"对"坤宫"、"坤宫"对"乾宫"的依次否定。对于每个重卦的"外卦"来讲，就是八经卦之间的依次否定，如乾对兑，兑对离，离对震，震对巽，巽对坎，坎对艮，艮对坤的否定。比如在"坤宫"中，以经卦坤为内卦，外卦依次相"重"（否），如艮（001）取代坤（000）、坎（010）取代艮（001）等的每次爻变，都是一次自否定；接着，发展到"艮宫"时，首先是"艮宫"对"坤宫"的否定。外卦依次相"重"（否），如坎（010）取代艮（001）为《蹇》卦，巽（011）取代坎（010）为《渐》卦，依次类推便实现了事物间的多重否定。这样，在易理清楚后，六十四"重卦"由小到大的排列顺序自然就清楚了。我们先从经卦坤卦开始，以坤宫为内卦重卦，外卦坤重坤，为《坤》卦，艮重坤为《剥》卦，坎重坤为《比》卦，巽重坤为《观》卦，震重坤为《豫》卦，离重坤为《晋》卦，兑重坤为《萃》卦，乾卦重坤为《否》卦；接着以艮宫为内卦开始重卦：外卦坤重艮为《谦》卦，艮重艮为《艮》卦，坎重艮为《蹇》卦，巽重艮为《渐》卦，震重艮为《小过》卦，离重艮为《旅》卦，兑重艮为《咸》卦，乾重艮为《遁》卦；从坎宫为内卦开始重卦：外卦坤重坎为《师》卦，艮重坎为《蒙》卦，坎重坎为《坎》卦，依此可重《涣》《解》《未济》《困》和《讼》卦；以巽宫为内卦开始重卦：坤重巽为《升》卦，艮重巽为《蛊》卦，坎重巽为《井》卦，巽重巽为《巽》卦，依此可重《恒》《鼎》《大过》和《姤》卦；以震宫为内卦开始重卦：外卦坤重震为《复》卦，艮重震为《颐》卦，坎重震为《屯》卦，巽重震为《益》卦，震重震为《震》卦，依此

---

① 《易传·系辞·下》第八章。

可重《噬嗑》《随》《无妄》卦；以离宫为内卦开始重卦，坤重离为《明夷》卦，艮重离为《贲》卦，坎重离为《既济》卦，巽重离为《家人》卦，震重离为《丰》卦，离重离为《离》卦，依次可重《革》《同人》卦；以兑宫为内卦开始重卦：外卦坤重兑为《临》卦，艮重兑为《损》卦，坎重兑为《节》卦，巽重兑为《中孚》卦，震重兑为《归妹》卦，离重兑为《睽》卦，兑重兑为《兑》卦，乾重兑为《履》卦；再以乾宫为内卦开始重卦：外卦坤重乾为《泰》卦，艮重乾为《大畜》卦，坎重乾为《需》卦，巽重乾为《小畜》卦，震重乾为《大壮》卦，离重乾为《大有》卦，兑重乾为《夬》卦，乾重乾为《乾》卦。这个卦序从小到大的排列是一目了然的。而前后两卦之"小大"，表面看是由重卦而来，实际却是事物内部阴（0）阳（1）间自否定和卦与卦相互否定之矛盾运动的结果。

我们关心的是，这样一个"齐小大"的卦序体现的结构究竟是个封闭的体系还是开放的体系呢？从《系辞·上》结语所说的"乾坤成列，而易立乎其中矣。乾坤毁，则无以见易；易不可见，则乾坤或几乎息矣"看，由于"易"变动不居的"自否定"和乾、坤之间的相互否定存在，这个体系是开放的、始终做负熵的体系。

为了便于记诵，笔者编了一个顺口溜谨供初学者参考（有志者，应能从中提炼出二进制的"序卦传"）：

坤剥比，观豫晋萃否；
谦艮蹇渐小过旅，咸遁师蒙坎涣解未济。
困讼升，蛊井巽，恒鼎大过姤复颐；
屯益震，噬嗑随，无妄明夷贲既济。
家（人）丰离，革人（同人）临损节孚（中孚）归妹睽兑履；
泰大畜，需小畜，大壮大有夬乾（当休矣）。

从文献批判学的角度看，笔者需要提示各位同道的是：第一，《说卦传》在《易传》中的地位很重要，可以说它是其他诸《传》的基础（刘大钧先生认为《说卦传》早于《大象传》《象传》《文言》和《系辞》①实属洞见）。有前辈讲《说卦传》内部"很乱"，有《连山》《归藏》窜入的内容。笔者在拙著《童子问易》中通过详细考证，以为《说卦传》不单是《周易》的《传》，是《连山》和《归藏》的《传》，甚至是虞舜"阴阳之物"②的《传》。也正是在这个层面上，我们讲"形而上"的知识时强调原儒放弃了"一家一姓的天下观"，进而重拾"三代"以前百姓万民的天下观，为突破"天尊地卑""家天下"知识框架和社会等级制度提供了一个有力的证据；第二，欧阳修怀疑《文言·乾》"四德"之"体仁足以长人，嘉会足以合礼，利物足以合义，贞固足以干事"的可靠性是有理据的。这四句当是从《随》卦"体仁，足以长人"对《随》"文言"（刘大钧先生猜想当时是六十四卦皆有《文言》，且"每卦一篇"）所说的"体者，善之长也"的申论而窜进来的内容。因为在春秋前，释乾"元"文本不只今传本《文言》一个孤例，子服惠伯在解释"黄裳元吉"之"元"时，就说"元，善之长也"③。其与《乾·文言》定义"元者，善之长也"的一致性，笔者相信明眼人都会看得出来。

5. 关于对杨振宁先生"炮轰"《易经》的看法

2004 年，杨振宁先生在人民大会堂"摆开擂台"，"炮轰"《易经》，提出五条主要理由：

其一，《易经》没有演绎推理；

其二，《易经》"天人合一"阻碍了科学思维；

其三，《易经》是汉语成为单音节语言的主要原因；

其四，《易经》影响了国人的审美；

---

① 刘大钧：《周易概论》（增补修订本），第 8—14 页。

② 刘国忠：《走近清华简·"保训篇"》（增补版），第 107 页。

③ 杨伯峻：《春秋左传注》（修订本），第 1337 页。

其五，《易经》影响了国人的思维。

而在生活中我们却发现，作为大科学家的杨振宁的思维却处处有《易经》的痕迹：比如在著名杂志《纽约人》月刊上于1962年5月发表的专题报道《宇称守恒的探索》中，介绍李政道和杨振宁先生是用《易经》的占卜法确定他们的选题的；北京大学105周年校庆期间，莫言与杨振宁两位文理诺奖获得者有场著名对话。在《对话》的结尾，杨先生送给北大学子的"最后一句话"是"自强不息"；杨先生指导已故爱徒张首晟转向"凝聚态物理"研究的理由就是"穷则思变"。

其实，《易经》不止讲"天人合一"，也讲"与时偕极"和"三极之道"。成书于公元前4世纪的郭店楚简《穷达以时》篇强调的就是"天人有分"。只不过是先贤认为"天人有分"没有"天人合一"智慧高明，不予强调而已。当然，大易也有"二进制"和演绎推理。事实上，就像引力波的发现证明宇宙运动不止电磁波一种形式一样，演绎推理也绝不是认识世界的唯一"科学"形式。至于今天与其他语言相比展现出了巨大优势的单音节汉语，它也绝不是《易经》的减分项。

杨先生还说《易经》影响了国人的审美取向。我们发现，《易经》不单讲"畅于四肢，美之至也"的对称美，也讲雷泽随（老夫少妻）"元亨，利贞"和"枯杨升华"的非对称美。

令人奇怪的是，一位受《易经》浸润和"禁锢"极深的诺奖得主竟如此痛恨《易经》。不管杨先生是为了回答"李约瑟之问"也好，说他有强烈的复观——批判精神也罢，总之，在《易经》面前杨先生确实缺少一位大科学家应有的严谨科学态度。我们这么讲绝不是对年逾九旬的杨先生之大不敬，而是杨先生"炮轰"《易经》造成的负面影响着实太大，以至于今天很多人仍"谈易色变"！鄙人之所以勇于冒犯杨老先生，是由"畏天、畏圣，但不唯上、不唯书"的易童子精神使然！

我们以为，敢于全面、客观地回应杨先生对《易经》的批评，还《易经》以清白也是整个易学界的重大责任。

6. 关于黑格尔思想与中国传统文化之间关系的看法

我们不能说黑格尔是"欧洲中心论"的始作俑者，但他绝对是"欧洲中心主义"的有力推动者。黑格尔将世界历史划分为童年期、青年期、成年期和老年期四个时期，他把东方世界、希腊世界、罗马世界和日耳曼世界与之一一对应。这里的"东方世界"原来包括中国、印度和波斯，可后来黑格尔特别强调，印度可以比诸希腊，波斯可以比诸罗马，那么"东方世界"自然专指中国了。① 也就是说，在黑格尔看来，有五千年文明史的中国只处在"世界历史"的童年期。不管怎么说，黑格尔玩笑开得不小。

我们知道黑格尔是从每个民族是否有"精神的自由"，特别是所谓的"主观的自由"角度来给世界历史划界的。他的著名观点是，在中国只有大皇帝一个人的自由。而经杜维明先生研究发现，中国的大皇帝并不自由——"我说皇帝最不自由，就是礼的运作，让他不自由"②。在中国，"相权制度""文官制度"、礼制等对皇帝的约束是很大的。这是不是说"凡属于精神的真正名副其实的一切在中国一概阙如"③，包括"大皇帝"在内？我们要问黑格尔：大易所讲的"君子"是不是"精神"的体现者？君子"见仁见智"算不算是"精神"的？"群龙无首"的圣境是不是"精神"的？"复见天地心"是不是"精神"的？"敬德保民"的忧患意识算不算"精神"的？我们说这些都是"精神"的，而且其伴生的自由正属于"主观的自由"。

在前文讲述中国哲学使用"本体论"概念合法性时我们说到"黑格尔将康德的理论理性和实践理性结合成绝对精神"这样的话。这里，黑格尔的"精神"概念当是自创的。黑氏反对康德的先验哲学"先验自我"概念，认为将上帝的性质赋予"先验自我"为知识的普遍性和必然性提

---

① 转引自唐文明《隐秘的颠覆》，第 297 页及注①。

② 哈佛燕京学社：《儒家与自由主义》，第 79 页。

③ 参见唐文明《隐秘的颠覆》，第 297—298 页。

供存在论基础是新的形而上学独断论；黑氏也反对费希特将"先验自我"等同于"经验自我"。由于"经验自我"又摆脱不掉有限性和历史性的束缚，根本无法给知识的普遍性和必然性提供存在论的基础。为解决这个两难困境，他提出了"精神"概念。黑氏不仅把"我"理解为"一般与个别的同一"，还在两种意义上使用了"精神"概念：广义的精神指意识、自我意识、理性、绝对理念等。狭义的精神是以"中介"面目出现，"先验"和"经验"的两个"我"相互形成主体。也就是说，在"精神"中介中，个体互相承认，同时又保持各自的差异——"有差异的同一"，自我的主体性转变成了客观性。① 不难看出，这里"自我"的"有差异的同一"与原儒的"自我观"相通、相近。

我们常常听说黑格尔讲"绝对精神"。这个"绝对"概念是从哪来的呢？我们说"绝对"像"同一"概念一样，都来自他的同窗谢林。如果说黑氏的"精神"讲述的是"自我观"的话，那么这个"绝对"则是言说他的宇宙观。谢林讲"绝对"有点像斯宾诺莎讲"实体"，他把"绝对"定义为自在和通过自己存在的东西。但这个"绝对"不是指超验者，讲的是世界的同一性。黑氏觉得谢林的"绝对"是从主体和客体中抽象出来的，属于抽象的同一性。黑氏认为"绝对"应是包括"差异"的"绝对同一性"。这种包括差异的绝对同一性是一个整体，是世界的总体性结构。这个总体先于宇宙万有；宇宙万有分有总体的结构性特征。② 黑氏的这种讲法科学，但与"理一分殊""万川映月"别无二致。有人盛赞黑格尔发现事物"自否定"的运动规律，其实，《易经》中的"太极"自含 0（阴、偶、无、专、翕）和 1（阳、奇、有、直、辟），是一个"德主生生"的结构。太极化育万物"生生不息"，其动力来自自身，"道之自道"，德之自得，且永不止息。物质和运动不可分割。说运动是普遍

---

① 参阅张汝伦《黑格尔与我们同在》，第 330、335 页。
② 参阅张汝伦《从黑格尔的康德批判看黑格尔哲学》，《哲学动态》2016 年第 7 期。

的、绝对的，只有突出"自否定"的辩证法才成其所是，才成为可能。

黑格尔在《历史哲学》里明确反对西方"理性支配世界"的两种形式，即希腊哲学"努斯支配说"和宗教家对于"神意的信仰说"，他崇尚理性之"变化的范畴"。有意思的是，他认为"这（指'理性之"变化的范畴"'——笔者注）是东方人所抱有的一种思想，或许就是他们最伟大的思想，他们的形而上学之最高理想"①。黑氏这里讲的"东方人"该不会只包括印度人、波斯人，而不包括"童年期"的中国人了吧?!

哈贝马斯曾指出：黑格尔的哲学与"西方相异"②。这句话的意思，当是指黑格尔的哲学有浓厚的中国背景。

7. 关于现象学的基本知识

有专家说，"有一百个现象学家就有一百种现象学"。实事求是地讲，现象学不论是流派还是主张，确实很乱，我在这里也只是努力给读者提供管窥现象学知识的几个线索。

当代现象学的鼻祖无疑是胡塞尔。我们学习现象学知识不能绕开他。

胡塞尔有感于伽利略、笛卡尔和莱布尼茨等在自然科学领域所做的贡献，即从丰富的现象中提取出了对于科学而言至关重要的对象进而使之成为精密的科学的做法，立志把哲学也打造成"严格的科学"。由于康德将真知识限制在了数学和自然科学范围之内，使得道德知识和人文精神科学知识等的真理性无法得到真正确认。为此，与新康德主义无论是以文德尔班为代表的弗莱堡学派、以柯亨为代表的马堡学派，还是以史丹姆勒为代表的西南德意志学派皆以扩大康德的"知识"范围为目标、进行知识合法性论证不同，与当时的"哲学语言学转向"路径也不相同，胡塞尔借助当代心理学研究成果，运用所谓的在纯粹意识现象学"还原"性分析中实现重新考察全部知识的奠基工作③，以期实现将自然科学的客观真理

---

① 转引自张汝伦《从黑格尔的康德批判看黑格尔哲学》，《哲学动态》2016 年第 7 期。

② 张汝伦：《永远德黑格尔》，《东方早报》2009 年 7 月 6 日。

③ 王太庆、曹青春：《王太庆教授访谈》，《学术月刊》2019 年第 8 期。

性推广到道德知识、历史知识和人文精神科学等领域。现象学反对形而上学，反对辩证法，不承认"现象"存在"背后"的东西。要求直面现象，"扬弃"本体。

胡塞尔的《哲学作为严格的科学》实际上就是"先验构造现象学的第一次公开预告"。胡氏企图在自然科学与精神科学（历史科学）之间确立他的哲学位置。

胡塞尔曾说过，他做的主要工作是柏拉图想做但尚未做好的工作。这个话题该从哪接起呢？我看还是从欧洲的两个与现象学多少有些牵连的传统说起。一个传统是希伯来活着的"苏菲传统"，这个传统就是自柏拉图到奥古斯丁，一直到纳塞的传统，这个传统相信"智的直觉"（也称"理智直觉"）。一个是"诗和远方"的传统。欧洲一些浪漫的哲学家好"以诗言志"。按说，主张人有"理智直觉"的柏拉图与诗人理应更有亲和性，可柏氏却坚持要把"诗人"从他的"理想国""赶出去"。在胡塞尔看来，柏氏的"赶"法犹如动用了"奥卡姆的剃刀"，太过决绝。胡塞尔在"还原"现象时，虽也主张把"经验—自然"的东西"括出去"，但他觉得总该留下点"什么"。胡氏的"赶"，可以比作清扫（括出去），留下的只是"排除一切经验之物的剩余者"。总之，胡塞尔想通过留下的这个"什么"以"回到事物（现象）本身"。为此，他提出了不少具体步骤和方法。这些方法可以服务于不同目的。比如，胡塞尔将现象学的方法运用于对纯粹意识的本质结构研究，企图建立超验主义的现象学体系；海德格尔将现象学方法运用于研究"存在"的意义如何凭借自己的主动性开显出来，企图建立一种"基础本体论"；萨特将现象学运用于研究具体人存在环境中出现的现象，将现象学变成关于人的存在的现象学等。

《现象学的观念》"译者的话"说胡塞尔的思想经历了三个阶段的转变；《论现象学流派》中保罗·利科讲胡塞尔经历了由"描述现象学"到"先验现象学"，再到"遗传现象学"的转变；《胡塞尔〈几何学的起源〉引论》雅克·德里达在开篇即从"知识考古学"角度揭示了"胡塞尔现象学预设"的"未完成性"。这样看来，现象学还"在路上"。

　　从实质上说，胡塞尔的现象学研究的是"意识现象"（广义的"精神现象"），但他认为"现象"不可能在"绝对精神"中找回或者说得到"开显"，所以他并没有追随黑格尔。晚年胡塞尔强调的"纯粹现象"反倒越来越接近康德的"图式"理论，只不过胡塞尔把"形而上""形而下"都"括"出去了，只留下了"形而中"。

　　借用方以智的一句话，胡塞尔"乃一抄书客尔"①！

---

① （清）方以智著，庞朴注释：《东西均注释》，中华书局 2001 年版，第 214 页。

第二篇　德道论

第四章 "德本体"向"德道"的
转换、回归

我们在第一篇论证了中国哲学使用"本体论"称谓的合法性问题，然而尽管我们使用德本体论称谓"合法"，但"本体论"确实不是中国形而上学的习语。我们要建构自己的哲学话语体系，寻求国内哲学界的广泛认同，确需对"德本体论"向传统再作相应的"转换"、回归。

李泽厚先生在《中国哲学如何登场?》中指出：

> 二十世纪哲学的语言学转向统领了一切。……我希望中国哲学在未来的脑科学高度发达的帮助下，来个现代化的转换性创造，使当今人们从对维特根斯坦、海德格尔、福柯和德里达等的迷恋中脱出身来，吸收怀特海、皮亚杰等人的一些建设性构想，创造二十一世纪的新哲学——这也是盼望它引领哲学，走出语言的画地为牢，从而登场世界。①

至于如何"走出语言牢笼"? 李先生列举了中西"哲学语言"的差异，如"太初有为"与"太初有言"的差异；being 与 becoming 的差异；人说语言与语言说人等差异。结论是"生活和实践大于语言"。对这些精

---

① 李泽厚、刘绪源：《中国哲学如何登场?》，第1—2页。

彩论断我们都持支持、赞赏的态度。李先生主张哲学要"回到康德"。①
我们对李先生的这一论断可以作两种理解。一是学习康德搞"纯粹的理
论构造"。虽说"儒家传统哲学向来不是纯粹的理论构造",但不可否认,
杨国荣先生对"具体形上学"的"纯粹的理论构造"无疑获得了成功。
尤其是杨先生的以下论述:

> 具体形上学既基于中国哲学的历史发展,又以世界哲学背景下的
> 多重哲学智慧为其理论之源,其内在的旨趣在于从本体论、道德哲
> 学、意义理论等层面阐释人与人的世界。与抽象的形而上学或"后
> 形而上学"的进路不同,"具体形上学"以存在问题的本源性、道德
> 的形上向度、成人成物的历史过程为指向,通过考察存在之维在真、
> 善、美以及认识、价值、道德、自由等诸种哲学问题中的多样体现,
> 以敞开与澄明人的存在与世界之在。②

于我心有戚戚焉!但由于中国哲学的核心毕竟是儒家哲学,讲求入
世,在笔者看来,无论"情本体""仁本体"和"德本体",都是在做
"具体形上学"的子课题,在努力向儒家和生命递次回归。二是学习、运
用康德的"先验逻辑"。康德的功绩之一就是创造了先验逻辑。形式逻辑
讲不论内容的纯形式,而康德的先验逻辑在形式逻辑判断分类上,除原有
的"量、质"和"关系"之外,增加了"模态"一类。在其范畴表"模
态"一栏,所列的"可能与不可能""存在与不存在""必然与偶然"三
对范畴中,都涉及概念的内容实质。这说明先验逻辑不像形式逻辑那样只
讲形式,还需要处理形式与内容之间的关系。金岳霖先生用"式"与

---

① 李泽厚、刘绪源:《中国哲学如何登场?》,第2—8页。
② 杨国荣:《伦理与存在》"具体形上学·引言",北京大学出版社2020年版,第5页。下引
该书,仅标注作者、书名与页码。

"能"的关系有针对性地论述了中国之"道",明确指出:

> "式"与"能"可以分开来说,不可分开来"有"。研究"式"
> 的学问是逻辑学,研究逻辑的时候可以不谈"能"。因为我们所研究
> 的是空架子,只要在消极方面我们能够表示逻辑命题之不能假就足够
> 了。在形而上学我们不能不谈"能",因为我们也要在积极方面表示
> 逻辑命题之不能不真。①

金先生关于"式"与"能"关系的辩证,符合先验逻辑,恰好揭示
了原儒"德""道"关系的真谛。

我们究竟该如何"转换"原儒的德本体论?又将它回归于何处呢?
我们说它该回归到儒家的"德道"当中。"德道"概念是由荀子在《解
蔽》② 篇、董仲舒在《春秋繁露·深察名号》③ 篇中分别提出来的,只因
为荀子、董子的"德道"分别以"性恶论"和"性三品"立论,专讲
"得道"了的既济,尤其是荀子只"法先王",不"法"天地;董子"屈
民以伸君,屈君以伸天"的主张又是对大易"三极之道"和强调权利价
值的反动,皆与原儒思想相扞格。也就是说,荀子和董子的"德道"思
想与原儒不符,也不周延。反观原儒的德本体论,其用德道名之倒是卯榫
相合的。我们通常说的"讲道理",从知识论视角审视,"德"即是
"道"的"理"。这里又牵扯到了概念使用"合法性"问题。我们想,使
用儒家自己的概念并对之"循名责实"加以改造、扩充,其合法性应该
是不存在问题的。

---

① 金岳霖:《论道》,第 69 页。
② 廖名春解读:《荀子:节选》,第 309 页。
③ (汉)董仲舒著,张世亮等译注:《春秋繁露》,中华书局 2011 年版,第 133 页。

第一节　孔子以"德"代元

我们在本书"绪论"和第一篇有关"法的知识"部分反复论证了《周易》之"元"没采用《尚书》和金文"元德"并提、"元""德"同义的用法，不是讲本体、实体的问题。为避免重复，这里只引用"《周易》之'元'讲的是'至善'"这个结论。

大家知道，亚里士多德是在"人"这个概念所具有的"本质目的性"意义上使用"至善"概念的①（据康德观察，伊壁鸠鲁学派将"至善"置于"快乐的心情中"加以安顿；斯多葛学派仅是在心灵的高尚和坚强中去寻求最高的善②）。《周易》之"元"则是在"三极之道"意义上讲"至善"的。所谓"至善"就是最高的善。而无论按着西方古典哲学将其视为自由的根源来理解，还是本着筮书的超越性来理解，"至善"必须通过"终极存有"对之加以肯定，换句话说，"至善"要依靠一个超越性的"纯粹存在"使之成为"客观对象"（非"经验对象"）。这个"终极存有""纯粹存在"正是"德"。也就是说，是"德"成就了《周易》"元"之"至善"。我们这么讲是有充分理据的。《系辞·下》第七章问："《易》之兴也，其于中古乎？作《易》者其有忧患乎？"在我们看来，"中圣"最大的忧患在于如何处理"天"与"民"之间的关系，以实现"至善"的问题，"是故"后圣"三陈九卦之德"。其实，不止《履》《谦》《复》《恒》《损》《益》《困》《井》《巽》九卦存在"卦德"问题，而是全部六十四卦皆有卦德。《大象传》的"厚德载物"③、"果行育

---

① 参见［美］阿拉斯代尔·麦金泰尔《谁之正义？何种合理性？》"译者序言"，万俊人等译，第7—8页。

② 参见［德］康德《逻辑学讲义》"导言"，许景行译，第28—29页。

③ 《易传·象·坤》。

德"①、"以懿文德"②、"以俭德辟难"③、"作乐崇德"④、"振民育德"⑤、
"以畜其德"⑥、"以常德行"⑦、"自昭明德"⑧、"反身修德"⑨、"居德则
忌"⑩、"君子以顺德,积小以高大"⑪、"制数度,议德行"⑫ 等全部都是
以德立论(只不过是有些象辞没有直接体现出"德"字而已)。不仅如
此,"蓍"也有"蓍德"("蓍之德圆而神")。后圣"是兴神物以前民用"
"神明其德",以保障"民"与上天的直接交通。

讲到这里,有人恐会纳闷:"德"怎么一会儿是"本体",一会又变
成了"纯粹存在",它到底是什么?我们说,"德"与"德本体"是实然
与应然的统一。德既然是"本体",它能德其自得,就什么都是、并能成
其所是!

有人讲《易经》是"厚德之书",这个"厚"不单是厚积之"厚",
更是"褒"德、"明"德之厚!原儒"以德代元",澄明了"先天"的
"德世界"。

第二节 孔氏以"㣟"代道

儒门以"㣟"代"道"当自孔氏始。"㣟"字是"人"在"彳亍"中,

---

① 《易传·象·蒙》。
② 《易传·象·小畜》。
③ 《易传·象·否》。
④ 《易传·象·豫》。
⑤ 《易传·象·蛊》。
⑥ 《易传·象·大畜》。
⑦ 《易传·象·坎》。
⑧ 《易传·象·晋》。
⑨ 《易传·象·蹇》。
⑩ 《易传·象·夬》。
⑪ 《易传·象·升》。
⑫ 《易传·象·节》。

体现的是"道不远人"① 理念。虽然郭忠恕《汗简》和夏竦的《古文四声韵》都说衜字是"道"之古字，而据李学勤先生考证，甲骨文中虽有衜字若干，不过都读"行走"的"行"，"以衜代'道'是晚出的现象。这个现象出于古《尚书》和古《老子》"。"古《尚书》"即孔壁中书，又叫孔传《尚书》。这恰恰又与"先秦孔氏家学"吻合：之所以"𧗞""衜"为"道"，"㞷""芔"为"德"，是因为"明也者，智之藏于目者也"，而"敬以直内"，"圣智必由聪明"②。以"㞷"代"𧗞"自然是对人之"目"（智）和道的方向性的强调。这算不算是造字法中的"成人之教"呢？汉学家郝大维（David Hall）根据自己对儒家"成人"过程的观察得出结论："德就是人们在面对经验的某一特殊领域时所呈现出来的焦点关注（the focus），这里面尤其重要的一点在于，是人们之间的相互作用塑造了该场域的经验和价值，从而使该场域的整体的完整性得以展开。"③郝氏这种关于儒家"成人"体现于"道"与"德"之复杂的互反关系所具有的创造性之中的洞见深具启发性，即"德"是人之德，"道"是人之道。可见，为了阐明"德"与"道"之间辩证统一的关系，先秦孔氏从文字学角度是下足了功夫的。

第三节　孔子尊"道"明"德"

《尚书》"反道败德"④ 提法已将"道"与"德"两字加以勾连。神仙家也讲"本德宗道"⑤。墨家引述的"天有显德，其行甚章"⑥ 中的

---

① 《十三经注疏》整理委员会：《礼记正义》，第 1671 页。

② 庞朴：《竹帛〈五行〉篇校注及研究》，第 51 页。

③ ［美］郝大维、安乐哲：《先贤的民主：杜威、孔子与中国民主之希望》，何刚强译，第238 页。

④ 《十三经注疏》整理委员会：《尚书正义》，第 16 页。

⑤ 李犟编著：《国粹》，光明日报出版社 2004 年版，第 248 页。

⑥ 方勇译注：《墨子·非命下》，第 306 页。

"行"当理解为"道"。韩非子《解老》说"道有积而德有功，德者道之功"①。今传本《老子》第五十一章强调"万物莫不尊道而贵德。道之尊，德之贵，莫夫之命而常自然"②。孔子则进一步强调"夫道者，所以明德也。德者，所以尊道也。是以非德道不尊，非道德不明"，子思子将这句话理解为"苟不至德，至道不凝焉"③。就是说"道"不单单是"尊"德、"蓄"德而已，"道"更是"明"德的途径，"道"与"德"互为表里，"道"侧重体现"德"的外在逻辑形式，"德"侧重"道"的内在规定性。世间道（轨、道）有千万，而德道是最高的道。

从逻辑学方面体察，孔子所言之"道"与"德"之间的关系，当为"式"与"能"之间的关系，"尊道明德"是真命题。

第四节　孔子提出了多条"明德"的通道

"德"作为本体和最高实在，是不是像康德的"物自体"那样"不可知"呢？原儒的"德"与之恰恰相反，不仅是可知的，而且还有具体的"明德"通道。

1. "圣端"的通道

老年的孔子对"天"的认识发生了重大变化，老年孔子的"天"不再是自然的天。他提出"君子有三畏"，其中最主要的是要"畏天"，因为人只是天命的承载者，"世界"是天、地、人、鬼、神共同的世界。老年孔子总说"斯文在兹""天生德于予""天不丧我"这类的话，那"人"与"德"是如何会通的呢？尽管孔子谦称自己只是"学而知之"者，不是圣人，但他并不排除每个人都具有"圣端"的事实。正如简、

---

① 高明：《帛书老子校注》，第5页。

② 杨树达：《周易古义；老子古义》，第64页。

③ 语出《礼记·中庸》，引自《十三经注疏》整理委员会《礼记正义》，第1699页。

帛《五行》篇所突出的"圣端"，无论"形于内"还是"形于外"，都是"德之行"。只有"圣端""和"于"善道"（人道），才可成就"德道"（天道）。因此说，"圣端"是"明德"的一个通道。

2. "明数达乎德"的通道

孔子将自己治易之法与"史"和"巫"作了比较，认为"赞而不达于数，则其为之巫"；"数而不达于德，则其为之史"。所谓"数"当指代表阳物的 1 和代表阴物的 0。奇偶之数 1 和 0 代表的就是始终、有无、开关。通过"0"和"无"这种"非存在"，使存在得以澄明，也就是"贞夫一""达乎德"。因为"德"就是始终、有无、开关差异性的同一和有差异的统一。

3. "形而中"通道

法国人类学家杜瑞乐曾深刻指出：光说"形而下"与"形而上"可分或不可分是不够的。必须承认，如果没有"形而下"向"形而上"转化的努力，后者进入前者的可能性也许根本不存在。成圣事业既需要"形"（physical）也需要"形而上"。这个"转化"的动力来自乾动之"直"和乾嘉之"升"，"转化"的途径就是"形而中"——法。这种"易简之道"，不存在"良知的自我坎陷"，也不存在"内圣对外王的范导"。

4. "复观"的通道

大易有最开放的世界观、天下观和人生观，具有最彻底的自我批判精神。《复·彖》追问："复，其见天地之心乎？"《诗经·鲁颂》就讲"济济多士，克广德心"。从孔子盛赞《诗经》"民之秉彝，好是懿德"诗句，说诗人知"道"① 角度体察，笔者以为此"天地之心"就是"德心"、就是民之所"秉"，就是孔子观易之"德"。孔子要求"复见天地之心"就是要察往知来，返本开新。

_____

① 转引自方勇译注《孟子》，第 219 页。

第五节 原儒"德道"思想发展链环"拾遗""补缀"

以黑格尔为代表的西方哲学家说中国自古以来就没有哲学。自从上世纪简帛佚籍的大量出土,有些西方人不得不承认中国古代有哲学,而且说有更高明的哲学。① 仅就儒家而言,由"道始于情"→"情生于性"→"性自命出"→"命自天降"→"保命以德"→"立德不朽"命题构成的完整的逻辑链条,恰形成一个理论系统,这就是德道体系。在这个链条上的每个命题都是德道的重要命题。大易讲"穷理尽性以至于命"和德"不言而信"等,可视为是对德道学理的精练陈述和表达。

1. 关于"道始于情"命题

郭店楚简《性自命出》讲"道始于情",上博简《性情》也讲"道始于情"。而对于"情",李泽厚先生念之最切,思之最深,甚至把"情"抬举到宇宙"本源""本根"、本体的地位。我们知道,李先生绝不是在郭店简和上博简面世之后才提出"情本体"论的,只是于庞朴先生在处理郭店楚简之初将"道始于情"这句话说成是"唯情主义"② 后,李先生才将其作为"情本体"论一个坚实的证据③而已。郭店简1993年出土,主要研究成果《郭店楚墓竹简》于1998年始由荆门市博物馆对外公布。而早在1985年,李泽厚先生就指出了孔门儒学区别于其他学派、学说的关键点是"心理情感原则"④。在《论语今读》中,李先生又进一步明确讲:"孔学特别重视人性情感的培育,重视动物性(欲)与社会性(理)的交融统一。我以为这实际是以'情'作为人性和人生的基础、实体和

① 李学勤:《李学勤讲演录》,第27—29页。
② 庞朴:《孔孟之间》,《中国哲学》第20辑,1999年,第31页。
③ 李泽厚:《新版古代中国思想史论》,天津社会科学院出版社2008年版,第329页。
④ 李泽厚:《中国古代思想史论》"内容提要",人民出版社1985年版,第1页。

本源。"① 在《说巫史传统》中还讲，以孔子为代表的即凡且圣的文化精神，正是"以'即世间又超世间'的情感为根源、为基础、为本体"②，足见李先生思想的穿透力！然而，作为"实体""本源""本体"之"情"在中国确有另一种被封建王朝逐步蚕食、消解的漫长历史。自东汉章帝将"三纲"作为国家的意识形态，"三纲"思想便成了冰冷无情、只讲"单方面义务"的"清规戒律"。西方启蒙运动擘画"纯粹理性"的关键人物康德所提出的"道德自律"更是剔除了一切情感因素的"绝对命令"。现在学界有种呼声叫"回到休谟"，因为休谟强调"道德情感"。这当是对"移情别恋"思想的拨正。哈佛心理学教授纪尧姆·凯根（Jerome Kagan，又译杰罗姆·卡根）专门研究人的道德取向问题，他认为真正的道德推理的最主要动力来自"同情"，而不是来自工具理性。曾在柏克莱大学任教的当代英语世界重要的哲学家伯尔纳·威廉姆士（B. Williams）也持有类似看法。③ 这又使这种"拨正"有了科学依据。所以我们有理由说"道始于情"的命题是成立的，其重要范畴是"理"（社会性）与"欲"（动物性）范畴。这里有个需要注意的细节，就是理、欲关系绝不是到宋代才开始讨论。李学勤先生曾对"理欲范畴的始源"作过专门考证，认为谈论"天理人欲"是"早期儒学的正宗"。

2. 关于"情生于性"命题④

尽管儒家说"道始于情"，但这个始于"情"的"道"可以作为"本源""本体"吗？李泽厚先生在《中国哲学如何登场？》中申论道："我特别高兴郭店竹简非常明确地说出了'道始于情'，这就是中国哲学，是中国原典礼乐论的核心。"我们以为，李先生以"礼乐论"反对牟宗三

---

① 李泽厚：《论语今读》，第 18 页。

② 李泽厚：《说巫史传统》，上海译文出版社 2012 年版，第 36 页。

③ 参见哈佛燕京学社《儒家与自由主义》，第 28—29 页。

④ 出自郭店楚简《性自命出》篇，引自陈伟等著《楚地出土战国简册（十四种）》，第 221 页；又见上博简《性情》篇，引自李零《上博简三篇校读记》，第 53 页。

先生"专谈心性"儒学三期说是言之成理、持之有故的。但若以此来下断语认定"情本体",似证据不足。我们前边说过庞朴先生将郭店简解释为"唯情主义"只是李先生"情本体"立论的一个佐证。李先生"情本体"的立论基础其实是"巫史传统"。"巫史传统""为'情本体'找到了源头"。① 让李先生津津乐道的"巫史传统"（有时称"巫术礼仪"）背后有个潜台词，这就是强调"一个世界"。"'巫术礼仪'，后来成了一套规范人们行为举止、言语容貌的制度，这个制度具有超世间的神圣性，而这种神圣也就在这个世界之中，所以，它还是'一个世界'，而不是'两个世界'。"② 面对"情本体""一个世界，一种生活"为何又提出"物自体"的疑问，李先生答道："那还是一个世界，并没有说两个世界啊。因为人首先作为动物存在的生理物质性与外在世界的宇宙浑然一体，无分彼此的；人通过使用和制造工具的实践，对宇宙自然做出体验。认识、把握和解释，把主客体区分开来。尽管人不断地了解宇宙，宇宙还是不可解。但人依然是宇宙的一部分，依然与宇宙协同共在。所以这个'物自体'既与康德相同又与康德不同，相同的是它不可知；不同的是它不在我们世界之外，我们的普通人生与它协同共在，这里没有康德的本体与现象界的截然二分，本体就在现象之中。"③ 陈来先生对李先生论断有精深的辨析，并指出："中国哲学是主张一个世界，但需要阐明这种哲学与常人所谓的一个世界的观念有何不同。说中国哲学中没有上帝之神，没有神的世界，中国人的哲学只承认一个世俗的世界，如果只是这样，中国人的哲学就没有任何意义上的本体论，也就无需讲什么本体论了。"④

尽管在李泽厚先生的言谈中，始终十分注重人类使用和制造工具的伟大意义并关注人如何生存——"人类如何可能"的问题，始终强调"工

---

① 李泽厚、刘绪源：《中国哲学如何登场?》，第71—78页。

② 李泽厚、刘绪源：《中国哲学如何登场?》，第77页。

③ 李泽厚、刘绪源：《中国哲学如何登场?》，第66页。

④ 陈来：《仁学本体论》，第400页。

具本体"的作用，还名之为人类学本体论，而人类学不能给形而上学提供一个基础。① 人的问题必须放在整个宇宙论、本体论中来解决。② 这就需要我们进入郭店简《性自命出》讲的"道始于情，情生于性"和上博简《性情》讲的"情出于性"论域。

3. 关于"性自命出，命自天降"③ 命题

孔子不仅讲"知天命"，更讲要"畏天命"。为什么要"畏天命"呢？郭店楚简《性自命出》道出了理由，是因为"性自命出，命自天降"。《中庸》讲"天命之谓性，率性之谓道"，即是说人性具有一种超越的指涉。人性既然由天所赋，人性就分享了那构成万物基础的实有。④ 人性是天命的延伸，尽了人性才算完成了天命。《成之闻之》说"天降大常，以理人伦"。这个用来"理人伦"的"大常"当不是指"喜怒哀乐之气"，而是天命的另一种说法。而"人伦之常"正是简、帛《五行》所讲的仁、义、礼、智、圣。《中庸》说"诚身有道，不明乎善，不诚乎身矣"。《五行》认为仁、义、礼、智"四行和"谓"善"。仁、义、礼、智、圣"五行和"谓"德"。《中庸》认为"唯天下至诚为能化"。"成己，仁也；成物，知也。性之德也，合外内之道也。"从上博简《子羔》讲"'怀尔明德'，曷，诚谓之也"⑤ 看，这里的"至诚"当是《五行》所阐释的"德"。"合外内之道"——合天德，意味着人生终极筹划的实现是对"天人一体观承诺的践履"⑥。正可谓"唯天下之至诚，为能尽其性。能尽其性，则能尽人之性。能尽人之性，则能尽物之性。能尽物之性，则可以赞天地之化育。可以赞天地之化育，则可以与天地参"⑦。人

---

① 参见张汝伦《海德格尔与现代哲学》，第 139 页。
② 陈来：《仁学本体论》，第 404 页。
③ 陈伟等：《楚地出土战国简册（十四种）》，第 211 页。
④ 杜维明：《儒家思想：以创造转化为自我认同》，第 73 页。
⑤ 李零：《上博楚简三篇校读记》，第 32 页。
⑥ 杜维明：《中庸：论儒学的宗教性》，段德智译，第 84—104 页。
⑦ 《十三经注疏》整理委员会：《礼记正义》，第 1691 页。

可以幽赞天地、辅相佑神，人有"圣端"，本身就是个"创造者"。这种"创造"除了"生物"之外，还表现为"转化"——转化个体（修道之教）、转化万物、转化天下。杜维明先生说，每个普通人都"具有一种通天人之际的转化性智慧"，而"具有转化性的知识是我们与生俱有的权利"[①]。

《易传》讲"穷理尽性以至于命"。这里的"命"不单指超越的"天命"，也指具体的、真实的、人的个体生命，因为《坤·文言》在"敬以直内，义以方外"的前提下还"敬、义立而德不孤"，即只讲对外（"方外"）的义务，不讲"敬"（直内）自身，"对自己的义务"，是不成其"德"的。只有做到"敬以直内，义以方外"，才能"黄中通理，正位具体，美在其中，而畅于四肢、发于事业，美之至也"。《乾·文言》讲："利贞也，性情也。乾始，能以美利利天下，不言所利，大矣哉！"这第一个"利"就是"人性的权利"。在这里，个人的权利不是不求，只是"不言"而已。这种"对自己的义务"（敬、权利）也是天德之下贯，是一种"天赋的权利"，并构成"方外"义务的基础。孟子只谈"义"不谈"利"，说明他只看到了人性之义务，没有看到人性的权利。

"性自命出，命自天降"命题的主要范畴包括权利与义务、仁与义、礼与智等。

4. 关于"保命以德"[②] 命题

商人迷信天命。他们和上天争恩宠、套亲戚，讲先王"宾于帝"。最典型的是当武王大军攻进朝歌时，纣王还在质问："我生不有命在天乎！"周人说"天命靡常""天不可靠"，认为"皇天无亲，惟德是辅"，意思是说上天不和人谈亲论故，上天只眷顾"德"。《尚书·召诰》就讲"惟不敬厥德，乃早坠厥命"。也正因此，周人才表现出深重的忧患意识。这

---

① 杜维明：《中庸：论儒学的宗教性》，段德智译，第133页。
② "保命以德"命题由化用"惟不敬厥德，乃早坠厥命"命题而来。

种"大悲情"主观上是敬德保命的。因为"天视自民""天听自民"，"惟天惠民，惟辟奉天"①，"殷鉴不远"，这种"敬德保命"观念也被周人说成是"敬德保民"。其实质是主观保命，客观保民。所以，这种"敬德保命"意识绝不是列维纳斯式的"道德主义"的觉醒和"利他主义"。从天、人范畴之间的逻辑关系上看，"保命以德"命题是成立的。

5. 关于"德，不言而信"② 命题

孔子"老而好易"，观《易》之"德义"，以"德"代"元"，开启了"返魅"的后门，从超越的"先天世界"引出了"价值"的源头活水。老年孔子会通天、地、人、神，成了国人的卡里斯马。德具有超越性，指向永恒。儒家讲"立德不朽"。所谓"不朽"就是恒生不死，故德"不言而信"。

6. 关于"立德不朽"③ "德博而化"④ 命题

先贤说"立德不朽"，"不朽"是指不死、无限和永恒。德主生生，积德、厚德，"构精"生物，和实生物，天地自化——"德博而化"，大化流形。

可见，上述六个主要命题是有内在逻辑关联的。在这张"思维之网"中，"网结"主要是"故"这个范畴："道"之故在"情"，"情"之故在"性"，"性"之故在"命"，"命"之故在"德"。在这个逻辑链条中，"情本"难以至命，"性本"也难以至命，只有"德本"才能"穷理尽性以至于命"。

---

① 《十三经注疏》整理委员会：《尚书正义》，第 327 页。
② 该命题由化用《易传·系辞上》末尾一句"默而成之，不言而信，存乎德行"而来。引自朱熹《周易本义》，第 63 页。
③ 杨伯峻：《春秋左传注》（修订本），第 1088 页。
④ 朱熹：《周易本义》，第 3 页。

第五章　原儒"德道"思想形成的背景

　　或问：两千五百年前的孔子就提出了先进的德本体思想，这个思想究竟从哪里来？我们说：老年孔子的德本体思想不是凭空产生的，也不是我们杜撰的，它的产生有着独特历史的、文化的、宗教的、经济的、政治的和社会的根源。关于这些根源的刻画，郑开教授的研究可资参考。郑开认为中国有两个"轴心文明时期"。他将殷周之际至春秋战国这段历史分为"前诸子时代"和"诸子时代"两部分。认为自殷周之际激变所开启的前轴心时期以及发轫于春秋战国之际的轴心时期是中国思想史中最具创造性活力的伟大时期。在国家形态上，跨越早期国家阶段而成为统一帝国，基本上奠定了以中原地区为核心的政治版图；以诸夏民族为主体的民族融合最终形成了以文化认同为基础的中华民族。在技术层面上，完成了由青铜文明向铁器文明的推移。在文化层面上，礼乐文化经过了再三损益而绵延不绝。在宗教层面上，"德音渐远"，其政治和宗教意味逐步淡化。在思想层面上，经历了西周初年"德"的孕育，以及诸子哲学关于"道"的辩论的洗礼，而推陈出新。前轴心时代是"德"的时代，后轴心时代是"道"的时代。郑开又讲，自春秋中叶大夫专政（"政逮于大夫"）到春秋末叶家臣乱政（"陪臣执国命"），说明封建宗法制并不能完全合理地配置政治经济和社会资源，更不能万世不变地有效调整各种政治经济利益集团的诉求，因此诸侯"变法"蔚然成风。概而言之，春秋属于"道"的时代，战国属于"法"的时代。① 我们以为，郑开的上述描述基本反映了孔子前后的社会总体面貌。但令人感到遗憾的是，郑开囿于其预设的"德—礼"结构，既没有对前轴心时期"德"的天下观"属性"加以分梳，也没有对轴心时期以降"法"的人性论前提加以辨析，更没有独立仔细考察轴心时期关键人物——老年孔子的思想转变过程以及这一转变为中华文化带来的重大且深刻的影响。老年以前的孔子是不言性命、天道的理性主义者。当孔子看到"人类中心主义者"们僭越妄为，搅得天地不宁时，便义无反顾地"观"前轴心时期之"德"，以寻找终极关怀和安顿人心之方法；当看清王朝纲纪解纽、礼崩乐坏、东周大厦将倾之大势，老年孔子并没有"挽狂澜于既倒"，而是"不复梦周公"②，"祖述尧舜"，舍弃一家一姓天下观与家法（罚）酷律，取法自然，为天下擘画新的图纸③，打造"法权共同体"④。我们认为这才是身处历史剧变中老年孔子思想的真正面向。

第一节　孔子思想特色形成的基础

1. 孔子心目中的上古社会不是"亚细亚社会"

从考古发掘成果来看，上古的中华文明绝非仅仅一种农耕文明形态，因为古四川、古山东可说是"古城林立"⑤，且城市规模较大。商人得名

---

① 郑开：《德礼之间》，第20、131、392、397页。
② 郑开讲：孔子说"梦见周公"用以证明自己是"周公事业的继承者"。对此笔者不敢苟同。从现代心理学角度讲，日有所思，夜有所梦。"不复梦见周公"，说明孔子思想与周公已渐行渐远。对此笔者在拙著《童子问易》中有详论。
③ 辜鸿铭：《中国人的精神》，第32—33页。
④ 拙作《〈易经〉"共同体"与"君子社会"思想同源并存论》，《大连海事大学学报》（社科版）2019年第2期。
⑤ 李学勤：《李学勤讲演录》，第14页。

于商朝。西周时期商业已经十分活跃、规范，国有土地都已入市交易。[①]
孔子有删述"五经"（诗、书、礼、乐、春秋）的经历和宽广的视野，大
易所讲"日中为市，致天下之民，聚天下之货，交易而退，各得其所"，
分明就是对上古市场交易画面的生动写照。概而言之，孔子心目中的上古
社会绝不是马扎亚尔所说的"亚细亚社会"。马扎亚尔是当时"第三国
际"学者，他于1925年中国第一次国内革命战争开始后来到北伐的根据
地广州周围农村进行调查，并以《中国农村经济研究》为题发表了研究
报告。报告中，他对中国古代社会作了定性，说"中国社会自古以来就
是亚细亚生产方式"。这个报告的发布，首先在苏联引发了一场关于中国
古代社会史性质的大论战。这场大论战最终直到1931年苏联在列宁格勒
（今圣彼德堡）召开的"亚细亚生产方式讨论会"才宣告结束。与此同
时，在我国国内，针对1927年大革命失败，中国向何处去的问题，思想
界、学术界的代表人物在上海神州国光社主办的《读书杂志》上各抒己
见，展开论战，直到1937年抗战全面爆发才被迫中止。在20世纪60年
代，关于"亚细亚生产方式"的讨论因为匈牙利学者杜克义（Tokei）发
表在法国《思想》杂志上的一篇文章，又在马克思主义者中间复活了。
许多学者在英国的《今日马克思主义》杂志上展开了系统的大论战。据
李学勤先生介绍，这个问题直到近年还有人在讨论。所谓"亚细亚生产
方式"是马克思在其《政治经济学批判》一书中讨论人类社会生产方式
时首次提到的。在探寻国家起源的过程中，马克思确有"东方亚细亚国
家"的提法，不过马克思一直都将家庭、氏族和东方亚细亚国家视为古
代的"共同体"[②]。而马扎亚尔把"亚细亚生产方式"解释为"一个不变
的、以农村经济为主的、停滞不前的社会"[③]。如果严格按着裴迪南·滕

---

① 宫长为：《李学勤说先秦》，第197—201页。
② 秦晖：《共同体·社会·大共同体：评滕尼斯〈共同体与社会〉》，《书屋》2000年第2期。
③ 参见宫长为《李学勤说先秦》，第7—8页。

尼斯关于"社会""共同体"的定义来考量，马扎亚尔关于古代中国的"亚细亚生产方式"的定义确实存在问题。从原儒对中国社会顶层设计的本意看，原儒心仪的是打造"法权共同体"。这种法权共同体没有滕尼斯式的"共同体"与"社会"之间的断裂。对马扎亚尔将中国古代社会说成是"一个不变的、以农村经济为主的"社会说法的批评，最有说服力的当属早期法兰克福学派从事中国学术研究的魏复古（Karl August Wittfogel）。他在其《东方专制主义》中从宏观角度对世界文明做了比较分析。他特别关注、强调古代水利。认为任何一个专制政体的形成，一定要有广泛的动员群众的经验。而动员群众的经验一定要和实际的、社会中必需的基础结构紧密相连。在中国古代"农业社会"发展水利，其基础绝不可能仅仅靠小团体来维持，即大型水利工程建设单靠农耕文明和单一组织形式是根本完成不了的。魏复古说，假如要治理长江、黄河、挖掘大运河，必须有一个大的行政机构才可以组织实施。一个由生活必需所引起的社会治理结构，是一个"专制的结构"（褒义上的"专制"）。这个专制政体的结构，影响到中国整个民族、政治、文化以及其他各个层面。[①] 事实上，考古发现，良渚遗址大水坝比虞舜时期还早上千年。[②] 因此，从前述关于"亚细亚社会"经久不息的争论和魏复古的理性分析来看，原儒心目中的古代社会，绝不是马扎亚尔所说的"不变的、以小农经济为主的、停滞不前的社会"——"亚细亚社会"。

2. 孔子的"贵族"出身决定他可以"仰望星空"

无论批判孔子的人还是拥护孔子的人都说孔子出身贵族，"四体不勤，五谷不分"。这实际是在肯定孔子对"小农思想"并没有深刻体认，说明孔子并没有封建小农的狭隘性；孔子身为贵族，属"有闲阶层"，故孔子有条件"仰望星空"。关于孔子出身问题，有学者在比较儒墨两家异

---

① 参见杜维明《现代精神与儒家传统》，第 240 页。

② http：//www．cssn．cn/sjs/sjs＿rdjj/201608/t20160802＿3145653．shtml．

同时有过揭示："墨子出身低贱，曾做过木工，生存权是墨子一系最为关注的问题。……孔子出身贵族，衣食无忧……"①

孔子也十分在意他的贵族身份。其实，孔子不只是出身，其姓氏来源也是件较复杂的事，这里有必要作个交代。《史记》记载："孔丘，圣人之后，灭于宋。"这里所说的"圣人"不是别人，正是商朝开国之君商汤，足见孔子血统之高贵。"灭于宋"是什么意思呢？"灭于宋"是说在小邦周取代大邑商之后，武王把商朝的遗老遗少主要册封在原商朝的核心地带宋地（今河南商丘一带）。我们知道孔子是鲁人，那他是怎么与宋地扯上关系的呢？我们先看看孔子在宋地的世系：

宋滑公—弗甫何—宋父周—世子胜—正考父—孔父嘉—木金父—睪夷—孔防叔。在这个世系中有个特殊人物就是孔父嘉，他就是《左传》桓公元年和二年提到的孔父。孔父嘉不是现在按姓名称谓姓孔，名父嘉，而是孔子这位先祖（约公元前8世纪的人物）字叫孔父，名叫嘉。孔父嘉属于字、名连读用法。孔父嘉时任宋国的大司马，因其夫人很有姿色，被同僚——宋国的太宰华父督看中。为了得到孔父夫人，华父督使出百般手段，最终阴谋陷害孔父嘉，霸占了孔父之妻。孔子以孔为氏，属于"以王父字为氏"②的做法。在这里可以看出，从宋滑公到睪夷，孔子先人主要居住在宋国。在孔父嘉遭到谋害（"灭于宋"）之后，整个家族始终"畏华氏之逼"，在战栗中讨生活。到孔防叔时，他趁宋国内乱，开始举家"奔鲁"，这才有了孔子在鲁国的世系：孔防叔—孔伯夏—叔梁纥—孔丘。③ 可见，孔子的"祖国"是宋，"父母之邦"是鲁。据《儒行》记载，"丘少居鲁，衣逢掖之衣；长居宋，冠章甫之冠"④，这说明孔子年轻

① 方勇译注：《墨子》，第1页。
② 李零：《去圣乃得真孔子》，第40页。
③ （汉）司马迁撰，（宋）裴骃集解，（唐）司马贞索隐，（唐）张守节正义：《史记》（点校本二十四史修订本），第2694—2695页。
④ 《十三经注疏》整理委员会：《礼记正义》，第1841页。

时曾一度回过宋国。去宋的目的大概是《礼记·礼运》讲的："我欲观殷道，是故之宋，而不足徵也，吾得坤乾焉。"① 孔子 60 岁那年周游列国，途经宋国时差点被司马桓魋所杀。宋给他留下的印象不好。宋人讲死理（礼），被毛泽东骂作"蠢猪"的宋襄公即为典型代表。② 孔子则"异于是"，虽自豪于自己的贵族出身，但"曾经沧海"的孔子，讲损益、讲变易、讲责任。

孔子"仰望星空"，仰观俯察，突破了周公强调"德"之关涉天命予夺的"新意思"③，感念"天聪明，自我民聪明。天明畏，自我民明威"④的老讲法，关注起百姓、万民的天命。周公的天下观是秉承"三代"以来"一家一姓的天下观"；老年孔子的天下观则是重拾"三代"以前"百姓万民的天下观"，这种"天下观属性"的分野，学人不可不察。

3. 孔子"儒"的身份绘就了他的思想"底色"

孔子出身于"儒"。胡适引证《说文》说"儒，柔也，术士之称。从人，需声"。又引章太炎的《原儒》说"'儒'之名盖出于'需'。需者，云上于天，而儒亦知天文，识旱涝"。我们同意胡适说孔子是"儒中兴的领袖"，"把柔儒改变成刚毅进取的儒"⑤ 等说法。窃以为，我们还应该加以补充，就是儒以司"丧礼"为主要职业，而深具终极关怀意识正是儒的本色。老年孔子恐"斯文坠地"，自有"天生德于予"的使命与担当。孔子发现"诗、书、礼、乐不□百篇，难以致之（资源不够）"，开始到《易经》中寻找超越智慧——"天地设位，圣人成能；人谋鬼谋，百姓与能"，进而强调"人谋""鬼谋"的共同作用。这里的"鬼谋"不是讲迷信，而是"德性之知""默会的维度""智的直觉"。这种"超越"智慧

① 《十三经注疏》整理委员会：《礼记正义》，第 776 页。
② 毛泽东：《论持久战》，人民出版社 1975 年版。
③ 参见郭沫若《青铜时代》，第 16 页。
④ 《十三经注疏》整理委员会：《尚书正义》，第 131 页。
⑤ 拙著《童子问易》，第 201 页。

集中体现在老年孔子改变了自己（"柔儒"）以往"言必称三代"、一味向现实和世界妥协的行为，率性"知其不可而为之"①，即运用外在超越的自然法来批判现实社会。应该看到，我们这种导入"自然法"理论诠释儒家思想的方式可能会贻笑大方之家。其实，西方自然法思想的"集大成者"不是别人，正是德国的克里斯提安·沃尔夫。而西方 19 世纪权威史学家阿道夫·赖克韦恩等早已指出，莱布尼茨和沃尔夫的自然法的概念与儒家的"道"的概念相仿。② 康德讲授法哲学选用的教材就是由沃尔夫的学生鲍姆加登和阿亨瓦所编写。③ 笔者在小文《〈易经〉"共同体"与"君子社会"思想同源并存论》中经仔细梳理还发现，《易经》"比类取象"——取法自然，突出了一种不同于裴迪南·滕尼斯"地缘共同体""血缘共同体"和"信仰共同体"④ 的"法权共同体"与"君子社会"思想。通过比较，笔者得出的结论是：大易不仅"法权共同体"思想没有滕尼斯"整体本位"的"小共同体"特征，而且其"君子社会"思想也没有"个体本位"的局限，更没有滕尼斯式的"共同体"与"社会"之间的断裂。《易经》的人类命运共同体思想与君子社会理想同源、并存。这不单是因为大易"君子"是超越的、肩负天命的、自我实现的、独立自由的个体，还因为中华文明拥有"连续性"的特征，以及《易经》的"法权共同体"具有"自然形成的"和"有目的的联合"这种双重性。⑤正是孔子这种独具的终极关怀意识和外在超越智慧，使其成为我们的卡里斯马——精神性的真圣人，亦使原儒思想增强了宗教性、合法性和普适性（普遍适用性）。

---

① 李零：《去圣乃得真孔子》，第 293 页。

② ［美］顾立雅：《孔子与中国之道》，高专诚译，第 273 页。

③ 朱高正：《朱高正讲康德》，第 75 页。

④ ［德］裴迪南·滕尼斯：《共同体与社会：纯粹社会学的基本概念》，林荣远译，第 44—76 页。

⑤ 拙作《〈易经〉"共同体"与"君子社会"思想同源并存论》，《大连海事大学学报》（社科版）2019 年第 2 期。

4. 老年孔子完成了"第二序反思"

有学者指出，"中国轴心突破的真正对象其实是礼乐背后的巫文化"①。在上古，"巫"的职责主要是沟通天、人，其手段之一就是筮占。而帛书易《要》篇记孔子讲，"史巫之筮，向之而未也，好之而非也"，"《易》，我后其祝卜矣"。② 说明老年孔子超逾了"祝、卜、史、巫"③。如果说周公的制礼作乐是对上古"巫文化"的超逾，老年以前的孔子"以仁释礼"是对"礼乐文化"的超逾，那么，老年以后的孔子观《易》之"德"，以"德"统摄"仁、义、礼、智、圣"则可谓真正实现了卡尔·雅思贝斯（Karl Jaspers）所说的"超越的突破"。因为"仁、义、礼、智、圣五行和"为"德"，而"德，天道也"，即"德"由殷周之际与"天命"相关，发展为"德"与"天道""天秩"相连。

老年孔子曾说"五十而知天命"，又说"知我者其天乎"④；还讲："天生德于予，桓魋其如予何？"⑤ "天之未丧斯文也，匡人其如予何？"⑥ 如此自信的孔子犹如雅思贝斯所说：轴心时期哲学家初次出现，"人证明自己有能力，从精神上将自己和整个宇宙进行对比。他在自身内部发现了将他提高到自身和世界之上的本原"。⑦

关于"轴心文明"理论，它是雅思贝斯在马克斯·韦伯一元现代性理论风靡全球的大背景下提出的文明多元理论，其意义重大、影响深远。

---

① 余英时：《论天人之际：中国古代思想起源试探》，第 32 页。
② 廖名春：《帛书〈周易〉论集》，第 166 页。
③ 李学勤先生说，尽管《周官》的"祝、宗、卜、史"系列没提到"巫"，"实际上巫也包括在内"。并指出，"巫、祝比较接近……卜进行卜筮，史写字做记录"。参见《李学勤讲演录》，第 121 页。
④ 见李泽厚《论语今读》，第 404 页。
⑤ 见李泽厚《论语今读》，第 209 页。
⑥ 见李泽厚《论语今读》，第 248 页。
⑦ ［德］雅斯贝斯：《历史的起源与目标》，魏楚雄、俞新天译，华夏出版社 1989 年版，第 10 页。

1972年，以本杰明·史华兹（Benjamin I. Schwartz）为代表的哲学家在美国国家艺术科学学院机关报的专号上发表了一系列讨论"轴心文明"问题的文章，提出"轴心文明"的主要价值取向是"超越的突破"，即"一元上帝观"的出现。1982年，在德国召开的有关研讨会则集中批判了"超越的突破"这种一元上帝的观念。① 犹太裔思想家鄂尔堪纳（Elkana）、尤尔·卡森斯（Ewert Cousins）和西蒙·艾森斯塔特（S. N. Eisenstadt）的一致意见是，"外在超越"一元上帝思想是西方的典范，它对其他文明并不完全适用。提出轴心时代文明的特色不是"超越的突破"而是"第二序反思"，即突出人类对终极关怀的反思能力。② 如希腊文明是对宇宙本源（是水？是火？是数？是逻各斯？）的反思；印度文明是对最后超升（成佛或梵天与自我合一）的反思；中国的特色是对人（成人、修身、明德等）的反思等。笔者也以为"第二序反思"提法胜于"超越的突破"提法，但并不当以此来否定原儒"德文化"的超越性。原儒超越的指向就是"德世界"。只不过中国式的"超越"不是西方式的"断裂"，"德"与"道"互为表里，"德世界"可知。

5. 孔子厚德载物，"知其不可而为"

西方知识人一般分为两类，一类是"解释世界"的知识人，一类是"改变世界"的知识人。前一类主要指西方古代和中古时代（与中国"中圣""后圣"所讲的中古没有严格意义的对应关系）的知识人，后一类则是指近代和现代的知识人。前一类主要是"仰望星空"，静观冥想以"解释世界"；后一类自中古基都教会开始承担"救世""教化"职责起，到世俗化后培根提出"知识就是力量"，再到启蒙运动"行动的人生"，特别是马克思指出的"哲学家从来只是以各种不同的方式解释世界；但真正的关键在改造它"之劳动"实践"，其特点是"改造世界"。据说在西

---

① 参阅杜维明《现代精神与儒家传统》，第41、502—502页。

② 参阅杜维明《现代精神与儒家传统》，第70—71页。

方这些分别是十分严格的，对此余英时先生论述最详。① 且不论苏格拉底因为卷入城邦政治生活被判死刑的负面影响有多大，起码自柏拉图之后，西方社会对专门从事"解释世界"的知识人是仰视的，对"改造世界"的知识人基本是轻视的。对知识人本身，有人（如罗素）甚至认为自己的理论被别人看懂了都是一种耻辱。在中国则不同，整个《周易》就是圣人将其"仰望星空"所参悟的"天之道"和"民之故"像今天存储在移动硬盘中一样存储于易经当中，其"受命如响"，是随时可以读取并指导百姓伦常日用的，也就是"知行合一"的。特别是老年孔子，自知"天生德于予"，厚德载物，既济有为。云孔子"知其不可而为之"②，不是说他有违天道、伺命妄为，而是说孔子以使命担当冲破世俗限制的"不可"而为。

6. 孔子的主要思想资源

卫公孙朝曾问子贡，孔子学问那么大，他和谁学的？子贡说孔子传"文武之道"，他向很多人学习，但没有固定的老师。这就是《论语·子张》所讲的："卫公孙朝问于子贡曰：'仲尼焉学？'子贡曰：文武之道未坠于地，在人。贤者识其大者，不贤者识其小者，莫不有文武之道焉。夫子焉不学，而亦何尝师之有？"至于孔子向谁学习过，司马迁猜测：于周，则学老子；于卫，则学遽伯玉；于齐，则学晏子；于楚，则学老莱子；于郑，则学子产；于鲁，则学孟公绰。孔子还多次称赞过臧文仲、柳下惠、铜鞮伯华、介山子然等人。③ 其实，孔子学习的对象当还有箕子、周公、管子、史伯、岐伯、祭公谋父、臧哀伯、臧武仲、仲山甫、叔孙豹、裨谌、郯子等。老年孔子的超越思想、天命思想、德论思想的形成乃

---

① 参阅余英时《现代危机与思想人物》，生活·读书·新知三联书店 2012 年版，第 14—17 页。

② 《论语·宪问》，见李泽厚《论语今读》，第 407 页。

③ （汉）司马迁撰，（宋）裴骃集解，（唐）司马贞索隐，（唐）张守节正义：《史记》（点校本二十四史修订本），第 2466 页。

至定型很可能与这几位思想家有关，这是需要我们深入挖掘的。

关于老年孔子与周公的关系及其后期转变需要略作解释。老年以前的孔子盛赞"周公之才之美"①，且常常梦见周公，还曾誓言"郁郁乎文哉，吾从周"。这"郁郁乎"之"文"多由周公打造，此足见孔子对周公的崇拜程度。② 如果说由周公损益的礼乐文明是理性主义的不断觉醒的话，那么孔子"以仁释礼"就是将理性主义思潮扩大化的推手。余英时肯认原儒"另辟了一条个人本位的'仁—礼'的新路"是对"三代（夏、商、周）的礼乐传统"的超越性突破，当是受了史学家魏尔（Eric Weil）关于"在历史上，崩坏经常先于突破而出现"之观察③的误导。本来武王姬发讲的是"天听自民""天视自民"，即"德抚万民"，以人为本，到了周公姬旦那里却变成"德抚皇室"的教化手段了。按着"超越性突破"是对终极关怀作反思——寻找终极关怀的主要价值取向来衡量，不仅去孔子不远的墨子不满于孔子对周公礼乐文化所做的重新阐释，认为孔子实际上仍然维护周代发展起来的一切现存礼乐，而未有任何意义上的改革④，我们还认为"仁"不足以统摄"德"（相反是德摄"五行"），且难堪终极关怀大任。事实上，孔子"老而好易"，祖述尧舜，"久而不复梦见周公"，说明老年孔子思想已与周公治国理念渐行渐远，其间理由众多，且耐人寻味。当然，最深刻的理由当属陈来先生的洞察：孔子"在道德观念上已经突破封建的社会，也突破了血缘关系，而进至于更一般的人与人关系"⑤。朱谦之先生也曾慨叹孔子的思想竟影响了资本主义的上升时期。用现在的眼光看，孔子的思想也能启蒙社会主义各个时期。我们身处千百年未有之大变局中，孔子的苦苦追寻，不正是百姓、万民早已失落的

① 《论语·泰伯》，参见李泽厚《论语今读》，第233—234页。
② 《论语·八佾》，参见李泽厚《论语今读》，第92页。
③ 余英时：《论天人之际：中国古代思想起源试探》，第79页。
④ 参见余英时《论天人之际：中国古代思想起源试探》，第101页。
⑤ 陈来：《仁学本体论》，第458页。

"终极关怀"吗？如果我们的理解不出大格的话，陈来先生所讲的"进至于更一般的人与人关系"当是老年孔子由原来"爱有差等"的关系复归至"太上以德抚人，然后亲亲，以相及也"的关系。原儒"返魅"观"德"，表面上看来是一倒退，实则是对"太上抚民"之"德"拨乱反正之大进步。原儒追寻之"德"与周室之"德"不同，由于"天听自民"，其首先关注的是个体的命运和人类命运共同体的命运；原儒追寻的"德"与后儒求的抽象的"道"也有差别，德道不同于道德（下文有详论）。

第二节　孔子继承了中华文化的"明德"传统

《史记》说"天下明德皆自虞帝始"。关于"明德"思想，其在周初因宗法社会结构，自然而然地黏附上了血缘关系和种族属性，随着时间的推移，似已演变成家族式的"静脉曲张"遗传症。孔子"致君尧舜上"①，慎终追远，果断修复基因，剪去"曲张静脉"，重塑"太上以德抚民"② 传统，从根底处铸就了中华哲学的"明德"特色。

第三节　孔子悔"过"后"尊道"的新追求

《论语·述而》载孔子说："假我数年，五十以学易，可以无大过矣。"孔子这里所说的"大过"，在廖名春先生看来就是孔子对自己原来囿于仁学一端而有所追悔，进而"尊道"明德，将"德"发展为天人合一之学。

如果说"诸子时期进入了'道'的时代"，那么孔子所讲"天下无道久矣"，其第一层含义是说历史上曾经有"道"。"道所以明德也"，即是

---

① 杜甫《奉赠韦左丞丈二十二韵》诗云："致君尧舜上，再使风俗淳。"
② 杨伯峻：《春秋左传注》（修订本），第 420 页。

说道之所以配称为"道"，是因为它以"辅德""明德"为指归。尽管柏拉图的"理念论"深具生存论的基础，但并没有解决"生命结构"的内在动力来源问题。大易赞颂的"天地之大德曰生"其实是在申论一种"德主生生"的结构，一种客观性的纯粹形式，亦即有机生命运动的逻辑形式。而原儒的"德"论，"动直静专""刚柔互决""翕辟成变"，通过不断地"择路""裁成"等自否定功夫，通过"相薄""相荡"等他否定塑造化育万物。"德道"不仅有形式、有内容，还有动力来源。

第六章 "德道"与中华文化 "真精神"考辨

第一节 德道的含义

"形而上者谓之道"。孔子会通三才,观易之"德",以"㣭"释"元",以"㣭"代"道",以"道"明"德","德"是最高存在、本体,属于形而上的应然知识。在本书第一篇,我们在复原原儒的"德本体"思想过程中,始终是以"道"立论,德本体自然属于"道体",用中国形而上话语来说,可名之为"德道"。

"德道"是以德本体论为基础,以建构生态伦理、建设新型生态文明为旨归的保合太和、万国咸宁之道。

德道拥有"天道下济""文明以止""观乎人文,以化成天下""革故鼎新""兼容并蓄"的文明文化观,其内涵极为丰富。

1. 德道是文明会通之道

拥有启蒙心态的自由主义者都认为,地方性的、原有的文明都将被一元现代性所消解,现代化是文明同质化的过程。萨缪尔·亨廷顿略有进步,作出了"西方与西方之外"的分判,虽说承认文明共存,但其估计过于悲观,得出了冷战后的"文明冲突论"。约瑟夫·汤因比是一位文化多元主义论者。他认为历史研究的基本单位不应局限于国家,而是文明(专指跨越了原始蒙昧时期的历史阶段)。在对世界 18 种(其中"东正教社会"分为东正教—拜占庭社会和东正教—俄罗斯社会;"远东社会"分为中国社会、朝鲜和日本社会,共计 21 种社会)① 文明形态进行比较分析之后,认为中国文化兼容并蓄最有前途,提出"21 世纪将是中国人的世纪"的论断。② 其实,在世界文明交往史上,儒学不仅与佛教有深入的交流并结出了华严、天台、禅宗等累累硕果;与回教和伊斯兰教也有会通,明清之际涌现出的四大回教思想家王岱舆、刘智、马注、马德新就是典型的代表;儒耶交流的"己所不欲,勿施于人"的道德金律也被广为接受。德道理论讲"观乎人文,以化成天下",这里没有文明冲突的预设。讲"文明以悦""求同存异",文明是可以交流、会通的。德道是文明会通之道。

2. 德道是多极世界之道

"世界"一词按着汤用彤先生的观点是出自汉译《佛说四十二章经》。该经"第十九"讲:"佛言:观天地,念非常。观世界,念非常。观灵觉,即菩提。如是知识,得道疾矣!"在唐译《楞严经》中"世界"概念被进一步明晰化。该经卷四讲:"云何为众生世界?汝今当知东西南北。东南西南。东北西北。上下为界。过去未来。现在为世。"而《尸子》讲"上下四方曰宇,往古来今曰宙",《文子》讲"往古来今谓之宙,上下四方谓之宇"也是这个意思。这种"世界"观,在"八卦方位图"中有明确的体现。"后天八卦"方位图的四正、四隅就是"界";自"帝出乎震到止乎艮"之与时偕行就是"世"。大易讲"三极之道",讲"天德,不可为首也"③,可谓主张建构多极世界。

3. 德道是根系人类共同体命运之道

自 20 世纪兴起的"新人文主义"不是讨论何为上帝的问题,而是讨

---

① [英]汤因比著,[英]萨默维尔编:《历史研究》,郭小凌等译,第 36 页。

② 参见[英]汤因比,[日]池田大作《展望二十一世纪》,荀春生等译,国际文化出版公司 1985 年版,第 289 页。

③ 《易传·象·乾》。

论"何为人"的问题。中西学界主流的看法是，若要直面人类遭际的环境、生态危机，我们不能从离散的个人、离散的国家和离散的文化角度，而是应该以人类命运共同体角度建构新的生态文明。

其实，"共同体"思想属于"轴心时期"的智慧。随着社会与科学的不断发展，"共同体"内涵日益丰富、支脉衍生众多。在这里有必要首先对其源与流加以梳理和疏解。

（1）非形而上学中的"共同体"思想的演变

①关于政治学讲述的"共同体"。亚里士多德的哲学是反对"过"与"不及"以追求"适度"的中庸哲学。① 以此为标准，他认为苏格拉底的《王制》企图通过"共产"制度追求个体过度一致目标的方案"破坏了政治共同体"②。在亚里士多德看来，"通过交谈、交往、交易、交流等等而形成的有共同的话语与理解背景的社会群体"都可称为"共同体"③，不过他们都从属于"政治共同体"④。在他的"政治共同体"中，个体的差异不可抹杀，共同体是一个"异质整体"。在这里，"整体"与"个人"并存，个体不可简化为只是共同体的"公民"。

18 世纪的启蒙思想家卢梭则反对亚里士多德有关"人是政治动物"而天生有结成共同体倾向的说法。他也强调建立"政治共同体"，但他的理由是人可以根据意愿、历史或两者的结合而结成共同体，进而成为与个体相对的公民。他认为"政治共同体的基础是它的成员们的公约"⑤。作

---

① ［古希腊］亚里士多德：《尼各马可伦理学》，廖申白译注，商务印书馆 2020 年版，第 47—50 页。下引该书，仅标注作者、书名与页码。黑格尔也有类似认知，如亚里士多德"按着德的正确含义，把特殊的德规定成为既不过多也不过少的中间物"。［德］黑格尔：《法哲学原理》，范扬、张企泰译，商务印书馆 1961 年版，第 193 页。下引该书，仅标注作者、书名与页码。

② ［美］尼柯尔斯：《苏格拉底与政治共同体》"绪论"，王双洪译，第 1、4 页。

③ ［古希腊］亚里士多德：《尼各马可伦理学》，廖申白译注，第 54 页注①。

④ ［古希腊］亚里士多德：《尼各马可伦理学》，廖申白译注，第 268—269 页。

⑤ ［法］卢梭：《社会契约论》，李平沤译，商务印书馆 2014 年版，第 171 页。下引该书，仅标注作者、书名与页码。

为公民，人们并无差别，因为其意愿相同，共同体是他们的全部①，每个人都依附于祖国，献身给国家。

卢梭同时代的费希特，在其《自然法权基础》续篇《锁闭的商业国》中讲到"政治共同体"（政府）问题。但他是从总结卢梭国家政体设计带来的"群氓政治"②之教训角度出发的，他主张共同体这个"异质整体"要把管理公共事务的权力"转让"给政府，个体和共同体（政府）须实行"分治"。③

②关于社会学讲述的"共同体"。19世纪德国著名社会学家、哲学家斐迪南·滕尼斯在其大作《共同体与社会：纯粹社会学的基本概念》中提出了"共同体"与"社会"两个范畴（或者说是两个社会阶段）。在他看来，"共同体"主要是在欧洲封建制度下若干小公国之间由血缘、技艺、信仰等纽带连接的群体，具有"整体本位""自然形成"的特点；"社会"则是"个体本位"的，是公民"有目的的联合"。"在共同体里，尽管有种种分离，仍然保持着结合；在社会里，尽管有种种的结合，仍然保持着分离。"④ 在滕尼斯看来，"社会"是随着生产力发展出现的新形态，是对"共同体"阶段的跨进，二者之间没有承继关系（是"断裂式"的跨进），属于不同的社会发展"阶段"⑤。美国著名法学家罗斯科·庞德研究了"社会控制"的"伦理控制""宗教控制"与"法律控制"等诸多类型（手段），主张在工业社会要"通过法律控制社会"⑥。卡尔·波普尔关注的是"社会"被"控制"后的自由度问题，将社会分为"开放的社会"（以盎克鲁撒克逊世界为代表）和"封闭的社会"（以苏联为代

---

① ［法］卢梭：《社会契约论》，李平沤译，第20页。

② ［德］费希特：《自然法权基础》"中文版序言"，谢地坤、程志民译，商务印书馆2019年版，第xvii页。下引该书，仅标注作者、书名与页码。

③ ［德］费希特：《自然法权基础》"中文版序言"，谢地坤、程志民译，第xv—xvi页。

④ ［德］斐迪南·滕尼斯：《共同体与社会》，林荣远译，第77页。

⑤ 秦晖：《共同体·社会·大共同体：评滕尼斯〈共同体与社会〉》，《书屋》2000年第2期。

⑥ ［美］罗斯科·庞德：《通过法律控制社会》，沈宗灵译，第11页。

表）。

③关于经济学所讲的"共同体"，以 20 世纪 50 年代法国外长罗贝尔·舒曼提出的"舒曼计划"建立的"欧洲经济共同体"为代表。正如欧盟取代"欧共体"一样，随着经济全球化和地球村建设的加速，血缘共同体和地缘共同体被相继打破，经济共同体在向产业链、价值链和生态链等的深度、高度"挺进"。

④关于法学讲述的"共同体"。康德法权哲学建立的"批判法学"——《法学的形而上学原理》分为"私法权"和"公法权"两部分。"公法权部分"又称国家哲学。其中，他称共和国为"共同体"，也就是俗称的"法权共同体"。①

新康德主义马堡学派的凯尔森（Hans Kelsen）专注于康德第一批判《纯粹理性批判》的"纯粹"的消极意义，提出了仅限于经验而不脱离经验的"纯粹"，建立了自己的"纯粹法"理论。凯尔森针对费希特对"法学本身作出反思，为法学提供最终的理性根据，为各个法学部门奠定可靠的基础"的法权哲学，提出"纯粹法理论通过把先验的正义从它特定的领域中排除出去……是以人类经验为基础的一种特定技术，纯粹法理论拒绝成为法的形而上学"②。他在定义"纯粹法"时提到了"共同体"的问题。他说"实在法（实证法）始终是一定共同体的法。……这里所陈述的法的一般理论旨在对构成相应法律共同体的实在法的基本概念"③。而新康德主义西南德意志学派的代表人物史丹姆勒（Rudolf Stammler，又译施塔姆勒）则注重康德第二批判《实践理性批判》研究，认识到康德"批判"的积极意义在于实践理性必须超越经验的界限。法学既然属于

---

① ［德］康德：《法的形而上学原理：权利的科学》，沈叔平译，商务印书馆 1991 年版，第136 页。下引该书，仅标注作者、书名与页码。

② ［奥］凯尔森：《法与国家的一般理论》，沈宗灵译，商务印书馆 2013 年版，第 20—21 页。下引该书，仅标注作者、书名与页码。

③ ［奥］凯尔森：《法与国家的一般理论》"作者序"，沈宗灵译，第 19 页。

"实践"领域，就必须超越经验，依据"纯粹实践理性"，建立真正的"批判法学"。其真谛就是以"自然法"的应然衡量实证法"正当性"的高低（不是分辨"合法"与"非法"）。① 史丹姆勒与凯尔森法学的根本区别就在于，凯尔森的法学只是"纯粹法学"而不是"批判法学"。在美国著名法学家罗斯科·庞德看来，以凯尔森为代表的实证法是在用"纯粹法律科学搪塞价值尺度（准则）问题"，它"抛开了"法律的理想成分和"应当是什么"的问题。② 事实上，像凯尔森那种不受"批判"的"纯粹法学"很容易被统治者所利用。像 19 世纪末、20 世纪初法实证主义在德国盛极一时，最终导致了纳粹浩劫③就是一例。其历史教训不可谓不深刻。

⑤关于现象学的"共同体"。我们先看黑格尔的精神现象学。与"共同体"有关的现象学知识，黑格尔是在《法哲学原理》中讲述的。黑格尔把伦理看成是精神性的、活的世界，认为它的发展经历了家庭、市民社会和国家三个阶段。家庭是伦理生活最原始、最基本的自然共同体；它会随着时间的推移而解体，并过渡到它的反面——市民社会。在市民社会里，每个人都是一个特殊的个体，都追求着自己特殊的利益；国家则是历史的最高阶段，是绝对精神的最高体现，是实现了的自由。④

我们再看看马科斯·舍勒的社会现象学。舍勒在运用现象学方法为伦理学奠基时，提出了"绝对的价值等级体系"（包括可感知的价值、功利性价值、生命价值、精神价值、绝对价值），并提出了价值等级与"共同体"对应的类型：

"可感知的价值"与"大众"或"人群"对应；

---

① 朱高正：《朱高正讲康德》，第 73—74 页。

② ［美］罗斯科·庞德：《通过法律控制社会》，沈宗灵译，第 75 页。

③ 朱高正：《朱高正讲康德》，第 77—78 页。

④ 参见贺麟对《黑格尔著〈法哲学原理〉一书评述，引自［德］黑格尔《法哲学原理》，范扬、张企泰译，第 xxi—xxiv 页。

"功利性价值"与"社会"（滕尼斯意义上的）对应；

"生命价值"与"生活共同体"对应；

"精神价值"与"文化共同体"对应；

"绝对价值"与"爱的共同体"（"教会共同体"）对应。①

舍勒讲的各种"对应"关系，一方面反映了诸价值"栖居"之理想的共同体类型；一方面体现了诸共同体的精神气质。不过，舍勒把各种对应关系讲得过于绝对，他还把滕尼斯的"社会"也视为"共同体"的一种类型了。②

从上述政治学、社会学、经济学、法学、现象学等学科所阐述的"共同体"（有的讲到"社会"，有的讲到"国家"或"政府"）思想来看，关于共同体与共同体之间、共同体与社会之间、社会与国家之间的关系及其中人与人之间的关系我们可以做如下小结：

第一，关于特定共同体内部人与人之间的关系。认为个体是整体的一部分，但在整体中，个体依然保持个体的差异，这种观点以亚里士多德为代表；个体是整体的一部分，个体与个体之间是既竞争又合作的关系，这种观点以罗斯科·庞德为代表；个体被整体同化，个体同质化，这种观点以卢梭为代表；个体与整体没有关系，认为个体异质，这种观点以凯尔森为代表。

第二，关于诸共同体之间的关系。认为"共同体"（城邦）与"共同体"之间是有差异的，这种观点以亚里士多德为代表。认为"爱的共同体"（"教会共同体"）之间是"异质的"，这种观点以舍勒为代表；认为除"爱的共同体"之外的共同体之间趋同，这种观点以舍勒为代表。

第三，共同体与社会之间的关系。认为"共同体"与"社会"之间是一种"断裂"关系，这以滕尼斯的观点为代表；认为"共同体"与

---

① ［德］马科斯·舍勒：《伦理学中的形式主义与质料的价值伦理学》，倪梁康译，生活·读书·新知三联书店 2004 年版，第 132—134 页。下引该书，仅标注作者、书名与页码。

② 参见［德］马科斯·舍勒《知识社会学问题》，艾彦译，第 18—20 页。

"社会"之间趋同，以舍勒为代表。

第四，关于社会与国家之间的关系。亚里士多德讲的共同体实际是指城邦，可以视作国家。卢梭把"政治共同体"称为国家。[①] 康德也把"由一群城民组成、以共同经营公共事务为目的的共同体"视为国家。[②] 不过在亚里士多德、卢梭和康德那里似乎还没有形成"社会"的概念。滕尼斯的"社会"是指民族国家。黑格尔把"社会"看成是在"共同体"之上、在国家之下的社会空间。把国家视为"社会"的高级阶段。据有关专家深入考察，认为只有在当今的美国才形成了势力强大的"市民社会"（西方世界普遍认为美国的市民社会弊端甚多）[③]。既然在以黑格尔的祖国——德国为代表的欧洲至今也都没有形成真正的"市民社会"[④]，更遑论"市民社会"与国家之间的关系了。

（2）形而上学中"共同体"思想的特色

虽说康德的法权哲学是形而上学，但他的"法权共同体"仅指世俗的共和国；黑格尔的"法权共同体"更是局限于他称之为"历史最高阶段"的普鲁士王国，皆缺少超越的维度。而作为中华元典《易经》的"天地之撰"所打造的"共同体"，可谓是既包括没有"堕落"的东方人和亚里士多德称谓的西方"好人"[⑤]，又包括已经"堕落"但有强烈的"重新与超越者结合愿望"的基督徒等在内的天下人之"方舟""洪范"，是名副其实的人类命运共同体。

"人类命运共同体"具有许多特点：

①共同体与"法"一体两面。《易经》"乾坤并建"[⑥]，其重要成果是

---

① ［法］卢梭：《社会契约论》，李平沤译，第169—176页。

② 朱高正：《朱高正讲康德》，第86页。

③ 哈佛燕京学社：《儒家与自由主义》，第51—52页。

④ 哈佛燕京学社：《儒家与自由主义》，第46—52页。

⑤ ［古希腊］亚里士多德：《尼各马可伦理学》，廖申白译注，第44、342页。

⑥ （明）王夫之：《周易内传·周易大象解·周易稗疏·周易外传》，第41页。

"天地之撰"。由于"成象之谓乾，效法之谓坤"①，如果说"天地之撰"是自然法，那么"命运共同体"就是对"天地之撰"的"效法"，而"形民之力""同铸一形"则是立法。人类命运共同体与"天地之撰"互为表里，也就是说"共同体"与"法"一体两面。

②共同体与"社会"不可分割。在滕尼斯那里，"社会"与"共同体"是一种"断裂"的关系。"天地之撰"不存在滕尼斯所讲的"整体本位"的欧洲封建式的"小共同体"的特征和"个体本位"的"社会"限制，更没有"共同体"与"社会"之间的断裂及"社会"对"共同体"的阶段性跨进。君子社会尽管属于"开放社会"，但与卡尔·波普尔的"开放社会"② 有实质上的不同；君子与共同体（政府）之间不仅有费希特所讲的百姓、万民权力的让渡（"百官以治，万民以察"），有百姓、万民向共同体（政府）主张权利的选择，又有百姓、万民对社会义务承担的伦理选项。③ 只不过这种"义务"是与权利对等、匹配、相应的义务。

③共同体是"信赖的社群"。在原儒看来，不仅"共同体"与"法"不可分，"共同体"与"君子社会"不可分，"个体"与"大全"更不可分。"君子社会"不是离散个体的"聚会"，更不是"群氓"，而是"信赖的社群"④ （其权力行使不属于压力集团之间相互制衡的敌对体制⑤）。政府远非一种"必要的恶"，而是代"作民主"。百姓、万民与共同体（政府）之间的关系是主人与公仆群体之间的关系。

④ "君子社会"是一种文明形态。"君子社会"不是黑格尔所讲的

① （宋）朱熹注：《周易本义》，第58页。

② ［英］卡尔·波普尔：《开放的社会及其敌人》，郑一明、陆衡等译，第15页注。

③ 参见陈来《孔夫子与现代世界》，第18—19页。

④ 杜维明：《中庸：论儒学的宗教性》，段德智译，第68页。

⑤ 杜维明：《中庸：论儒学的宗教性》，段德智译，第77页。

"市民社会",绝不是每个人都是一个特殊的个体,以利己为目的。① 虽说亚里士多德还没有提出"社会"概念,尽管他的"政治共同体"也注重利益,但其"政治共同体所关心的不是当前的利益,而是生活的整体利益"②。这个"整体利益"自然是关涉人类命运(包括环保与生态诸方面)的"整体利益"。君子个体向"他者"开放,遵循"富予其邻""各得其所""我有好爵,吾与尔靡之"与"和衷共济"等去"中心化"的开源、开放、共建、共赢、共享的理念,参天地、赞化育,努力建构保合太和的生态文明。

藉此,我们于"新人文主义"视域下问"何为人",这在原儒看来,人就是超越的、肩负天命、既济有为的"君子",也可说是亚里士多德心目中的"好人"。

打造人类命运共同体需要持续的动力。这种动力究竟来自何处?由于我们讲的人类命运共同体是囊括古往今来"整体"和"个体"的"大全"——德,所以我们说,这个不竭的动力来源就是"生生之德",就是"隐德莱希"(在下节有详论)。

李约瑟曾说,"西方在没有适当的资具与准备的情况下,由科技工商业的片面发达而被推为世界领袖,结果造成了灾难性的后果"③。根系人类命运共同体的德道恰似中华文明为引领世界走向新时代,而用"天爱"开发的"德芯"——新"资具"。

4. 德道是开源、开放、共建、共赢、共享之道

尽管朱子有易学集大成之作《周易本义》,但后人均以理学家名之,很少有人说他是易学家。笔者在拙著《童子问易》面世以前对此疑惑满满,之后始得理解。事实上,朱子对《周易》评价并不高,这不仅从其

① [德] 黑格尔:《法哲学原理》,范扬、张企泰译,第224—225页。
② [古希腊] 亚里士多德:《尼各马可伦理学》,廖申白译注,第269页。
③ 转引自刘述先《儒家思想开拓的尝试》,第178页。

用"四书"取代"五经"（不含《乐经》）地位可见端倪，而且朱子认定《周易》就是"卜筮之书"和其对"伏羲之易""文王之易""周公之易"和"孔子之易"的分判讲得明白。窃以为，朱子所说的"伏羲之易""文王之易""周公之易"和"孔子之易"只是看到"四圣"各有所"宗"，而没有看到"四圣"皆有所"揆"。诸圣所"揆"就是伏羲氏的"阴阳"和"三才"形式。从 2020 年美国发起的对华"贸易战"开打，笔者便开始关注计算机应用软件。其中 linux 和华为的鸿蒙系统都属于开源的软件，它的源代码是公开的。《易经》又何尝不是呢？如果不算牵强的话，0、1 就是源代码，这是典型的"开源"；卦序以《未济》作结，是典型的"开放"；"勠力同心""乾坤并建"① 是典型的"共建"；大易讲"致天下之民，聚天下之货，交易而退，各得其所"，这是典型的"共赢"；《中孚》卦九二爻辞讲"鸣鹤在荫，其子和之。我有好爵，吾与尔靡之"和《小畜》卦九五爻辞讲"有孚挛如，富以其邻"都讲"共享"；德文化中"两个世界"的"信托关系"和追求"群龙无首"的圣境，都要去"中心化"。

5. 德道是分工合作之道

涂尔干提出了著名的"社会分工理论"。韦伯认为世界"解咒"之后，突出特点是职业化、专业化。"文艺复兴人"和"多面手"不能适应现代化的工具理性需求。而汤因比以宏阔的视野在将有史以来的 21 种文明进行比较后，对"专业化"反持坚决的批判态度，甚至认为"专业化的劳动"能"毁灭人的灵魂"②，由其训练出的是畸形人，并用古希腊的特有称谓称之为"技艺者"。对这种"技艺者"，柏拉图就曾设想以一种"革命的方式"来消除之。柏拉图在希腊衰败后的最初时期就主张要根除"技艺者"。计划在内地的一小块儿土地上建立他的乌托邦，除了维持生

---

① （明）王夫之：《周易内传·周易大象解·周易稗疏·周易外传》，第 41 页。
② ［英］汤因比著，［英］萨默维尔编：《历史研究》，郭小凌等译，第 304 页。

存必需的农业外，没有任何户外贸易及任何经济活动。18世纪的德国启蒙哲学家费希特在其《锁闭的商业国》中认为，理性的国家应该是锁闭的小国寡民。在这个国家中，社会成员不仅在法权上，而且在财产和社会地位上都是平等的。社会也不再是原子式个体的外在结合，而是由国家按着理性原则进行社会分工和统筹安排的有机整体，甚至把个人的劳动和闲暇也纳入国家计划之中。① 直到19世纪，托马斯·杰斐逊还心仪中国的闭关锁国政策，梦想"假如彻底让我实践我的理论，我希望各州既不要商业也不要航海业，而是按着中国的方式处理与欧洲的关系"②。我们的观点是：不是不要"分工"，只是不要法家那种"耕""战"式的"机械分工"，要"士、农、工、商并重的有机式的社会分工"。

6. 德道是科学、技术之道

科学和技术都是人类文明的重要组成部分，都是社会实践的产物，都是社会生产力。科学旨在认识自然事物的属性，揭示运动和变化规律，重点回答"是什么"和"为什么"的问题，进而丰富人类的精神财富；技术旨在为满足社会需要而利用和改造自然，协调人与自然之间的关系，着重解决"做什么"和"怎么做"的问题，进而丰富人民的物质财富。许多人人云亦云，说中国古代只有技术没有科学，事实并不是这样的。

在数学方面，甲骨文就有许多数字，其中有4个表示数位十、百、千、万的特殊数字，能确切地表示任何自然数，说明约在公元前14世纪中国就有了相当完整的十进位值制计数法。③

令人称奇的是，比耶里秦简九九表和张家界汉简九九表都要早很多的"清华简"《算表》，不仅具备乘、除功能，还具有乘方、开方等功能。其

---

① 转引自张东辉《费希特的法权哲学》，第271—272页。

② 参见［英］汤因比著，［英］萨默维尔编《历史研究》，郭小凌等译，第303—306页。

③ 席泽宗主编：《科学编年史》，上海科技教育出版社2011年版，第22—23页。下引该书，仅标注作者、书名与页码。

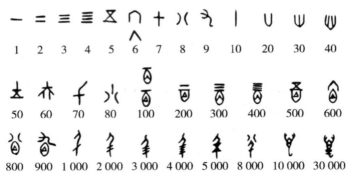

引自席泽宗主编《科学编年史》。

运算涉及乘法的交换律、分配率，并且运用到了分数等数学原理和知识。① 在公元前 6 世纪我国出现了二进位制计数法。在公元前 3 世纪秦朝普遍应用十六进制计数法。现代许多西方学者都认为是毕达哥拉斯的证明才把数学从经验知识的层次提高到了推理证明的水平。其实"毕达哥拉斯的证明"根本就不存在。因为早期涉及毕达哥拉斯的证明的叙述，与神话混杂在一起，既没有证明的细节，也没有讲清是什么原理。② 康德就说过，"人们把许多学说都归之有数学头脑的毕达哥拉斯，然而这只不过是些虚构"③ 的话。著名的科学史家加·米诺在《论希腊科学的渊源》一书中甚至说"毕达哥拉斯关于数形观念的认识与中国《周易》的演绎推论在形式上有关联"④，对此我们不必太认真，这里只是暂备一说。在西周，关于商高定理，其勾股定理的"积矩法"在《周髀算经》中保存着相关的叙述，在赵爽的"弦图"中保存着证明的图解。在现代数学教科书中，普遍把二项式系数的发现归功于帕斯卡。其实，早在帕斯卡 500 年前，数学家贾宪就发现了二项式系数。

---

① 刘国忠：《走近清华简》（增补版），第 237—242 页。

② ［美］程贞一：《黄钟大吕：中国古代和十六世纪声学成就》"引言"，王翼勋译，上海科技教育出版社 2007 年版。下引该书，仅标注作者、书名与页码。

③ ［德］康德：《逻辑学讲义》，许景行译，第 28 页。

④ 转引自汪奠基《中国逻辑思想史》，上海人民出版社 1979 年版，第 2 页。

在天文历法方面，"殷人所用干支纪日法，可以说是中国最古的科学生产"①。二十四节气被认定为世界文化遗产，说明我国古代天文学走在世界前面得到了公认。《尚书·尧典》讲的是"观象授时"，《易经》《革》卦象辞则标志着到了"君子以治历明时"阶段。而制定历法，尤其是实现岁中置闰，必须要有二十八星宿和二十四节气的知识。据夏鼐先生推导，认为"二十八宿概念不仅起源于中国，而且可以上溯到公元前8—前6世纪，并肯定起源于中国"②。中国的阴阳合历运用了世界上最早的同时知道太阳和月亮所处位置的知识。周人岐伯就提出了"宣夜说"，并讲清了地球在宇宙中是由"大气举之也"的道理。③公元前400年前后成书的上博简《恒先》和郭店简《太一生水》等，不仅载有对天文的观察记录，更载有对宇宙论的理解思考。甲骨卜辞上至少有两次新星记录（事件约为公元前14世纪）④，《竹书记年》最早记载了北极光的天象奇观⑤。公元前687年（鲁庄公七年）文献记载了"星陨如雨"的天象，是存世最早的关于天琴座流星雨的记录。公元前613年（鲁文公十四年），文献记载了"秋七月，有星孛入于北斗"，这是世界关于哈雷彗星的最早记录。马王堆帛书中有多达29幅彗星图。从画法上看，当时已经观测到彗头、彗核和彗尾。公元前4世纪的《石氏星经》是世界公认的最早星表之一，要比古希腊"依巴谷星表"早200多年。关于人们为什么感觉不到地球在运动的问题，伽利略在1632年《关于托勒密和哥白尼两大世界体系的对话》中才给出解释，而在我国汉代的《尚书纬·考灵曜》中早就指出，"地恒动不止，而人不知，譬如人在大舟中，闭牖而坐，舟行而

---

① 侯外庐等：《中国思想通史》第1卷，第65页。

② 参见中国天文学史整理研究小组《中国天文学史》，科学出版社1981年版，第12、22页。

③ 姚春鹏译注：《黄帝内经》（上），中华书局2010年版，第540—542页。我们之所以没有把岐伯认定为黄帝时期的人物，是因为岐伯提到了二十八星宿，而关于二十八星宿的知识恐不会早于西周。

④ 席泽宗主编：《科学编年史》，第23页。

⑤ 席泽宗主编：《科学编年史》，第28页。

人不觉也"，整整比伽利略《对话》早了1500年。①

在音乐知识方面，《乐经》是关于乐理知识的重要典籍，以往人们皆曰《乐经》失传了，其实，考古发现《乐经》的理论一部分保留在郭店楚简《性自命出》中。《性自命出》共有67支简，"从一号简到三十六简为一篇，中心是论乐"②的。李约瑟也有"走眼"的时候。他曾说过中国十二律只需要最简单的算术计算，没有八度为其出发点，在中国十二律中尚不存在八度（"十二律"是怎么来的呢？公元前522年，周景王问乐律于乐师伶州鸠。伶州鸠告诉景王，十二律是在"六律"——黄钟、太簇、姑洗、蕤宾、夷则和无射中间插入六个"间隙律"即"六间"——大吕、夹钟、仲吕、林钟、南吕和应钟得"十二律"③）。针对李约瑟"中国十二律中没有八度"说，美籍华裔音乐学家程贞一先生指出，《吕氏春秋·音律》在用三分损益法计算十二律时，由"应钟"上升到"蕤宾"之后，本该接着下生"大吕"，但一反常态，仍用上升法求"大吕"，在"大吕"之后又恢复常态。这种"一反常态"正说明《吕氏春秋》时已有八度（1/2）概念。程先生这一洞见，已被出土文物所证实。贾湖遗址出土了12支骨笛，是公元前60世纪的乐器。对其中一个7孔骨笛测音的结果表明，该骨笛能发出8个音，第一音和第七音之间近似8度，连同管音在内的8个音构成完整的七声音阶。曾侯乙墓出土了生产于公元前5世纪的8种、共125件乐器。这套乐器除大多保留着原有的音乐功能外，许多乐器与其配件还刻有相关音名和乐理方面的铭文。尤其是那套威武雄壮的双音编钟，采用了一钟两音来辨别半音的精密铸造技术，展示了极高的声学水准。曾侯乙编钟明确显示出，当时十二声音节知识非常普及，音乐家们已可以用旋宫原理在五个半八度音域之间进行创作和演奏。而在欧洲，直

---

① ［美］程贞一：《黄钟大吕：中国古代和十六世纪声学成就》"引言"，王翼勋译。
② 参见李学勤《重写学术史》，第320页。
③ 陈桐生译注：《国语》，第141页。

到 18 世纪初期的钢琴上才达到同一水平。① 关于声学知识,《易经》讲过"同声相应",西周乐师鲁遽通过调瑟实验讲清了它的原理:

> 于是为之调瑟,废(放)一于堂,废(放)于一室,鼓宫宫动,鼓角角动,音律同矣。②

《吕氏春秋》将之解释为"声比则应"。我们知道,当代音乐界有三分损益律、等比律和纯律三大律制体系。尽管近代西方的律名和用词已被普遍采用,西方的声学成就已处于支配地位,我们几近丧失了话语权,但我国的"三分损益律"无疑是世界上现存最早用五度声律而没有最大音差问题的十二律体系。公元前 5 世纪古代中国已经推算出十二半音纯律体系。就算欧洲心仪的"等比律"体系的推算,也首先出现在 16 世纪的中国。③

在化学知识方面,公元前 17 世纪就能分别冶炼锡和铅。在殷墟出土的数具虎面铜盔(红铜)的表面就镀有锡,镀层精美,光耀如新。在西周,锡壶和锡烛台之类器具已经被贵族们普遍使用了。④ 青铜的发明是冶炼技术的一大进步。青铜主要指铜锡合金。铜的冶炼加入锡可使熔点降低,便于铸造并改变性能。现发现最早的青铜器是公元前 30 世纪的甘肃马家窑文化的青铜刀。"到夏代的时候,青铜器就普遍使用了"⑤。值得一提的是我国古代冶铁技术的发明与成熟。有专家甚至说:"中国古代重大发明领先于世界就是从液态生铁冶炼技术开始的。"⑥ 有实物证据证明,

---

① [美]程贞一:《黄钟大吕:中国古代和十六世纪声学成就》"序",王翼勋译。

② 方勇译注:《庄子》,第 412 页。

③ 参阅[美]程贞一《黄钟大吕:中国古代和十六世纪声学成就》"引言",王翼勋译。

④ 席泽宗主编:《科学编年史》,第 20—21 页。

⑤ 李学勤:《李学勤讲演录》,第 14—15 页。

⑥ 席泽宗主编:《科学编年史》,第 22 页。

最迟在公元前512年中国已经发明了液态生铁冶炼技术。由于中古制陶业和炼铜业发达，烧陶窑和冶铜炉温度较高，这就为高温冶铁创造了条件。铁矿石在温度较高的炼铁炉中被高温还原并渗碳，得到含碳量达3%—4%的液态生铁。这个发明解决了人类步入铁器时代后遇到的最大的技术难题。战国时期，还出现了用热处理方法使白口铁中与铁化合的碳成为石墨析出的技术，发展了韧性铸铁的工艺。当时，中国在这一技术领域已经遥遥领先。搞冶炼需要成矿理论和探矿知识。成书于前4世纪的《管子·地数》篇就讲："上有赭者，其下有铁；上有铅者，其下有银……上有丹砂者，下有黄金。"银铅共生是一种普遍的矿物学现象，符合现代成矿理论。同时期的《山海经·山经》，将矿产分为金、玉、土、石四大类，所述地域包括现今中国大部地区，还远及东亚、中亚部分国家和地区。

在医学方面，成书于公元前4世纪的《黄帝内经》是对我国古代医学知识与技术的系统总结，共18卷，162篇。其中《素问》9卷着重讲医学基本理论，《灵枢》9卷偏重于针灸经络理论。二者将天人相应、阴阳五行等哲学思想贯穿于医学理论之中，奠定了中、日、越、韩等国家和地区的中医理论基础。关于中国古代的科技发明，除了被世界公认的、大家津津乐道的"四大发明"外，现在人们越来越加重视中国的陶瓷、缫丝、酿酒等技术的复杂性，认为其国际影响不亚于"四大发明"。

在物理学方面，历史上墨家的成就最有代表性。在引述墨家成果之前有必要介绍下儒墨两家的关系。有读者会问，讲其他各"家"，多少与儒家都有相关性，用墨家的成就为儒家"涂脂抹粉"不是"盗名欺世"吗？其实，我们且不说儒、墨的成就都属于中华文明的一部分，在春秋早期，墨家与儒家的渊源还真不浅。据章太炎先生考证：

> 墨家有鲁之臧氏近之。关于哀伯之谏，首称清庙，已似墨道；及
> 文仲纵逆祀、祀爰居，则名鬼之效也；妾织蒲则节用之法也。武仲见

称圣人，盖以巨子自任也矣。①

这个鲁地臧氏本是姬姓贵族，系鲁孝公的后人，因为鲁孝公之子臧僖伯字子臧，后来喜伯之子取父之字"臧"为氏，臧氏便自此而来。可以说，墨家思想是臧氏族群思想发扬光大的结晶。那么臧氏与儒家是什么关系呢？司马迁在《仲尼弟子列传》中试图回答"孔子焉学"时，其中提到孔子的老师就有臧文仲。② 《论语·宪问》中孔子还两次表扬了臧武仲。③ 如果这样来谈儒墨关系属于"弯弯绕"的话，作为儒家"后圣"的荀子，则直接将墨翟归为儒家。他在《非十二子》中批判墨翟等说：

> 不知壹天下、建国家之权称，上功用、大俭约而僈差等，曾不足以容辨异、县君臣；然而其持之有故，其言之成理，足以欺惑愚众，是墨翟、宋钘也。④

既然墨家与儒家有关，我们来看看儒墨研究自然科学的大学问。关于静力学，《墨经》指出，秤平衡时的"本"（重臂）短，"标"（力臂）长，这一思想比阿基米德提出杠杆原理早了200年。关于动力学，墨子提出"止，以久也，无久之不止，当非牛马也"的观点，说明车停（止）的原因是阻力（久）的作用，力是改变物体运动状态的原因，这一说法具有牛顿惯性定律的雏形。《墨经》给"力"下过定义，"力，刑制奋也"。说明力是加速度（奋）的原因，这在观念上已经接近牛顿第二定律了。关于光学，《墨经》提出了"景不徙"的著名命题，看到光是直线传

① 章太炎：《诸子略说》，岳麓书社2009年版，第187页。
② （汉）司马迁撰，（宋）裴骃集解，（唐）司马贞索隐，（唐）张守节正义：《史记》（点校本二十四史修订本），第2644页。
③ 李零：《去圣乃得真孔子》，第291、292页。
④ 廖名春解读：《荀子：节选》，第124页。

播的，阐明了小孔成像原理。通过对平面镜、凹透镜、凸透镜等的研究，得出了几何光学的一系列原理。正如李约瑟在《中国科学技术史》中指出的，"墨子关于光学的研究，比我们所知道的希腊为早。印度也不能比拟。"《墨经》指出，"端"具有"非半"的性质，提出了宇宙万物，甚至时空本身也含有最小组元的思想。① 总之，科学是技术的基础和源泉，技术是科学得以应用并造福人类的直接途径。科学技术凝聚的过程正是推动人类进步和发展的过程。笔者之所以在这里用这么大篇幅来介绍中国古代科学知识的成就，主要是为了解答"李约瑟难题"和修正西方 G. E. 摩尔的"自然主义谬误"。"李约瑟难题"——中国为什么没有搭上现代科技这班车，并不表示中国古代没有科学；中国信奉天人合一，并不是说中国古人分不清"实然"和"应然"、"主体"和"客体"。从现代科技发展的现实和趋势看，不只是拥有基督文明背景的西方社会能掌握现代科技（尤其是现代制造业），具有儒家知识背景的华人也能，甚至更好地掌握现代科技。更何况儒家强调"学而第一""革故鼎新"，长于发明创造的国人一切都可以学。

7. 德道是民权、民治之道

古往今来，人们一般皆认为中国有民本传统，但无民治传统，这或许是事实，但我们不能以此来否认中国的民治理想。有学者说自戴震开启了民治思想的端绪，有学者以为始于西汉的谷永，有说是始于秦时的鲍白令之。其实，原儒关于民治理想的最直接的表达在大易。原儒讲"上古结绳而治，后世圣人易之以书契，百官以治，万民以察"。"百官以治，万民以察"就是"民治"。这种民治思想来源于"天视自民""天听自民"的民本思想，来自天下同铸一形的价值法思想。

笔者总纳闷，为什么当代拥有话语权的哲学史家、哲学家大都不肯承认原儒讲"外在超越"呢？恐与科学思维和怕被人"抓小辫子"有关。

---

① 席泽宗主编：《科学编年史》，第 41—42 页。

其实，传教士利玛窦来到中国后很快就发现宋儒与原儒的不同，他称宋儒为"新儒家"①。他认为"新儒家"与原儒的根本区别就是他们不讲"外在超越"。如果利玛窦说原儒讲"外在超越"的动机大可怀疑的话，如果今传本易经《文言·乾》区分"先天""后天"，"先天"讲"外在超越"意思不很明确的话，我们还是回过头来重新温习一下马王堆帛书易《要》篇。《要》篇生动地记述了"喜扬人之美，不能匿人之过"的子贡对孔子易学观转变的质疑，师徒俩的对话可以说是充满了火药味。《要》篇讲："夫子老而好《易》，居则在席，行则在橐。子赣（贡）曰：'夫子他日教此子弟曰：德行亡者，神灵之趋；智谋寡者，卜筮之繁。赐以此为然也。以此言取之，赐缗行之为也。夫子何以老而好之乎？'"②这段话的大概意思是，子贡问孔子：老师，你以前教导我们弟子说：没有德行的人常常求助神灵；智谋不够的人总是求签问卦，我觉得这话有道理，也是按你说的去做的。为什么你老了以后偏偏爱上了《周易》，甚至到了爱不释手，竟然翻烂了好几卷的程度呢？对此，孔子讲了他喜好《周易》的理由，可子贡不服，竟然质问孔子是不是"用奇于人"？这下给孔子惹火了，斥责说："绞哉！赐！"在《要》篇的结尾孔子慨叹："后世之世疑丘者，或以易乎？"现在看来，孔子的担忧确实没有落空。我们很多人只看到了春秋思想家"祛魅"的理性光芒，没有理解孔子老而好易"返魅"的伟大意义。正是因为"人道迩"才暴露了人的有限性。孔子重拾"远"去的天道，强调"德"之外在的超越性，方可成就"百官以治，万民以察"式的民主。

8. 德道是殊途同归之道

东汉有位大学问家叫蔡邕，号称"精通"天文。他左否"盖天"，右打"宣夜"，只承认"浑天说"。蔡邕曾上书直陈："言宣夜之学绝无师

---

① ［美］顾立雅：《孔子与中国之道》，高专诚译，第 265 页。
② 廖名春：《帛书〈周易〉研究》，第 388—389 页。子贡叫端木赐。

法。周髀数术（指'盖天说'）具有，验天，然多所违失，故史官不用；唯浑天者，近得其情。"① 其实"宣夜说"的理论保留在《黄帝内经·素问》② 中：

> 帝曰："地之为下，否乎?"岐伯曰："地为人之下，太虚之中也。"帝曰："冯（凭）乎?"岐伯曰："大气举之也。"

"帝"与岐伯这段对话可能是蔡邕们所不知道的。《黄帝内经》里的"帝"当是假托黄帝，应该是西周某个王。也就是说，在西周或更早，古人已经认识到了大地（岐伯看没看到"大地"呈球体，我们尚不敢断言）在宇宙中运行的事实（至少到汉代，贤者已经知道人与地球同步运动的道理，将之比喻成人乘无窗的大船，不觉船在航行一般）。这种对自然现象的科学解释在当时绝不是孤例。像周幽王二年，伯阳父对地震的解释就具有一定的科学性。如伯阳父说："夫天地之气，不失其序；若过其序，民乱之也。阳伏而不能出，阴迫而不能烝，于是有地震。"③ 特别是先贤"治历明时"更具有代表性。话题转回孔子。孔子有删述《诗》《书》的经历，对这些常识应该是清楚的。按着孔子"周游六国"前后的行程轨迹推断，连大海都没见过的孔子，说他知道地球是圆的，且绕着太阳转，那一定是戏说。也就是说我们在解释《系辞·下》第五章"子曰：'天下何思何虑? 天下同归而殊途，一致而百虑。天下何思何虑'"这句话时，硬讲孔子是在讲可以走有中国特色的道路，在讲要建设地球村等，那绝对是过度诠释。不过"天下同归而殊途"这句话，确有"殊途同归"之义。德道是殊途同归之道，它不仅可以意指殊途同归建设"地球村"，也可以泛指殊途同归建设"新的诺亚方舟"。

---

① 转引自《隋书·天文志》。
② 姚春鹏译注：《黄帝内经》，第541—542页。
③ 陈桐生译注：《国语·周语上》，第28页。

9. 德道是崇德广业之道

儒家讲经世致用，而"经世致用"多含功利主义成分。德道论的"崇德广业"是"体用论"视域下的全体大用，这个"大用"具有纯粹的客观性，不是功利主义的实用，这一点是需要说明的。

"崇德广业"出自大易的"夫易，圣人所以崇德而广业也"。一般人将"广业"理解成在社会分工的大前提下选择一个新行业或者是"开创"一个原本不熟悉的"新行当"，"德道"所"广"之"业"包括这部分，但又远不止这些。它至少还有三个面向：

一是在原行业（领域）不断突破，敢于率先进入"无人区"。像无线电行业进入 6G 领域、无人驾驶汽车制动进入超低时延和物联网领域等，还有新材料开发领域等。有人会问，这和"德道"有什么关系呢？答曰：有！因为凡是高端设计背后都有个德道伦理的问题，比如 6G 开不开"后门"搞监听？自动驾驶一旦遇到险情是"保"车还是"保"人？新材料环保不环保？等等。有人会说，这就是一般的商业伦理，没什么新奇的。笔者说，按着奇理斯玛说的做没错，因为圣人告诉我们"'德'道多助"！有人还会问：即便华为"崇德广业"了，不还是照样遭到西方的残酷打压？笔者要告诉各位的是，西方特别是美国目前堕落到已经没有思想家了，美国已走向不归路。2021 年 3 月 22 日，美国《华尔街日报》前主编杰拉德·贝克（Gerald Baker）引用苏联领导人的"资本家为了利润甚至愿意出卖自己的绞索"，指责美国国内的"文化撕裂"正在为中国"攻击"美国"送子弹"，其言可资参考。他说：主导美国文化机构和美国政府的那帮人，"正积极向中国递上意识形态的绞索，而且在过去的一年里加大了产出"。

二是做"通才"。如果说步入科技开发（拓）的"无人区"是"专才"（"技艺者"）的天地，那么"通才"也有自己的乾坤。柏拉图、汤因比喜欢通才，托马斯·杰斐逊好像亦如此。"通才"就是马克思所说的全面发展的人。委身于德道可以把握自己的命运，德道是通途！

三是厚积"文化资本"。当代法国哲学家布尔迪厄针对学生家庭所拥有的教育资源作出了"经济资本、文化资本和社会资本"① 的划分，我们以为这一理论也适用于"大家"——国家。要厚积我国的"文化资本"，当务之急，一方面应做好传统文化的去伪存真工作，向传统要智慧；一方面"易化"广义的物理学知识，向西方要智慧。

关于传统文化的"去伪存真"工作，本论即是这项工作的一个部分。关于"易化数学"则是大连重明书院顾问、数学家、大连理工大学张鸿庆教授提出的大工程。张先生认为，传统文化的核心是儒学，儒学的核心是经学，经学的核心是作为"群经之首"的《易经》。《四库全书总目提要》说：

> 易道广大，无所不包，旁及天文、地理、乐律、兵法、韵学、算数，以逮方外之炉火，皆可援易以为说。

易学博大精深，穿透力、辐射力极强，涉及现代社会科学、人文科学和自然科学中的十几门一级学科，几十门二级学科。既然"生生之谓易"，大易能生、能化，那么自然哲学的数学原理就都可以溯源于易；同时，我们亦可运用中国的话语"易化数学（包括物理、化学、医学、生命科学等新知）"，对重要科学知识进行"还原"。② 因为马克思在评论培根的实验科学时就说过：他的科学工作的基础，就是那对我们"微笑的""带有诗意的""感性的"世界。张先生常举的例子就是庄子的《庖丁解牛》。《庖丁解牛》讲述的原本是个纯粹的现当代的"医学解剖"知识，即庖丁如何运用其所掌握的被解剖对象的结构机理和娴熟的技艺对牛进行解剖。这里总结出了多个成语，像神遇全牛、恰中肯綮、游刃有余、迎刃而解、踌躇满志、技惊四座等。而这些成语我们可以应用到生活的各

---

① ［法］高宣扬：《布迪厄的社会理论》，同济大学出版社 2004 年版，第 14—15 页。

② 张鸿庆：《易化数学与诗化数学》，在 2019 年 7 月 27 日 "第九届全国数学文化论坛"上宣读论文。

个方面，指导人伦日用，成了国人的生命智慧。由是观之，既然医学知识可以作"诗意的""理性的"转换，那么对现代数学、物理学、化学、生命科学等层出不穷的新知识也都可以作创造性转换。因此说，在更高维度上践行中外互融、东西会通，对现当代的"物理学"（自然科学）作"物理学之后"——形而上的提升和改造，打造出中国的"范式"以真正地"拿来"现代科技，完全可以厚积我们的文化资本。

"德博而化"。不言而喻，"崇德"是"广业"的最大资本。

10. 德道是"三才治理"的生态文明之道

在希伯来文明中，上帝造人的目的之一是让人代表上帝宰制世界。从形式上看是人在管理世界，可实质上上帝是这个世界的中心；在文艺复兴运动、特别是启蒙运动之后，"上帝已死"，"人"取代了上帝的地位，人成了世界的中心。形形色色的"中心论者"起初讲欧洲和西欧人是世界的中心（如黑格尔、斯宾塞、孔德、圣西门、朗克、涂尔干、韦伯等），"二战后"美国成了世界的中心。随着上帝的死去，人什么事情都干得出来了。福柯说"人死了"①，这实际是在迎接去"中心化"时代的到来。而原儒的德世界是由天、地、人"三才"构成的，"三才之道"并行而不悖。原儒的德世界是个去"中心化"的世界，是由三才共同治理的、万物并育不相害的、讲求生态伦理的世界。

当然，德道还是"中孚"诚信之道，是善始善终之道等。仅就"诚信"而言，几千年的社会文明发展史证明，不仅古代社会需要诚信维持，当今社会更需要诚信来维护。这个诚信自然不单单指个人、企业、社会和国家。面对我国即将全面铺开实施的区块链"智能合约"技术，个人和企业的信誉度的重要性日益凸显。如果个人、企业失信，面临的将是直接走向破产的境地。

---

① ［法］米歇尔·福柯：《词与物：人文科学的考古学》（修订译本），莫伟民译，上海三联书店 2017 年版，第 10 页。下引该书，仅标注作者、书名与页码。

第二节　中华文化"真精神"考辨

1."中国的学术传统"辨

李学勤先生认为中国和其他国家不同，中国的"史"有个独立的传统，"不应把中国的学术传统追溯到巫，而应追溯到史"①。笔者在学习帛书易《要》篇时发现孔子在比较"史巫之筮"时，推崇的是"明德"传统。② 藉此我们有理由说"中国的学术传统"是明德的传统。

2. 德道对其他诸家"德""道"理论的超逾

我们这里讲的"超逾"是指"超出"，或是指优越性、深刻性。孔子所讲"天下无道久矣"的基本含义是天下很久没有"道"了（这层含义，在本篇第二章第三节已作了揭示）；其另一层含义，当是认为当时世上所谓的"道"论皆为"非道"。《管子》所说的"虚无无形谓之道，化育万物谓之德"，尽管"道""德"并提，但没阐释其内在关联，即使讲"德者道之舍"③，这里似乎只是"晦德"，也不是"明德"；《老子》分为"道经"和"德经"两篇。不论"道经"在前还是"德经"在前（如帛书《老子》），其"德篇"之"德"都是"道"的外化④，直落得"第二着"。不过，《道德经》第三十八章所云"失道而后德"确乎道出了"德""道"原本一体的事实。

3. 德道与牟宗三先生"道德的形上学"之区别

（1）关于"外王"的逻辑展开

牟宗三先生有著名的"新外王三书"，即《道德的理想主义》《政道与治道》和《历史哲学》。事实上，大陆学界公认的牟氏融汇儒家与康德

---

① 李学勤：《李学勤讲演录》，第121—122页。
② 廖名春：《帛书〈周易〉论集》，第166页。
③ 李山等译注：《管子》，第192页。
④ 杨树达：《周易古义；老子古义》，第42—45页。

打造《心体与性体》而提出"道德的形上学"才是他开出新外王的义理基础。而"道德的形上学"理论的最终完成是"两层存有论"——"执的存有论"（现象界的存有论）和"无执的存有论"（本体界的存有论）的确立，其理论基础是"良知的自我坎陷"说，推阐形式是"内圣开外王"。足见牟氏理论体系之繁复与庞杂，道路之曲折与窄狭。我们暂且悬隔学界争论的"内圣"能否开得出"外王"不论，单问既然"良知"那么完美，为何还要"自我坎陷"呢？如果"良知"无"坎陷"，那么"无执的无限心"就没法"转出""曲致""有执的有限心"，这样"本体界"就开不出"现象界"，"双层存有论"不通不畅，迟滞阻塞。牟先生好像遗忘了"大道至简"的中华古训。他这种弯弯绕式的"心性本体论"与原儒的德道理论相去甚远。德道论以德为本体。"德"为价值之源、纲纪之本。社会民主法治建设（外王）就是由形而上之"德"下贯到"形"本身（法）的逻辑展开过程。如果将"政治民主"也视为科学的话，牟先生念兹在兹的"民主与科学"，在弘扬德道文化中即可完成（在下文"德道的作用"一节有相关讨论）。

（2）关于"义务"的履行

"道德的形上学"区别于牟氏定义的康德之"道德底形上学"，后者的核心概念是"自律"。康德挪用卢梭政治学中的概念，并以此为武器，实现了其"实践理性"的"哥白尼式的革命"。康德将"道德"的根基从自然或上帝那里移植到了"理性"，并认为"道德"具有独立的、自足的价值。为了捍卫道德价值的纯粹性，康德采取了严格的形式主义论说方式。如果说"自律"是道德价值的形式标准的话，那么"为他"就是道德价值的实质标准。总而言之，"为他主义（altruism）"是现代道德的要义之一。牟先生不仅热情地拥抱了徐复观先生将周人的忧患意识诠释为道德意识①的主张，还拓展出原儒的大悲悯的宇宙情怀，认为"忧患意识

---

① 徐复观：《中国人性论史·先秦篇》，上海三联书店2001年版，第18—19页。

就是道德意识"①。以牟宗三先生为代表的港台新儒家将儒学的道统判定为心性之学，认定孔孟、陆王所代表的"正宗儒学"传承的都是道德自律。而尼采却早就说过道德主义是一种"文化败血症"，它会毒害民族精神，它根本不配、也不可能成为民族的文化生命。②

有牟氏研究专家称"将自律道德作为儒家精神的根本特征，是当代思想界对儒学最具开创性的诠释"③。不可否认，康德把政治学的"自律"概念移植到哲学领域，将自律与道德联系起来，在欧洲伦理思想史上被誉为是一个划时代的重大事件。然而"自律"是相对于"他律"而言的。康德也"只不过是把犹太—基督教思想中对上帝的敬畏转化成了对道德法则的敬重，也就是我们常说的将诚命式的他律转化成了道德的自律，原来的立法者是上帝，现在的立法者变成了理性的人自身。"④ 不难看出，"他律"向"自律"的转换呈现出"单方面义务"及"服从"和"律法"背景。有学者指出，牟先生将自律道德的谱系回溯到孟子（"精神性的儒家"）是有问题的⑤。如果非要用康德这种"转换"背景映衬中华传统的话，说"政治性的儒家"，特别是汉章帝的某些做法倒极为神似。我们知道，中国古代"家天下"所谓的"法"多为"酷律家罚"，胜似宗教的"清规戒律"。特别是东汉《白虎通义》提出"三纲"——"君为臣纲""父为子纲""夫为妇纲"的思想，分明就是规定了"必须服从"的"单方面义务"。这就是不折不扣的、康德式的"道德义务论"。倘若牟先生所诠释的儒家的"道德形上学"成立的话，它也是彻头彻尾的不问动机、不论后果、冰冷无情的"道德义务论"。

---

① 李明辉：《论所谓"儒家的泛道德主义"》，见《儒学与现代意识》，文津出版社 1991 年版，第 67 页。
② 转引自唐文明《隐秘的颠覆》，第 5 页。
③ 李明辉：《康德与儒家》，（台北）联经出版事业公司 1990 年版，第 12 页。
④ 唐文明：《隐秘的颠覆》，第 123 页。
⑤ 唐文明：《隐秘的颠覆》，第 64—68 页。

"道德义务论"中的义务是"吃人的礼教",他与德道论的"权利"和"义务"范畴所强调的权利义务要匹配、对等和相应思想是背道而驰的。

（3）关于对"形上学"的态度

牟氏"道德的形上学"是基于所谓的圣贤实践的方法或手段,从日常经验出发,直达"形而上学之堂奥",或者说形上学要由道德来证成,并将"道德"视为形而上学的核心乃至全部。而德道理论是把"德"作为研究和反思的对象,目的是追问宇宙秩序的终极基础,研究的不是形而上学本身,"形而上"只是"借用"。

（4）关于理论的开放性与封闭性问题

牟氏的"道德"被认为是一种独立的、自足的价值。善良意志作为自在的、最高的善,是道德价值的精粹。可见"道德形上学"的理论体系是封闭的、僵化的,而德道研究价值来源、价值构成和运行的规律,德道理论体系是未济开放的。

（5）关于与"道德判断"、价值评价标准的区别问题

所谓"道德判断",是指行为者依据一定的道德观念对将行之事是否应当所作出的判断,它属于道德行为的一个环节;道德评价是依据一定的道德观念,对已经发生的行为是否应当而作出的评价。这种"后评价"不属于道德行为的内在环节,常常有动机论和义务论之别,而德道讲价值来源。

4. 德道与道德的区别和联系

本书力图增强中国哲学的逻辑力量,运思过程努力围绕中国哲学的知识论、本体论、价值论的统一性来进行,而价值论的核心就是伦理学（与列维纳斯作为"第一哲学"的伦理学不同[①]。德本体—德道论在表达现实关切时开出了伦理,在这种语境下的"伦理学"绝非"先于本体

---

① 参见叶秀山《哲学要义》,第47页。

论"，更不是"第一哲学"）。我们力求使本论中的"伦理"与"伦理学"中所说的伦理概念保持一致（这里不是说伦理等同于伦理学）。关于"伦理"概念的现代转换从近代日本伦理学发展的历史可以获得借鉴。日本在其近代化的过程中，为了翻译西方文献，通过重组汉字等多种形式制造了一批新词，这批新词在日本语学史上称为"近代汉语"或"新汉语"。学者森冈健二依据这些"新汉语"生成的不同方式将它们区分为"置换""再生·转用""变形""借用""假借""造语"几大类。森冈健二对"再生·转用"型新汉语的定义是：通过使那些现在已经变成古语、死语的语词以及原有的面貌再生，或者是转用于表达新的意义而使之复活的汉语词汇，像"形而上学""伦理学"这些都归于"再生·转用"类新汉语。后来，帝国大学的井上哲次郎编纂了《哲学字汇》，明确把ethics 定译为伦理学，并从此固定下来。井上哲次郎还是日本近代史上第一位用日语编写《伦理新说》教材，并用日语讲授西方哲学的教授，最先在教学实践中启用了近代伦理学的概念，展现了其探讨"伦理之大本"的抱负。在"绪言"中申明：相对于那类把伦理当作人应该遵守的纪律，不断论证其根基的做法来说，本书把伦理看成是天地之间的一种现象，论述它是否有基础，其基础又是什么。总的说来，井上的《伦理新说》并不是面对"明治"那一"崭新的时代"提倡某种新道德、新风尚的著作，不是研究道德规范问题，而是探讨伦理之本。[①] 我们以伦理学为核心的"价值论"，也不研究普通的伦理道德规范问题，而是探讨伦理道德之大本。

有学者指出，现代汉语中所使用的"道德"也源于日本的"新汉语"，并用它来翻译西语中的"morality"[②]。而保罗·田立克认为，"道德"（morality）仅指对道德命令的体验，与其复数用法（moralisms，指由

---

①　龚颖：《伦理学在日本近代的历史命运：1868—1945》，《道德与文明》2008 年第 1 期。

②　唐文明：《隐秘的颠覆》，第 1—2 页。

道德准则构成的体系）存在着流与源之别。① moralisms 这种复数用法恰是我们所理解的德道——道德之大本。

在这里我们有必要对证据加以充实。由田立克从语言学角度所强化的道德主义"复数"用法，让笔者联想到了麦金泰尔所辨析的亚里士多德关于"美德"一词的"复数"用法——virtues 使用问题。麦金泰尔指证，是休谟将亚里士多德关于美德的复数用法（virtues）改造成单数用法（virtue），进而导致了今世道德与传统美德的分途。② 倘若果真如此，那么休谟的"改造"则是实质性的，我们就有必要对亚里士多德所研究的美德的"复数"形式的性质加以甄别，对其具有的哲学意蕴进行揭示。笔者认为，西方学界自古以来不仅对自己"两希文明"及古罗马文明这三个传统没有进行充分的整合，就连对古希腊思想"集大成者"亚里士多德本人丰富的思想内涵也没有进行很好的整合。笔者不相信亚氏所讲的"实体"与其所追寻的"美德"之间没有关系！亚里士多德的"美德"研究的主要是"道德的美德"（moral virtue）③ 和"德性之后"（after virtue）④ 的学问。亚里士多德的 virtues 和田立克的 moralisms 研究的当是道德伦理的来源和依据问题。孔汉思在推广全球伦理过程中所强调的古希腊 Ethos 概念的内在的德道信念和价值尺度⑤义，也是从寻求伦理道德背后的依据——道德之大本角度运思的，只不过他突出了其精神气质的层面而已。

---

① ［美］保罗·蒂利希：《文化神学》，陈新权、王平译，第 172—173 页。杜维明先生认为将 Tillich 译成蒂利希是错误的译法，笔者以为将 moralisms 译成"道德主义"也不确。

② ［美］阿拉斯代尔·麦金泰尔：《追寻美德》，宋继杰译，译林出版社 2011 年版，第 295—296 页。下引该书，仅标注作者、书名与页码。

③ ［美］阿拉斯代尔·麦金泰尔：《追寻美德》，宋继杰译，第 294—296 页。

④ ［美］阿拉斯代尔·麦金泰尔：《伦理学简史》，龚群译，商务印书馆 2010 年版，第 1 页注①。

⑤ 参见［瑞士］孔汉思《世界伦理手册：愿景与践履》"序"，邓建华、廖恒译，生活·读书·新知三联书店 2012 年版，第 13—15 页。下引该书，仅标注作者、书名与页码。

能不能分清"德道"与道德之间的关系问题，对于本论来说无疑是个重大的理论课题。在小书收官之际，笔者已读了好多好多书和资料，眼睛发花，本不想再多看了，可是心里不托底。于是，为了验证笔者关于亚氏之哲学与其伦理学之间关系的直觉判断，笔者特意从网上淘到了亚里士多德的《尼各马可伦理学》和康德的《逻辑学讲义》（笔者想确认下是不是康德提出的"人是什么"命题的，他又是不是在这本书里提出的），2022年7月9日两本书到货（有货单为证）。在周辅成先生为亚氏《尼各马可伦理学》所作的中译本序中，笔者终于找到了坚实的证据！关于亚里士多德伦理学的哲学基础：

> 亚氏称之为"隐德莱希"或"生生之德"，是人的道德意愿（或意志）的根据。这个道理，亚里士多德在伦理学著作中并未明白地讲出来，但他在讲"中道"、追求"适度"时，却明白地承认现实中充满矛盾，这就是声明要求表达或表达出来的现象。①

可见，笔者的直觉是对的。有人可能会问，你怀疑的是"实体"与"美德"是一码事，并没有看到"隐德莱希"与"美德"是一码事！其实，这几个概念都应该是一码事。因为，亚里士多德的哲学并不研究如何"创造世界"，他关心的是如何"推动世界"的问题，而"生生之德"——隐德莱希——实体就是这个最终动力的来源。

"西方论道德，康德前皆是他律"②。可见，井上哲次郎对伦理和"伦理之大本"的区分与我们的语境很是接近。我们今天所说的道德（morals）③

---

① ［古希腊］亚里士多德：《尼各马可伦理学》中译本"序"，廖申白译注，第 ix—x 页。
② 牟宗三：《圆善论》，（台北）学生书局1985年版，第19页。
③ 龚群先生指出，virtue 在英文中没有"美"的含义。说"美德"实际是对"德性"附加了一个本来没有的赞美词。参见［美］阿拉斯代尔·麦金太尔《伦理学简史》"译者前言"，龚群译，商务印书馆2003年版，第1页注①。

和井上所讲的伦理都是指遵纪守法、恪守公序良俗、乐施达人等行为规范，特点是注重"自律"和利他；我们所说的德道与井上所讲的"伦理之大本"都是讲伦理、道德之所以然，特点是重"他律"。强化道德的"利他"层面，易于滑向"利他主义"和"泛道德主义"。"利他主义"（泛道德主义）无异于逼人扯着自己的头发白日飞升。①

总而言之，老年孔子形而上的"德道"与后儒形而下的道德不同。"德"与"德本体"是事实与价值之间的关系。"德"与"道"一体两面，"德"侧重"道"的内在规定性，"道"专注"德"的外在逻辑形式；德道强调的是"敬德忧患"意识，"道德"强化的是"为他主义"意识；德道唤醒了"对自己的义务"（权利），"道德"注重对他人的义务；德道讲价值来源，"道德"行价值践履；德道追求权利与义务的对等、匹配和相应，"道德"则或是无限加大义务权重，或是干脆不讲权利；德道重"他律"与"自律"的统一，"道德"属"自律"。

5. 德道与"霸道""王道"的主要区别

关于"霸道""王道"思想，梁启超与罗根泽师徒俩都进行过较深入地研究，相较之下，罗根泽的研究略加系统。罗氏认为，"王始于周，霸始于春秋，而王政霸政之说，则在战国中世"②。尽管春秋时有"霸"这个字眼出现，如《论语·宪问》讲"管仲相桓公，霸诸侯，一匡天下"，如《墨子·亲士》说"桓公去国而霸诸侯"，《辞过》讲"故霸王之业，可行于天下"，如荀子《儒效篇》所云"用大儒，则百里之地久，而后三年天下为一，诸侯为臣，用万乘之国，则举措而定，一朝而伯"。这里的"霸""伯"互训，"霸"取"伯之长"之义。其用法与《左传·成公二年》里的"四王之王也，树德而济同欲焉；五伯之霸也，勤而扶之，以役王命"和《左传·成公十六年》所说的"君唯不遗德刑，以伯诸侯"

---

① ［瑞士］孔汉思：《世界伦理手册：愿景与践履》"序"，邓建华、廖恒译，第8页。
② 罗根泽：《管子探源》，岳麓书社2010年版，第160页。下引该书，仅标注作者、书名与页码。

一样。自孟子"思以仁易天下之利，标出王霸二字，以为代替仁利而资以宣传之口号"，并一再申论"王""霸"之别，"王道""霸道"以政治学术语面目正式出现了①。

（1）"王道"的特点

在传统文献中，"王""道"二字连用似最早见于《尚书·洪范》的"无偏无陂。遵王之义。无有作好，遵王之道。无有作恶，尊王之路。无偏无党，王道荡荡。无党无偏，王道平平。无反无侧，王道正直"②。这里所讲的"王道"盖为"先王之道"。而王道作为治国理念，当始于西周的王官文化。周初的天子皆称为"王"。周公制礼作乐体现的就是王道理念。王道的特点，用孟子的话说是"以德行仁者王"③。用荀子的话讲则是"仁眇天下，义眇天下，威眇天下。仁眇天下，故天下莫不亲；义眇天下，故天下莫不贵；威眇天下，故天下莫敢敌也。以不敌之威，辅服人之道，故不战而胜，不攻而得，甲兵不劳而天下服。是知王道也"。④ 而儒门亚圣、后圣理想的王道理论，在群雄纷争（如齐宣王关心"齐桓晋文之事"）的时代，是经不起梁惠王"何以利吾国"拷问的。王道特点是讲圣人之治。圣人之治"法自己出"⑤，极而言之就是人治。王道的实施往往如《中庸》所言，是"人存政举，人亡政息"。

"王道"权力运用有个基本的预设。这个预设是从"己欲立而立人，己欲达而达人"发展来的。"欲立人""欲达人"者都是掌握和支配资源多的人。这种人更应该"以天下为己任"，应当肩负更多的责任。不是说领导者有权让老百姓循规蹈矩，而是说老百姓是日常生活不可分割的参与者。他们（尤其是弱势群体）有权向领导者要求他的最基本的安全、最

① 罗根泽：《管子探源》，第 162—163 页。
② 《十三经注疏》整理委员会整理：《尚书正义》，第 368 页。
③ 方勇译注：《孟子》，第 56—63 页。
④ 廖名春解读：《荀子：节选》，第 181 页。
⑤ 转引自梁启超《先秦政治思想史》，岳麓书社 2010 年版，第 164 页。

基本的生活和自我发展条件。用杜维明先生的话讲就是：王道与霸道的最大区别就是执政者要主动地为百姓提供各方面条件。①

"王道"思想后世有若干形式上的转变，如盛唐、大明，乃至大清营造的"礼仪上邦，万国来朝"的盛况。提到礼仪上邦的"王道"，随着考古热，最近《档案——古墓惊奇》节目披露的一个考古发现很耐人寻味。2001年，湖北考古队对位于湖北钟祥市的明梁庄王墓进行抢救性发掘。墓主人梁王是明仁宗朱高炽的第九子，仁宗对其特别偏爱。在梁王纳妾时，仁宗赏赐了他很多礼物，其中包括两枚大金锭。梁王（谥号"庄"）英年早逝，大金锭也就成了随葬品。按说，皇帝赏赐皇子几个金锭不足为奇，令考古界乃至世界惊奇的，是金锭上的铭文。铭文写道："永乐十七年四月某日西洋等处买到，八成色金壹锭五十两重。"据专家介绍，这两枚大金锭是永乐年间铸造的，所用金料是郑和下西洋沿途购买的。列位可曾知晓，当年郑和几万人的船队规模有如今天浩浩荡荡的航母战斗群！在那个年代，郑和是"买"金料，而不是抢金料。汤因比《历史研究》披露的1793年康熙皇帝让英国使臣转交英王乔治三世的信件也很能说明问题。信中写道："咨尔国王，远在重洋，倾心向化，特遣使恭赍表彰……朕批阅表文，词义肫恳，具见尔国王恭顺之诚，深为嘉许……天朝抚有四海，惟励精图治，办理政务，奇珍异宝，并无贵重。尔国王此次赍进各物，念其诚心远献，特谕该管衙门收纳。其实，天朝德威远被，万国来王，种种贵重之物，梯航毕集，无所不有。尔之正使等所亲见，然从不贵奇巧，并无更尔国制办物件。"② "王道"思想还表现为当代在"第三世界理论"与"国际共产主义运动"理论指导下我们对非洲国家、尤其是对当时的社会主义国家提供的无偿援助等。古往今来，无论王道形势如何变化，王道之行主要就是"予之"。

---

① 参见哈佛燕京学社《儒家与自由主义》，第75页。

② ［英］汤因比著，萨默维尔编：《历史研究》，郭小凌等译，第40页。

（2）"霸道"的实质

在罗根泽看来，"王霸之分，就形势言，王者兼有天下，霸者仅为诸侯之长；就政治言，则王植基于仁，霸植基于力"①。总的来讲，罗氏关于"霸者"的说法基本上是符合荀子王霸之义的。不过罗氏对霸者追求做"诸侯之长"目标的过分关注，使之忽视了对荀子霸道"法理"的研究，这个"理"就是"信立而霸"。由于追求"作诸侯之长"、争取霸权是春秋战国时期社会剧变的大趋势，而"信立而霸"恰恰适应了诸侯国内部转型和外部战争的需要。鉴于"信立而霸"不仅涉及我国古代法治的问题、人性善恶的问题，乃至社会诚信的问题，故在这里有必要对"信立而霸"思想加以仔细分疏。我们知道"信立而霸"出自商鞅"立木取信"的故事。这则故事的梗概是：商鞅在颁布变法法令之前，生怕百姓不信，便在国都南门立了一"三丈之木"，并贴出告示称：如有谁将此木搬到北门则赏十金。可百姓满心狐疑，没人动手。当赏金涨至五十金时，有一壮士将信将疑地把立木搬至北门，商鞅如约奖励壮士五十金。因此商鞅赢得了百姓的信任，成功地颁布了法令。② 从这则故事和之后商鞅的司法实践看，荀子总结的"信立而霸"之"信"并不是法治社会所强调的"公信""诚信"之"信"，而是专指施政者坚定的执法意志。从商鞅到韩非子，这一系列针对人性之恶所立之"法"无非是君王的酷律家罚。概而言之，战国后期法家所言之"法"不限制君权，只是君主统治之"法"，不属于现当代的法学范畴。

用世界眼光审视"霸道"理论，古今中外的霸道"行径"是有内外之别的。在追求内部霸权的问题上，先秦法家与公元前 3 世纪欧洲大陆的"老加图主义"十分类似。美国当代学者巴林顿·摩尔研究结果表明，重农抑商的老加图就是实行类似于法家的酷律严刑、穷兵黩武"统治"。用

---

① 罗根泽：《管子探源》，第 163 页。

② （汉）司马迁撰，（宋）裴骃集解，（唐）司马贞索隐，（唐）张守节正义：《史记》（点校本二十四史修订本），第 2697 页。

摩尔的话说就是：

> 当商品经济关系开始侵蚀小农经济，保守派便会在社会上大发议论，把农民溢美为社会的支柱。这种现象不限于现代，也不限于西方。这种论调的精髓，是维护严厉的道德和尚武精神，鄙弃外国的腐化堕落，以及反对理性主义的精神。在西方，这种观念意识至少在以奴隶劳动经营其领地的老加图时代（前234—149）便出现了。……公元前4世纪，中国的法家因小农经济受到威胁，也发出类似的论调。①

在我们看来，这里所不同的当是战国已不复存在奴隶主了。不过老加图时代所谓实行的"严厉的道德"与法家的酷律家罚差别不会很大。在外部争霸方面，老加图主义"并不是以人类幸福为宗旨"，春秋也"无义战"。犹有进者，秦帝国吞并六国的战争已经突破了春秋五霸、战国七雄互相争"伯"（霸）的性质，秦国开动了战争机器，其做法有如斯巴达对古希腊的征战。斯巴达人为了不被黑劳士所累，把自己的公社变成了严格的常年备战的兵营。甚至不惜牺牲掉他们已经取得的物质文明成果，规定所有的公民（包括贵族）吃粗糙的饭，睡硬板床，制作使用粗劣的家具，既不做工，也不需经商。斯巴达人除了锻炼身体做一个强壮的军人外，既不需要哲学科学，更不需要文学艺术。② 用汤因比的话说就是"斯巴达体制的显著特征是不考虑人性"③。"斯巴达人通过尽可能地抛弃无限多样化的人性而坚持一种僵化的动物性完成了他们所要完成的使命，由此他们就

① ［美］巴林顿·摩尔：《民主与专制的起源》，拓夫等译，华夏出版社1987年版，第398—399页。
② 参见王德培《西周封建制考实》，光明日报出版社1998年版，第8—12页。
③ ［英］汤因比著，［英］萨默维尔编：《历史研究》，郭小凌等译，第177页。

走上了倒退的道路。"① 秦人把儒家视为"五蠹"之一欲除之而后快，秦帝国"焚书坑儒"则是有过之而无不及的。

霸道思想在现当代的表现就是霸权主义。当今霸权主义者改变了"霸夺之与，强夺之地"② 的目标，主要实行文化侵略，重点在夺人之心魂。与王道"予之"相比，霸道的实质就是"夺之"。

在东方君主专制政体内，历朝历代往往并不是纯任"王道"或纯任"霸道"的，经常是"王道""霸道"杂用，有如汉宣帝所说的汉家自有制度，本以霸、王道杂之。③ 汉王朝就是以此来维护自己的"家天下"和漫长的专制统治的。

王道、霸道统治形式尽管有诸多不同，但二者也是有相同点的，这就是它们的天下观都是一家一姓天下观。

（3）德道的真谛

前述我们在讨论"信立而霸"时，强调要对法家的"法制"思想加以认真分析。在仔细分疏中，我们发现管子的"法治"具有很多特点。管子法治思想不同于韩非的"法制"，其深刻之处在于管子已有"立宪政体"的思想，如发现"国皆有法，而无使法必行之法"④ 和"法贵君轻"的思想，如提出"不为君欲变其令，令尊于君"⑤ 主张。这些思想都成了儒家法治思想的重要来源。尽管管子有"人故相憎也，人心之悍，故为之法"⑥ 的说法，但从其"不为爱民亏其法，法爱于民"⑦ 看，说管子持"人性恶"观点的看法很难成立。从孔子赞管子"如其仁，如其仁"和视子产为"古之遗爱"角度观察，他们的"三观"应该都是一致的。管子

---

① ［英］汤因比著，［英］萨默维尔编：《历史研究》，郭小凌等译，第180页。

② 廖名春解读：《荀子：节选》，第179页。

③ （汉）班固著，（宋）吕祖谦编撰，周天游导读，戴扬本整理：《汉书详节》，第47页。

④ 《管子·七法篇》。

⑤ 《管子·法法篇》。

⑥ 《管子·枢言篇》。

⑦ 《管子·法法篇》。

之"法"当是来自"自然法",主张的是"权利"而不是后世韩非的"权力"。德道理论申明的"三极之道"(多极相互制约)、"明罚敕法"和"刑罚清而民服"以及"百官以治,万民以察"等主张,都是对春秋前优秀法治思想的继承、创造和发扬。

近年有学者对王道和霸道思想作了一些研究,但所提出的"新王道"① 和"正道"② 说法稍嫌支离。原儒的真传是德道。"德道"是讲求权利、义务对等、匹配之道。与"王道予之""霸道夺之"相比,德道讲求的是开源开放、共赢共享之道。

6. 德道与"刑德之治"的区别

儒家在国家治理层面讲"刑"与"德",如果说孔子讲过"刑德之治",那也只是其"老而好易"以前的不成熟的说法。老而好易之后的孔子治国主张是德道。其实真正讲"刑德之治"的是法家。在《二柄》中,韩非子把"法"说成是"刑德""二柄":"明主之所导制其臣者,二柄而已矣。二柄者,刑德也。何为刑德?曰:杀戮之谓刑,庆赏之谓德。"③在韩非的眼中,"法"制(行使权力)很简单,就是规定君主之臣民们哪些能做,哪些不能做。不能做的,做了就施刑罚;能做的,做好了就奖赏。臣民受到了处罚不要怨恨君主,受到奖赏也不用感谢君主。臣民们都做好了,也就是"守道"了。而德道主张的是善法良治,强调"以德安人,依法治国"。

7. 德道与儒教的区别

有学人为了论证由孔子开创的儒学是一种宗教——儒教,突破了西方传统宗教理论的限制,采取文化多元主义立场以"超越""人类与自然"作为基石,重新定义"宗教",重构了世界宗教大厦。作出了宗教是"在

---

① 张荣明:《霸道、王道与新王道:中国发展战略思考》,《天津师范大学学报》(社科版)2015 年第 1 期。

② 朱通华:《试论王道、霸道与正道》,《南京师大学报》(社科版)1994 年第 1 期。

③ 高华平等译注:《韩非子》,中华书局 2015 年版,第 52—53 页。

于通过在不和谐的世界中创造和谐与和平来找寻一条实现永恒与持续幸福的道路"① 的本质规定，得出儒教是一种讲求仁爱、以人为中心的"人本主义宗教"的结论，可谓立意高远，见解独到，启人遐思。不过笼统地将儒学等同于宗教的说法，笔者还不敢苟同。其实，中国古代社会有正宗的儒教存在。中国的儒教肇始于鲁国国君在孔子逝后第二年将孔子旧居改造成"神殿"一事。在那里，孔子接受祭祀，享用专门为他奉献的牺牲。公元前195年，汉高祖祭拜孔子，敬献了最丰厚的牺牲太牢（一头牛、一头猪和一只羊），儒者开始用神秘主义的语言反复诵读儒家规范、教义。汉武帝"罢黜百家，独尊儒术"，孔子地位弥尊。儒家思想开始成为国家的意识形态。公元前8年，孔子的嫡系后裔被朝廷赏赐以世袭封地，以便他们专门祭祀孔子。公元1世纪元年，皇帝重修了孔子墓，加封孔子公爵称号。公元59年，东汉明帝下令全国所有教育机构必须祭祀孔子，并为礼拜孔子专门设立了一整套仪轨。严格讲，自汉章帝钦定《白虎通义》，将"三纲"定为封建意识形态开始，儒教具备了世界正统宗教的所有要件（祭祀场所与对象、"祭司阶层"和宗教仪轨等），儒教成了名副其实的宗教，影响了中国两千多年。"三纲"作为意识形态成为儒家文化圈的"大传统"，也深刻地影响东北亚、东亚、东南亚和南亚国家。儒教是政治性儒家和封建王朝改造、利用了的儒学。谭嗣同曾抨击、痛斥"三纲"说："君臣之祸亟，而父子、夫妇之伦遂各以名势相制为当然耳矣。此皆三纲之名之为害也。……三纲之摄人，足以破其胆，而杀其灵魂。"② 儒教是讲求"单方面义务"的吃人的礼教，它与强调平等、民主、民权、民治的德道——精神性儒学有着本质的差别。

8. 德道与"内圣外王之道"的主要区别

"内圣外王"语出庄子的《天下》篇。有明确文献史料记载的是北宋

---

① 姚新中：《儒教与基督教：仁与爱的比较研究》"导言"，赵艳霞译，第3页。
② 谭嗣同：《仁学》，高等教育出版社2010年版，第196—197页。

程颢曾用此语来褒扬有道家思想背景的邵雍之学为"内圣外王之学"。千年后，清儒和清王室将其包装、转换成儒家命题。第一代新儒家代表人物熊十力先生把孔子删述的"六经"称为"内圣外王之学"。熊先生以心性之学的"内圣"为道统，以"三代"大同理想之"外王"为宗，港台新儒家以《为中国文化敬告世界宣言》由"内圣"开民主、科学"外王"作标志，正式将道家庄子的"内圣外王"打造成了儒学的母题。① 从中我们不难看出，这种移花接木的做法是缺乏合法性的，这倒不是问题的要害所在。问题的要害在以下两方面：其一，庄子的"天"是纯粹自然的天，他反对"外在超越"，不遗余力地将"外在超越"引向人们内心。原儒认为"天命之谓性"。"性"是天命的承载者，只有尽人性才能完成天命。而人性主要由"仁、义、礼、智、圣"五端构成，其中最重要的就是"圣端"。"圣端"是国人会通天地、辅相、佑神的大本领。如果说国人长有"外圣""内圣"双翼，那么庄子就折断了国人"外圣"的翅膀，可谓是"绝地天通"的新形式。其二，庄子用"内圣"消解了"外王"的通路，"老内圣开不出新外王"②。因为个人的心性修养与社会制度建设是不搭界的。庄子历来以做儒家的反命题而著称。庄子讲"道术将为天下裂"。此"为"字如果作动词用，"内圣外王"道术着实堪称"斧锯鼎镬"之学③，足以把"天人合一"场景撕裂。

德道则不同。德道强调运用"外在超越"助力良法善治、依法治国。德道视域下的社会制度建构，考虑的绝不单单是工具理性，还会增添价值理性的人间温情。在执政方式上，西方注重市场手段，德道讲求市场与计划的适度、有机结合。

① 任国杰：《论儒学分期的原则和标准：以"内圣外王之道"演变为例》，《大连海事大学学报》（社科版）2016 年第 6 期。

② 朱学勤：《老内圣开不出新外王》，《探索与争鸣》1991 年第 6 期。

③ 朱学勤：《老内圣开不出新外王》，《探索与争鸣》1991 年第 6 期。

第三节　谁之儒家　何种传统

关于本节题目如何拟定的问题，笔者曾很是踌躇。对于最终采用了这样一个刺眼的题目，笔者觉得很有必要澄清一下自己的想法。

我们知道，两汉时期在儒家内部有个"今古文之争"。所谓"今古文之争"主要是争周公和孔子谁是儒家的开山鼻祖问题——古文学家祖周公，今文学家祖孔子。时人的"今古文之争"，其实是经学家们从政治学角度衡量"六经"（《易》《诗》《书》《礼》《乐》《春秋》）的价值问题，即思考经学如何服务于时政的问题。尽管我们深知周公在中华文化"型塑"时期所起到的特殊作用，也深知周公对孔子早期思想形成产生的巨大影响，正如陈来先生所指出的，"周公确实是个真正的克里斯玛人物，是中国历史上第一个思想家。不仅经他之手奠定了西周的制度，而且构成了西周的政治文化。我们知道，周公的个人魅力、他所开创的事业以及他的思想，极大地影响了他数百年后的另一个伟人——孔子。周公所遗留的政治、文化遗产，是孔子和儒家思想的主要资源"[1]。而我们今天是站在轴心文明的高度，从老年孔子对"前轴心文明"进行文化反思的角度定义老年孔子会通儒、易开创的新儒学的。我们的基本立场只能是持"今文学派"的立场，但我们明确反对廖季平的经学"六变"之说（廖季平出于尊孔的需要，认为到孔子有"六变"，越变孔子以前文化越少[2]）。因此我们有必要正视并揭示原儒孔子及其儒学传统。在儒家内部，孔子与周公关系如此，孔子身后也有类似情况发生。这说明确实有对儒学进行分期的必要。因为儒学分期不仅关系到"如何理解中国文化特别是儒家传统，从而涉及下一步如何发展这个传统的根本问题"[3]。从李约瑟的视角看，

---

[1]　陈来：《古代宗教与伦理》，第 214 页。

[2]　李耀仙主编：《廖平学术论著选集·六变记》，巴蜀书社 1989 年版。

[3]　李泽厚：《说儒学四期》，上海译文出版社 2012 年版，第 6 页。

还关系到如何为世界秩序重建提供新"资具"的问题。其实，在儒家内部，不但孔子与周公的关系需要厘清，而且孔子与后儒的关系也需要作出分疏。麦金泰尔在质问"谁之正义？何种合理性"时也是针对西方17、18世纪"苏格兰传统"及"中世纪奥古斯丁基督教传统与古代和中世纪亚里士多德传统"① 的区别而发。因此，本节采用"谁的儒家 何种传统"这个题目应算贴切。

1. 儒学分期的原则和标准

笔者曾从历史哲学角度探讨过儒学分期的原则和标准，提出的原则包括连续性原则、原创性原则、多元性原则；标准分为形而上标准、内在性标准、开放性标准、可批判性标准和时代性标准。②

（1）儒学分期的原则

①连续性原则

儒学分期遵循的首要原则就是连续性原则。"连续性"有两种：一是"照着讲"的连续性，一是"接着讲"的连续性。③ 杜维明先生把儒学分为三期，其"三期说"分法，是以两汉上溯到先秦孔子为第一期，以宋明儒学为第二期，当下为第三期。第一期儒学走遍了中华大地，第二期儒学走进了东亚、南亚，第三期前景是从波士顿、东京、巴黎再出发走向世界。李泽厚先生把儒学分为四期，其"四期说"分法，是以孔孟荀为第一期，汉儒为第二期，宋明理学为第三期，其本人"外王开内圣"为第四期。杜、李二先生的相同点是皆把孔子与后儒捆绑在一起，都突出宋明儒的历史地位。不同点是杜先生力图使儒学走向世界，用儒学的丰厚价值丰富西方现有的普适价值工具箱；李先生则是用西方的普世价值对中国再启蒙，进而将其本土化。二位先生的讲法都属于"接着讲"的讲法。

---

① ［美］麦金泰尔：《谁之正义？何种合理性？》，万俊人等译，当代中国出版社1996年版，第13—20页。下引该书，仅标注作者、书名与页码。

② 拙作《论儒学分期的原则和标准》，《大连海事大学学报》（社科版）2016年第6期。

③ 冯友兰：《新理学》，北京大学出版社2014年版，第7页。

我们觉得，如果一味"接着讲"，或以宋明理学为起点，或以"五四"为起点，或以港台为起点，都是难以开出中国儒学新时期的。无论采用杜先生的方式还是李先生的方式，其结果都将如此，因为他们都没有跳出"内圣外王"的窠臼。① 李泽厚先生的由"西体"开"新外王"，"老内圣""范导"新外王，似乎与其"中国哲学登场"期待的方向相反。我们对杜维明先生对于儒学第三期前景偶尔流露出的悲观情绪表示理解，对杜先生提出的由宋明儒学和东亚文明基地再出发表示怀疑。中国必须回到源头，回到"轴心"的孔子处要智慧。"孔子不仅开创了儒学，也确实开创了易学"②。我们应按照孔子会通的儒、易，"照着讲"他的"德本体—德道"论。

儒学分期的连续性应该呈现为一种同心圆状，而不宜作风筝放线式的"线短接线"状。

②原创性原则

儒学发展有多次突破。孟子将"德性论五行"与"气"相联系发展了"德气说"、特别是"义气说"，塑造了君子的"大丈夫精神"；荀子将"恶"纳入研究视野，丰富了儒家的论域，突出了教育的必要性；董子创立了"天人感应说"，这个学说对于限制封建制度下的皇权无疑具有特殊意义。孟、荀、董子前赴后继，将儒学从鲁国地域文化发展成为中原文化，再由中原文化发展为中华民族的主流文化；朱熹以"四书"取代了"五经"的正统地位。宋明儒学经过了 15 世纪的朝鲜、16 世纪的越南和 17 世纪的日本而成为东（南）亚文明。岛田虔次认为，儒家文明是东亚区域文明的体现。③ 时贤甚至认为：儒学在宋明时期对东亚文明产生的影响，可能要比马丁·路德的宗教改革对西方的影响还要大。④

---

① 朱学勤：《老内圣开不出新外王》，《探索与争鸣》1991 年第 6 期。

② 李学勤：《李学勤讲演录》，第 133 页。

③ 转引自杜维明《道·学·政：儒家知识分子的三个面向》，第 185 页。

④ 杜维明：《儒家第三期的前景问题》，第 109 页。

③多元性原则

坚持文化的多元主义，就是要旗帜鲜明地反对中华文化的"中原中心论"。我们不仅要重视长江流域文明，而且要重视以"满天星斗"状分布①的其他地区文明。《易经》讲"人文化成""文明嘉汇"。文化是多元的，文明是可以对话、交流、取长补短的。就儒学的发扬光大而言，儒家经典分为经、史、子、集，这一具有民族特色的分类，呈现出了"千门万户"的局面。儒学发展可见仁见智，各取所需，百花齐放，千姿百态，但儒学内部不应滋长门户之见。全面地汲取西方文化的精华和营养发展现代儒学，理性地规避西方文明的缺陷（如技术对科学的钳制、民主对权威的伤害等）壮大儒学，也是多元性原则应有之义。

我们强调文化的多元主义，但反对文化相对主义。

常言道，若想"流"流得远，"源"必须掘得足够深。我们坚持的儒学分期原则毫不含糊。而若要拥有儒学走向世界的光明前景，儒学必须正本清源——这个"本"是儒家的本，这个"源"不应是掘及非主流文化道家或法家等门下的源。

（2）儒学分期的标准

①形而上标准

对儒学分期的深刻反思当为"五四"以后的事。儒学分期大概有四个角度：一是史学的分法，如钱穆先生将儒学分为六期②；二是"政治学"的分法，主要侧重对儒家的态度和儒学的贡献（这种分法把有些为儒家辩护但归宿于非儒家的学者也划入某期的儒家队伍）③；第三种是宗教学的分法，这种分法多把儒学混同于儒教；第四种是形而上或曰哲学的分法。本文采用第四种分法。

---

① 李学勤：《李学勤讲演录》，第23页。
② 余英时：《现代危机与思想人物》，第533页。
③ 余英时：《现代危机与思想人物》，第536页。

②内在性标准

儒学的分期涉及儒学的发展和大体。儒学之所以"砸烂孔家店"砸不死，"斩草要除根"除不净，就因为它有活的魂灵。儒学是生生不息的生命哲学，它有古有今，是华人的生命形态。唯其如此，才有明确儒学分期的必要。"内圣开外王"绝不是其内在理路，儒学发展自有其内在性和内在的"明德"逻辑。

③开放性标准

儒学兼容并包，博大精深。儒学今日的发展就是对内不断向诸家开放、向历史开放，对外不断向其他文明开放的结果。儒学要进一步发展，也必须全面开放。中西文化交流，从上古自今从未中断，实质性的交流至少发生过两次：一次是在11、12世纪中国的一部分政治制度通过阿拉伯人传入了西西里的罗杰二世和英格兰的亨利二世朝廷。另一次是17、18世纪，中国哲学引起了欧洲大陆的哲学革命，"封建的孔子影响过资本主义上升时期"。儒学早在7、8世纪就开始走向东亚、南亚。在这时期交流中，儒学主要还是处于被学习的地位。儒学对外开放的目标就是"把原本属于世界的孔子再归还世界"，我们要用开放的心灵面对世界，用自信的眼光审视儒学。

④时代性标准

儒学是安身立命、济世有为之学。今天走下神坛的儒学，其社会功能之一就是为治国理政、社会教化等提供有益的选项。但这里有个问题，就是必须将"精神性儒家"与"政治性儒家"加以区分。儒家哲学是一种入世的哲学，在中国，"凡饮水处皆有儒家"，儒学贯穿于华人的整体生命。据介绍，当代西方不少学者主动放弃了自己惯用的"排斥性二分法"，对儒学的整体性、宗教性进行研究，并取得了很好的成绩，像约翰·鲍克（John Bowker）、德·沃斯（De Vos）、彼得·鲍尔（Peter Bol）等。其中有位叫尼年·斯马特（Ninian Smart）的先生在其《世界宗教：旧传统及现代转型》一书中，对世界宗教作了系统的研究，对宗教概念作了九个方面的规定：教义方面、神话方面、伦理方面、仪式方面、体验方面、社会方面及信仰体系、组织结构和礼仪体系。其最吸引眼球的努力是，他将"儒教"与"儒家思想"作了明确区分，以儒教（Confucianism）代指官方崇拜，用"儒家思想"（Confucian thought）代指孔子创立的哲学。他这种从"儒家思想"中分离出"儒家宗教"的做法对我们提出儒学分期标准具有很大的启示意义。① 本雅明（W. Benjamin）先生曾深刻地指出，最辉煌的价值、最高的理念在复杂的权力网络中也会暴露出最残忍的一面。② 杜维明先生对被政治化以后的儒家在中国政治文化中（官场、民间和社会）所起的消极作用深恶痛绝，明确提出要把"政治性的儒家"与"精神性的儒家"区分开来。③ 刘述先先生就把儒家分成"精神的儒家""政治化的儒家"（指由汉代董仲舒、班固以来发展为朝廷易理的传统，以纲常为主）和"民间的儒家"。④ 其实，关于某某学问是否被政治化的问题与拉德菲尔德（Robert Redfield）所讲的"大传统""小传统"形成相互关联。一般来讲，每个族群或国家大传统的形成往往与其显学的政治化（意识形态化）是同步的。儒学由精神性儒学到政治化的儒教，再到"吃人的礼教"的历史就是从"小传统"到"大传统"的演变史。儒家讲"有教无类"，即便是身居帝王之贵，只要对儒学存在认同的人都可视为儒家（者），"政治性儒学"也是儒学。鉴于"政治性儒学"影响之巨，着实有必要将"精神性儒学"与"政治性儒学"分开，并作为儒学分期的一个重要"标准"。

谈到"政治性儒学"，学界通常提法是指被统治者所利用的儒学。从表面上看，它似乎是由最高统治者自己"开发"的儒学，可从正史记载看，我们发现，"政治性儒学"的开创者也是儒者，只不过大多是一些

---

① 参阅姚新中《儒教与基督教：仁与爱的比较研究》，赵艳霞译，第41—48页。

② 转引自哈佛燕京学社《儒家与自由主义》，第52页。

③ 参阅哈佛燕京学社《儒家与自由主义》，第50—53页。

④ 刘述先：《儒家思想开拓的尝试》，第16页。

"曲世阿俗"的儒者而已。相关故事在《史记》中多有记载。其中商鞅向秦王求职的故事是这样的：秦孝公求贤，商鞅通过宠臣景监多次拜见秦孝公。第一次商鞅言必称"三代"，向孝公描绘"帝王"之道，鼓励其成就大禹、商汤和文王式的帝王之业，孝公根本不爱听，甚至打起了瞌睡。在景监的劝和下，商鞅又去面试，第二次商鞅改为大谈"王道"，秦孝公还是不爱听，并进一步加深了对商鞅只不过是个"妄人"的印象。景监和商鞅不甘心，他又给商鞅争取了第三次面试的机会，这次商鞅大谈"霸道"，孝公不仅采纳了商鞅的建议，而且接连和他谈了好几天。景监很纳闷，问商鞅："子何以中吾君？吾君之欢甚也。"商鞅说：

> 吾说君以帝王之道比三代，而君曰："久远，吾不能待。且贤君者，各及其身显名天下，安能邑邑待数十百年以成帝王乎？"故吾以强国之术说君，君大说之耳。①

可见，商鞅这类儒者为了谋得一官半职，准备了几套方案，这个不行用那个，专投主子所好。另一则是有关叔孙通的故事。叔孙通在秦时就被征为"待诏博士"。时值陈胜、吴广起义，秦二世召集30多个博士儒生商议对策。关于陈胜吴广"起义"定性问题，儒生博士皆说是陈胜、吴广造反。秦二世不爱听，且勃然作色。叔孙通见状，忙说："诸生言皆非也。夫天下合为一家……明主在其上，法令具于下，使人人奉职，四方辐辏，安敢有反者！此特群盗鼠窃狗盗耳，何足置之齿牙间。郡守尉今捕论，何足忧。"听到这番话后，秦二世大喜，不仅重重奖励了叔孙通，还正式拜其为博士。等叔孙通回到家里，门生问他：先生，形势这么严峻，你怎么还阿谀奉承皇帝呢？叔孙通说，可别说啦，为此我差点没有脱离虎口。于是

---

① （汉）司马迁撰，（宋）裴骃集解，（唐）司马贞索隐，（唐）张守节正义：《史记》（点校本二十四史修订本），第2694—2695页。

举家逃到薛地。此时的薛地已被楚人占领。项梁至薛，叔孙通投靠了项梁；项梁败于定陶，叔孙通投靠了楚怀王；楚怀王为义帝需迁徙到长沙，叔孙通则留下来侍奉项王。汉二年，刘邦入彭城，叔孙通降汉王。起初叔孙通穿的是儒服，汉王不喜见他，他便马上换成汉王喜欢的楚制短衣。汉五年，天下并，诸侯在定陶共尊汉王为皇帝。可各路诸侯基本都是草莽武夫出身，一有酒宴聚会，群臣便饮酒争功，醉或妄呼，拔剑击柱。高祖深表忧虑，甚以为患。叔孙通便主动请缨，开始制定朝仪。他想抽调30多个鲁生参与，可有两个鲁生看不上叔孙通的做派，不仅拒绝参加，还发表了一番评论，说：

> 公所事者且十主，皆面谀以得亲贵。今天下初定，死者未葬，伤者未起，又欲起礼乐。……公所为不合古，吾不行。

叔孙通反倒讥笑二鲁生是不知时变的"鄙儒"。[1]

除了商鞅和叔孙通这两位曲世阿俗的儒者代表外，汉章帝时期的班固也作过《君臣同体论》。[2] 章帝的"三纲思想"与班固脱不了干系。

总之，区分曲世阿俗的"政治性儒学"与"精神性儒学"实有必要，但今日之儒学已成为国家公器，绝不是儒者的私产。从这个角度看，似又不能将"政治性儒学"与"精神性儒学"二者截然分开。一味排斥"政治性儒学"，也与新时代要求向传统要智慧的趋向相悖。

⑤可批判性标准

儒学为经世之学。孔子"韦编三绝""晚而喜易"，并为《易》作

---

① （汉）司马迁撰，（宋）裴骃集解，（唐）司马贞索隐，（唐）张守节正义：《史记》（点校本二十四史修订本），第3276—3279页。

② ［日］渡边信一郎：《中国古代的王权与天下秩序：从日中比较史的视角出发》，徐冲译，第182—185页。至于班固在《君臣同体论》中是如何得出的"国家—君臣"关系优于"家庭—父子"关系的结论，则需要专题研究。

《传》（与皇天上帝签订《新约》），从而在儒家内部有了"先天之学"和"后天之学"的区分。儒学不断世俗化。"后天"儒学、特别是"政治化的儒学"理应接受"先天"儒学的改造和批判。儒学"革故鼎新""损益盈虚""卑以自牧"和"复观之道"极具包容的情怀与自我批判的品质。综观近百年中华文化发展史，儒学着实是在自我淘洗中进步，在欧风美雨劲吹中澄明。

儒家重天常，可到了封建统治者的语境中就成了"三纲"；儒学讲人道，但自从"内圣外王"之道进入封建儒家的语境，就演变成了反人道、主人治之道。正如汤一介先生所揭示的"'内圣外王之道'只有非常有限的意义，它不应也不可能作为今日中国哲学之精神"。他还说"由于中国传统哲学把'内圣外王之道'作为追求的目标，因此造成道德政治化和政治道德化。前者使道德屈从于政治，后者使道德美化了政治"，这样"中国哲学往往为'人治'提供理论依据，而忽视了'法治'"①。牟钟鉴先生讲，"五常"一个不能少，"三纲"一个不能留！港台新儒家为摆脱此种理论困境，坚持以"内圣外王"开出民主与科学为旨归，具有鲜明的现代性。而现代新儒家必须面对后现代的拷问。这并不是说新儒家应该缴械，而是说新儒家应该与时偕行，以更开阔的视野与新潮的思想和原儒对接。儒家仁学的温纯与治政谋划，也应该与生产力发展水平相适应。西方的中世纪实际上也是绝无民主、科学可言的。

2. 儒学究竟应该分几期

"唐宋八大家"之一曾巩的老师李觏曾呐喊"孔子之言满天下，孔子之道未尝行"！我们以为这是孔子临终发出"天下无道久矣，莫能宗予"慨叹的旷世回响。"孔子之道"当为德道。那么为什么孔子的德道"未尝行"呢？究其原因是多方面的。第一是"德道"几成绝学。"天下明德皆自虞帝始"。虞舜既是儒学的重要源头，又是"重卦之人"，还是中华

① 汤一介：《儒学十论及外五篇》，第18—19页。

"价值法"思想的开山。我们这些讲法分别得到了传世文献和周初流散文物遂公盨铭文①及出土新证"清华简"《保训篇》②、简帛《五行》和帛书易等的佐证。甲骨文的"𢛯"字就是"以德明道"的意思。即便在西周,时人还是在超越的天道层面讲"德"。孔子以后,"德"被大易赋予的"权利、义务对等、匹配"的内涵逐步发生了转变,"义务"的权重越来越高,直至演变为战国中后期的专尽义务的"利他主义",至此,由有虞氏开其端绪的"明德"思想倏然晦而不明。老年孔子"祖述尧舜",其目的之一就是为了恢复"德道"之权利、义务对等的形而上古义。岂料这一努力却被荀子有意无意地打压、封杀,几成绝学。第二是"德道"被道德"绑架"久矣。自儒门"亚圣"孟子以"义"弃"利"——"上下交征利,而国危矣""怀利以相接,然而不亡者,未之有也"③,将道德与政治挂钩起,"德道"便走进了故纸堆。汉儒董仲舒又用"仁、义、礼、智、信"之"信端"取代了原儒超越的"圣端",继庄子后彻底砍掉了国人"外在超越"的翅膀。特别是自"独尊儒术"起,"德道"便彻底被道德裹挟,成了美化政治的附庸和婢女。第三是后哲"接着讲"风气盛行。纵观几千年中国哲学史,在儒家的发展过程中,耐人寻味的是,无论儒门"亚圣"孟子、"后圣"荀子,还是董仲舒,乃至宋明儒、现代新儒家,都没有遵从老年孔子本义,都是"接着讲"的;在道家的发展过程中,黄老、庄子、魏晋玄学等自不待言,也都是"接着讲"的。然而,《易经》作为儒家的"群经之首"、道家的"三玄之一",一味地注重"接着讲",定有"差之毫厘,谬之千里"之失。

借用上述儒学分期的原则与标准,我们首先学习李泽厚先生的儒学"四期说"。李先生独创的"儒学第四期"强调"西体中用",这个"西"实质专指欧美之"西"。它不过是"一元现代性"思想的翻版,与儒学分

---

① 李学勤:《李学勤讲演录》,第 104 页。

② 李学勤:《初识清华简》,中西书局 2013 年版,第 24—29 页。

③ 方勇译注:《孟子》,第 2、239 页。

期的"连续性原则""多元性原则"不符。我们再学习下杜先生憧憬儒学从波士顿、东京、首尔等地脱胎换骨"重回北京"的"三期说"。笔者始终对杜先生以国人"崇洋媚外心态"运思之基础①保持警惕。对先生自降身位——欣然接受美国波士顿儒家"孟派"称谓做法（其实，杜先生已经"掘井及泉"，只差没有指证儒家的"诚"即"德"半步）表示遗憾；对先生高估朱熹以"四书"取代"五经"的历史意义宏论（认为朱熹此举对东亚文明的影响超过了马丁·路德"教改"对西方的影响）心存疑惑。其实，正是朱熹们的"解释""包装""加戏"，最终竟把原儒德道之"普适文明"搞成了讲差等、尊卑和权威、专制的"区域文明"，乃至政治的附庸。杜先生的"儒学三期说"尽管符合儒学分期的"多元性"原则和"开放性""时代性""可批判性"等标准，却有违于"连续性"原则和"形而上标准"。藉此，我们着手重新对儒学进行分期已属必要。

依据儒学分期的原则与标准，我们倾向于把儒学分为五期：孔子是儒学的集大成者。我们将原儒孔子（包括先秦"孔氏家学"）"单列"第一期。以孟子、荀子和董仲舒为第二期。第二期中，尽管荀子的弟子韩非、李斯二人，前者集法家之大成，后者参与缔造了大秦帝国，董子完成了所谓的"独尊儒术"的大业，从秦帝国不过二世即崩溃和西汉"汉家"并不"纯任儒教"的实际看，孟、荀、董儒学构建的仍是"小传统"。董仲舒的"天人感应说"不过是以一种新型迷信取代传统迷信之说而已。东汉明帝、章帝的官方儒学则是名副其实地塑造了中国的"大传统"，我们不能因为反感它而不承认它是儒学的一种形式，这期儒学当为第三期②。宋明儒学为第四期。以"新时代"儒学为第五期。

3. 弘扬儒学何种传统

从上述分疏中，我们发现儒学有老年孔子的传统，有孟、荀、董的

---

① 杜维明：《儒学第三期发展的前景问题》，第23、64、68页。
② 尽管刘述先先生将董仲舒和班固在塑造"政治性儒学"方面等量齐观，我们仍以为班固与董子毕竟不同，故没将董子列为第三期。

"小传统",有东汉儒学的"大传统"和宋儒缔造的"新儒学"传统等。我们以为儒学第五期的目标应是回到第一期老年孔子重构的德文化传统,且是"照着讲"。孔子的"德本体—德道"论是一个"滋厚于后世"的伟大学说。我们的意见是,从老年孔子处再出发,辐射全国,重新走向世界。

第七章　德道的主要功能、作用

陈来先生曾指出，"中国的实体论不是关注实体的属性、式样，而是关注实体的发用、流行。而如何处理实体和大用的关系，是直到中国现代哲学都在努力解决的问题。"① 笔者以为，这个问题也是当下哲学界应该努力解决好的问题。

金岳霖先生《论道》的第八·八命题讲：

> 个体底共相存于一个体者为性，相对于其它个体者为体；个体底殊相存于一个体者为情，相对于其它个体者为用。

金先生提示说他的"性""情"范畴不是传统的用法，我们看到他的"体""用"讲的是事物普遍性和特殊性之间的关系，尽管笔者强调最高实体——本体的"恒定性"，却不反对"用"的相对性。这样，对照西方哲学的"实体"讲属性和样式，原儒之"德"的主要"属性"当是存在和运动，基本"样式"就是"道"，由"道"体现德之大用。作为"纯粹存在"的"体"有"恒定性"，其"用"则有相对性、层次性。

---

① 陈来：《仁学本体论》，第 204—205 页。

第一节　"体用关系"典范与中外会通

我们知道孔子是传统文化的"集大成者",具体体现在孔子"删述""六经"上。讲"笔削",自然不能随心所欲,应该有套准则。如果说老年以前的孔子"删述"《诗》《书》《礼》《乐》的标准主要是政治的、道德的、伦理的等标准的话,那么孔子为《周易》作《传》采用的应该是形而上——哲学的标准。大易兼容并蓄当时道家、法家(主要指管子)、兵阴阳家等的思想精华。儒家喜闻乐道的"体用不二""显微无间""经世致用"和"崇德广业"便构成儒家形而上的传统。但原儒"趋利避害""崇德广业"讲法不是世俗的实用主义讲法,而是呈现为一种体用关系的范式。

1. 关于"理体"的进路

"理气论"的代表人物是程朱。陈来先生最新研究成果表明,将"仁、义、礼、智"与"元、亨、利、贞"对应讲理气关系共有三种讲法:一是从物上讲的"生长遂成说",像程颐;再是从气上讲的"四季说"和从理上讲的"元亨利贞说",像朱熹。尽管朱熹与程颐讲法不同,但朱熹强调伊川"理便在气中,两个不曾相离"这个"说话改不得,谓是有气则理便具"。就是说,程朱皆视"理"为"体","气"为"用"。这个"理"是认知性的(外在的)、静态的(不动的)。

2. 关于"心体"的进路

"心本体"的代表人物是陆王。牟宗三先生极力推崇陆王"圣者仁心无外之天地气象"[①],批判程朱静态的、知性的、客观的"理"本体。认为陆王动态的、存在的、主观的"心"才是具体而真实的本体[②],牟氏名

---

① 李泽厚:《说儒学四期》,第98页。
② 李泽厚:《说儒学四期》,第96—97页。

之为"心性本体"。

3. 本体"非心非物"进路对原儒思想的回归

陈来先生高度评价熊十力先生能突破"唯物""唯心"排斥性二分法，开拓了实体的"非心非物的哲学发展方向"[①]，对此我们表示赞赏，并予以承认。"德"是纯粹存在，但非心非物。"德"与"德本体"是实然与应然的关系，是事实与价值的关系。

4. "尚杂""主宽""兼两"的"视界融合"

萧萐父先生说中华民族的文化观和文化史观体现的特点就是"尚杂、兼两、主和"。[②] 我们应以"观乎人文，以化成天下""求同存异"的情怀和丰富世界伦理建设的志趣，扩大视界融合，发展、完善自己的体用观。

5. 德元为体，东西为用

中国传统观念以天地四方为宇，以古往今来为宙。大易强调"观乎人文，以化成天下"，这种宇宙观和天下观孕育的体用观自然是"德元为体""天下为用"。尽管孔子时代并没有"西洋"的概念，但有"六合""天下"的观念，从早期"东学西渐"和后期"西学东渐"反求，视"东西为用"为宇宙生命和天下大用，当离孔子本意不远。毛泽东就讲"古为今用，洋为中用"。因为德充塞天地，与物无对，"大"不足以名之，故天地之用皆德之用。又，"本立道生""德博而化"，就是说以德为本所立之道，和谐、合序、合内外之道。笔者体贴出的"德元为体，东西为用"体用观，既是讲大化流形之德"千里之外应之"的"速乎置邮而传命"的全体大用，也是在强调我们要以包举宇内的情怀全面吸收传统和西方一切文明成果的为我所用。

---

① 陈来：《仁学本体论》，第 374 页。

② 转引自庞朴、马勇等《先秦儒家研究》，湖北教育出版社 2003 年版，第 591 页。

（1）"体"的恒定性

易讲"四易"——简易、变易、不易、交易。① "不易"主要指德本体的不易。尽管德本体有不易的恒定性，但它不像朱子的"理"和斯宾诺莎的"实体"那样不会动，而是"变动不居，周流六虚"的。从中西文化交流层面讲，在全球化和现代化的背景下我们并不强求"同质化"，将"中体""西体化"，或"西体""中体化"，而是追求文化的多样性与丰富性，因为古人早已告诫我们"和实生物，同则不继"② 的深刻道理。

（2）"圣端"的桥梁作用

以往学人讲"用"基本上都是从"经世致用"的功利角度来讲"用"的，其实"体"与"用"之间有个内在的传导机制，这个机制就是国人拥有的"圣端"。因"圣端"而起"全体大用"，这是中国形而上学的讲法。

（3）"用"的层次性

朱子用"理一分殊"讲"体""用"关系，逻辑学家金岳霖先生所讲的"体"的单一性和"用"的层次性与朱子的观点相似。"万川映月"有平面的感觉，似不能准确地表达"用"的层次性。向西方学习，我们不单要"共时性"地"拿"，也要"历时性"地"取"。

关于易本身之"用"，也是分"层次"的。一是"动者观变玩占"，即是说"玩占"绝不是算命。《周易》和《归藏》占法的区别主要在于《归藏》占不变的七、八，算的是不变的"命"。《周易》占六、九，六、九尚变，提供的是决策参数，是在作预测。治易者对"命运"的态度，既不要伺命妄为，也不可听命不为。在这个意义上，《易经》属于预测学。二是"易不占险"，即是说，不能幻想用易干坏事。子服惠伯曾讲过"夫易，不可以占险"③，恶人欲行恶事，靠筮占是不会灵验的。在这个意

---

① 拙作《再论〈易经〉的德本体思想》，《渤海大学学报》（社科版）2018年第2期。

② 陈桐生译注：《国语》，第573页。

③ 杨伯峻：《春秋左传注》（修订版），第1337页。

义上，《易经》又是"迁善之书"。三是"善为《易》者不占"，即是说，当人们了解了筮占的实质，读懂《易经》之后，是根本不用筮占的，因"观象玩辞"足矣。孔子对"不占"的答复是"不恒其德，或承之羞"，在这个意义上，《易经》又是"厚德之书""寡过之书"。大易的可贵之处，就在于它尽管讲述筮占技艺，但并不让人们迷信占卜，而是号召君子要"居安思危""防微杜渐""趋利避害""自强不息""既济有为"以"建功立业"。

第二节　德道的主要功能、作用

1. 建构功能

东周社会变革之剧，可谓"熵增"无序。孔子晚而喜易，观易之"德"，进而"明德"。用今天的话讲，当是在春秋乱世作"负熵"，开放社会系统，将理想的君子社会打造成"耗散结构"。

原儒德道论的基本原理有：①因果性与目的性相统一原理；②德合无疆、天下文明原理；③"三极之道"、去中心化原理；④共赢共享、各得其所原理；⑤求同存异、构建和谐原理；⑥"一分为二"、执两用"中"原理；⑦穷则思变、革故鼎新原理等。

今天我们面临千百年未有之大变局，同样需要拿出使命和担当，依据德道的基本原理对遭到人为破坏的国内和国际的秩序加以建构或重构。

2. "安人"的功能

杜威在《确定性的寻求》一书中表现出一种希冀，他设想到了工业化的时代，人们便可以通过科学的方式以应对人生中的种种不确定性。然而事实上，"科学的人生"难以规划；真实的人生轨迹往往最不"科学"。在现实生活中，人作为个体每每感到一己之无力、渺小，人生往往需要寻找归宿和依靠。现代性物欲的释放和形形色色的突发公共事件使国人终极关怀缺失的问题凸显出来。"中国的形而上学首先要为中国的当代生活作出哲学思考。"古人讲"作德，心逸日休；作伪，心劳日拙"。①　"德，不言而信"，立德不朽。宋儒张载说过"存，吾顺事。殁，吾宁也"，还讲"为天地立心，为生民立命，为往圣继绝学，为万世开太平"②。

国人既不通过纯科学寻求"确定性"，也不通过乞求"神灵"寻求"确定性"，而是委身于"德"。德本体—德道学说不仅能安顿人心，更能唤起国人的立命之志和建功立业之行。

3. "平台"功能

（1）为儒家内部交流提供新媒介

美国社群主义者麦金泰尔提出了对哲学进行比较研究的方法问题。他说，好的比较哲学或神学必须完成三件相关的工作：首先，它必须用最好、最合理的术语尽力描述、理解并评价所要比较的体系。比较工作不能马上就对一些可供选择的思想体系表示出偏好。它必须借用所要予以比较的体系之话语世界内的合理术语来审视这个体系。其次，是通过对文献本身内在资源的利用，阐明每个体系的主要问题。光从外部批评是不够的。比较研究者非得深入到另一体系之中，把这一体系构造准确地描述出来。再次，比较研究者提出新观点后必须说明这些新观点在另一系统中得不到彻底解决的原因。③　这是个极高的标准，笔者虽不能至，但心向往之！这就是笔者尽管不懂外文，却偏要把人们不大熟悉的哲学家们（包括人类学家、伦理学家、语言学家等）的外文名字尽量加以标注的原因之一。比如田立克（蒂利希）、克尔凯郭尔（祁克果）、伽达默尔（高达美）、纳塞（纳瑟）等人，还有名字难以区分的列奥·施特劳斯和列维·施特劳斯、穆尔与摩尔等人。还偏要把一些哲学术语如哲学与形而上学、伦理学与伦理、美德与道德、超越与超验、最高存在者与本体、错与罪等翻译过来，等等。目的就是尽量避免闹出张冠李戴、"关公战秦琼"和"只识

---

① 《十三经注疏》整理委员会：《尚书正义》，第575页。

② 即"横渠（张载）四句"。

③ 转引自［美］白诗朗《论创造性》，陈浩译，第9—10页。

曹操不识孟德"（笔者直到本书稿提交出版社前才知道刘述先说的纳塞和杜维明说的纳瑟是一个人）的笑话。笔者筹建的大连重明书院就想招聘一批懂外文、文理兼通的才俊加盟，努力将其打造成一个德文化的重镇，以便成为一个世界级的交流平台。

（2）为国际对话搭建新平台

古希腊传统和中国传统都关注"德"的问题。我们发现一个饶有趣味的现象，就是不但公元前 4 世纪古希腊的亚里士多德所研究的"德"（麦金泰尔所揭示的不是用"有效性"定义"正义"，而是按着"优秀和完美"定义"正义"① 的"美德的复数形式"层面）的主要内涵是"正义""正直"，我国约从公元前 15 世纪铸就的"德"文化传统也主要讲"正直"和"正义"。这大概就是人类文明的"百虑致一""殊途同归"吧！

我们在讨论争取中国哲学话语权必要性时已经讲到，其目的之一就是开展国际对话。德道的重要功能就是具有对话功能。我们把"对话"分为"解释世界"的对话和"解释中国"的对话。通过这个平台，我们可以对西方百思不得其解的"中国经济奇迹"出现的学理作如下阐释暨对西方学界对中华文化品质的质疑作如下回应：

由于中国古代社会不是马扎亚尔定义的"亚细亚社会"，中华文明不是单纯依附于农耕文化的文明，所以，中华文化没有像列文森预判的那样死掉②；中华文明有"於穆不已""自强不息"的"努斯精神"作为不竭的内在动力，所以面对危机，中华文明绝不仅仅呈现出费正清所言的单

---

① ［美］阿拉斯代尔·麦金泰尔：《谁之正义？何种合理性？》"译者序言"，万俊人等译，第16 页。在麦金泰尔看来，按"有效性"定义"正义"，这种"正义美德"是指遵守正义规则的品质，也就是我们今天所说的道德。

② ［美］约瑟夫·列文森：《儒教中国及其现代命运》，郑大华译，广西师范大学出版社 2009年版。

一、被动的"反应"结构①；由于中华文化有"各正性命"之士民、农民、工民、商民②等"分工协作"的传统和"出类拔萃"的精英阶层之"申命行事"，具有"独立不惧""立不易方"——不向现实妥协的大丈夫精神，我们才会建设和实现现代化。就是说，由于中国的"文化资本"深厚，由于原儒"德本体—德道论"具有自洽性、超越性、客观性、合法性、普适性、开放性和创造性，中华文明复兴的曙光才越来越澄明。具体说来，就是中国共产党结合中国实际建设的完整、但不僵化的工业体系，让我们顶住了东南亚金融危机和美国次贷危机的冲击，并逐步成为引领全球第四次工业革命、特别是现代制造业的弄潮儿；是毛泽东的"麻雀虽小，五脏俱全"——"有备无患，强调内部分工"的经营理念，才会造就一个任正非，在"美国对华贸易战"国难当头之际，面对美国的极限施压，"直接冲到了上甘岭"，打乱了敌人的阵脚，挺起了中华民族的脊梁；是共产党人没有照搬、引进西方的工会制度与社会福利制度，不给"工人贵族"滋生的土壤，才使得我国经济改革动力十足；是中国人特有的、深重的忧患意识，才促使中华民族每当到了最危险的时候，只要共产党吹响战斗的号角，英雄儿女就会应者云集、热血沸腾、英勇奉献；是党关于"计划和市场都是手段"的洞识，才引领我们踏上"特色中国"的正途；是"文明嘉汇""殊途同归""和为贵"的天下文明观，才使得我们能与各种文明和谐相处；是"同心获利""富予其邻""我有好爵，吾与尔靡之"的基因，才让我们有强烈的共享、共赢的"开源精神"；是圣贤作出的"君子和而不同"及"以文化成"的科学判断，才使我们具有强烈的"共识意识"；是"群龙无首"，不谋一己之私，担当有为的壮志情怀，才使我们心甘情愿地去"中心化"，进而精心打造人类命运共同

---

① ［美］柯文：《在中国发现历史：中国中心观在美国的兴起》，林同奇译，第1—8页。

② 见《十三经注疏》整理委员会《春秋穀梁传注疏》，第242页；陈桐生译注《国语》，第242—246页。

体。这是新时代儒学思想精髓之所在，也是中国唱不衰、打不倒、吃不掉的根本原因，是"中国经济活力四射"的根本原因，是中国经济腾飞的根本原因。

我们以为，在经历千百年未有之大变局的今天，讲清学理与"讲好中国故事"一样重要。实事求是地讲，向西方社会讲清中华复兴的学理的任务更加紧迫。只有弄清了中华复兴的学理，才会让西方看到中华全面复兴的历史必然性。然而，在中华民族实现全面复兴后，我们并不会像马丁·雅克预判的那样——"当中国重新统治世界"时会恢复传统的"藩属国制度"①，而是一如既往地尊重他国的主权和领土完整，努力打造人类命运共同体。

需要说明的是，我们运用西方范式来诠释传统文化绝不是以预设和承认西方学问高于中国学问为前提。"天下百虑致一"，我们也不武断地讲"中国传统文化被莱布尼茨、沃尔夫、马克思等科学化了以后又被我们迎了回来"。我们只不过是用西方人听得懂的话语与之交流、沟通，让其看到自身文化发展脉络乃至缺陷罢了。再者，由形式逻辑建构的"现代科学方法"绝不是人类认识自然的唯一途径。就像我们认识宇宙的手段除了电磁波之外还有引力波一样，科学知识除了"命题性知识"以外，还有"默会的知识"。爱因斯坦就说过，许多科技发明并不是靠逻辑推理也不是靠经验总结。② 另外，中国古代圣贤并不是分不清主客、实然与应然之间的关系，因为他们也讲"天人有分""两仪阴阳""三极之道"和"与时偕极"。我们认为，先贤之所以放弃了这种"排斥性二分法"，只不过是他们在漫长的历史实践当中作了比较权衡，强调并保留了"默会的维度""德性之知"这种更高的智慧而已。

---

① ［英］马丁·雅克：《当中国统治世界》，中信出版社 2010 年版。
② 转引自李泽厚、刘绪源《该中国哲学登场了?》，第 44 页。

（3）打造"价值兼容"新生态

我们坚持文明多元主义，但反对文明相对主义；我们坚信社会是发展进步的，但反对否定历史传承的进步主义；我们坚持现代化的社会发展目标，但反对"资本的逻辑"成为社会的逻辑。

天生百物，人为一种，无论肤色，其性皆同①。20 世纪初，世界人祸不断；进入 21 世纪，世界又天灾频仍。天人关系如此紧张，需要人类共同来纾解。人类共同的灾难，需要世界携手来应对。人类需要结成命运共同体。而缔结人类命运共同体，既需要求同存异——价值观的妥协，更需要新价值的创造。而打造"价值兼容"的新生态是全球当务之急。德道建构的生态伦理是个高维度伦理，是对西方"世俗伦理"的超逾。

4. 德道成就民主与法治

牟宗三先生念兹在兹的是由"内圣开外王"，李泽厚先生也常常讲，学者的诉求只有落实到制度上才算成功。窃以为，二位先生的学术主张之所以难以落到实处，一方面由于学理讲得不够通透，而"不通透"的关键在于二位先生尤其是李先生不承认老年孔子会通儒、易发展的新儒学（我们称之为德道）所具有的宗教性，不能从根本上回应黑格尔说中国人没有意识到"所有人的自由"，且没有"主观自由"来源的问题。按着黑格尔的逻辑，个体与国家（客观存有）是一对矛盾，个体经过反思意识到了这对矛盾，并从中"抽身"（互相否定）。个体"彻底抽身"——"主观自由"是通过对终极存有（宗教）的肯定获得的。这个终极存有（宗教）是什么呢？黑格尔的定义是：宗教系指精神回退到自身之内，专注于沉思其本性及内在的存有。在此领域中，人便从他与国家的关系中抽身而出，终能在这种隐退中将自己从世俗政府的权力中释放出来。只有在能将自己隔绝的个体里，只有在能独立于外在强力而为自己存在的个体

---

① 拙作《形上赋》，《辽沈晚报》2017 年 11 月 1 日 16 版。

里，才可能有真正的信仰。① 在笔者看来，黑格尔所说的终极信仰就是德本体。我们在"原儒的方法论"一节中已经阐明，在客观存有与终极存有之间具有紧密的联系，自我的肯定是经由对客观存有的否定，进而达到对终极存有的肯定获得的。另一方面由于二位先生没有解决个体主观自由如何达到具体自由，也就是如何获得现实性的问题。德本体—德道论认为"形而中者谓之法"，这个"法"自"象"来，体现的是不折不扣的以自然法——价值法为基础的自由法权。以德本体宗教性为背景的主观自由及其具有的"立不易方"之独立人格，完全可以开出有中国特色的民主政治。

第三节　价值普适性评估

1. 全球伦理由"薄"到"厚"对意义世界的开拓

据说麦克·沃瑟（M. Walzer）有本著作叫《薄和厚》。他从多元文化出发，反对脱离具体的历史、文化背景抽象地谈论普适原则。他认为文化可以交流互鉴，精神性话题可成为公共话语，意义世界可以得到拓展，普适价值可以由"薄"增"厚"。② 事实上，价值有个"试错"纠偏的过程，我们对启蒙现代性所实践了的民主、科学、自由、平等、人权等基本价值都持有肯定、赞赏的态度。尽管全球化的时代没有带来全球的"同质化"，尽管文化相对主义者还有"西方与西方之外"的理性傲慢，但我们在应对全球生态、环保、女权、社会解体、道德失范等问题时所推崇的悲悯、责任、同情、礼让等价值，不但不会消解原有普适的"薄"的价值，而且能增"厚"普适价值。

2. 价值的"实践优先性"评价

启蒙运动后，涌现了自由主义、社会主义等几大思潮。自由主义强调

---

①　参见唐文明《隐秘的颠覆》，第292—304页。

②　参见哈佛燕京学社《儒家与自由主义》，第108页。

民主、自由价值，社会主义强调平等、效率价值。价值有"实践优先性"。上世纪50年代兴起的"现代性"强势话语就源于这种实践的优先性。像西方社会崇尚的自由、民主、人权、法治等价值被视为现代社会的本质属性——现代性；像社会主义国家崇尚的平等、效率、公义等价值也被视为现代社会的本质属性——现代性。在经济全球化的今天，我们建构全球伦理，各族群都向"轴心文化"要智慧（"转化传统"），其实就是从传统文化中发掘符合现代社会长久发展需要的价值（现代性呈现），争取新的实践优先性。

3. 价值的"理想性高度"评价

普世价值皆来自地方价值，确切地说都来自轴心文明价值。从不同文明的比较中，我们确实能发现普适价值具有"理想性高度"的问题。比如，儒家的人文主义没有教条戒律，什么都可以拿出来讨论，包括性善、性恶，包括修身、齐国，包括孝悌、亲情等，这种自由，在基督教和伊斯兰教看来是不可思议的。又比如，天主教不允许女性做宗教领袖；佛教说你下世不投胎为男性，那你就永远进入不了涅槃；等等。这些对女权主义、平等价值都是严重的扭曲。再比如，西方对"隐私"的过度保护，对科学价值已造成了沉重打击。可见，其他轴心文明或多或少都带有局限性，不仅"宽度"不够，"高度"也有限。儒家文明是待开发的处女地，其理想性高度决定了它的后发优势和比较优势。比如在中华元典《易经》中现代性资源极为丰富。其男女平等、夫妇平等、父母平等思想能开发出"女权"价值；其"三才共治"能开发出环保和生态价值；既济担当思想可以开发出责任价值；中孚思想能开发出诚实、信用价值；革故鼎新思想能开发出开源、开放、改革价值；命运共同体思想能开发出共赢、共享价值等。凡此种种，皆来自德"於穆不已"的天命。这种天命不是功利性选择，更不是在重要国际组织中随性"退群"或"入群"所能企及的。

4. 价值评价的客观性预估

德本体也讲价值评价标准，但与新康德主义弗莱堡学派的讲法有根本区别。康德的批判哲学之所以是"哥白尼式的革命",就是实现了经验知识围绕"理性知识"转的目标。新康德主义弗莱堡学派则更进一步,把康德的"实践理性"发展为以人为核心的伦理学,把伦理学标准作为价值的唯一标准。[①] 犹有进者,这个伦理学价值标准的"阳光"可以普照康德的"彼岸世界"。自然,这个标准是主观的。原儒讲"为政以德,譬如北辰,居其所而众星共之"[②]。我们的"经验"和"理性"都围绕着具有"纯粹客观性形式"的"德"来转。从政治学、社会学和伦理学角度体察,德本体价值评价标准有如下几个主要特点:

(1) 主客观统一性

新康德主义弗莱堡学派的"评价"是主体对客体的主观评价,具有相对性;德本体价值评价具有客观性。"德本体"价值评价的学理基础是"天人合一""三才之道",坚持的是主、客观统一标准。

(2) 人民性

大易强调"人谋鬼谋,百姓与能"。"德本体"价值评价强调的是"天视自我民视"和"天听自我民听",强调价值评价标准的人民性。

(3) 兼容性

儒家讲"有容,德乃大",讲"观乎人文,以化成天下",讲"学而第一",强调"天、地、人"三才共治。也就是说,人类的一切先进的人文成果都可以学习,都可以"拿来"为我所用,价值评价标准具有包(兼)容性。

本篇附论

有专家问笔者:"国杰,你这个'德道论'与'德本体论'之间的关

---

① 刘放桐:《文德尔班哲学批判》,《复旦大学学报》1964 年第 1 期。

② 李泽厚:《论语今读》,第 47 页。

系究竟该怎么看？现在学界时髦的提法是对传统文化进行'创造性转换'或'转换性创造'①，官方的提法是'创造性转化，创新性发展'。你这好像是从现代向传统'转换''还原'？布局谋篇是不是先讲'德道论'后讲'德本体论'更好？"

对此笔者很庆幸，至少说明多数专家对"德本体论"和"德道论"还是认可的。

笔者先讲下关于本书稿布局谋篇的问题。总的来说，现代的中国早已不是"洋务运动"时期的中国了，那时我们只是多了一些西方的新词汇而已。而在"西学东渐"之后，我们不仅引入了大量的西方词汇，即丰富了词汇，就连我们的语法都变了，以致出现新文化运动时期王国维慨叹的"可爱的不可信，可信的不可爱"之文化认同危机。特别到了当代，随着中西文化的深度融合，纯粹的中西之"分"已经很难做到。而且，如果没有本体论、价值论等知识做铺垫，我们是讲不清楚德道与道德、德道与"道德的形上学"、德道与王道和霸道、德道与刑德之治等的区别的。因此笔者决定先"讲时髦"，从"德本体论"开始讲起。

有人说笔者是从现代向传统"转换"，自然是不成立的。如果"传统"是个死传统，就根本"转换"不回去，那样"借尸还魂"、装腔作势也根本没有必要。即使"转换"了，也仅是纸上谈兵，根本不会有生命力。若说是从现代向传统"还原"，与笔者的做法倒有些接近，只是"还原"概念已被现代现象学借用，不加以澄清，将会引起概念的混乱。以前笔者在学习《系辞·上》第七章"天地设位而易立乎其中矣。成性存存，道义之门"这句话时，对"存存"二字怎么也参不透。现在看来，"存存"就是不断地"括出"经验现象，以达到"现象学还原"，但这项"存存"的功夫只能进入"道义"之门，即仅是"入室"，尚未达到"登

---

① 林毓生先生提出"创造性转换"，李泽厚先生认为这个转换是有既定模式——美国模式的，故提出了"转换性创造"，是创新性的、改良性的。参见李泽厚、刘绪源《该中国哲学登场了？》，第187—188页。

堂"（形而上）的地步。因此笔者将书稿的第四章定名为"'德本体'向'德道'的转换、回归"。为什么要"转换"呢？因为我们的"传统"是"活"的传统，其中拥有丰富的"现代性"元素，这种古今是可以"转换"的。

有专家说我国"本体"二字连用始于西汉京房（字君明）的《京氏易传解读》。其中说道："乾分三阳为长、中、少，至艮为少男，本体属阳，阳极则至，反生阴象。"其实，《系辞·下》第六章讲"乾，阳物也；坤，阴物也。阴阳合德而刚柔有体"。阴阳、刚柔是一码事，就是说阴阳合德合体，早已将"德体"连用了。张岱年先生说国人的本体意识和本体思维始于先秦的说法是正确的。关于"德道"概念，荀子和董子也都早就使用了，只不过他们所说的"德道"与原儒的德道概念意义不同，我们在正文中已对此作过辨析。

思想的转换离不开语言文字。一般来讲，我们研究古文字的"形""声""义"，对应的学问分别是古文字学、音韵学和训诂学。在正文中，我们厘清了甲骨文"德"字和古"元"字、"法"字、"道"字、"讼"字等名词，并恢复了它们的古义。细心人会发现，语言文字诸科学的运用，往往离不开具体的语境。下面我们有必要辨析下两个关键词："辅"和"抚"。

"辅"和"抚"为同音字，"辅"为并纽鱼部字，"抚"为滂纽鱼部字，作动词使用，二字字义则不同。"辅"指"辅助""辅佐"。如《象·泰》"裁成天地之道，辅相天地之宜"中的"辅"字重"辅助"义。在《尚书·蔡仲之命》正文中和《左传·僖公五年》转引的"皇天无亲，惟德是辅"这个倒装句中，"辅"重"辅佐"义。因为是"惟（唯）辅"，言外之意，人王失德皇天则不"辅"之，且要"革"去其已获的天命。"抚"字主要有"安抚"义。《左传》讲"太上以德抚民，然后亲亲，以相及也"。其中"民"是指陌生人。这些"陌生人"究竟是指每个族群的族宗，还是泛指世上人人？从刘殿爵等先生对先秦"轴心突破"的观察看，我们以为，既然"在孔子时期的唯一发展是'天命'不再限于人王所有。每个人都受到'天命'的约束"①，那么，太上所"抚"之"民"绝不仅仅限于族宗。"太上以德抚民"就是太上"以德安民"。因此，我们转化出的"以德安人"这个新命题是持之有故的。

笔者总暗自庆幸，我们这代人真有福气！随着马王堆帛书、郭店楚简等的出土和"上博简""清华简"等的面世，我们不仅可以理直气壮地向世界宣告中国古代有哲学，而且借助对"地下材料"的补缀、发阐和对"地上材料"的重构，让世界知道我们还有高明的哲学——德道论。

孔子的德道论有自己的主要概念，如德、道、法、类、中孚、使命等；有基本范畴，如阴、阳，刚、柔，奇、偶，有、无，始、终，心、物，理、欲，器、法，一、多，同、异，数、度，诚、伪，既济、未济；有主要命题，如"道始于情，情生于性""性自命出，命由天降""保命以德""立德不朽""德博而化""德者自得""两个世界，一元德本""德元为体，古洋为用""形而中者谓之法"和"以德安人，依法治国"等。

与"王道予之""霸道夺之"相比，德道讲求权利、义务对等、匹配、相应，是去"中心化"的开源、开放、共建、共赢、共享之道。德道堪称中华文化的真精神。

面对老年孔子的德道论，熊十力先生恐无须再在"摄用归体"或"摄体归用"两端摇摆了；梁漱溟先生关于"中国文化早熟，且不成熟"的说法恐怕也站不住脚了。

附：有关重要知识背景介绍

1. 关于"善"的问题

"善"的用法多种多样。一般来讲，以"善"为研究对象的学问大致

---

① 余英时：《论天人之际》，第37—38页。

包括：

①伦理学讲"善"，它与公序良俗、社会道德风尚相联系。

②在神学中，它与超越性相联系，因为"至善"必须要依靠一个超越性的纯粹存在使之成为"客观对象"。在神学中，讲"性恶"，大多是"他力救赎"论者；讲"性善"，往往是"自力救赎"论者。孟德斯鸠在《论法的精神》中就讲：人类法则关注的对象是善，而宗教关注的是至善。

③在哲学人类学中，需要对"性善""性恶"或"性三品"作出界说，它与人性论相联系。

④在本体论哲学中，"至善"一般与自由德性的根源相联系。

⑤在广义的"实践哲学"中，亚里士多德是在"人"这个概念所具有的"本质目的性"意义上使用"至善"概念的；伊壁鸠鲁学派将"至善"置于"快乐的心情中"加以安顿；斯多葛学派仅是在心灵的高尚和坚强中去寻求最高的善；时人则讲："因为性恶"法治才有必要，因为"性善"法治才有可能。

⑥在逻辑学中，董光璧先生认为，逻辑理性、数学理性和实验理性之所以不能"至善"，就因为它始终把"直觉"排斥在外。科学只有接纳直觉为理性，才能"至善"。①

2. 子思子思想蠡测

孔鲤寿命不长，尽管孔子老年丧子，但庆幸的是晚年得孙。有文献记载，孔伋自小聪颖异常，孔子自然对他寄予厚望。老年孔子担心"后世之士疑丘者或以《易》乎"，而子思又偏偏"长于易学"，这样我们就很有必要深入研究子思治《易》的目的及其思想特征。

第一，关于子思身份定位与肩负的特殊使命。

子思具有双重身份。在孔门弟子中，他是曾子学生，是"七十子弟

---

① 董光璧：《道家思想的现代性和世界意义》，第 73 页。

子"，属第二辈；在"孔氏家族"中他是门户的"支撑"（孔子卒后，论学问，当时恐只有子思一位代表）。孔子在世时，尽管聪慧的子思尚幼，但他一定会得到孔子的"真传"。从"汉魏孔氏家学"的兴盛推断，子思应为"孔氏家学"的传承人，乃至集成者。李学勤先生就说过："《子思子》今存于《礼记》中的四篇，可认为子思传述孔子的著作，出于家学。"①

这里有个问题，在儒门弟子中曾子（字子舆）系非传《易》弟子，那么子思是从谁习《易》的呢？《史记·孔子世家》说孔子弟子三千，而"身通六艺者七十有七人"。司马氏说"夫儒者以六艺为法"。经考察，此"六艺"不是指官学的礼、乐、射、御、书、数"古六艺"，而是指诗、书、礼、乐、易、春秋之六艺。这不仅是因为郭店楚简《六德》和《语丛一》已将《诗》《书》《礼》《乐》《易》《春秋》六经并称②，而且在先秦"对六经的引用不只是儒家，其他各家包括特别不喜欢儒家的人也在引用，像墨子，像庄子，像法家。实际上'六经'已经是当时的基础教材"。可见在儒门内部，身通易学者多多。作为孔子后人的子思的易学"师资资源"是十分丰富的。

第二，关于子思从易学角度为确立孔子圣人地位提供理论支持的"易用"实践。

《史记》记载孔子临终时慨叹"天下无道久矣"。《庄子·人世间》说"天下无道，圣人生焉"。孔子之世是个"无道"的乱世，特别是在孔子逝后发生了"叔孙武叔毁仲尼"事件，以子贡为代表的重量级弟子便持续开展了"造圣"运动。

孔子离世之初，子贡、宰予、子夏、子张、子游等把长相酷似孔子的有若推到孔子座位上去膜拜。然而有若毕竟不是孔子。诸弟子便开始了从

---

① 李学勤：《周易溯源》，第105页。
② 廖名春等：《写在简帛上的文明》，第58页。

理论上论证孔子成"圣"的合法性，其所选择的突破口就是放宽孔子提出的"圣人"标准。古"耴"字从"耳"从"口"，是指耳聪口讷之人。孔子按智力水平把人分为四等："生而知之"的上智之人，"学而知之"和"困而知之"的两类"中人"，以及"困而不学"的下愚之人。他把自己归入"学而知之"的普通人，而子贡偏说孔子是"天纵之圣"。孔子说"若圣与仁，则吾岂敢"，只是做到了"为之不厌，诲人不倦"而已。子贡则说"学不厌"是"智"，"教不倦"是"仁"，此为"圣人"无疑。自此子贡还觉得不够，又讲："见其礼而知其政，闻其乐而知其德，由百世之后，等百世之王，莫之能违也。自生民以来，未有夫子也。"宰我说："以予观于夫子，贤于尧、舜远矣。"有若说："岂惟民哉？麒麟之于走兽，凤凰之于飞鸟，泰山之于丘垤，河海之于行潦，类也。圣人之于民，亦类也。出于其类，拔乎其萃，自生民以来，未有盛于孔子也。"在诸弟子的努力下，孔子的"圣人"地位确立了。有专家说"战国中晚期孔子的'圣人'身份已经确立"[①]。而《礼记·檀弓上》讲述伯鱼卒，其妻嫁于卫，"子思欲为嫁母服"时，"柳若谓子思曰：'子，圣人之后也。四方于子乎观礼，子盖慎诸'"。[②] 我们从这一记载中发现，孔子的"圣人"地位可能在春秋末期就确立了。因为一生高寿的子思（约前483—前402）卒前一年（前403年"三家分晋"）中国才进入战国时代。

当然，在子贡等人"造圣"时期，子思处于幼年阶段，尚无力参与"造圣"运动。我们若说子思在成年后全身心投入到了这个运动中来，当无可疑，只是他的切入角度与众不同罢了。我们知道，推孔子为圣人，子贡是始作俑者。由于子贡激烈反对孔子违背"它日之教""老而好易"，在他心目中的"圣人"也不过是"本事大"的代名词，是个"世俗化"的圣人。与子贡等人从放宽孔子对圣人"定制标准"入手有别，子思的

---

① 李学勤：《重写学术史》，第319页。
② 《十三经注疏》整理委员会：《礼记正义》，第271—272页。

做法是扩大论域，增加"圣人"的本事，即拓宽"视野"和提升圣智。原来"耵"强调"耳聪"，在子思看来，这种"耳聪"应是能会通天地，可倾听宇宙的声音；不单如此，"圣"还应能"观"，这种"观"也不仅仅是仰观、俯察、近收、远取，而是要确立"百姓万民的天下观"。孔子门下的弟子只看到了孔子"出类拔萃""贤于尧舜"，却"闻而不得"孔子"祖述尧舜"背后的潜台词。"圣"更要能"体无"，能"为一"。作为"言语科"代表、能说会道的子贡和宰我，是理解不了孔子所说的"我欲无言"的深意的。

第三，关于子思子将"五行"引入儒家的学术意义再评价。

荀子的《非十二子》，以自己炮制的"三奸"为尺度，批田仲、史鳅等"十子"之过，治"思孟"二子之"罪"。从荀卿的指控中我们发现孔子还有个"滋厚于后世"的有关"德"的学说。幼年子思作为孔子嫡孙，离老年孔子最近，自然能听到孔子的真言；成年子思作为"孔氏家学"的新掌门，自然有责任"续命继绝"。而子思恰恰说"五行""真乃先君子之言也"，这个"先君子"，李学勤先生已指证就是孔子。马王堆帛书易《要》篇也证实，老年孔子"观其（易）德义"，确实有一个可泽被后世的"德"的理论。

章太炎先生对子思子的"五行"学说有过评价。不可否认，"五行"学说有"造圣"的目的在，但如果单纯将"五行"的引入说成是"将神秘学说导入儒家"，开了"数术与儒家融合的先河"①，则是严重低估了"五行学说"的学术意义。

杜维明先生讲过一个故事说：德国前总理凡赛克曾问过他为什么中国把"智"与"仁""义""礼"诸价值并列，当时先生明言"自己还没有想透"②。我们从简帛《五行》中知晓，子思子所说的"五行"不是元素

① 章太炎：《章太炎全集》（一），上海人民出版社 2014 年版，第 169—171 页。
② 哈佛燕京学社：《启蒙的反思》，第 98—99 页。

论五行，而是"德性论"五行。这种"德性论"五行是从"形"入手对仁、义、礼、智、圣"五行"的内涵与外延作了区分。"形于外"就是讲伦理价值。"形于内"就是将"仁""义"对举（"在人之道曰仁、曰义"）、"智"和"礼"对举（"知崇礼卑"），讲能"为一"的形而上的辩证法①（与西方的"爱智"哲学相似）。在《五行》中，"圣"的范畴高于仁、义、礼、智诸范畴，"德"的范畴（仁、义、礼、智、圣）高于"善"的范畴（仁、义、礼、智）。"德性论"五行不是讲仁与义、礼与智等之间的相生相克关系，而是要求能"为一"，即"由数达乎德"，也就是参透了事物内在矛盾在最高层次上的"有差异的同一"（差异中的统一）。《易经》讲"天地设位，圣人成能"。随着子思对"圣"之论域的拓展和辩证法的导入，不仅是作为"通人达才"的孔子成为"超越式"圣人的形象立住了（可以这样讲，几千年来，其他"圣人"是像子贡一类人"树"起来的，而孔子身上圣人的光环是后人所"去"不掉的，其功劳主要在子思子），更主要的是"德性论"五行成了实现孔子理论自洽的枢机——国人的"圣端"从超越的"先天"世界找到了价值之源，为我们的"核心价值观"疏通了源头活水。

第四，关于《易传》的思想归属和主要篇章"定型"的问题。

刘大钧先生"《易传》尚中思想当属思孟学派"②的高论引起了我们的关注。我们觉得似乎整个《易传》的"德"论，乃至今传本"十翼"的主要篇章的定型都与子思有关。关于孔门传易弟子的"世系"是有史记载的。《史记·仲尼弟子列传》所记传易系统是：孔子—商瞿（字子木，鲁人）—馯臂（字子弘，楚人）—矫疵（字子庸，江东人）—周竖（字子家，燕人）—光羽（字子乘，淳于人）—田何（字子庄，齐人）。《汉书·儒林传》所记与《史记》略有不同：孔子—商瞿—桥庇（字子

---

① 庞朴：《竹帛〈五行〉篇校注及研究》，第3、11页。
② 刘大钧：《周易概论》（增补修订本），第18页。

庸，鲁人）—骍臂（字子弓，江东人）—周醜—孙虞—田何。李学勤先生引据前人考证结果证明，字子弘和字子弓的骍臂是一个人，系楚人①。这里的差异只是骍臂为孔门七十子弟子还是再传弟子的问题，而子思是七十子弟子是明确的。现在的问题是，商瞿一系易学传承至魏晋"永嘉之乱"时已经亡佚。那注重"德义"、经由民间而流传至今的今传本究竟是由谁定型的呢？李学勤先生曾讲："细读《子思子》四篇（《坊记》《中庸》《表记》《缁衣》），很容易感到，其体裁文气甚似《易传》的《文言》《系辞》。"② 尽管李先生强调"思孟一派虽有闻于《易》说，却不能认为传《易》"，我们还是斗胆猜测，恰恰是非传《易》的子思一脉的易学思想久历万劫最终流传了下来。

第五，关于"思孟学派"内部的思想差异问题。

孟子不治易学。孟子撇开子思《五行》的"德道"，专注"仁、义、礼、智四端"，把原本外在超越的"圣端"拉回人的内心，他的性善论更多是为"人禽之辨"服务；孟子放弃"执两用中"，有悖于原儒义、利相应、匹配的思想，收窄"利"之内涵（原儒的"利"包括权利），反对讲"利"，认为"上下交相利""怀利以相接"都有导致亡国的危险。③ 这种"义利之辨"（只讲"义"不讲"利"），将"利"之权重陡然清零的做法，遂演变成纯粹的"利他主义"。孟子立论常常是以气势压人，而不是靠讲逻辑取胜。孟子（前 390—前 305 年）为子思后人子上的弟子。在战国中后期，尽管孟子的"泛道德主义"思想盛极一时，而孟子也有被稷下学宫授予"上大夫"之禄的殊荣，还有弟子如公孙丑要树其为圣人的冲动④，不过这一切很快就被荀子打回原形。事实上，真正把孟子推上"亚圣"地位的是他千年以后的朱熹。自南宋以来的"泛道德主义"

---

① 李学勤：《周易溯源》，第 130 页。
② 李学勤：《周易溯源》，第 102 页。
③ 方勇译注：《孟子》，第 2、239 页。
④ 李零：《去圣乃得真孔子》，第 124—125 页。

的再度兴起，道德政治化、政治道德化便成为儒学"发展"的必然结果。①

由此看来，孟子思想与子思子思想是有很大差异的。据李学勤先生考证，简、帛《五行》的"经"出于子思，帛书《五行》的"说"并不出于孟子，而是出自七十子弟子的世硕②。足见荀子当时狂批的思、孟尚未构成一派。真正创造"思孟学派"的人物还是朱熹，因为他抬出《孟子》与《论语》和曾子的《大学》、子思的《中庸》并列，勾兑出了"思孟"的学统③。李零先生也说："把曾子、子思和孟子扯在一起，构成直线传播的所谓道统，这是后儒伪造的儒学传统。"④ 我们以为，学术界应将子思子与孟子分开来讲为宜。子思子思想才是孔子思想的真传。

我们蠡测的结论是：子思子易学"师资资源"丰富，其长于易学，但易学思想绝没有拘泥于一家。子思治易的主要目的，绝非仅仅是为打消圣人孔子"后世疑丘以易"的顾虑，更重要的是力图建构、完善孔子有关"德"的理论，"复"天下之道，让后世可"宗"（至于"思孟学派"的《五行》是不是孔子"德"论的全部和最高表达，需要我们有专论去辨析和研究）。子思子传承的天下观是百姓万民的天下观。他有科学精神和超越意识，讲普适价值，强调天地人三才共治，注重执两用中，讲求辩证法。

3. 关于《易经》人道思想与"人道主义"的主要区别

文艺复兴运动是西方影响深远的思想解放运动，是人性的自觉，与我国春秋时期子产呐喊的"天道远，人道迩"相类。这种尊重人、注重人的主体性发挥的思想被称为"人道主义"。最极端的例子是尼采所说的"上帝死了"、周人喊出的"天不可信"。然而"上帝死了""苍天已死"，

① 汤一介：《儒学十论及外五篇》，第19页。
② 李学勤：《重写学术史》，第10页。
③ 李学勤：《从简帛佚籍〈五行〉谈到〈大学〉》，《孔子研究》1998年第3期。
④ 李零：《去圣乃得真孔子》，第61、86页。

人成了世界的中心。豪强、霸主败德僭越，没有敬畏之心，人类中心主义泛滥，"人心不古"，社会"失范"。

事实上西方主要有两种"以人为中心"的观念，一种是笛卡尔以"我思"的"先验的自我"这类"人"为中心，一种是胡塞尔以"生命世界"中的人为中心。胡塞尔的学生海德格尔晚年申论道：人与自然的关系不像水装在杯子里那样，人与自然是交融在一起的。这种思想恰恰是与《易经》一致的。《易经》讲的"人道"是与"天道""地道"并行不悖之道，不是以"科学主义"的人道主义，而是一种涵盖性极强的人文主义，它定将成为新轴心文明的助缘。

结　语

我们知道哲学有两大任务，一个是如何改造世界，一个是如何解释世界。关于哲学改造世界的任务，中国的马克思主义者已经取得了巨大的成就；关于哲学解释世界的任务，尤其是"解释中国"的任务，在国内，实事求是地讲，尚有许多工作要做。

记得《论语·为政》篇记载了孔子与子张的一次对话：

> 子张问："十世可知也？"子曰："殷因于夏礼，所损益可知也；周因于殷礼，所损益可知也。其或继周者，虽百世可知也。"

古时"一世"30年，"百世"当为3000年。如果这段话表明了孔子对中华传统文化的自信，那么，《史记》记载孔子临终所讲"天下无道久矣，莫能宗予"则表现出他高度的理论自信。这个可为天下"宗"的孔子之道，应是本书重构的"德本体—德道论"。"德本体—德道论"是老年孔子会通儒、易创造的新儒学。

关于前两篇的逻辑结构，在第一篇"德本体"论部分，笔者采用了纵、横两条线论述"德本体"如何可能的问题。

其中，"纵线"主要讲知识论。我们知道，"筮"与"卜"不同，"筮的本质是数"。据饶宗颐先生考证，早在殷商时期，我们就有了0（阴）和1（阳）这两个数字，而在易文化看来，万物皆数，皆可用0和

1 表示——数字化。帛书易《要篇》讲"明数达乎德"，那"形而下"有关"数的知识"和"形而上"有关"德的知识"是如何贯通的呢？按着胡塞尔既"剔除"形而上学，又把"形而下"知识"括出去"①只留下"现象"（天地之撰）的讲法，依据《易经》"乾"之"专""直"、"坤"之"翕""辟"的"自否定""自我赋形"原理和"坤之效法"，同铸一形原理，"形而中"有关"天地之撰"—"共同体"—自然法的知识便成了沟通"形而下"数的知识与"形而上"德的知识的桥梁。

在知识论、本体论和价值论这条"横线"中，鉴于"明数"达"德"，笔者瞄准了"形而上知识论"中的"德"字。周人给"德"下过定义："夫德，简而有度，登降有数，文、物以纪之，声、明以发之，百官于是乎戒惧，而不敢易纪律。"就是说，德作为实体而为价值尺度。这样，由数（0、1）范畴，上升到"度"范畴，再回归自身"数"的范畴，最终达乎"德"，实现了"德"与"数"差异性的同一。从古文字学、训诂学角度，笔者对甲骨文"德"的三类写法 、 、 ，按着商朝遗老箕子在《洪范》中"三德：一曰正直，二曰刚克，三曰柔克"的解读，指证"德"的原义不是后世所说的伦理道德（李泽厚先生早已指出，"'德'被了解为统治者的方术、品德以至被了解为道德，是远为后来的事情"②），而是讲哲学。周室正是赋予了"德"以"新意思"（王国维语）："皇天无亲，惟德是辅"，讲"不敬厥德，乃早坠厥命"，即在周室看来，"德"关涉天命予夺，是终极关怀。

甲骨文" "的"彳""亍"构成的" "，代表四通八达的道——纯粹的逻辑形式。如果" "代指"刚克"，" "代指"柔克"，那么" "则可代表"天视"之正直、正义，体现出了形式与内容的统一。根

---

① ［德］胡塞尔著，［荷］舒曼编：《纯粹现象学通论：纯粹现象学和现象学哲学的观念》，李幼蒸译，第94—98页。

② 李泽厚：《中国古代思想史论》，第88页。

据简、帛《五行》讲"德"涵摄"仁、义、礼、智、圣"五端，"德为天道"；《易经》讲"德主生生"；上博简《子羔》讲"'怀而明德'曷？诚谓之也"①；《中庸》讲"诚者自成，道者自道"和"苟不至德，至道不凝焉"②，即德者自得，"德"自然是万物关联共生的大全、实体、本体——德本体。鉴于中国的知识论、本体论和价值论具有统一性的特点③，鉴于讲"总体"（整体）易于限制个体的自由，我们便采用了怀特海之本体讲价值的说法④，肯认德本体讲价值。"德"与"德本体"是实然与应然的统一、事实与价值的统一。

总之，无论从上述"纵线"还是"横线"看，德本体都是"可能的"。

德本体论是以德为本体、终极关怀和研究对象，以价值来源、价值构成与匹配规律为主要研究内容的学问。

德本体具有宗教性、超越性、客观性、合目的性、合法性、自洽性、开放性、普适性等特征。

在第二篇"德道论"部分，笔者将"德本体论"向传统作转换和回归，力图打造有中国特色的社科话语体系。通过对儒家命题"道由情始，情出于性""性自命出，命自天降""惟辅是德""敬德保命"和"立德不朽"等拾遗、补缀及对荀子（《解蔽》）与董子（《春秋繁露·深察名号》）所讲的"德道"概念循名责实，根据孔子讲"夫道者，所以明德也。德者，所以尊道也。是以非德道不尊，非道德不明"，按着金岳霖先生在《论道》中提出的"'式'与'能'可以分开来说，不能分开来有……研究逻辑的时候可以不谈'能'……在形而上学我们不能不谈到'能'，因为我们也要在积极方面表示逻辑命题之不能不真"原理规范，

---

① 李零：《上博楚简三篇校读记》，第 32 页。
② 语出《礼记·中庸》，引自《十三经注疏》整理委员会《礼记正义》，第 1699 页。
③ 杨国荣：《存在之维：后形而上学时代的形上学》，第 31 页。
④ ［英］怀特海：《科学与近代世界》，何钦译，第 185—199 页。

德本体论可名之为"德道"论。

德道论就是以德本体论为基础，以建构生态伦理、建设新型文明形态为旨归的保合太和、万国咸宁之道。

德道有丰富的理论内涵。德道是文明会通之道，是多极世界之道，是根系共同体命运之道，是开源、开放、共建、共赢、共享之道，是分工、合作之道，是科学、技术之道，是民权、民治之道，是殊途同归之道，是崇德广业之道，是"三才治理"的生态文明之道，是善始善终之道等。

在第二篇中我们还努力辨析了德道与"道德形而上学"、德道与"内圣外王之道"、德道与"刑德之治"、德道与"霸道"及"王道"等之间的主要区别，尤其是德道与"道德"之间的主要区别："德"与"德本体"是事实与价值之间的关系。"德"与"道"一体两面，"德"侧重"道"的内在规定性，"道"专注"德"的外在逻辑形式。德道不同于"道德"：德道强调的是"敬德忧患"意识，"道德"强调的是"为他主义"意识；德道唤醒了"对自己的义务"（权利），"道德"注重对他人的义务；德道讲价值来源，"道德"行价值践履；德道讲"自律"与"他律"的统一，"道德"只讲"自律"。我们以为，用"道德"去讲老年孔子的德道，差之毫厘，将谬之千里。

"德本体—德道论"是站在"轴心文明"多元文化的立场，从"超越的突破"和"第二序反思"的维度，通过对儒家原有的主要命题，如关于"道始于情"命题、关于"情生于性"命题、关于"性自命出，命由天降"命题、关于"保命以德"命题、关于"德不言而信"命题、关于"立德不朽""德博而化"等命题的"拾遗""补缀"，以及对传统思想转换性创造的新命题，如"两个世界，一元德本""形而中者谓之法""外在超越成就民主""以德安人，依法治国""德元为体，东西为用"等命题的系统论证而重构的自洽的哲学体系，是打造中国哲学话语的新尝试。而这个承载着"解释世界"任务的体系建构又不得不面对西方后现代解构主义者的严格拷问：

后现代解构主义的主要方法和目标就是去"中心化"。而孔子老而好易，精于筮占，筮占的本质是数占，万物皆数，0 和 1 就是它的源代码，不仅开放，而且开源。大易认为世界由天、地、人三才构成，三才之间没有谁主导谁、宰制谁的问题；大易认为"群龙无首，吉"。总之，老年孔子开创的易文化（德文化）就是个去中心化的文化，与后现代解构主义者思路正好可以接轨。而从解构主义的视角反观西方"希伯来文明"、古希腊文明、古罗马文明三大源头，我们则有重大发现：一、关于希伯来源头。对于耶稣的身份问题，联合国"普遍伦理计划"的积极推动者、美国费城天普大学教授、天主教徒史威德勒严肃地指出，"作为基督教柱石的拿撒勒的耶稣不是基督徒。耶稣是个地地道道的犹太教拉比"；对于"堕落神话"的问题，保罗·田立克说，自从人在那次"堕落"之后，凡俗的人成了"游魂"，唤起了强烈的与"存在的依据"——上帝"重新结合"的愿望。对于人是否拥有"智的直觉"的问题，谢林认为有一种"把概念的概念和客体本身统一起来的直观"——理智直观。杰出的伊斯兰哲学家纳塞发掘出了活着的"苏菲传统"（冥契主义）。由此看来，"希伯来文明"（孕育了犹太教、基督教和伊斯兰教）"超越的世界"（理智界）和"世俗世界"（现象界）之间并不必然存在所谓的"不可逾越的鸿沟"。中国的"德世界"正似西方人没有"堕落"之前的、去"中心化"的和谐世界。我们的"德世界"与西方"超越的世界"是相通的。二、关于古希腊源头。我们通过老年孔子对"德道理论"的建构发现，德道理论所强调的"正义""公正"等思想，恰与亚里士多德的出于"实体"的美德伦理（virtues）突出的正义（非以"有效性"定义之正义）、公平思想可以通约。德道理论强调的"生生之德"与亚氏的"隐德来希"一致。三、关于古罗马的法治传统。笔者只知道西汉的丝绸贸易曾经"掏空了西罗马的国库"，着实不知道中华文化对古罗马到底产生过怎样的影响、对自然法学家西塞罗究竟产生过多大影响。不过权威史学家阿道夫·赖克韦恩确实说过，莱布尼茨和沃尔夫都发现欧洲的自然法思想与中国的"道"相似。仅就沃尔夫而论，他的"自然法"思想绝对是关于"应然"的价值法思想。另外，从当代世界各国的立法实践看，对价值的重视"俨然是世界性的、新兴的法律思想运动"。

不仅如此，我们还对马克斯·韦伯的"新教伦理"进行了解构，顺着沃尔夫冈·施路赫特的要求，将"'二战'以后美国的韦伯"还原为"'一战'以前德国的韦伯"，韦伯已褪去现代化理论"先知"的光环，变成了比较文化研究的学人。我们对罗尔斯的"价值中立"理论作了解构，指证罗尔斯所谓的"价值中立"是在自由、民主、人权等价值基础上践行"价值中立"，这个不彻底的理论，暴露了美国极端自由主义者理论建树的虚伪性。与此同时，我们又对前后期维特根斯坦思想作了比较，发现晚年的维特根斯坦对自己早先偏重于逻辑和科学的"语言游戏"兴味锐减，彻悟到不能用"认知语言"来衡量"宗教语言"，进而开始关注"确实性"的问题。更有意思的是，就连科学主义的代表人物孔德，其晚年也开始提倡"人道教"了。①

解构主义代表人物米歇尔·福柯继尼采疾呼"上帝死了"之后，说"人也死了"②。这个"人"当是上帝死后隆重登场的"大写的"、作为主体的人。其实，这种人类学意义上的离散的"人"不用解构、诅咒，随着其所处的封闭系统"熵增"的加剧迟早会"死"掉的。

尽管人类进入 21 世纪后，天灾频仍，人祸不断，人们时时刻刻面临着畏、惧、闷、烦，可人还得活。人活着、如何活的话题则是解构主义者们回答不了的。

在我们看来，老年孔子针对春秋时期礼崩乐坏、诸侯僭越乱德、人类中心主义思想泛滥的实际，果断"返魅"，观《易》之德，就是借助外在超越的力量作负熵，建立耗散结构，以期建设万国咸宁的、保合太和的君

---

① 参阅刘述先《儒家思想的转型与展望》，第 264 页。
② ［法］米歇尔·福柯：《词与物：人文科学的考古学》（修订译本），莫伟民译，第 10—18 页。

子世界。在"返魅"的问题上，我们还需面对有"启蒙心态"的"科学主义者"和"唯理性主义者"的拷问：

随着近代科技的发展，世界被理性主义者解释为是一部机械运动的大机器，因此传统的"宇宙目的论"被解构了，原来"万物一体"的浪漫情调不复存在了。而当现当代地球村建设速度加快，环境、生态问题凸显以后，人们猛然警醒，发现环境、生态问题是无论如何也解构不了的。"善之代不善"是"於穆不已"的天命，宇宙生生不已、"持续的善过程"（"自反馈系统"之"内在目的论"）也是解构不了的。特别是"天下殊途同归""环球同此凉热"——人类命运共同体也是狂妄的西方政客们拆散（解构）不了的。

行文中，对于不了解中国文化的费正清、列文森等人对中国文化可能的"走向"充满的悲情，我们抱以同情的理解并作出积极的回应；对刻意贬损中华文化品质的黑格尔之流，我们则作了无情地批判。因为黑氏通过断我文脉以突出"欧洲中心主义"的做法实在拙劣，不知他打掉了多少代中华儿女的文化自信！从黑格尔的《哲学演讲录》第一卷黑氏宣讲的"易经哲学"可以看出，他对中华元典《易经》是有很深研究的。如果我们不单纯从"马克思主义经典作家对黑格尔的评价"出发研究黑格尔，而是从中西文化"比较参证"（贺麟语）[1] 角度，特别是从老年孔子会通儒易创造的德文化角度出发研究黑格尔，我们且不像贺麟先生那样说黑格尔的"绝对精神"或"绝对理念"就是"他所说的太极（Das Absolute）"[2]，也不像朱谦之先生那样说黑格尔《大逻辑》的第一部是通过"有""无""生成"三个范畴揭穿了"存在之谜"，其《精神现象学》结构套用了《大学》的"三纲领、八条目"，我们有没有理由这样发问：易大传分明讲过"乾之静也专、其动也直"和"坤之静也翕，其动也辟"，

---

① 陈来主编：《贺麟选集》，第454页。

② 陈来主编：《贺麟选集》，第4页。

怎么能说国人不懂得事物"自否定"和"自我赋形"道理，以及事物运动的动力来源呢？王弼早就说过，圣人（指孔子）不语，"贵在体无"，怎么能说中国人只知"有"不知"无"，且关于精神性的东西"一概阙如"呢？大易讲"含章可贞，以时发也"，讲"原始要终，以为质也"，讲"变动不居""与时偕极"，怎么能说中国人不能对"时间"做"人为的内部理解"呢？大易讲"君子立不易方"和"君子独立不惧，遁世无闷"，有"复见天地心"的大澄明，怎么能说中国人缺乏"主观的自由"，不能开显中华国族的民族精神呢？！

　　哈贝马斯发现"黑格尔的哲学与西方相异"①。哈贝马斯究竟发现了什么？反正我们心里有数。本来黑格尔关于"抽象概念"与"具体概念"的区分，关于对"目的性因果联系包含着颠倒过来的机械性因果联系"的天才发现，关于对"知性思维"割裂概念的相关性、整体性方面的洞识足以令人肃然起敬。可不知怎的，我对他怎么也爱不起来！

　　总之，老年孔子确实创立了一个"滋厚于后世"的德本体—德道论。该理论不仅利于我国疏通社会核心价值观的价值源头活水，利于建设社会主义的良法善治，利于百姓万民重拾终极关怀，还利于世界文明交流对话，利于为人类命运共同体提升价值维度并提供价值支援，利于为世界秩序重建赋能。

　　"德本体—德道论"完全可会通中西的"德文化"、宗教文化和法治文明，足以为天下"宗"。

　　德合无疆，德道多助！

---

① 转引自张汝伦《永远的黑格尔》，《东方早报》2009 年 7 月 6 日。

附 录

一、《周　易》

（一）《周易》（上经）①

乾卦

☰②乾③，元亨利贞。

初九：潜龙勿用。

九二：见龙在田，利见大人。

九三：君子终日乾乾，夕惕若厉，无咎。

九四：或跃在渊，无咎。

九五：飞龙在天，利见大人。

上九：亢龙有悔。

用九：见群龙无首，吉。

---

① 为恢复《周易》经、传"原不相混"、且没有"道德主义"注、疏类内容的历史面貌，本经卦、爻辞我们虽以（宋）朱熹《周易本义》（清·武英殿本）为底本，但借鉴的是刘大钧《周易概论》（增补修订本）中《周易》卦爻辞的编排方式；《易传》"十翼"也均采用横版、简体、现代标点，且各自独立成篇的形式。对《周易》经、传的内容则以孔颖达《周易正义》（注疏本）、《程传》、朱熹《周义本义》（以明善堂刊刻清·和硕怡亲王府藏本为底本）、李光地《御纂周易折中》及金景芳《周易讲座》、廖名春《帛书〈周易〉论集》等校勘之。

② 引文中每卦旁原来皆有内外卦卦名。刘大钧先生考南宋石经本无此四字，本书诸卦亦皆将之删去。

③ 帛书《易》称"键"。

坤①卦

䷁坤，元亨，利牝②马之贞。君子有攸往，先迷后得，主利。西南得朋，东北丧朋，安贞吉。

初六：履霜，坚冰至。

六二：直方大，不习无不利。

六三：含章可贞，或从王事，无成有终。

六四：括囊，无咎无誉。

六五：黄裳，元吉。

上六：龙战于野，其血玄黄。

用六：利永贞。

屯③卦

䷂屯，元亨，利贞。勿用有攸往，利建侯。

初九：磐桓，利居贞，利建侯。

六二：屯如邅④如，乘马班如，匪寇婚媾。女子贞不字，十年乃字。

六三：即鹿无虞，惟入于林中，君子几，不如舍，往吝。

六四：乘马班如，求婚媾，往吉，无不利。

九五：屯其膏，小贞吉，大贞凶。

上六：乘马班如，泣血涟如。

蒙卦

䷃蒙，亨。匪我求童蒙，童蒙求我。初筮告，再三渎，渎则不告。利贞。

初六：发蒙，利用刑人，用说桎梏，以往吝。

九二：包蒙，吉。纳妇吉，子克家。

---

① 帛书《易》称"川"。

② "牝"音 pìn，指雌性。

③ "屯"音 zhūn，指郁结未通，作物盈塞于天地之间。

④ "邅"音 zhān，困顿貌。

六三：勿用取女。见金夫，不有躬，无攸利。

六四：困蒙，吝。

六五：童蒙，吉。

上九：击蒙，不利为寇，利御寇。

需卦①

☵☰需，有孚，光亨，贞吉，利涉大川。

初九：需于郊，利用恒，无咎。

九二：需于沙，小有言，终吉。

九三：需于泥，致寇至。

六四：需于血，出自穴。

九五：需于酒食，贞吉。

上六：入于穴，有不速之客三人来，敬之终吉。

讼卦

☰☵讼，有孚，窒惕，中吉，终凶。利见大人，不利涉大川。

初六：不永所事，小有言，终吉。

九二：不克讼，归而逋②。其邑人三百户，无眚③。

六三：食旧德，贞厉，终吉。或从王事，无成。

九四：不克讼，复即命，渝，安贞，吉。

九五：讼，元吉。

上九：或锡之鞶④带，终朝三褫⑤之。

师卦

☷☵师，贞，丈人吉，无咎。

---

① 需，等待。告诉人们要善于等待。与《左传·哀公十四年》"需，事之贼也"中的"需"
语义相反。

② "逋"音 bū，逃亡。

③ "眚"音 shěng，灾异。

④ "鞶"音 pán，大带子。

⑤ "褫"音 chǐ，剥夺。

初六：师出以律，否臧凶。

九二：在师中，吉，无咎。王三锡命。

六三：师或舆尸①，凶。

六四：师左次，无咎。

六五：田有禽，利执言，无咎。长子帅师，弟子舆尸，贞凶。

上六：大君有命，开国承家，小人勿用。

比卦②

䷇比，吉。原筮，元永贞，无咎。不宁方来，后夫凶。

初六：有孚比之，无咎。有孚盈缶，终来有它，吉。

六二：比之自内，贞吉。

六三：比之匪人。

六四：外比之，贞吉。

九五：显比。王用三驱，失前禽。邑人不诫，吉。

上六：比之无首，凶。

小畜卦

䷈小畜，亨。密云不雨，自我西郊。

初九：复自道，何其咎？吉。

九二：牵复，吉。

九三：舆说辐，夫妻反目。

六四：有孚，血去惕出，无咎。

九五：有孚挛③如，富以其邻。

上九：既雨既处，尚德载。妇贞厉，月几望，君子征凶。

---

① 《程传》讲舆为众；尸为主。

② 《御纂周易折中》总结道：五爻和上爻，凡九五近上六，则有"比匪"之义，如《大过》《夬》《兑》卦。

③ "挛"音 luán，卷曲不能伸直。

履卦

☰☱履虎尾，不咥①人，亨。

初九：素履，往无咎。

九二：履道坦坦，幽人贞吉。

六三：眇②能视，跛③能履。履虎尾，咥人，凶。武人为于大君。

九四：履虎尾，愬愬④终吉。

九五：夬履，贞厉。

上九：视履考祥，其旋元吉。

泰卦⑤

☷☰泰，小往大来，吉，亨。

初九：拔茅茹，以其汇，征吉。

九二：包荒，用冯河，不遐遗。朋亡，得尚于中行。

九三：无平不陂⑥，无往不复。艰贞无咎，勿恤其孚，于食有福。

六四：翩翩，不富以其邻，不戒以孚。

六五：帝乙归妹，以祉元吉。

上六：城复于隍⑦。勿用师，自邑告命，贞吝。

否⑧卦

☰☷否之匪人，不利君子贞，大往小来。

---

① "咥"音 xī，笑的样子。

② "眇"音 miǎo，瞎眼。

③ "跛"音 bǒ，腿、脚有毛病。

④ "愬"音 sù，同诉。

⑤ 汉易有十二消息卦之说。复、临、泰、大壮、夬、乾；姤、遁、否、观、剥、坤。泰卦又称正月卦，"三阳开泰"即源于此。

⑥ "陂"音 pō，形容不平。

⑦ "隍"音 huáng，没水的城壕。

⑧ "否"音 pǐ，恶、坏。

初六：拔茅茹，以其汇，贞吉，亨①。

六二：包承，小人吉，大人否，亨。

六三：包羞。

九四：有命无咎，畴离祉。

九五：休否，大人吉。其亡其亡，系于苞桑②。

上九：倾否，先否后喜。

同人卦

☰☲同人于野，亨，利涉大川。利君子贞。

初九：同人于门，无咎。

六二：同人于宗，吝。

九三：伏戎于莽，升其高陵，三岁不兴。

九四：乘其墉，弗克攻，吉。

九五：同人，先号咷③而后笑。大师克相遇。

上九：同人于郊，无悔。

大有卦

☲☰大有，元亨。

初九：无交害，匪咎，艰则无咎。

九二：大车以载，有攸往，无咎。

九三：公用亨于天子，小人弗克。

九四：匪其彭，无咎。

六五：厥孚交如，威如，吉。

上九：自天祐之，吉，无不利。

谦卦

☷☶谦，亨，君子有终。

---

① 泰卦讲："拔茅茹，以其汇，征吉"。"征"和"贞"意思相反。

② 桑树本身根就坚固，"苞"强调是丛生，指坚固尤甚。

③ "咷"音 táo，哭。

初六：谦谦君子，用涉大川，吉。

六二：鸣谦，贞吉。

九三：劳谦君子，有终，吉。

六四：无不利，㧑①谦。

六五：不富以其邻，利用侵伐，无不利。

上六：鸣谦，利用行师，征邑国。

豫卦

䷏豫②，利建侯行师③。

初六：鸣豫，凶。

六二：介于石，不终日，贞吉。

六三：盱④豫悔，迟有悔。

九四：由豫，大有得。勿疑，朋盍簪⑤。

六五：贞疾，恒不死。

上六：冥豫，成有渝，无咎。

随卦

䷐随，元亨，利贞，无咎。

初九：官有渝，贞吉。出门交有功⑥。

六二：系小子，失丈夫。

六三：系丈夫，失小子。随有求得，利居贞。

九四：随有获，贞凶。有孚在道以明，何咎？

---

① "㧑"音 huī，指挥。

② 《程传》讲"豫者，安和悦乐之义"。豫卦讲乐文化，履卦讲礼文化。

③ 屯卦也讲"利建侯"；比卦讲"建万国"。

④ "盱"音 xū，睁开眼睛向上看。

⑤ "簪"音 zān，簪子。

⑥ "主"不可以随人，所以说"交"。六二是阴爻，初阳随六二阴，不叫随，叫"交"。

九五：孚于嘉①，吉。

上六：拘系之，乃从维之。王用亨于西山。

蛊②卦

☶☴蛊，元亨，利涉大川。先甲三日，后甲三日③。

初六：干父之蛊，有子，考无咎，厉终吉。

九二：干母之蛊，不可贞。

九三：干父之蛊，小有悔，无大咎。

六四：裕父之蛊，往见吝。

六五：干父之蛊，用誉。

上九：不事王侯，高尚其事。

临卦

☷☱临，元亨，利贞。至于八月有凶。

初九：咸临，贞吉。

九二：咸临，吉，无不利。

六三：甘临，无攸利。既忧之，无咎。

六四：至临，无咎。

六五：知临，大君之宜，吉。

上六：敦临，吉，无咎。

观卦

☴☷观，盥④而不荐，有孚颙⑤若。

---

① 虞翻曰："坎为孚，阳为嘉。"引自（清）孙衍星撰，黄冕点校《孙氏周易集解》，第
  175 页。
② "蛊"音 gǔ，指最凶狠的毒虫。
③ 巽卦还有先庚三日、后庚三日之说。关于先甲后甲、先庚后庚，存在王弼、程颐和郑玄、
  朱熹两种解法。王弼派讲"甲"为事之始。郑玄派以十天干解，先甲三日为辛日，取更新
  义；后甲三日为丁日，取叮咛义。
④ "盥"音 guàn，洗。
⑤ "颙"音 yóng，大。

初六：童观，小人无咎，君子吝。

六二：窥观，利女贞。

六三：观我生进退。

六四：观国之光，利用宾于王。

九五：观我生，君子无咎。

上九：观其生，君子无咎。

噬嗑①卦

䷔噬嗑，亨。利用狱。

初九：屦②校灭趾，无咎。

六二：噬肤灭鼻，无咎。

六三：噬腊肉，遇毒，小吝，无咎。

九四：噬乾③胏④，得金矢。利艰贞，吉。

六五：噬乾⑤肉，得黄金。贞厉，无咎。

上九：何校灭耳，凶。

贲⑥卦

䷕贲，亨。小利有攸往。

初九：贲其趾，舍车而徒。

六二：贲其须。

九三：贲如濡如，永贞吉。

六四：贲如皤⑦如，白马翰如。匪寇，婚媾。

---

① "嗑"音 kè，用上下门牙咬硬的东西。刘大钧先生说读 hé。

② "屦"音 jù，鞋。古时用麻、葛等制成。

③ "乾"在《周义正义》（注疏本）中皆写作"干"。

④ "胏"音 zǐ，带骨的肉脯。

⑤ "乾"在《周义正义》（注疏本）中皆写作"干"。

⑥ "贲"音 bì，装饰得很美的样子。

⑦ "皤"音 pó，白色。

六五：贲于丘园，束帛戋戋①。吝，终吉。

上九：白贲，无咎。

剥卦

☷☶剥，不利有攸往。

初六：剥床以足，蔑贞凶。

六二：剥床以辨，蔑贞凶。

六三：剥之，无咎。

六四：剥床以肤，凶。

六五：贯鱼以宫人宠，无不利。

上九：硕果不食。君子得舆，小人剥庐。

复卦

☷☳复，亨。出入无疾，朋来无咎。反复其道，七日来复，利有攸往。

初九：不远复，无祗②悔，元吉。

六二：休复，吉。

六三：频复，厉无咎。

六四：中行独复。

六五：敦复，无悔。

上六：迷复，凶，有灾眚。用行师，终有大败。以其国，君凶，至于十年不克征。

无妄卦

☰☳无妄，元亨利贞。其匪正有眚，不利有攸往。

初九：无妄，往吉。

六二：不耕获，不菑畲③，则利有攸往。

---

① "戋戋"音 jiān jiān，细微。

② "祗"音 zhī，大。

③ "菑畲"音 zīyú，古时菑指初耕的田地；畲，指开垦过两年的田地。

六三：无妄之灾，或系之牛，行人之得，邑人之灾。

九四：可贞，无咎。

九五：无妄之疾，勿药有喜。

上九：无妄，行有眚，无攸利。

大畜卦

䷙大畜，利贞。不家食，吉。利涉大川。

初九：有厉，利已。

九二：舆说輹。

九三：良马逐，利艰贞。曰闲舆卫，利有攸往。

六四：童牛之牿①，元吉。

六五：豶②豕之牙，吉。

上九：何天之衢③，亨。

颐卦

䷚颐，贞吉。观颐，自求口实。

初九：舍尔灵龟，观我朵颐，凶。

六二：颠颐，拂经于丘颐，征凶。

六三：拂颐，贞凶。十年勿用，无攸利。

六四：颠颐，吉。虎视眈眈，其欲逐逐，无咎。

六五：拂经，居贞吉，不可涉大川。

上九：由颐，厉吉，利涉大川。

大过卦

䷛大过，栋桡④，利有攸往，亨。

初六：藉用白茅，无咎。

---

① "牿"音 gù，绑在牛角上，使牛不能顶人的横木。

② "豶"音 fén，指未发情或者是阉割后的猪。

③ "衢"音 qú，大路。

④ "桡"，音 ráo，划船的桨。

九二：枯杨生稊①，老夫得其女妻，无不利。

九三：栋桡，凶。

九四：栋隆，吉。有它，吝。

九五：枯杨生华，老妇得其士夫，无咎无誉。

上六：过涉灭顶，凶，无咎。

坎卦

䷜习坎，有孚，维心亨。行有尚。

初六：习坎，入于坎窞，凶。

九二：坎有险，求小得。

六三：来之坎坎，险且枕。入于坎窞②，勿用。

六四：樽酒簋③贰，用缶。纳约自牖④，终无咎。

九五：坎不盈，祗⑤既平，无咎。

上六：系用徽纆⑥，寘⑦于丛棘，三岁不得，凶。

离卦

☲离，利贞，亨。畜牝牛，吉。

初九：履错然，敬之，无咎。

六二：黄离，元吉。

九三：日昃⑧之离，不鼓缶而歌，则大耋⑨之嗟，凶。

九四：突如其来如，焚如，死如，弃如。

---

① "稊"音 tí，《程传》解释为"根"，认为是枯杨生根。

② "窞"音 dàn，深坑。

③ "簋"音 guǐ，古时盛食物的器具，圆口，两耳。

④ "牖"音 yǒu，窗户。

⑤ "祗"音 zhǐ，恰巧。《周易正义》（注疏本）写作"祇"，言"祇，辞也。"

⑥ "纆"音 mò，绳索。

⑦ "寘"音 zhì，同置。

⑧ "昃"音 zè，太阳偏西。

⑨ "耋"音 dié，七八十岁年龄。

六五：出涕沱若，戚嗟若，吉。

上九：王用出征，有嘉，折首，获匪其丑，无咎。

（二）《周易》（下经）

咸卦

䷞咸，亨，利贞。取女吉。

初六：咸其拇①。

六二：咸其腓②，凶，居吉。

九三：咸其股，执其随，往吝。

九四：贞吉，悔亡。憧憧往来，朋从尔思。

九五：咸其脢③，无悔。

上六：咸其辅颊舌。

恒卦

䷟恒，亨，无咎，利贞。利有攸往。

初六：浚恒，贞凶，无攸利。

九二：悔亡。

九三：不恒其德，或承之羞。贞吝。

九四：田无禽。

六五：恒其德，贞。妇人吉，夫子凶。

上六：振恒，凶。

遁④卦

䷠遁，亨，小利贞。

---

① "拇"音 mǔ，拇指。

② "腓"音 féi，腿肚子。

③ "脢"音 méi，背脊。

④ "遁"音 dùn，隐藏、消失。

初六：遁尾，厉，勿用有攸往。

六二：执之用黄牛之革，莫之胜说。

九三：系遁，有疾厉。畜臣妾，吉。

九四：好遁，君子吉，小人否。

九五：嘉①遁，贞吉。

上九：肥遁，无不利。

大壮卦

䷡大壮，利贞。

初九：壮于趾，征凶，有孚。

九二：贞吉。

九三：小人用壮，君子用罔，贞厉。羝②羊触藩，羸③其角。

九四：贞吉，悔亡。藩决不羸，壮于大舆之輹。

六五：丧羊于易，无悔。

上六：羝羊触藩，不能退，不能遂。无攸利，艰则吉。

晋卦

䷢晋，康④侯用锡⑤马蕃庶，昼日三接。

初六：晋如摧如，贞吉。罔孚，裕无咎。

六二：晋如愁如，贞吉。受兹介福，于其王母。

六三：众允，悔亡。

九四：晋如鼫⑥鼠，贞厉。

---

① 清儒孙星衍引虞翻说"嘉为乾"。笔者以为还是取《诗经·烝民》"仲山甫之德，柔嘉维则"之"嘉"阳刚义为宜。

② "羝"音 dī，公羊。

③ "羸"音 léi，疲劳。

④ "康"训为广。见《李学勤说先秦》，第 69 页。

⑤ "锡"音 cì，通赐。

⑥ "鼫"音 shí，一种鼠。

六五：悔亡，失得勿恤。往吉，无不利。

上九：晋其角，维用伐邑。厉吉无咎，贞吝。

明夷卦

䷣明夷，利艰贞。

初九：明夷于飞，垂其翼。君子于行，三日不食。有攸往，主人有言。

六二：明夷，夷于左股。用拯马壮，吉。

九三：明夷于南狩，得其大首。不可疾贞。

六四：入于左腹，获明夷之心，于出门庭。

六五：箕子之明夷，利贞。

上六：不明晦。初登于天，后入于地。

家人卦

䷤家人，利女贞。

初九：闲有家，悔亡。

六二：无攸遂，在中馈，贞吉。

九三：家人嗃嗃①，悔厉，吉。妇子嘻嘻，终吝。

六四：富家，大吉。

九五：王假有家，勿恤，吉。

上九：有孚威如，终吉。

睽②卦

䷥睽，小事吉。

初九：悔亡。丧马勿逐，自复。见恶人，无咎。

九二：遇主于巷③，无咎。

---

① "嗃嗃"音 xiào xiào，严酷之意。

② "睽"音 kuí，违背。

③ 《御纂周易折中》说："《春秋》之法，礼备则曰'会'，礼不备则曰'遇'。"

六三：见舆曳①，其牛掣②。其人天且劓③。无初有终。

九四：睽孤。遇元夫，交孚，厉，无咎。

六五：悔亡。厥宗噬肤，往，何咎？

上九：睽孤。见豕负涂，载鬼一车。先张之弧，后说之弧。匪寇婚媾，往，遇雨则吉。

蹇④卦

☶☵蹇⑤，利西南，不利东北。利见大人。贞吉。

初六：往蹇来誉。

六二：王臣蹇蹇，匪躬之故。

九三：往蹇来反。

六四：往蹇来连。

九五：大蹇朋来。

上六：往蹇来硕。吉，利见大人。

解⑥卦

☳☵解，利西南。无所往，其来复，吉。有攸往，夙吉。

初六：无咎。

九二：田获三狐，得黄矢，贞吉。

六三：负且乘，致寇至。贞吝。

九四：解而拇，朋至斯孚。

六五：君子维有解，吉。有孚于小人。

上六：公用射隼于高墉之上，获之，无不利。

---

① "曳"音 yè，拖、拉、牵引。

② "掣"音 chè，拉，拽。

③ "劓"音 yì，酷刑的一种，指割掉鼻子。

④ "蹇"音 jiǎn，指不顺利，就是难。

⑤ 蹇、坎、睽皆非顺境。

⑥ "解"，金景芳先生认为在这里读 xiè，暂备一说。

损卦

䷨损，有孚，元吉。无咎，可贞。利有攸往。曷之用？二簋可用享。

初九：已事遄①往，无咎，酌损之。

九二：利贞，征凶。弗损益之。

六三：三人行，则损一人。一人行，则得其友。

六四：损其疾，使遄有喜，无咎。

六五：或益之十朋之龟，弗克违，元吉。

上九：弗损益之，无咎。贞吉，利有攸往，得臣无家。

益卦

䷩益，利有攸往，利涉大川。

初九：利用为大作，元吉，无咎。

六二：或益之十朋之龟，弗克违，永贞吉。王用享于帝，吉。

六三：益之用凶事，无咎。有孚中行，告公用圭。

六四：中行告公从，利用为依迁国。

九五：有孚惠心，勿问元吉。有孚惠我德。

上九：莫益之，或击之。立心勿恒，凶。

夬②卦

䷪夬，扬于王庭，孚号有厉。告自邑，不利即戎，利有攸往。

初九：壮于前趾，往不胜，为咎。

九二：惕号，莫夜有戎，勿恤。

九三，壮于頄③，有凶。君子夬夬，独行遇雨，若濡有愠④，无咎。

九四：臀无肤，其行次且⑤。牵羊悔亡，闻言不信。

---

① "遄"音 chuán，迅速地、往来不停地。

② "夬"音 guài，决。

③ "頄"音 qiú，又读 kuí，指颧骨。

④ "愠"音 yùn，怒。

⑤ "且"音 jū，叹词，啊。

九五：苋①陆夬夬，中行无咎。

上六：无号，终有凶。

姤②卦

姤，女壮，勿用取女。

初六：系于金柅③，贞吉。有攸往，见凶。羸豕④孚蹢躅⑤。

九二：包有鱼，无咎，不利宾。

九三：臀无肤，其行次且，厉，无大咎。

九四：包无鱼，起凶。

九五：以杞包瓜，含章，有陨自天。

上九：姤其角，吝，无咎。

萃卦

萃，亨。王假有庙，利见大人，亨，利贞。用大牲，吉，利有攸往。

初六：有孚不终，乃乱乃萃。若号，一握为笑，勿恤，往无咎。

六二：引吉，无咎。孚乃利用禴⑥。

六三：萃如，嗟如，无攸利。往无咎，小吝。

九四：大吉，无咎。

九五：萃有位，无咎。匪孚，元永贞，悔亡。

上六：赍⑦咨涕洟⑧，无咎。

升卦

升，元亨。用见大人，勿恤。南征吉。

---

① "苋"音 xiàn，苋菜。
② "姤"音 gòu，相遇。
③ "柅"音 nǐ，止车之物。
④ "豕"音 shǐ，猪。
⑤ "蹢躅"音 zhízhú，徘徊。
⑥ "禴"音 yuè，古时夏祭称禴。春祭称祠，秋祭称尝，冬祭称烝。
⑦ "赍"音 jī，怀、抱着。
⑧ "洟"音 tì，同涕。

初六：允升，大吉。

九二：孚乃利用禴，无咎。

九三：升虚邑。

六四：王用亨于岐山，吉，无咎。

六五：贞吉，升阶。

上六：冥升，利于不息之贞。

困卦

☷☱困，亨。贞，大人吉，无咎。有言不信。

初六：臀困于株木，入于幽谷，三岁不觌。

九二：困于酒食，朱绂①方来，利用亨祀。征凶，无咎。

六三：困于石，据于蒺藜，入于其宫，不见其妻，凶。

九四：来徐徐，困于金车，吝，有终。

九五：劓刖②，困于赤绂，乃徐有说，利用祭祀。

上六：困于葛藟③，于臲卼④，曰动悔。有悔，征吉。

井卦

☵☴井，改邑不改井，无丧无得，往来井井。汔至，亦未繘⑤井，羸其瓶⑥，凶。

初六：井泥不食，旧井无禽。

九二：井谷射鲋⑦，瓮敝漏。

九三：井渫⑧不食，为我心恻。可用汲，王明，并受其福。

---

① "绂"音fú，古代系印章的丝绳。

② "刖"音yuè，古代剁掉脚的酷刑。

③ "藟"音lěi，藤。

④ "臲卼"音nièwù，不安定。

⑤ "繘"音jú，汲井用的绳索。

⑥ "羸"音léi。《周易正义》（注疏本）认为这里的"羸"通"累"，意思是被阻碍。

⑦ "鲋"音fù，指鲫鱼。

⑧ "渫"音xiè，疏通。

六四：井甃①，无咎。

九五：井洌，寒泉食。

上六：井收，勿幕有孚，元吉。

革卦

☰☲革，已日乃孚，元亨，利贞，悔亡。

初九：巩用黄牛之革。

六二：已日乃革之，征吉，无咎。

九三：征凶，贞厉。革言三就，有孚。

九四：悔亡，有孚改命，② 吉。

九五：大人虎变，未占有孚。

上六：君子豹变，小人革面。征凶，居贞吉。

鼎卦

☰☲鼎，元吉，亨。

初六：鼎颠趾，利出否。得妾以其子，无咎。

九二：鼎有实。我仇有疾，不我能即，吉。

九三：鼎耳革，其行塞。雉膏不食，方雨亏悔，终吉。

九四：鼎折足，覆公𫗧，③ 其形渥，凶。

六五：鼎黄耳，金铉，利贞。

上九：鼎玉铉，大吉，无不利。

震卦

☰☲震，亨。震来虩虩④，笑言哑哑。震惊百里，不丧匕鬯⑤。

初九：震来虩虩，后笑言哑哑，吉。

---

① "甃"音 zhòu，井内壁。

② 孟子讲：莫之为而为者，天也；莫之致而至者，命也。

③ "𫗧"音 sù，食物。

④ "虩虩"音 xìxì，形容恐惧的样子。

⑤ "鬯"音 chàng，古代祭祀用的一种酒。

六二：震来厉，亿丧贝，跻于九陵，勿逐，七日得。

六三：震苏苏，震行无眚。

九四：震遂泥。

六五：震往来厉。亿无丧，有事。

上六：震索索，视矍矍①，征凶。震不于其躬，于其邻，无咎。婚媾有言。

艮②卦

☶ 艮其背，不获其身。行其庭，不见其人，无咎。

初六：艮其趾，无咎，利永贞。

六二：艮其腓，不拯其随，其心不快。

九三：艮其限，列其夤③，厉熏心。

六四：艮其身，无咎。

六五：艮其辅，言有序，悔亡。

上九：敦艮，吉。

渐卦④

☴ 渐，女归吉，利贞。

初六：鸿渐于干。小子厉，有言，无咎。

六二：鸿渐于磐，饮食衎衎⑤，吉。

九三：鸿渐于陆。夫征不复，妇孕不育，凶。利御寇。

六四：鸿渐于木，或得其桷⑥，无咎。

九五：鸿渐于陵，妇三岁不孕。终莫之胜，吉。

---

① "矍矍"音 juéjué，惊视的样子。
② "艮"音 gèn，代表山。
③ "夤"音 yín。夤，脊也。脊，指脊骨。
④ 讲出嫁之卦。
⑤ "衎衎"音 kàn kàn，快乐状。
⑥ "桷"音 jué，方形的椽子。

上九：鸿渐于陆，其羽可用为仪，吉。

归妹卦①

䷵归妹，征凶，无攸利。

初九：归妹以娣②，跛能履，征吉。

九二：眇能视，利幽人之贞。

六三：归妹以须，反归以娣。

九四：归妹愆期，迟归有时。

六五：帝乙归妹，其君之袂③，不如其娣之袂良。月几望，吉。

上六：女承筐，无实。士刲④羊，无血。无攸利。

丰卦

䷶丰，亨，王假之。勿忧，宜日中。

初九：遇其配主，虽旬无咎，往有尚。

六二：丰其蔀⑤，日中见斗。往得疑疾，有孚发若，吉。

九三：丰其沛，日中见沫。折其右肱⑥，无咎。

九四：丰其蔀，日中见斗。遇其夷主，吉。

六五：来章，有庆誉，吉。

上六：丰其屋，蔀其家，窥其户，阒⑦其无人，三岁不觌⑧，凶。

旅卦

䷷旅，小亨，旅贞吉。

初六：旅琐琐，斯其所取灾。

---

① 讲迎娶之卦。
② "娣"音 dì，古时妯娌称谓，弟媳称娣，哥嫂称姒（sì）。
③ "袂"音 mèi，袖子。
④ "刲"音 kuī，割、剐。
⑤ "蔀"音 bù，遮蔽。
⑥ "肱"音 gōng，胳膊，指肩到肘部分。
⑦ "阒"音 qù，形容无声。
⑧ "觌"音 dí，见。

六二：旅即次，怀其资，得童仆贞。

九三：旅焚其次，丧其童仆，贞厉。

九四：旅于处，得其资斧，我心不快。

六五：射雉①，一矢亡，终以誉命。

上九：鸟焚其巢，旅人先笑后号咷。丧牛于易，凶。

巽②卦

☴☴巽，小亨，利有攸往，利见大人。

初六：进退，利武人之贞。

九二：巽在床下，用史巫纷若，吉，无咎。

九三：频巽，吝。

六四：悔亡，田获三品。

九五：贞吉，悔亡，无不利。无初有终。先庚三日，后庚三日，吉。

上九：巽在床下，丧其资斧，贞凶。

兑③卦

☱☱兑，亨，利贞。

初九：和兑，吉。

九二：孚兑，吉，悔亡。

六三：来兑，凶。

九四：商兑未宁，介疾有喜。

九五：孚于剥，有厉。

上六：引兑。

涣卦

☴☵涣，亨。王假有庙，利涉大川，利贞。

初六：用拯马壮，吉。

---

① "雉"音 zhì，野鸡。《周易正义》（注疏本）六五爻辞为：射雉一矢，亡，终以誉命。

② "巽"音 xùn，代表风。

③ "兑"音 duì，代表泽。

九二：涣奔其机，悔亡。

六三：涣其躬，无悔。

六四：涣其群，元吉。涣其①丘，匪夷所思。

九五：涣汗其大号。涣王居，无咎。

上九：涣其血，去，逖②出，无咎。

节卦

䷻节，亨。苦节不可贞。

初九：不出户庭，无咎。

九二：不出门庭，凶。

六三：不节若，则嗟若，无咎。

六四：安节，亨。

九五：甘节，吉，往有尚。

上六：苦节，贞凶，悔亡。

中孚卦

䷼中孚，豚③鱼吉，利涉大川，利贞。

初九：虞吉，有它不燕。

九二：鸣鹤在阴，其子和之。我有好爵，吾与尔靡之。

六三：得敌，或鼓或罢，或泣或歌。

六四：月几望，马匹亡，无咎。

九五：有孚挛如，无咎。

上九：翰音登于天，贞凶。

小过卦

䷽小过，亨，利贞。可小事，不可大事。飞鸟遗之音，不宜上，宜
下，大吉。

---

① 《周易正义》（注疏本）和《御纂周易折中》皆写作"有"。

② "逖"音 tì，远。

③ "豚"音 tún。

初六：飞鸟以凶。

六二：过其祖，遇其妣。不及其君，遇其臣。无咎。

九三：弗过防之，从或戕之，凶。

九四：无咎，弗过遇之。往厉必戒，勿用永贞。

六五：密云不雨，自我西郊。公弋①取彼在穴。

上六：弗遇过之，飞鸟离之，凶，是谓灾眚。

既济卦

䷾既济，亨小，利贞。初吉，终乱。

初九：曳其轮，濡②其尾，无咎。

六二：妇丧其茀③，勿逐，七日得。

九三：高宗伐鬼方，三年克之。小人勿用。

六四：繻④有衣袽，终日戒。

九五：东邻杀牛，不如西邻之礿祭，实受其福。

上六：濡其首，厉。

未济卦

䷿未济，亨。小狐汔⑤济，濡其尾，无攸利。

初六：濡其尾，吝。

九二：曳其轮，贞吉。

六三：未济，征凶，利涉大川。

九四：贞吉，悔亡。震用伐鬼方，三年有赏于大国。

六五：贞吉，无悔。君子之光，有孚，吉。

上九：有孚于饮酒，无咎。濡其首，有孚，失是。

---

① "弋"音 yì，带有绳子的箭。

② "濡"音 rú，有摤起意。

③ "茀"音 fú，指"车之蔽"。

④ "繻"音 xū，《程传》说"繻"当是"濡"。

⑤ "汔"音 qì，训为几。

二、《易传》十篇

（一）《彖传》①（上）

大哉乾元！万物资始，乃统天。云行雨施，品物流形。大明终始，六位时成，时乘六龙以御天。乾道变化，各正性命，保合太和，乃利贞。首出庶物，万国咸宁。

至哉坤元！万物资生，乃顺承天。坤厚载物，德合无疆；含弘光大，品物咸亨。牝②马地类，行地无疆；柔顺利贞，君子攸行。先迷失道，后顺得常。"西南得朋"，乃与类行；"东北丧朋"，乃终有庆。安贞之吉，应地无疆。

屯，刚柔始交而难生。动乎险中，大亨贞。雷雨之动满盈。天造草昧，宜建侯而不宁。

蒙，山下有险。险而止，蒙。"蒙亨"，以亨行时中也。"匪我求童蒙，童蒙求我"，志应也。"初筮告"，以刚中也。"再三渎，渎则不告"，渎蒙也。蒙以养正，圣功也。

需，须也，险在前也。刚健而不陷，其义不困穷矣。"需，有孚，光亨，贞吉"，位乎天位，以正中也。"利涉大川"，往有功也。

---

① "彖"音 tuàn，论断。
② "牝"音 pìn，雌性。

讼，上刚下险，险而健，讼。"讼，有孚，窒惕，中吉"，刚来而得中也[1]。"终凶"，讼不可成也。"利见大人"，尚中正也。"不利涉大川"，入于渊也。

师，众也。贞，正也。能以众正，可以王矣。刚中而应，行险而顺，以此毒天下而民从之，吉又何咎矣。

比，辅也，下顺从也。"原筮，元永贞，无咎"，以刚中也。"不宁方来"，上下应也。"后夫凶"，其道穷也[2]。

小畜，柔得位而上下应之，曰"小畜"。健而巽，刚中而志行，乃亨。"密云不雨"，尚往也；"自我西郊"，施未行也。

履，柔履刚也。说而应于乾，是以"履虎尾，不咥人，亨"。刚中正，履帝位而不疚，光明也。

"泰，小往大来，吉，亨"，则是天地交而万物通也，上下交而其志同也。内阳而外阴，内健而外顺，内君子而外小人。君子道长，小人道消也。

"否之匪人，不利君子贞，大往小来"，则是天地不交，而万物不通也，上下不交而天下无邦也。内阴而外阳，内柔而外刚，内小人而外君子。小人道长，君子道消也。

同人，柔得位得中而应乎乾，曰"同人"。同人曰"同人于野，亨，利涉大川"，乾行也。文明以健，中正而应，君子正也。唯君子为能通天下之志。

大有，柔得尊位大中，而上下应之，曰"大有"。其德刚健而文明，应乎天而时行，是以"元亨"。

谦，亨，天道下济而光明，地道卑而上行。天道亏盈而益谦，地道变盈而流谦，鬼神害盈而福谦，人道恶盈而好谦。谦尊而光，卑而不可逾，

---

① 苏轼认为，说"刚来"原来就是坤卦；说"柔来"原来就是乾卦，依据是"乾坤父母说"。
② 《彖传》类似"其道穷也"句式有多处，如《蹇》《困》《节》《既济》等。

君子之终也。

豫，刚应而志行。顺以动，豫。豫顺以动，故天地如之，而况"建侯行师"乎？天地以顺动，故日月不过，而四时不忒。圣人以顺动，则刑罚清而民服。豫之时义大矣哉①！

随，刚来而下柔，动而说。随，"元亨，利贞，无咎"，而天下随时。随时之义大矣哉！

蛊，刚上而柔下，巽而止，蛊。蛊，"元亨"，而天下治也。"利涉大川"，往有事也。"先甲三日，后甲三日"，终则有始②，天行也。

临，刚浸而长。说而顺，刚中而应。大亨以正，天之道也。"至于八月有凶"，消不久也。

大观在上，顺而巽，中正以观天下。"观，盥而不荐，有孚颙若"，下观而化也。观天之神道，而四时不忒。圣人以神道设教，而天下服矣。

颐中有物，曰"噬嗑"。"噬嗑"而"亨"，刚柔分，动而明，雷电合而章。柔得中而上行，虽不当位，"利用狱"也。

贲，"亨"。柔来而文刚，故"亨"。分刚上而文柔，故"小利有攸往"，刚柔交错③，天文也。文明以止，人文也。观乎天文，以察时变。观乎人文，以化成天下。

剥，剥也，柔变刚也。"不利有攸往"，小人长也。顺而止之，观象也。君子尚消息盈虚，天行也。

---

① 《彖传》中"……时义大矣哉"句式较多。《御纂周易折中》讲，宋朝易学家项安世作了概括。他说"《豫》《随》《遁》《姤》《旅》，皆若小事而有深意，故曰'时义大矣哉'，欲人之思也；《坎》《睽》《蹇》，皆非美事，而圣人有时而用之，故曰'时用大矣哉'，欲人之别之也；《颐》《大过》《解》《革》，皆大事大变也，故曰'时大矣哉'欲人之谨也。"

② 《周易折中》引龚焕说："蛊卦辞讲先甲后甲，巽卦辞讲先庚后庚，事坏而至蛊，则当复始。甲者事之始，故蛊《彖传》以先甲后甲为'终则有始'也。事久则有弊，不可以不更，庚者事之变，故巽爻辞以先庚后庚为'无初有终'也。夫事之坏而新之，是谓终则有始；事之弊而革之，是谓无初有终。"

③ 朱熹《周易本义》无论是清·武英殿本，还是清·和硕怡亲王府藏本均无此内容。依《周易正义》（注疏本）加。金景芳先生认为应保留此语。

"复，亨"，刚反。动而以顺行，是以"出入无疾，朋来无咎"。"反复其道，七日来复"，天行也。"利有攸往"，刚长也。复，其见天地之心乎！

无妄，刚自外来而为主于内，动而键，刚中而应，大亨以正，天之命也。"其匪正有眚，不利有攸往"，无妄之往，何之矣？天命不祐，行矣哉！

大畜，刚健笃实辉光，日新其德。刚上而尚贤①，能止健，大正也。"不家食，吉"，养贤也。"利涉大川"，应乎天也。

颐，"贞吉"，养正则吉也。"观颐"，观其所养也。"自求口实"，观其自养也。天地养万物，圣人养贤以及万民。颐之时大矣哉！

大过，大者过也。"栋桡"，本末弱也。刚过而中，巽而说行，"利有攸往"，乃"亨"。大过之时大矣哉！

习坎，重险也。水流而不盈，行险而不失其信。"维心亨"，乃以刚中也。"行有尚"，往有功也。天险，不可升也。地险，山川丘陵也。王公设险以守其国。坎之时用大矣哉。

离，丽也。日月丽乎天，百谷草木丽乎土，重明以丽乎正，乃化成天下。柔丽乎中正，故"亨"，是以"畜牝牛，吉"也。

（二）《象传》（下）

咸，感也。柔上而刚下，二气感应以相与，止而说，男下女，是以"亨，利贞，取女吉"也。天地感而万物化生，圣人感人心而天下和平。观其所感，而天地万物之情可见矣。

恒，久也。刚上而柔下。雷风相与，巽而动，刚柔皆应，恒。"恒，亨，无咎，利贞"，久于其道也。天地之道，恒久而不已也。"利有攸

---

① 《周易折中》总结道：五爻和上爻，凡六五下上九的，都有"尚贤"之义，如《大有》《颐》《鼎》卦。

往"，终则有始也。日月得天而能久照，四时变化而能久成，圣人久于其道而天下化成。观其所恒，而天地万物之情可见矣。

遁"亨"，遁而亨也。刚当位而应，与时行也。"小利贞"，浸而长也。遁之时义大矣哉！

"大壮"，大者壮也。刚以动，故壮。"大壮，利贞"，大者正也。正大，而天地之情可见矣。

晋，进也。明出地上，顺而丽乎大明，柔进而上行，是以"康侯用锡马蕃庶，昼日三接"也。

明入地中，明夷。内文明而外柔顺，以蒙大难，文王以之。"利艰贞"，晦其明也，内难而能正其志，箕子以之。

家人，女正位乎内，男正位乎外。男女正，天地之大义也。家人有严君焉，父母之谓也。父父、子子，兄兄、弟弟，夫夫、妇妇，而家道正。正家，而天下定矣。

睽，火动而上，泽动而下。二女同居，其志不同行。说而丽乎明，柔进而上行，得中而应乎刚，是以"小事吉"。天地睽而其事同也，男女睽而其志通也，万物睽而其事类也。睽之时用大矣哉！

蹇，难也，险在前也。见险而能止，知矣哉！蹇"利西南"，往得中也。"不利东北"，其道穷也。"利见大人"，往有功也。当位"贞吉"，以正邦也。蹇之时用大矣哉！

解，险以动，动而免乎险，解。"解，利西南"，往得众也。"其来复，吉"，乃得中也。"有攸往，夙吉"，往有功也。天地解而雷雨作，雷雨作而百果草木皆甲坼①。解之时大矣哉！

损，损下益上，其道上行。损而"有孚，元吉。无咎，可贞。利有攸往。曷之用？二簋可用享"。二簋应有时，损刚益柔有时。损益盈虚，与时偕行。

---

① "坼"音 chè，裂。

益，损上益下，民说无疆。自上下下，其道大光。"利有攸往"，中正有庆。"利涉大川"，木道乃行。益动而巽，日进无疆。天施地生，其益无方。凡益之道，与时偕行。

夬，决也，刚决柔也。健而说，决而和。"扬于王庭"，柔乘五刚也。"孚号有厉"，其危乃光也。"告自邑，不利即戎"，所尚乃穷也。"利有攸往"，刚长乃终也。

姤，遇也，柔遇刚也。"勿用取女"，不可与长也。天地相遇，品物咸章也。刚遇中正，天下大行也。姤之时义大矣哉！

萃，聚也。顺以说，刚中而应，故聚也。"王假有庙"，致孝享也。"利见大人，亨"，聚以正也。"用大牲，吉，利有攸往"，顺天命也。观其所聚，而天地万物之情可见矣。

柔以时升。巽而顺，刚中而应，是以大亨。"用见大人，勿恤"，有庆也。"南征吉"，志行也。

困，刚掩也。险以说，困而不失其所"亨"，其唯君子乎？"贞，大人吉"，以刚中也。"有言不信"，尚口乃穷也。

巽乎水而上水，井。井，养而不穷也。"改邑不改井"，乃以刚中也。"汔至，亦未繘井"，未有功也。"羸其瓶"，是以凶也。

革，水火相息。二女同居，其志不相得，曰革。"己日乃孚"，革而信之。文明以说，大亨以正，革而当，其悔乃亡。天地革而四时成。汤、武革命，顺乎天而应乎人。革之时大矣哉！

鼎，象也。以木巽火，亨饪也。圣人亨以享上帝，而大亨以养圣贤。巽而耳目聪明，柔进而上行，得中而应乎刚，是以"元吉，亨"。

震，亨。"震来虩虩"，恐致福也。"笑言哑哑"，后有则也。"震惊百里"，惊远而惧迩也。"不丧匕鬯"[1]，出可以守宗庙社稷，以为祭主也。

艮，止也。时止则止，时行则行。动静不失其时，其道光明。艮其

---

[1] 依《程传》第 207 页补正。

止，止其所也。上下敌应，不相与也。是以"不获其身，行其庭，不见其人，无咎也"。

渐之进也，"女归吉"也。进得位，往有功也。进以正，可以正邦也。其位，刚得中也。止而巽，动不穷也。

归妹，天地之大义也。天地不交而万物不兴。归妹，人之终始也。说以动，所归妹也。"征凶"，位不当也。"无攸利"，柔乘刚也。

丰，大也。明以动，故丰。"王假之"，尚大也。"勿忧，宜日中"，宜照天下也。日中则昃，月盈则食，天地盈虚，与时消息，而况于人乎？况于鬼神乎？

旅，小亨。柔得中乎外而顺乎刚，止而丽乎明，是以"小亨，旅贞吉"也。旅之时义大矣哉！

重巽以申命。刚巽乎中正而志行，柔皆顺乎刚，是以"小亨，利有攸往，利见大人"。

兑，说也。刚中而柔外，说以"利贞"，是以顺乎天而应乎人。说以先民，民忘其劳。说以犯难，民忘其死。说之大，民劝矣哉！

涣，亨。刚来而不穷，柔得位乎外而上同。"王假有庙"，王乃在中也。"利涉大川"，乘木有功也。

节，亨。刚柔分而刚得中。"苦节不可贞"，其道穷也。说以行险，当位以节，中正以通。天地节而四时成。节以制度，不伤财，不害民。

中孚，柔在内而刚得中。说而巽，孚，乃化邦也。"豚鱼吉"，信及豚鱼也。"利涉大川"，乘木舟虚也。中孚以"利贞"，乃应乎天也。

小过，小者过而"亨"也。过以"利贞"，与时行也。柔得中，是以"小事吉"也。刚失位而不中，是以"不可大事"也。有飞鸟之象焉。"飞鸟遗之音，不宜上，宜下，大吉"，上逆而下顺也。

既济，亨①，小者亨也。"利贞"，刚柔正而位当也。初吉，柔得中

---

① 疑脱一"小"字。参见（宋）朱熹著，柯誉整理《周易本义》，第175页。

也。"终"止则"乱",其道穷也。

未济,亨,柔得中也。"小狐汔济",未出中也。"濡其尾,无攸利",不续终也。虽不当位,刚柔应也。

(三)《象传》(上)

天行健,君子以自强不息。"潜龙勿用",阳在下也;"见龙在田",德施普也;"终日乾乾",反复道也;"或跃在渊",进"无咎"也;"飞龙在天","大人"造也;"亢龙有悔",盈不可久也;"用九",天德不可为首也。

地势坤,君子以厚德载物。"履霜""坚冰",阴始凝也。驯致其道,至坚冰也;六二之动,直以方也。"不习无不利",地道光也;"含章可贞",以时发也。"或从王事",知光大也;"括囊,无咎",慎不害也;"黄裳,元吉",文在中也;"龙战于野",其道穷也;用六永贞,以大终也。

云雷屯,君子以经纶。虽"磐桓",志行正也。以贵下贱,大得民也;六二之难,乘刚也。"十年乃字",反常也;"即鹿无虞①",以从禽也。君子舍之,"往吝"穷也;求而往,明也;"屯其膏",施未光也;"泣血涟如",何可长也。

山下出泉,蒙。君子以果行育德。"利用刑人",以正法也;"子克家",刚柔接也;"勿用取女",行不顺也;"困蒙"之吝,独远实也;"童蒙"之吉,顺以巽也;利用"御寇",上下顺也。

云上于天,需。君子以饮食宴乐。"需于郊",不犯难行也。"利用恒,无咎",未失常也;"需于沙",衍在中也。虽"小有言",以吉终也;"需于泥",灾在外也。自我"致寇",敬慎不败也;"需于血",顺以听

---

① "虞"音yú,忧虑。

也；"酒食，贞吉"，以中正也；"不速之客"来，"敬之终吉"，虽不当位，未大失也。

天与水违行，讼。君子以作事谋始。"不永所事"，讼不可长也。虽"小有言"，其辩明也；"不克讼，归而逋"，窜也。自下讼上，患至掇也；"食旧德"，从上吉也；"复即命，渝，安贞"不失也；"讼，元吉"，以中正也；以讼受服，亦不足敬也。

地中有水，师。君子以容民畜众。"师出以律"，失律凶也；"在师，中吉"，承天宠也。"王三锡命"，怀万邦也；"师或舆尸"，大无功也；"左次，无咎"，未失常也；"长子帅师"，以中行也。"弟子舆尸"，使不当也；"大君有命"，以正功也。"小人勿用"，必乱邦也。

地上有水，比。先王以建万国①，亲诸侯。比之初六，"有它，吉"也；"比之自内"，不自失也；"比之匪人"，不亦伤乎？"外比"于贤，以从上也；"显比"之吉，位正中也。舍逆取顺，"失前禽"也。"邑人不诫"，上使中也；"比之无首"，无所终也。

风行天上，小畜。君子以懿②文德。"复自道"，其义吉也；"牵复"在中，亦不自失也；"夫妻反目"，不能正室也；"有孚""惕出"，上合志也；"有孚挛如"，不独富也；"既雨既处"，德积载也。"君子征凶"，有所疑也。

上天下泽，履。君子以辨上下，定民志。"素履"之往，独行愿也；"幽人贞吉"，中不自乱也；"眇能视"，不足以有明也。"跛能履"，不足以与行也。"咥人"之凶，位不当也；"武人为于大君"，志刚也；"愬愬终吉"，志行也；"夬履，贞厉"，位正当也；"元吉"在上，大有庆也。

天地交，泰。后以财③成天地之道，辅相天地之宜，以左右民。"拔茅""征吉"，志在外也；"包荒"，"得尚于中行"，以光大也；"无往不

---

① 屯卦讲"利建侯"；比卦讲"建万国"。

② "懿"音 yì，美好。

③ 财与裁皆为从纽之部字，古音义同。

复"，天地际也；"翩翩，不富"，皆失实也。"不戒以孚"，中心愿也；"以祉元吉"，中以行愿也；"城复于隍"，其命乱也。

天地不交，否。君子以俭德辟难，不可荣以禄。"拔茅""贞吉"，志在君也；"大人否，亨"，不乱群也；"包羞"，位不当也；"有命无咎"，志行也；"大人"之吉，位正当也；否终则倾，何可长也。

天与火，同人。君子以类族辨物。出门同人，又谁咎也？"同人于宗"，吝道也；"伏戎于莽"，敌刚也。"三岁不兴"，安行也？"乘其墉"，义弗克也。其吉，则困而反则也；同人之先，以中直也。"大师"相遇，言相克也；"同人于郊"，志未得也。

火在天上，大有。君子以遏恶扬善，顺天休命。大有初九，无交害也；"大车以载"，积中不败也；"公用亨于天子"，小人害也；"匪其彭，无咎"，明辨皙也；"厥孚交如"，信以发志也。"威如"之吉，易而无备也；大有上吉，自天祐也。

地中有山，谦。君子以哀多益寡，称物平施。"谦谦君子"，卑以自牧也；"鸣谦，贞吉"，中心得也；"劳谦君子"，万民服也；"无不利，㧑谦"，不违则也；"利用侵伐"，征不服也；"鸣谦"，志未得也。可"用行师"，"征邑国"也。

雷出地奋，豫。先王以作乐崇德，殷荐之上帝，以配祖考。初六"鸣豫"，志穷凶也；"不终日，贞吉"，以中正也；"盱豫""有悔"，位不当也；"由豫，大有得"，志大行也；六五"贞疾"，乘刚也。"恒不死"，中未亡也。"冥豫"在上，何可长也。

泽中有雷，随。君子以向晦入宴息。"官有渝"，从正吉也。"出门交有功"，不失也；"系小子"，弗兼与也；"系丈夫"，志舍下也；"随有获"，其义凶也。"有孚在道"，明功也；"孚于嘉，吉"，位正中也；"拘系之"，上穷也。

山下有风，蛊。君子以振民育德。"干父之蛊"，意承考也；"干母之蛊"，得中道也；"干父之蛊"，终无咎也；"裕父之蛊"，往未得也；"干父""用誉"，承以德也；"不事王侯"，志可则也。

泽上有地，临。君子以教思无穷，容保民无疆。"咸临，贞吉"，志行正也；"咸临，吉，无不利"，未顺命也；"甘临"，位不当也。"既忧之"，咎不长也；"至临，无咎"，位当也；"大君之宜"，行中之谓也；"敦临"之吉，志在内也。

风行地上，观。先王以省方观民设教。"初六，童观"，小人道也；"窥观""女贞"，亦可丑也；"观我生进退"，未失道也；"观国之光"，尚宾也；"观我生"，观民也；"观其生"，志未平也。

雷电，噬嗑。先王以明罚敕法。"屦校灭趾"，不行也；"噬肤灭鼻"，乘刚也；"遇毒"，位不当也；"利艰贞，吉"，未光也；"贞厉，无咎"，得当也；"何校灭耳"，聪不明也。

山下有火，贲。君子以明庶政，无敢折狱。"舍车而徒"，义弗乘也；"贲其须"，与上兴也；"永贞"之吉，终莫之陵也；六四当位，疑也。"匪寇，婚媾"，终无尤也；六五之吉，有喜也；"白贲，无咎"，上得志也。

山附于地，剥。上以厚下安宅。"剥床以足"，以灭下也；"剥床以辨"，未有与也；"剥之，无咎"，失上下也；"剥床以肤"，切近灾也；"以宫人宠"，终无尤也；"君子得舆"，民所载也。"小人剥庐"，终不可用也。

雷在地中，复。先王以至日闭关，商旅不行，后不省方。"不远"之复，以修身也；"休复"之吉，以下仁也；"频复"之厉，义无咎也；"中行独复"，以从道也；"敦复，无悔"，中以自考也；"迷复"之凶，反君道也。

天下雷行，物与无妄。先王以茂对时育万物。无妄之往，得志也；"不耕获"，未富也；"行人"得牛，"邑人"灾也；"可贞，无咎"，固有之也；"无妄"之药，不可试也；"无妄"之行，穷之灾也。

天在山中，大畜。君子以多识前言往行，以畜其德。"有厉，利已"，不犯灾也；"舆说辐"，中无尤也；"利有攸往,"上合志也；六四"元吉"，有喜也；六五之"吉"，有庆也；"何天之衢"，道大行也。

山下有雷，颐。君子以慎言语，节饮食。"观我朵颐"，亦不足贵也；六二"征凶"，行失类也；"十年勿用"，道大悖也；"颠颐"之吉，上施光也；"居贞"之吉，顺以从上也；"由颐，厉吉"，大有庆也。

泽灭木，大过。君子以独立不惧，遁世无闷。"藉用白茅"，柔在下也；"老夫""女妻"，过以相与也；"栋桡"之"凶"，不可以有辅也；"栋隆"之"吉"，不桡乎下也；"枯杨生华"，何可久也？"老妇""士夫"，亦可丑也；"过涉"之凶，不可咎也。

水洊至，习坎。君子以常德行，习教事。"习坎"入坎，失道凶也；"求小得"未出中也；"来之坎坎"，终无功也；"樽酒簋贰"，刚柔际也；"坎不盈"，中未大也；"上六"失道，"凶三岁"也。

明两作，离。大人以继明照于四方。"履错"之敬，以辟咎也；"黄离，元吉"，得中道也；"日昃之离"，何可久也；"突如其来如"，无所容也；六五之吉，离王公也；"王用出征"，以正邦也。

（四）《象传》（下）

山上有泽，咸。君子以虚受人。"咸其拇"，志在外也；虽"凶，居吉"，顺不害也；"咸其股"，亦不处也。志在随人，所执下也；"贞吉，悔亡"，未感害也。"憧憧往来"，未光大也；"咸其脢"，志末也；"咸其辅颊舌"，滕口说也。

雷风，恒。君子以立不易方。"浚恒"之凶，始求深也；九二"悔亡"，能久中也；"不恒其德"，无所容也；久非其位，安得禽也？"妇人"贞吉，从一而终也。"夫子"制义，从妇凶也；"振恒"在上，大无功也。

天下有山，遁。君子以远小人，不恶而严。"遁尾"之厉，不往何灾也？执用黄牛，固志也；"系遁"之厉，有疾惫也。"畜臣妾，吉"，不可大事也；"君子""好遁"，"小人否"也；"嘉遁，贞吉"，以正志也；"肥遁，无不利"，无所疑也。

雷在天上，大壮。君子以非礼弗履。"壮于趾"，其孚穷也；九二"贞吉"，以中也；"小人用壮"，君子罔也；"藩决不羸"，尚往也；"丧羊于易"，位不当也；"不能退，不能遂"，不详也。"艰则吉"，咎不长也。

"明出地上"，晋。君子以自昭明德。"晋如摧如"，独行正也。"裕无咎"，未受命也；"受兹介福"，以中正也；"众允"之志，上行也；"鼫鼠，贞厉"，位不当也；"失得勿恤"，往有庆也；"维用伐邑"，道未光也。

明入地中，明夷。君子以莅众，用晦而明。"君子于行"，义不食也；六二之"吉"，顺以则也；"南狩"之志，乃大得也；"入于左腹"，获心意也；"箕子"之贞，明不可息也；"初登于天"，照四国也。"后入于地"，失则也。

风自火出，家人。君子以言有物而行有恒。"闲有家"，志未变也；六二之"吉"，顺以巽也；"家人嗃嗃"，未失也。"妇子嘻嘻"，失家节也；"富家，大吉"，顺在位也；"王假有家"，交相爱也；"威如"之吉，反身之谓也。

上火下泽，睽。君子以同而异。"见恶人"，以辟咎也；"遇主于巷"，未失道也；"见舆曳"，位不当也。"无初有终"，遇刚也；"交孚""无咎"，志行也；"厥宗噬肤"，往有庆也；"遇雨"之吉，群疑亡也。

山上有水，蹇。君子以反身修德。"往蹇来誉"，宜待也；"王臣蹇蹇"，终无尤也；"往蹇来反"，内喜之也；"往蹇来连"，当位实也；"大蹇朋来"，以中节也；"往蹇来硕"，志在内也。"利见大人"，以从贵也。

雷雨作，解。君子以赦过宥罪。刚柔之际，义"无咎"也；九二"贞吉"，得中道也；"负且乘"，亦可丑也。自我致戎，又谁咎也？"解而拇"，未当位也；君子"有解"，小人退也；"公用射隼"，以解悖①也。

---

① "悖"音 bèi，相反，违反。

山下有泽，损。君子以惩忿窒欲。"已事遄往"，尚合志也；九二"利贞"，中以为志也；"一人行"，"三"则疑也；"损其疾"，亦可喜也；六五"元吉"，自上祐也；"弗损益之"，大得志也。

风雷，益。君子以见善则迁，有过则改。"元吉，无咎"，下不厚事也；"或益之"，自外来也；益"用凶事"，固有之也；"告公从"，以益志也；"有孚惠心"，勿问之矣。"惠我德"，大得志也；"莫益之"，偏辞也。"或击之"，自外来也。

泽上于天，夬。君子以施禄及下，居德则忌。"不胜"而往，咎也；"有戎""勿恤"，得中道也；"君子夬夬"，终无咎也；"其行次且"，位不当也。"闻言不信"，聪不明也；"中行无咎"，中未光也；"无号"之凶，终不可长也。

天下有风，姤。后以施命诰四方。"系于金柅"，柔道牵也；"包有鱼"，义不及宾也；"其行次且"，行未牵也；"无鱼"之凶，远民也；九五"含章"，中正也。"有陨自天"，志不舍命也；"姤其角"，上穷吝也。

泽上于地，萃。君子以除戎器，戒不虞。"乃乱乃萃"，其志乱也；"引吉，无咎"，中未变也；"往无咎"，上巽也；"大吉无咎"，位不当也；"萃有位"，志未光也；"赍咨涕洟"，未安上也。

地中生木，升。君子以顺德，积小以高大。"允升，大吉"，上合志也；九二之"孚"，有喜也；"升虚邑"，无所疑也；"王用亨于岐山"，顺事也；"贞吉，升阶"，大得志也；"冥升"在上，消不富也。

泽无水，困。君子以致命遂志。"入于幽谷"，幽不明也；"困于酒食"，中有庆也；"据于蒺藜"，乘刚也。"入于其宫，不见其妻"，不祥也；"来徐徐"，志在下也。虽不当位，有与也；"劓刖"，志未得也。"乃徐有说"，以中直也。"利用祭祀"，受福也；"困于葛藟"，未当也。"动悔，有悔"，吉行也。

木上有水，井。君子以劳民劝相。"井泥不食"，下也。"旧井无禽"，时舍也；"井谷射鲋"，无与也；"井渫不食"，行恻也。求"王明"，受福也；"井甃，无咎"，修井也；"寒泉"之食，中正也；"元吉"在上，大成也。

泽中有火，革。君子以治历明时。"巩用黄牛"，不可以有为也；"已日""革之"，行有嘉也；"革言三就"，又何之矣！"改命"之吉，信志也；"大人虎变"，其文炳也；"君子豹变"，其文蔚也。"小人革面"，顺以从君也。

木上有火，鼎。君子以正位凝命。"鼎颠趾"，未悖也。"利出否"，以从贵也；"鼎有实"，慎所之也。"我仇有疾"，终无尤也；"鼎耳革"，失其义也；"覆公㻏"，信如何也？"鼎黄耳"，中以为实也；"玉铉"在上，刚柔节也。

洊雷，震。君子以恐惧修省。"震来虩虩"，恐致祸也。"笑言哑哑"，后有则也；"震来厉"，乘刚也；"震苏苏"，位不当也；"震遂泥"，未光也；"震往来厉"，危行也。其事在中，大无丧也；"震索索"，中未得也。虽凶无咎，畏邻戒也。

兼山，艮。君子以思不出其位。"艮其趾"，未失正也；"不拯其随"，未退听也；"艮其限"，危"熏心"也；"艮其身"，止诸躬也；"艮其辅"，以中正也；"敦艮"之吉，以厚终也。

山上有木，渐。君子以居贤德善俗。"小子"之厉，义"无咎"也；"饮食衎衎"，不素饱也；"夫征不复"，离群丑也。"妇孕不育"，失其道也。"利"用"御寇"，顺相保也；"或得其桷"，顺以巽也；"终莫之胜，吉"，得所愿也；"其羽可用为仪，吉"，不可乱也。

泽上有雷，归妹。君子以永终知敝。"归妹以娣"，以恒也。"跛能履，吉"，相承也；"利幽人之贞"，未变常也；"归妹以须"，未当也；"愆期"之志，有待而行也；"帝乙归妹"，"不如其娣之袂良"也，其位在中，以贵行也；上六"无实"，"承"虚"筐"也。

雷电皆至，丰。君子以折狱致刑。"虽旬无咎"，过旬灾也；"有孚发若"，信以发志也；"丰其沛"，不可大事也。"折其右肱"，终不可用也；

"丰其蔀"，位不当也。"日中见斗"，幽不明也。"遇其夷主"，"吉"行也；六五之"吉"，"有庆"也；"丰其屋"，天际翔也。"窥其户，阒其无人"，自藏也。

山上有火，旅。君子以明慎用刑而不留狱。"旅琐琐"，志穷灾也；"得童仆贞"，终无尤也；"旅焚其次"，亦以伤矣。以旅与下，其义丧也；"旅于处"，未得位也。"得其资斧"，心未快也；"终以誉命"，上逮也；以旅在上，其义"焚"也。"丧牛于易"，终莫之闻也。

随风，巽。君子以申命行事。"进退"，志疑也。"利武人之贞"，志治也；"纷若"之"吉"，得中也；"频巽"之吝，志穷也；"田获三品"，有功也；九五之"吉"，位正中也；"巽在床下"，上穷也。"丧其资斧"，正乎"凶"也。

丽泽，兑。君子以朋友讲习。"和兑"之吉，行未疑也；"孚兑"之吉，信志也；"来兑"之凶，位不当也；九四之"喜"，有庆也；"孚于剥"，位正当也；上六"引兑"，未光也。

风行水上，涣。先王以享于帝立庙。初六之"吉"，顺也；"涣奔其机"，得愿也；"涣其躬"，志在外也；"涣其群，元吉"，光大也；"王居""无咎"，正位也；"涣其血"，远害也。

泽上有水，节。君子以制数度，议德行。"不出户庭"，知通塞也；"不出门庭，凶"，失时极也；"不节"之嗟，又谁咎也？"安节"之亨，承上道也；"甘节"之吉，居位中也；"苦节，贞凶"，其道穷也。

泽上有风，中孚。君子以议狱缓死。初九"虞吉"，志未变也；"其子和之"，中心愿也；"或鼓或罢"，位不当也；"马匹亡"，绝类上也；"有孚挛如"，位正当也；"翰音登于天"，何可长也！

山上有雷，小过。君子以行过乎恭，丧过乎哀，用过乎俭。"飞鸟以凶"，不可如何也！"不及其君"，臣不可过也；"从或戕之"，"凶"如何也！"弗过遇之"，位不当也。"往厉必戒"，终不可长也；"密云不雨"，已上也；"弗遇过之"，已亢也。

水在火上，既济。君子以思患而豫防之。"曳其轮"，义无咎也；"七日得"，以中道也；"三年克之"，惫也；"终日戒"，有所疑也；"东邻杀牛"，"不如西邻"之时也，"实受其福"，吉大来也；"濡其首，厉"，何可久也！

火在水上，未济。君子以慎辨物居方。"濡其尾"，亦不知极也；九二"贞吉"，中以行正也；"未济，征凶"，位不当也；"贞吉，悔亡"，志行也；"君子之光"，其晖吉也；"饮酒"濡首，亦不知节也。

（五）《文言传》

《文言·乾》

元者，善之长也；亨者，嘉之会也；利者，义之和也；贞者，事之干也。

君子体仁足以长人，嘉会足以合礼，利物足以和义，贞固足以干事。君子行此四德者，故曰："乾，元亨利贞。"①

初九曰"潜龙勿用"，何谓也？子曰："龙德而隐者也。不易乎世，不成乎名，遁世无闷，不见是而无闷，乐则行之，忧则违之，确乎其不可拔，'潜龙'也。"

九二曰"见龙在田，利见大人"，何谓也？子曰："龙德而正中者也。庸言之信，庸行之谨，闲邪存其诚，善世而不伐，德博而化。《易》曰：'见龙在田，利见大人'，君德也。"

九三曰"君子终日乾乾，夕惕若厉，无咎"，何谓也？子曰："君子进德修业。忠信所以进德也。修辞立其诚，所以居业也。知至至之，可与几也。知终终之，可与存义也。是故居上位而不骄，在下位而不忧。故乾

---

① 参照《左传·襄公九年》穆姜引述《随》卦内容，此"四德"说当是《随》卦"四德"窜入的内容，对此欧阳修已有揭示，参见欧阳修《欧阳修全集》，第570页。

乾因其时而惕，虽危，无咎矣。"

九四曰"或跃在渊，无咎"，何谓也？子曰："上下无常，非为邪也。进退无恒，非离群也。君子进德修业，欲及时也，故无咎。"

九五曰"飞龙在天，利见大人"，何谓也？子曰："同声相应，同气相求。水流湿，火就燥，云从龙，风从虎。圣人作而万物睹。本乎天者亲上，本乎地者亲下，则各从其类也。"

上九曰"亢龙有悔"，何谓也？子曰："贵而无位，高而无民，贤人在下位而无辅，是以动而有悔也。"

"潜龙勿用"，下也。"见龙在田"，时舍也。"终日乾乾"，行事也。"或跃在渊"，自试也。"飞龙在天"，上治也。"亢龙有悔"，穷之灾也。乾元"用九"，天下治也。

"潜龙勿用"，阳气潜藏。"见龙在田"，天下文明。"终日乾乾"，与时偕行。"或跃在渊"，乾道乃革。"飞龙在天"，乃位乎天德。"亢龙有悔"，与时偕极。乾元用九，乃见天则。

"乾元"者，始而亨者也。"利贞"者，性情也。乾始，能以美利利天下，不言所利，大矣哉！大哉乾乎！刚健中正，纯粹精也。六爻发挥，旁通情也。"时乘六龙"，以御天也。"云行雨施"，天下平也。

君子以成德为行，日可见之行也。潜之为言也，隐而未见，行而未成，是以君子弗用也。君子学以聚之，问以辨之，宽以居之，仁以行之。《易》曰"见龙在田，利见大人"，君德也。九三，重刚而不中，上不在天，下不在田。故乾乾因其时而惕，虽危无咎矣。九四，重刚①而不中，上不在天，下不在田，中不在人，故或之。或之者，疑之也，故无咎。

夫大人者，与天地合其德，与日月合其明，与四时合其序，与鬼神合其吉凶。先天而天弗违，后天而奉天时。天且弗违，而况于人乎？况于鬼

---

① "重刚"谓阳爻处阳位。乾九四爻非是。此"重"当为衍字。参见（宋）朱熹著，柯誉整理《周易本义》，第30页和（清）李光地撰，冯雷益等整理《御纂周易折中》，第551页。

神乎？

"亢"之为言也，知进而不知退，知存而不知亡，知得而不知丧。其唯圣人乎？知进退存亡，而不失其正者，其唯圣人乎？

《文言·坤》

坤至柔而动也刚，至静而德方。后得主①而有常，含万物而化光。"坤"道其顺乎，承天而时行。

积善之家，必有余庆。积不善之家，必有余殃。臣弑其君，子弑其父，非一朝一夕之故，其所由来者渐矣，由辨之不早辨也。《易》曰："履霜，坚冰至"，盖言顺也。

直其正也，方其义也。君子敬以直内，义以方外。敬义立而德不孤。"直方大，不习无不利"，则不疑其所行也。

阴虽有美含之，以从王事，弗敢成也。地道也，妻道也，臣道也。地道无成，而代有终也。天地变化，草木蕃。天地闭，贤人隐。《易》曰："括囊，无咎无誉"，盖言谨也。

君子黄中通理，正位居体，美在其中，而畅于四支，发于事业，美之至也。

阴疑于阳必战，为其嫌于无阳也，故称"龙"焉。犹未离其类也，故称"血"焉。夫玄黄者，天地之杂也。天玄而地黄。

（六）《系辞》（上）

第一章

天尊②地卑，乾坤定矣。卑高以陈，贵贱位矣。动静有常，刚柔断矣。方以类聚，物以群分，吉凶生矣。在天成象，在地成形，变化见矣。

---

① 《程传》疑"主"后脱一"利"字。
② 帛书《易》为"奠"。

是故刚柔相摩，八卦相荡。鼓之以雷霆，润之以风雨，日月运行，一寒一暑。乾道成男，坤道成女。乾知大始，坤作成物。乾以易知，坤以简能。易则易知，简则易从。易知则有亲，易从则有功。有亲则可久，有功则可大。可久则贤人之德，可大则贤人之业。易简而天下之理得矣。天下之理得，而成位乎其中矣。

第二章

圣人设卦观象，系辞焉而明吉凶。刚柔相推，而生变化。是故吉凶者，失得之象也。悔吝者，忧虞之象也。变化者，进退之象也。刚柔者，昼夜之象也。六爻之动，三极之道也。是故，君子所居而安者，《易》之序也；所乐而玩者，爻之辞也。是故，君子居则观其象而玩其辞，动则观其变而玩其占，是以自天祐之，吉，无不利。

第三章

彖者，言乎象者也。爻者，言乎变者也。吉凶者，言乎其失得也；悔吝者，言乎其小疵也；无咎者，善补过也。

是故，列贵贱者存乎位，齐小大者存乎卦，辨吉凶者存乎辞。忧悔吝者存乎介，震无咎者存乎悔。是故，卦有小大，辞有险易。辞也者，各指其所之。

第四章

易与天地准，故能弥纶天地之道。仰以观于天文，俯以察于地理，是故知幽明之故。原始反终，故知死生之说。精气为物，游魂为变，是故知鬼神之情状。

与天地相似，故不违。知周乎万物而道济天下，故不过。旁行而不流，乐天知命，故不忧。安土敦乎仁，故能爱。

范围天地之化而不过，曲成万物而不遗，通乎昼夜之道而知，故神无方而易无体。

第五章

一阴一阳之谓道。继之者善也，成之者性也。仁者见之谓之仁，知者见之谓之知。百姓日用而不知，故君子之道鲜矣。

显诸仁，藏诸用，鼓万物而不与圣人同忧，盛德大业至矣哉！

富有之谓大业，日新之谓盛德。生生之谓易。成象之谓乾，效法之谓坤。极数知来之谓占，通变之谓事。阴阳不测之谓神。

第六章

夫《易》，广矣大矣。以言乎远则不御；以言乎迩则静而正；以言乎天地之间则备矣。

夫乾，其静也专，其动也直，是以大生焉。夫坤，其静也翕，其动也辟，是以广生焉。

广大配天地，变通配四时，阴阳之义配日月，《易》简之善配至德。

第七章

子曰："《易》其至矣乎！夫《易》，圣人所以崇德而广业也。知崇礼卑，崇效天，卑法地。天地设位而易行乎其中矣。成性存存，道义之门。"

第八章

圣人有以见天下之赜，而拟诸其形容，象其物宜，是故谓之象。圣人有以见天下之动，而观其会通，以行其典礼，系辞焉以断其吉凶，是故谓之爻。

言天下之至赜而不可恶也，言天下之至动而不可乱也。拟之而后言，议之而后动，拟议以成其变化。

"鸣鹤在阴，其子和之。我有好爵，吾与尔靡之。"子曰："君子居其室，出其言善，则千里之外应之，况其迩者乎？居其室，出其言不善，则千里之外违之，况其迩者乎？言出乎身，加乎民；行发乎迩，见乎远。言行，君子之枢机。枢机之发，荣辱之主[①]也。言行，君子之所以动天地也，可不慎乎！"

---

① 帛书《易》为"营辰之斗"。

"同人,先号咷而后笑。"子曰:"君子之道,或出或处,或默或语。二人同心,其利断金。同心之言,其臭如兰。"

"初六:藉用白茅,无咎。"子曰:"苟错诸地而可矣,藉之用茅,何咎之有?慎之至也。夫茅之为物薄,而用可重也。慎斯术也以往,其无所失矣。"

"劳谦君子,有终,吉。"子曰:"劳而不伐,有功而不德,厚之至也。语以其功下人者也。德言盛,礼言恭。谦也者,致恭以存其位者也。"

"亢龙有悔。"子曰:"贵而无位,高而无民,贤人在下位而无辅,是以动而有悔也。"

"不出户庭,无咎。"子曰:"乱之所生也,则言语以为阶。君不密则失臣,臣不密则失身,几事不密则害成,是以君子慎密而不出也。"

子曰:"作《易》者,其知盗乎?《易》曰:'负且乘,致寇至。'负也者,小人之事也。乘也者,君子之器也。小人而乘君子之器,盗思夺之矣。上慢下暴,盗思伐之矣。慢藏诲盗,冶容诲淫。《易》曰:'负且乘,致寇至。'盗之招也。"

第九章

天一,地二;天三,地四;天五,地六;天七,地八;天九,地十。① 天数五,地数五,五位相得而各有合。天数二十有五,地数三十,凡天地之数五十有五,此所以成变化而行鬼神也。②

大衍之数五十[有五]③,其用四十有九。分而为二以象两,挂一以象三,揲之以四以象四时,归奇于扐以象闰。五岁再闰,故再扐而后挂。乾之策二百一十有六,坤之策百四十有四,凡三百有六十,当期之日。二

---

① 此句被《周易正义》(注疏本)置于本版本十一章的第一句。
② 此二句被《周易正义》(注疏本)置于本版本第九章第二段"故再扐而后挂"和"乾之策二百一十有六"之间。
③ 见金景芳《周易讲座》,第10页。

篇之策，万有一千五百二十，当万物之数也。是故四营而成易，十有八变而成卦。八卦而小成。引而伸之，触类而长之，天下之能事毕矣。

显道神德行，是故可与酬酢，可与祐神矣。

子曰："知变化之道者，其知神之所为乎？"

第十章

《易》有圣人之道四焉：以言者尚其辞，以动者尚其变，以制器者尚其象，以卜筮者尚其占。是以君子将有为也，将有行也，问焉而以言，其受命也如响，无有远近幽深，遂知来物。非天下之至精，其孰能与于此？参伍以变，错综其数。通其变，遂成天地之文；极其数，遂定天下之象。非天下之至变，其孰能与于此？易，无思也，无为也，寂然不动，感而遂通天下之故。非天下之至神，其孰能与于此？夫《易》，圣人所以极深而研几也。唯深也，故能通天下之志；唯几也，故能成天下之务；唯神也，故不疾而速，不行而至。子曰："《易》有圣人之道四焉"者，此之谓也。

第十一章

子曰："夫易，何为者也？夫易，开物成务，冒天下之道，如斯而已者也。"是故圣人以通天下之志，以定天下之业，以断天下之疑。

是故，蓍之德圆而神，卦之德方以知，六爻之义易以贡。圣人以此洗心，退藏于密，吉凶与民同患。神以知来，知以藏往，其孰能与于此哉？古之聪明睿智神武而不杀者夫！

是以明于天之道，而察于民之故，是兴神物以前民用。圣人以此斋戒，以神明其德夫！

是故，阖户谓之坤，辟户谓之乾，一阖一辟谓之变，往来不穷谓之通。见乃谓之象，形乃谓之器，制而用之谓之法，利用出入，民咸用之谓之神。

是故，易有太极，是生两仪，两仪生四象，四象生八卦，八卦定吉凶，吉凶生大业。

是故，法象莫大乎天地；变通莫大乎四时；县象著明莫大乎日月；崇高莫大乎富贵；备物致用，立成器以为天下利，莫大乎圣人；探赜索隐，钩深致远，以定天下之吉凶，成天下之亹亹者，莫大乎蓍龟。

是故，天生神物，圣人则之；天地变化，圣人效之；天垂象，见吉凶，圣人象之；河出图，洛出书，圣人则之。

《易》有四象，所以示也。系辞焉，所以告也。定之以吉凶，所以断也。

第十二章

《易》曰："自天祐之，吉，无不利。"子曰："祐者，助也。天之所助者，顺也；人之所助者，信也。履信思乎顺，又以尚贤也。是以'自天祐之，吉，无不利'也。"

子曰："书不尽言，言不尽意。"然则圣人之意，其不可见乎？子曰："圣人立象以尽意，设卦以尽情伪，系辞焉以尽其言。变而通之以尽利，鼓之舞之以尽神。"

乾坤，其易之蕴①邪？乾坤成列，而易立乎其中矣。乾坤毁，则无以见易。易不可见，则乾坤或几乎息矣。是故，形而上者谓之道，形而下者谓之器。化而裁之谓之变，推而行之谓之通，举而错之天下之民谓之事业。

是故，夫象，圣人有以见天下之赜，而拟诸其形容，象其物宜，是故谓之象。圣人有以见天下之动，而观其会通，以行其典礼，系辞焉以断其吉凶，是故谓之爻。极天下之赜者存乎卦。鼓天下之动者存乎辞。化而裁之存乎变。推而行之存乎通。神而明之存乎其人。默而成之，不言而信，存乎德行。

① 帛书《易》为"经"。

（七）《系辞》（下）

第一章

八卦成列，象在其中矣。因而重之，爻在其中矣。刚柔相推，变在其中矣。系辞焉而命之，动在其中矣。吉凶悔吝者，生乎动者也。刚柔者，立本者也。变通者，趣时者也。吉凶者，贞胜者也。天地之道，贞观者也。日月之道，贞明者也。天下之动，贞夫一者也。

夫乾，确然示人易矣；夫坤，陨①然示人简矣。

爻也者，效此者也。象也者，像此者也。爻象动乎内，吉凶见乎外。功业见乎变，圣人之情见乎辞。

天地之大德曰生，圣人之大宝曰位。何以守位？曰仁。何以聚人？曰财。理财正辞，禁民为非曰义。

第二章

古者包羲氏②之王天下也，仰则观象于天，俯则观法于地，观鸟兽之文，与地之宜，近取诸身，远取诸物，于是始作八卦，以通神明之德，以类万物之情。

作结绳而为网罟，以佃以渔，盖取诸离。

包羲氏没，神农氏作。斫③木为耜，揉木为耒④，耒耨⑤之利，以教天下，盖取诸益。

日中为市，致天下之民，聚天下之货，交易而退，各得其所，盖取诸

---

① "陨"音 tuí，《御纂周易折中》引朱熹《周易本义》讲"陨然谓顺貌"；引韩康伯《周易集说》说"陨"有柔貌。

② 包羲氏即伏羲氏。

③ "斫"音 zhuó，用刀斧砍。

④ "耒"音 lěi，古农具，像木叉。

⑤ "耨"音 nòu，锄草农具。

噬嗑。

神农氏没，黄帝、尧、舜氏作。通其变，使民不倦，神而化之，使民宜之。《易》穷则变，变则通，通则久。是以"自天祐之，吉无不利"。黄帝、尧、舜垂衣裳而天下治，盖取诸乾、坤。

刳①木为舟，剡②木为楫。舟楫之利，以济不通，致远以利天下，盖取诸涣。

服牛乘马，引重致远，以利天下，盖取诸随。

重门击柝③，以待暴客，盖取诸豫。

断木为杵④，掘地为臼⑤。杵臼之利，万民以济，盖取诸小过。

弦木为弧，剡木为矢。弧矢之利，以威天下，盖取诸睽。

上古穴居而野处，后世圣人易之以宫室。上栋下宇，以待风雨，盖取诸大壮。

古之葬者，厚衣之以薪，葬之中野，不封不树，丧期无数。后世圣人易之以棺椁⑥，盖取诸大过。

上古结绳而治，后世圣人易之以书契。百官以治，万民以察，盖取诸夬。

第三章

是故《易》者，象也。象也者，像也。彖者，材也。爻也者，效天下之动者也。是故吉凶生而悔吝著也。

第四章

阳卦多阴，阴卦多阳。其故何也？阳卦奇，阴卦偶。其德行何也？阳

---

① "刳"音 kū，挖空。

② "剡"音 yǎn，削尖。

③ "柝"音 tuò，打更用的梆子。

④ "杵"音 chǔ，一头粗一头细的圆木棒。

⑤ "臼"音 jiù。

⑥ "椁"音 guǒ，古时指套在棺材外边的大棺材。

一君而二民，君子之道也。阴二君一民，小人之道也。

第五章

《易》曰："憧憧①往来，朋从尔思。"子曰："天下何思何虑？天下同归而殊途，一致而百虑。天下何思何虑？日往则月来，月往则日来，日月相推而明生焉；寒往则暑来，暑往则寒来，寒暑相推而岁成焉。往者屈也，来者信也，屈信相感而利生焉。尺蠖②之屈，以求信也。龙蛇之蛰，以存身也。精义入神，以致用也。利用安身，以崇德也。过此以往，未之或知也。穷神知化，德之盛也。"

《易》曰："困于石，据于蒺藜，入于其宫，不见其妻，凶。"子曰："非所困而困焉，名必辱；非所据而据焉，身必危。既辱且危，死期将至，妻其可得见邪？"

《易》曰："公用射隼③于高墉之上，获之，无不利。"子曰："隼者禽也，弓矢者器也，射之者人也。君子藏器于身，待时而动，何不利之有？动而不括，是以出而有获，语成器而动者也。"

子曰："小人不耻不仁，不畏不义，不见利不劝，不威不惩。小惩而大诫，此小人之福也。《易》曰：'屦校灭趾，无咎。'此之谓也。善不积不足以成名；恶不积不足以灭身。小人以小善为无益而弗为也，以小恶为无伤而弗去也。故恶积而不可掩，罪大而不可解。《易》曰：'何校灭耳，凶'。"

子曰："危者安其位者也，亡者保其存者也，乱者有其治者也。是故君子安而不忘危，存而不忘亡，治而不忘乱，是以身安而国家可保也。《易》曰：'其亡其亡，系于苞桑。'"

子曰："德薄而位尊，知小而谋大，力小而任重，鲜不及矣。《易》曰：'鼎折足，覆公𫗧，其形渥，凶。'言不胜其任也。"

---

① "憧憧"音 chōng chōng，形容往来不定或摇曳不定。

② "尺蠖"音 chǐhuò，一种爬虫，行走象丈量尺寸一样。

③ "隼"音 sǔn，猛禽。

子曰："知几其神乎？君子上交不谄，下交不渎，其知几乎？几者，动之微，吉之先见者也。君子见几而作，不俟终日。《易》曰：'介于石，不终日，贞吉。'介如石焉，宁用终日？断可识矣！君子知微知彰，知柔知刚，万夫之望。"

子曰："颜氏之子，其殆庶几乎？有不善未尝不知，知之未尝复行也。《易》曰：'不远复，无祗悔，元吉。'"

天地絪缊，万物化醇；男女构精，万物化生。《易》曰："三人行，则损一人；一人行，则得其友。"言致一也。

子曰："君子安其身而后动，易其心而后语，定其交而后求。君子修此三者，故全也。危以动则民不与也，惧以语则民不应也。无交而求则民不与也，莫之与则伤之者至矣。《易》曰：'莫益之，或击之。立心勿恒，凶。'"

第六章

子曰："乾坤，其易之门邪？乾，阳物也；坤，阴物也。阴阳合德而刚柔有体，以体天地之撰，以通神明之德。"

"其称名也，杂而不越，于稽其类，其衰世之意邪？"

"夫《易》，彰往而察来，而微显阐幽。开而当名辨物，正言断辞则备矣。"

"其称名也小，其取类也大。其旨远，其辞文，其言曲而中，其事肆而隐。因贰以济民行，以明失得之报。"

第七章

《易》之兴也，其于中古乎？作《易》者，其有忧患乎？

是故，履，德之基也。谦，德之柄也。复，德之本也。恒，德之固也。损，德之修也。益，德之裕也。困，德之辨也。井，德之地也。巽，德之制也。

履，和而至。谦，尊而光。复，小而辨于物。恒，杂而不厌。损，先难而后易。益，长裕而不设。困，穷而通。井，居其所而迁。巽，称而隐。

履以和行，谦以制礼，复以自知，恒以一德，损以远害，益以兴利，困以寡怨，井以辨义，巽以行权。

第八章

《易》之为书也不可远，为道也屡迁。变动不居，周流六虚，上下无常，刚柔相易，不可为典要，唯变所适。其出入以度，外内使知惧。又明于忧患与故，无有师保，如临父母。

初率其辞，而揆其方，既有典常。苟非其人，道不虚行。

第九章

《易》之为书也，原始要终以为质也。六爻相杂，唯其时物也。

其初难知，其上易知，本末也。初辞拟之，卒成之终。若夫杂物撰德，辨是与非，则非其中爻不备。噫！亦要存亡吉凶，则居可知矣。知者观其彖辞，则思过半矣。

二与四同功而异位，其善不同：二多誉，四多惧，近也。柔之为道，不利远者。其要无咎，其用柔中也；三与五同功而异位：三多凶，五多功，贵贱之等也。其柔危，其刚胜邪？

第十章

《易》之为书也，广大悉备。有天道焉，有人道焉，有地道焉。兼三才而两之，故六。六者非它也，三才之道也。

道有变动，故曰爻。爻有等，故曰物。物相杂，故曰文。文不当，故吉凶生焉。

第十一章

《易》之兴也，其当殷之末世，周之盛德邪？当文王与纣之事邪？是故其辞危。危者使平，易者使倾，其道甚大，百物不废。惧以终始，其要无咎，此之谓《易》之道也。

第十二章

夫乾，天下之至健也，德行恒易以知险。夫坤，天下之至顺也，德行恒简以知阻。能说诸心，能研诸虑①，定天下之吉凶，成天下之亹亹者。是故变化云为，吉事有祥。象事知器，占事知来。

天地设位，圣人成能。人谋鬼谋，百姓与能。八卦以象告，爻象以情言。刚柔杂居，而吉凶可见矣。

变动以利言，吉凶以情迁。是故爱恶相攻而吉凶生，远近相取而悔吝生，情伪相感而利害生。

凡《易》之情，近而不相得则凶。或害之，悔且吝。

将叛者其辞惭，中心疑者其辞枝，吉人之辞寡，躁人之辞多，诬善之人其辞游，失其守者其辞屈。

（八）《说卦传》

第一章

昔者圣人之作《易》也，幽赞于神明而生蓍。参天两地而倚数。观变于阴阳而立卦，发挥于刚柔而生爻，和顺于道德而理于义，穷理尽性以至于命。

第二章

昔者圣人之作《易》也，将以顺性命之理。是以立天之道曰阴与阳；立地之道曰柔与刚；立人之道曰仁与义。兼三才而两之，故《易》六画而成卦。分阴分阳，迭用柔刚，故《易》六位而成章。

第三章

天地定位，山泽通气，雷风相薄，水火不相射，八卦相错。数往者顺，知来者逆。是故，《易》逆数也。

---

① 有版本写作"能研诸侯之虑"。朱熹认为"侯之"为衍字。金景芳先生赞同此说。见金景芳《周易讲座》，第74页。

第四章

雷以动之，风以散之，雨以润之，日以晅①之，艮以止之，兑以说之，乾以君之，坤以藏之。

第五章

帝出乎震，齐乎巽，相见乎离，致役乎坤，说言乎兑，战乎乾，劳乎坎，成言乎艮。

万物出乎震，震，东方也。齐乎巽，巽，东南也。齐也者，言万物之絜②齐也。离也者，明也，万物皆相见，南方之卦也。圣人南面而听天下，向明而治，盖取诸此也。坤也者，地也，万物皆致养焉，故曰"致役乎坤"。兑，正秋也，万物之所说也，故曰"说言乎兑"。战乎乾，乾，西北之卦也，言阴阳相薄也。坎者，水也，正北方之卦也，劳卦也，万物之所归也，故曰"劳乎坎"。艮，东北之卦也，万物之所成终，而所成始也，故曰"成言乎艮"。

第六章

神也者，妙万物而为言者也。动万物者莫疾乎雷，挠③万物者莫疾乎风，躁万物者莫熯④乎火，说万物者莫说乎泽，润万物者莫润乎水，终万物始万物者莫盛乎艮。故水火相逮，雷风不相悖，山泽通气，然后能变化，既成万物也。

第七章

乾，健也。坤，顺也。震，动也。巽，入也。坎，陷也。离，丽也。艮，止也。兑，说也。

第八章

乾为马，坤为牛，震为龙，巽为鸡，坎为豕，离为雉，艮为狗，兑

---

① "晅"音 xuǎn，通烜，晒。

② "絜"音 jié，通洁。

③ "挠"音 náo，弯曲。

④ "熯"音 hàn，蒸。

为羊。

第九章

乾为首，坤为腹，震为足，巽为股，坎为耳，离为目，艮为手，兑为口。

第十章

乾，天也，故称乎父。坤，地也，故称乎母。震一索而得男，故谓之长男。巽一索而得女，故谓之长女。坎再索而得男，故谓之中男。离再索而得女，故谓之中女。艮三索而得男，故谓之少男。兑三索而得女，故谓之少女。

第十一章

乾为天，为圆，为君，为父，为玉，为金，为寒，为冰，为大赤，为良马，为老马，为瘠马，为驳马，为木果。

坤为地，为母，为布，为釜，为吝啬，为均，为子母牛，为大舆，为文，为众，为柄。其于地也，为黑。

震为雷，为龙，为玄黄，为旉①，为大涂，为长子，为决躁，为苍筤②竹，为萑③苇。其于马也，为善鸣，为馵④足，为作足，为的颡⑤。其于稼也，为反生，其究为健，为蕃鲜。

巽为木，为风，为长女，为绳直，为工，为白，为长，为高，为进退，为不果，为臭。其于人也，为寡发，为广颡，为多白眼，为近利市三倍，其究为躁卦。

坎为水，为沟渎，为隐伏，为矫揉⑥，为弓轮。其于人也，为加忧，

---

① "旉"音 fū。
② "筤"音 lǎng。
③ "萑"音 huán。
④ "馵"音 zhù，专指后左蹄为白色的马。
⑤ "颡"音 sǎng，脑门。
⑥ "揉"音 róu，古时车轮的外框。

为心病，为耳痛，为血卦，为赤。其于马也，为美脊，为亟心，为下首，为薄蹄，为曳。其于舆也，为多眚，为通，为月，为盗。其于木也，为坚多心。

离为火，为日，为电，为中女，为甲胄，为戈兵。其于人也，为大腹。为乾卦，为鳖①，为蟹，为蠃②，为蚌，为龟。其于木也，为科上槁③。

艮为山，为径路，为小石，为门阙，为果蓏④，为阍⑤寺，为指，为狗，为鼠，为黔喙之属。其于木也，为坚多节。

兑为泽，为少女，为巫，为口舌，为毁折，为附决。其于地也，为刚卤，为妾，为羊。

（九）《序卦传》

有天地，然后万物生焉。盈天地之间者，惟万物，故受之以屯。屯者，盈也。屯者，物之始生也。物生必蒙，故受之以蒙。蒙者，蒙也，物之稚也。物稚不可不养也，故受之以需。需者，饮食之道也。饮食必有讼，故受之以讼。讼必有众起，故受之以师。师者，众也。众必有所比，故受之以比。比者，比也。比必有所畜，故受之以小畜。物畜然后有礼，故受之以履。⑥ 履而泰，然后安，故受之以泰。泰者，通也。物不可以终通，故受之以否。物不可以终否，故受之以同人。与人同者，物必归焉，故受之以大有。有大者，不可以盈，故受之以谦。有大而能谦，必豫，故

---

① "鳖"音 biē。

② "蠃"音 luó，通螺。

③ "槁"音 gǎo，干枯。

④ "蓏"音 luó，古书指瓜类植物的果实。

⑤ "阍"音 hūn，门。

⑥ 依语句结构和卦义，疑少"履者，礼也"句。

受之以豫。豫必有随，故受之以随。以喜随人者，必有事，故受之以蛊。蛊者，事也。有事而后可大，故受之以临。临者，大也。物大然后可观，故受之以观。可观而后有所合，故受之以噬嗑。嗑者，合也。物不可以苟合而已，故受之以贲。贲者，饰也。致饰然后亨则尽矣，故受之以剥。剥者，剥也。物不可以终尽剥，穷上反下，故受之以复。复则不妄矣，故受之以无妄。有无妄，然后可畜，故受之以大畜。物畜然后可养，故受之以颐。颐者，养也。不养则不可动，故受之以大过。物不可以终过，故受之以坎。坎者，陷也。陷必有所丽，故受之以离。离者，丽也。

有天地，然后有万物。有万物，然后有男女。有男女，然后有夫妇。有夫妇，然后有父子。有父子，然后有君臣。有君臣，然后有上下。有上下，然后礼义有所错。夫妇之道不可以不久也，故受之以恒。恒者，久也。物不可以久居其所，故受之以遁。遁者，退也。物不可以终遁，故受之以大壮。物不可以终壮，故受之以晋。晋者，进也。进必有所伤，故受之以明夷。夷者，伤也。伤于外者，必反于家，故受之以家人。家道穷必乖，故受之以睽。睽者，乖也。乖必有难，故受之以蹇。蹇者，难也。物不可以终难，故受之以解。解者，缓也。缓必有所失，故受之以损。损而不已必益，故受之以益。益而不已必决，故受之以夬。夬者，决也。决必有所遇，故受之以姤。姤者，遇也。物相遇而后聚，故受之以萃。萃者，聚也。聚而上者谓之升，故受之以升。升而不已必困，故受之以困。困乎上者必反下，故受之以井。井道不可不革，故受之以革。革物者莫若鼎，故受之以鼎。主器者莫若长子，故受之以震。震者，动也。物不可以终动，止之，故受之以艮。艮者，止也。物不可以终止，故受之以渐。渐者，进也。进必有所归，故受之以归妹。得其所归者必大，故受之以丰。丰者，大也。穷大者必失其居，故受之以旅。旅而无所容，故受之以巽。巽者，入也。入而后说之，故受之以兑。兑者，说也。说而后散之，故受之以涣。涣者，离也。物不可以终离，故受之以节。节而信之，故受之以中孚。有其信者必行之，故受之以小过。有过物者必济，故受之以既济。

物不可穷也，故受之以未济终焉。

（十）《杂卦传》

乾刚坤柔，比乐师忧。临、观之义，或与或求。屯见而不失其居，蒙杂而著。震，起也；艮，止也。损、益盛衰之始也。大畜，时也；无妄，灾也。萃聚而升不来也。谦轻而豫怠也。噬嗑，食也；贲，无色也。兑见而巽伏也。随，无故也；蛊，则饬也。剥，烂也；复，反也。晋，昼也；明夷，诛也。井通而困相遇也。咸，速也；恒，久也。涣，离也；节，止也。解，缓也；蹇，难也。睽，外也；家人，内也。否、泰，反其类也。大壮则止，遁则退也。大有，众也；同人，亲也。革，去故也；鼎，取新也。小过，过也；中孚，信也。丰，多故也；亲寡，旅也。离上而坎下也。小畜，寡也；履，不处也。需，不进也；讼，不亲也。大过，颠也；姤，遇也，柔遇刚也。渐，女归待男行也。颐，养正也。既济，定也。归妹，女之终也。未济，男之穷也。夬，决也，刚决柔也。君子道长，小人道忧也。①

---

① 宋人蔡渊根据前五十六卦"二二相偶"、"非覆即变"的结构和句尾押韵之例，将后八卦改为：《大过》，颠也；《颐》，养正也。《既济》，定也；《未济》，男之穷也。《归妹》，女之终也；《渐》，女归待男行也。《姤》，遇也，柔遇刚也；《夬》，决也，刚决柔也。君子道长，小人道忧也。转引自廖明春《〈周易〉经传与易学史新论》，第 345 页。廖先生申论道："《杂卦》追求的是卦组内的逻辑关系，而不是卦组之间先后的续承关系。"

参 考 文 献

（一）西方文献、论著

［古希腊］柏拉图：《柏拉图全集》，王晓辉译，人民出版社 2017 年版。

［古希腊］亚里士多德：《形而上学》，吴寿彭译，商务印书馆 1959 年版。

［古希腊］亚里士多德：《形而上学》，黄颖译，时事出版社 2014 年版。

［古希腊］亚里士多德：《尼各马可伦理学》，廖申白译注，商务印书馆 2020 年版。

［意］托马斯·阿奎那：《论存在者与本质》，段德智译，商务印书馆 2013 年版。

［意］马基雅维利：《马基雅维利全集》，潘汉典、薛军译，吉林出版集团有限责任公司 2013 年版。

［荷兰］斯宾诺莎：《知性改进论》，贺麟译，商务印书馆 1960 年版。

［荷兰］斯宾诺莎：《伦理学》，贺麟译，商务印书馆 1997 年版。

［法］卢梭：《社会契约论》，李平沤译，商务印书馆 2011 年版。

［法］孟德斯鸠：《论法的精神》（上、下册），张雁深译，商务印书馆 1961 年版。

［英］亚当·斯密：《国富论》，高格译，中国华侨出版社 2013 年版。

［英］约翰·托兰德：《泛神论要义》，陈启伟译，商务印书馆 2007 年版。

［德］康德：《纯粹理性批判》，蓝公武译，商务印书馆 1960 年版。

［德］康德：《实践理性批判》，邓晓芒译，杨祖陶校，人民出版社 2003 年版。

［德］康德：《判断力批判：审美判断力的批判》，宗白华译，商务印书馆 1964 年版。

［德］康德：《判断力批判：目的论判断力的批判》，韦卓民译，商务印书馆 1964 年版。

［德］康德：《逻辑学讲义》，许景行译，商务印书馆 2010 年版。

［德］康德：《历史理性批判文集》，何兆武译，商务印书馆 1990 年版。

［德］康德：《道德形上学探本》，唐越译，商务印书馆 2012 年版。

［德］康德：《任何一种能够作为科学出现的未来形而上学导论》，庞景仁译，商务印书馆 1978 年版。

［德］康德：《道德形而上学原理》，苗力田译，上海人民出版社 2012 年版。

［德］康德：《法的形而上学原理：权利的科学》，沈叔平译，林荣远校，商务印书馆 1991 年版。

［德］黑格尔：《哲学史讲演录》（1—4 卷），贺麟、王太庆等译，商务印书馆 1978 年版。

［德］黑格尔：《小逻辑》，贺麟译，商务印书馆 1980 年版。

［德］黑格尔：《精神现象学》（上、下卷），贺麟、王玖兴译，商务印书馆 1979 年版。

［德］黑格尔：《法哲学原理》，范扬、张企泰译，商务印书馆 2021 年版。

［德］费希特：《自然法权基础》，谢地坤、程志民译，商务印书馆 2019 年版。

［德］谢林：《先验唯心论体系》，梁志学等译，商务印书馆 1976 年版。

［德］《马克思恩格斯全集》1—4 卷，人民出版社 1972 年版。

［德］马克思：《资本论》（1—3 卷），郭大力、王亚南译，人民出版社 1953 年版。

［德］弗·梅林：《马克思传》，樊集译，人民出版社 1972 年版。

［德］恩格斯：《家庭、私有制和国家的起源》，人民出版社 1999 年版。

［德］狄尔泰：《历史理性批判手稿》，陈锋译，上海译文出版社 2012 年版。

［德］马克斯·韦伯：《新教伦理与资本主义精神》，沈海霞等译，电子工业出版社 2013 年版。

［德］马克斯·韦伯：《儒家与道教》，悦文译，陕西师范大学出版社 2010 年版。

［德］马克斯·韦伯：《学术与政治》，冯克利译，生活·读书·新知三联书店 2005 年版。

［德］马克斯·韦伯：《民族国家与经济政策》，甘阳译，生活·读书·新知三联书店 1997 年版。

［法］涂尔干：《社会分工论》，渠东译，生活·读书·新知三联书店 2000 年版。

［英］怀特海：《过程与实在：宇宙论研究》，李步楼译，商务印书馆 2012 年版。

［英］怀特海：《科学与近代世界》，何钦译，商务印书馆 1959 年版。

［英］怀特海：《思维方式》，刘放桐译，商务印书馆 2010 年版。

［英］怀特海：《观念的冒险》，周邦宪译，人民出版社 2011 年版。

［英］怀特海：《自然的概念》，张桂权译，译林出版社 2011 年版。

［法］柏格森：《道德和宗教的两个来源》，彭海涛译，安徽人民出版社 2012 年版。

［法］柏格森：《创造进化论》，姜志辉译，商务印书馆 2004 年版。

［美］约翰·杜威：《确定性的寻求》，傅统先译，上海人民出版社 2004 年版。

［德］文德尔班：《哲学史教程》，罗达仁译，商务印书馆 1987 年版。

［德］李凯尔特：《文化科学与自然科学》，涂纪亮译，商务印书馆 1986 年版。

［德］胡塞尔：《现象学观念》，倪梁康译，上海译文出版社 1986 年版。

［德］胡塞尔：《纯粹现象学通论：纯粹现象学和现象学哲学的观念》第 1 卷，李幼蒸译，商务印书馆 1992 年版。

［德］胡塞尔：《哲学作为严格的科学》，倪梁康，商务印书馆 2010 年版。

［德］裴迪南·滕尼斯：《共同体与社会：纯粹社会学的基本概念》，林荣远译，北京大学出版社 2010 年版。

［美］罗斯科·庞德：《通过法律的社会控制》，沈宗灵译，商务印书馆 2013 年版。

［奥］凯尔森：《法与国家的一般理论》，沈宗灵译，商务印书馆 2013 年版。

［德］海德格尔：《存在与时间》，陈嘉映、王庆节合译，生活·读书·新知三联书店 2014 年版。

［德］海德格尔，孙周兴、王庆节编译：《康德与形而上学疑难》，商务印书馆 2018 年版。

［德］海德格尔：《路标》，孙周兴译，商务印书馆 2000 年版。

［德］海德格尔著，［德］英格特劳德·古兰特编：《黑格尔的精神现象学》，赵卫国译，南京大学出版社 2018 年版。

［德］海德格尔：《形而上学导论》，熊伟、王庆节译，商务印书馆 1996 年版。

［德］海德格尔：《面向思的事情》，陈小文、孙周兴译，商务印书馆 1996 年版。

［德］海德格尔：《对亚里士多德的现象学解释：现象学研究导论》，赵卫国译，华夏出版社 2012 年版。

［美］汉娜·阿伦特：《过去与未来之间》，王寅丽等译，译林出版社 2014 年版。

［德］恩斯特·卡西尔：《人论》，甘阳译，上海译文出版社 1985 年版。

［德］卡尔·雅斯贝斯：《历史的起源与目标》，魏楚雄、俞新天译，华夏出版社 1989 年版。

［德］卡尔·雅斯贝斯：《生存哲学》，王玖兴译，上海人民出版社 2013 年版。

［匈］卢卡奇：《历史与阶级意识：关于马克思主义辩证法研究》，杜章智等译，商务印书馆 1992 年版。

［英］李约瑟：《中国科学技术史》，《中国科学技术史》翻译小组译，科学出版社 1975 年版。

［英］汤因比著，［英］萨默维尔编：《历史研究》（上、下卷），郭小凌等译，上海人民出版社 2010 年版。

［英］汤因比、［日］池田大作：《展望二十一世纪：汤因比与池田大作对话录》，荀春生等译，国际文化出版公司 1985 年版。

［英］路德维希·维特根斯坦：《文化和价值》，黄正东、唐少杰译，清华大学出版社 1987 年版。

［奥］路德维希·维特根斯坦著，C.E.M. 安斯康、G.H. 冯·赖特编：《论确实性》，张金言译，广西师范大学出版社 2001 年版。

［奥］维特根斯坦：《哲学研究》，韩林合译，商务印书馆 2013 年版。

［奥］维特根斯坦：《逻辑哲学论及其他》，陈启伟译，商务印书馆 2014 年版。

［英］维特根斯坦：《逻辑哲学论》，王平复译，江西教育出版社 2014 年版。

［法］让-保罗·萨特：《存在主义是一种人道主义》，周煦良等译，上海译文出版社 1988 年版。

［德］马克斯·舍勒：《伦理学中的形式主义与质料的价值伦理学》，倪梁康译，生活·读书·新知三联书店 2004 年版。

［德］马克斯·舍勒：《知识社会学问题》，艾彦译，北京联合出版公司 2014 年版。

［法］保罗·利科：《论现象学流派》，蒋海燕译，南京大学出版社 2010 年版。

［法］伊曼纽尔·列维纳斯：《总体与无限》，朱刚译，北京大学出版社 2016 年版。

［法］埃玛纽埃尔·列维纳斯：《从存在到存在者》，吴慧怡译，江苏教育出版社 2006 年版。

［法］米歇尔·福柯：《知识考古学》，谢强等译，生活·读书·新知三联书店 2003 年版。

［法］米歇尔·福柯：《词与物：人文科学的考古学》，莫伟民译，上海三联书店 2016 年版。

［法］雅克·德里达：《书写与差异》（上、下），张宁译，生活·读书·新知三联书

店 2001 年版。

　　［法］雅克·德里达：《胡塞尔〈几何学的起源〉引论》，方向红译，南京大学出版社 2004 年版。

　　［英］斯迈利编：《哲学对话：柏拉图、休谟和维特根斯坦》，张志平译，漓江出版社 2013 年版。

　　［英］伊姆雷·拉卡托斯等编：《批判与知识的增长》，周寄中译，华夏出版社 1987 年版。

　　［法］高宣扬：《布迪厄的社会理论》，同济大学出版社 2004 年版。

　　［法］阿兰·巴丢：《维特根斯坦的反哲学》，严和来译，漓江出版社 2015 年版。

　　［美］保罗·蒂利希：《文化神学》，陈新权、王平译，工人出版社 1988 年版。

　　［美］亨廷顿、哈里森主编：《文化的重要作用：价值观如何影响人类进步》，程克雄译，新华出版社 2010 年版。

　　［美］亨廷顿：《文明的冲突与世界秩序重建》，周琪等译，新华出版社 2009 年版。

　　［意］詹尼·瓦蒂莫：《现代性的终结：虚无主义与后现代文化诠释学》，李建盛译，商务印书馆 2013 年版。

　　［英］佩里·安德森：《后现代的起源》，紫辰等译，中国社会科学出版社 2008 年版。

　　［美］列奥·施特劳斯：《自然权利与历史》，彭刚译，生活·读书·新知三联书店 2011 年版。

　　［英］卡尔·波普尔：《开放社会及其敌人》，陆衡、郑一明等译，中国社会科学出版社 1999 年版。

　　［英］迈克尔·波兰尼：《个人知识：迈向后批判哲学》，许泽民译，贵州人民出版社 2000 年版。

　　［英］迈克尔·波兰尼：《科学、信仰与社会》，王靖华译，南京大学出版社 2004 年版。

　　［日］岛田虔次：《中国近代思维的挫折》，甘万萍译，江苏人民出版社 2005 年版。

　　［日］渡边信一郎：《中国古代的王权与天下秩序：从日中比较史的视角出发》，徐冲译，中华书局 2008 年版。

　　［美］柯文：《在中国发现历史：中国中心观在美国的兴起》，林同奇译，商务印书馆 1989 年版。

　　［美］墨子刻：《摆脱困境：新儒学与中国政治文化的演进》，颜世安等译，江苏人民

出版社 1990 年版。

［瑞士］孔汉思：《世界伦理手册》，邓建华等译，杨煦生校，生活·读书·新知三联书店 2012 年版。

［美］L. J. 宾克莱：《理想的冲突：西方社会中变化着的价值观念》，马元德、王太庆等译，商务印书馆 1986 年版。

［美］威拉德·蒯因：《从逻辑的观点看》，江天骥等译，上海译文出版社 1987 年版。

［美］理查德·罗蒂：《哲学和自然之镜》，李幼蒸译，商务印书馆 2003 年版。

［美］顾立雅：《孔子与中国之道》，高专诚译，大象出版社 2014 年版。

［美］约瑟夫·列文森：《儒教中国及其现代命运》，郑大华译，广西师范大学出版社 2009 年版。

［美］巴林顿·摩尔：《民主和专制的社会起源》，拓夫等译，华夏出版社 1987 年版。

［美］倪德卫著，［美］万白安编：《儒家之道》，周炽成译，江苏人民出版社 2006 年版。

［美］郝大维、安乐哲：《先贤的民主：杜威、孔子与中国民主之希望》，何刚强译，江苏人民出版社 2004 年版。

［以色列］艾森斯塔特：《反思现代性》，旷新年、王爱松译，生活·读书·新知三联书店 2006 年版。

［美］理查德·J. 伯恩施坦：《超越客观主义和相对主义》，郭小平、康兴平译，光明日报出版社 1992 年版。

［美］A. C. 丹图：《萨特》，安延明译，工人出版社 1987 年版。

［法］德勒兹：《斯宾诺莎的实践哲学》，冯炳昆译，商务印书馆 2004 年版。

［德］伽达默尔：《真理与方法》，王才勇译，辽宁人民出版社 1987 年版。

［德］伽达默尔、［法］德里达等：《德法之争：伽达默尔与德里达的对话》，孙周兴、孙善春编译，商务印书馆 2014 年版。

［美］乔治娅·沃恩科：《伽达默尔：诠释学、传统和理性》，洪汉鼎译，商务印书馆 2009 年版。

［法］让-弗朗索瓦·利奥塔：《后现代状况：关于知识的报告》，岛子译，湖南美术出版社 1996 年版。

［美］白诗朗：《论创造性：朱熹、怀特海、南乐山的比较研究》，陈浩译，中国社会科学出版社 2012 年版。

［美］牟复礼：《中国思想之渊源》，王立刚译，北京大学出版社 2009 年版。

［美］狄百瑞：《中国的自由传统》，李弘祺译，中华书局 2016 年版。

［瑞士］皮亚杰：《发生认识论原理》，王宪钿译，商务印书馆 1981 年版。

［德］于尔根·哈贝马斯：《现代性的哲学话语》，曹卫东译，译林出版社 2014 年版。

［德］于尔根·哈贝马斯：《后形而上学思想》，曹卫东、付德根译，译林出版社 2012 年版。

［德］尤尔根·哈贝马斯：《合法性危机》，刘北成、曹卫东译，上海人民出版社 2000 年版。

［德］哈贝马斯等：《对于缺失的意识：一场与哈贝马斯的讨论》，郁喆隽译，商务印书馆 2013 年版。

［德］沃夫冈·施路赫特：《现代理性主义的兴起：韦伯西方发展史之分析》，林端译，台湾大学出版中心 2014 年版。

［美］约翰·罗尔斯：《政治自由主义》，万俊人译，译林出版社 2011 年版。

［美］约翰·罗尔斯：《正义论》（修订版），何怀宏等译，中国社会科学出版社 2009 年版。

［美］阿拉斯代尔·麦金太尔：《伦理学简史》，龚群译，商务印书馆 2003 年版。

［美］阿拉斯代尔·麦金泰尔：《追寻美德：道德理论研究》，宋继杰译，译林出版社 2011 年版。

［美］阿拉斯代尔·麦金太尔：《谁之正义？何种合理性？》，万俊人等译，当代中国出版社 1996 年版。

［美］阿拉斯代尔·麦金太尔：《德性之后》，龚群等译，中国社会科学出版社 2020 年版。

［美］迈克尔·J. 桑德尔：《自由主义与正义的局限》，万俊人等译，译林出版社 2011 年版。

［英］安东尼·吉登斯：《资本主义与现代社会理论：对马克思、涂尔干和韦伯著作的分析》，郭忠华等译，上海译文出版社 2007 年版。

［英］安东尼·吉登斯：《现代性的后果》，译林出版社 2011 年版。

［美］弗雷德里克·詹姆逊：《黑格尔的变奏：论〈精神现象学〉》，王逢振译，中国人民大学出版社 2011 年版。

［美］本杰明·史华兹：《古代中国的思想世界》，程钢译，江苏人民出版社 2008

年版。

〔美〕克利福德·格尔兹：《文化的解释》，纳日碧力戈等译，上海人民出版社 1999 年版。

〔美〕克利福德·吉尔兹：《地方性知识：阐释人类学论文集》，王海龙等译，中央编译出版社 2000 年版。

〔美〕爱德华·希尔斯：《论传统》，付铿等译，上海人民出版社 2014 年版。

〔加拿大〕查尔斯·泰勒：《现代社会想象》，林曼红译，译林出版社 2014 年版。

〔加拿大〕查尔斯·泰勒：《自我的根源：现代认同的形成》，韩震等译，译林出版社 2018 年版。

〔美〕彼得·伯格：《与社会学同游：人文主义的视角》，何道宽译，北京大学出版社 2014 年版。

〔美〕彼得·伯格等：《宗教美国，世俗欧洲？——主题与变奏》，曹义昆译，商务印书馆 2015 年版。

〔美〕彼得·伯格等：《世界的世俗化：复兴的宗教及全球政治》，李骏康译，上海古籍出版社 2005 年版。

〔美〕彼得·贝尔格：《神圣的帷幕：宗教社会学理论要素》，高师宁译，何光沪校，上海人民出版社 1991 年版。

〔美〕赫伯特·芬格莱特：《孔子：即凡而圣》，彭国翔等译，江苏人民出版社 2002 年版。

〔美〕程贞一：《黄钟大吕：中国古代和十六世纪声学成就》，王翼勋译，上海科技教育出版社 2007 年版。

〔美〕哈佛燕京学社、三联书店主编：《儒家与自由主义》，生活·读书·新知三联书店 2001 年版。

〔美〕哈佛燕京学社：《启蒙的反思》，凤凰出版传媒集团 2005 年版。

〔美〕哈佛燕京学社：《儒家传统与启蒙心态》，凤凰出版传媒集团 2005 年版。

〔美〕哈佛燕京学社：《波士顿的儒家》，江苏教育出版社 2009 年版。

〔美〕罗伯特·贝拉等：《心灵的积习：美国人生活中的个人主义和公共责任》，周穗明等译，中国社会科学出版社 2011 年版。

〔美〕丹尼尔·贝尔：《资本主义文化矛盾》，严蓓雯译，江苏人民出版社 2012 年版。

〔美〕张光直：《古代中国考古学》，印群译，辽宁教育出版社 2002 年版。

［美］张光直：《中国青铜时代》，生活·读书·新知三联书店 1983 年版。

［美］田辰山：《中国辩证法：从〈易经〉到马克思主义》，萧延中译，中国人民大学出版社 2008 年版。

［印］阿玛蒂亚·森著，［英］伯纳德·威廉姆斯编：《超越功利主义》，梁捷等译，复旦大学出版社 2011 年版。

［英］马丁·雅克：《当中国统治世界：中国的崛起与西方世界的衰落》，张莉、刘曲译，中信出版社 2010 年版。

（二）国内文献

1. 古籍类

《十三经注疏》整理委员会整理：《周易正义》，北京大学出版社 2000 年版。

《十三经注疏》整理委员会整理：《毛诗正义》，北京大学出版社 2000 年版。

《十三经注疏》整理委员会整理：《尚书正义》，北京大学出版社 2000 年版。

《十三经注疏》整理委员会整理：《礼记正义》，北京大学出版社 2000 年版。

《十三经注疏》整理委员会整理：《周礼注疏》，北京大学出版社 2000 年版。

《十三经注疏》整理委员会整理：《论语注疏》，北京大学出版社 2000 年版。

《十三经注疏》整理委员会整理：《春秋左氏传注疏》，北京大学出版社 2000 年版。

《十三经注疏》整理委员会整理：《春秋穀梁传注疏》，北京大学出版社 2000 年版。

《十三经注疏》整理委员会整理：《春秋公羊传注疏》，北京大学出版社 2000 年版。

李山、轩新丽译注：《管子》（上、下），中华书局 2020 年版。

方勇译注：《孟子》，中华书局 2010 年版。

方勇译注：《墨子》，中华书局 2014 年版。

方勇译注：《庄子》，中华书局 2015 年版。

陈桐生译注：《国语》，中华书局 2013 年版。

姚春鹏译注：《黄帝内经》（上、下），中华书局 2010 年版。

王国轩、王秀梅译注：《孔子家语》，中华书局 2010 年版。

（战国）尸佼：《尸子》，华东师范大学出版社 2009 年版。

高华平等译注：《韩非子》，中华书局 2015 年版。

（汉）司马迁撰，（宋）裴骃集解，（唐）司马贞索隐，（唐）张守节正义：《史记》

（点校本二十四史修订本），中华书局 2013 年版。

（汉）董仲舒著，张世亮、钟肇鹏、周桂钿等译注：《春秋繁露》，中华书局 2015 年版。

（汉）班固著，谢秉洪注评：《汉书》，凤凰出版社 2011 年版。

（汉）班固著，（宋）吕祖谦编纂，戴扬本整理：《汉书详节》，上海古籍出版社 2007 年版。

（汉）许慎：《说文解字：附检字》，中华书局 1963 年版。

（魏）王弼撰，（唐）孔颖达疏，余培德点校：《周易正义》，九州出版社 2004 年版。

（宋）郭忠恕编，李零、刘新光整理：《汗简》；（宋）夏竦编，李零、刘新光整理：《古文四声韵》，中华书局 2010 年版。

（宋）欧阳修：《欧阳修全集》，北京市中国书店 1986 年版。

（宋）张戴撰，（清）王夫之注，汤勤福导读：《张子正蒙》，上海古籍出版社 2008 年版。

（宋）程颐撰，王鹤鸣、殷子和整理：《周易程氏传》，九州出版社 2010 年版。

（宋）郭雍：《郭氏传家易说》，中州古籍出版社 2016 年版。

（宋）朱熹：《周易本义》，上海古籍出版社 1987 年版（此版本以清·武英殿本为底本）。

（宋）朱熹著，柯誉整理：《周义本义》，中央编译出版社 2010 年版（此版本以清·和硕怡亲王府藏本为底本）。

（宋）朱熹：《四书章句集注》，浙江古籍出版社 2011 年版。

（宋）黎靖德编，王星贤点校：《朱子语类》，中华书局 1986 年版。

（明）王阳明：《王阳明全集》，线装书局 2014 年版。

（明）王夫之：《周易内传·周易大象解·周易稗疏·周易外传》，岳麓书院 2010 年版。

（清）方以知著，庞朴注释：《东西均注释》，中华书局 2001 年版。

（清）李光地撰，冯雷益等整理：《御纂周易折中》，中央编译出版社 2011 年版。

（清）孙星衍撰，黄冕点校：《孙氏周易集解》，中华书局 2018 年版。

（清）章学诚著，钱茂伟等译：《文史通义》，中州古籍出版社 2012 年版。

（清）王聘珍撰，王文锦点校：《大戴礼记解诂》，中华书局 1983 年版。

2. 论著类

陈柱、章太炎、梁启超：《诸子十六讲》，中国友谊出版公司 2009 年版。

陈来主编：《贺麟选集》，吉林人民出版社 2005 年版。

陈来：《传统与现代：人文主义的视界》，生活·读书·新知三联书店 2008 年版。

陈来：《东亚儒学九论》，生活·读书·新知三联书店 2008 年版。

陈来：《古代宗教与伦理：儒家思想的根源》，生活·读书·新知三联书店 2009 年版。

陈来：《古代思想文化的世界：春秋时代的宗教、伦理和社会思想》，生活·读书·新知三联书店 2009 年版。

陈来：《现代中国哲学的追寻：新理学与新心学》（增订版），生活·读书·新知三联书店 2010 年版。

陈来：《孔夫子与现代世界》，北京大学出版社 2011 年版。

陈来：《回向传统：儒学的哲思》，北京师范大学出版社 2011 年版。

陈来：《仁学本体论》，生活·读书·新知三联书店 2014 年版。

陈来：《中华文明的核心价值》，生活·读书·新知三联书店 2015 年版。

陈来：《孔子·孟子·荀子：先秦儒学讲稿》，生活·读书·新知三联书店 2017 年版。

陈奎德：《怀特海哲学演化概论》，上海人民出版社 1988 年版。

陈树文：《领导智慧》，大连理工大学出版社 2007 年版。

陈树文：《周易与人生智慧》，清华大学出版社 2010 年版。

陈树文：《卓越领导者智慧》（精华版），清华大学出版社 2012 年版。

陈树文：《领导哲学智慧六讲》，清华大学出版社 2015 年版。

陈树文：《先秦诸子中的领导智慧》，清华大学出版社 2019 年版。

陈树文：《三国故事中的人生智慧》，清华大学出版社 2020 年版。

陈伟等：《楚地出土战国简册（十四种）》，经济科学出版社 2009 年版。

陈富源：《终极关怀论》，安徽师范大学出版社 2016 年版。

陈富源：《形上智慧论》，安徽师范大学出版社 2016 年版。

成中英：《易学本体论》，北京大学出版社 2006 年版。

成中英、杨庆中：《从中西会通到本体诠释》，中国人民大学出版社 2013 年版。

辞海编辑委员会编：《辞海》，上海辞书出版社 1979 年版。

董光璧：《易学科学史纲》，武汉出版社 1993 年版。

邓晓芒：《思辨的张力：黑格尔辩证法新探》，商务印书馆 2018 年版。

杜维明：《中庸：论儒学的宗教性》，段德智译，生活·读书·新知三联书店 2013 年版。

杜维明：《儒家思想：以创造转化为自我认同》，生活·读书·新知三联书店 2013 年版。

杜维明：《道·学·政：儒家公共知识分子的三个面向》，生活·读书·新知三联书店 2013 年版。

杜维明：《儒学第三期发展的前景问题》，生活·读书·新知三联书店 2013 年版。

杜维明：《现代精神与儒家传统》，生活·读书·新知三联书店 2013 年版。

杜维明、卢风：《现代性与物欲的释放》，中国人民大学出版社 2010 年版。

冯友兰：《中国哲学简史》，北京大学出版社 2010 年版。

冯友兰：《新理学》，北京大学出版社 2014 年版。

冯契、张岱年等：《中国哲学范畴集》，人民出版社 1985 年版。

冯契：《中国古代哲学逻辑的发展》，华东师范大学出版社 1997 年版。

傅斯年：《性命古训辨证》，上海古籍出版社 2012 年版。

傅佩荣：《解读易经》，上海三联书店 2007 年版。

高亨：《周易古经今注》，清华大学出版社 2010 年版。

高亨：《周易大传今注》，清华大学出版社 2010 年版。

高明：《帛书老子校注》，中华书局 1996 年版。

辜鸿铭：《中国人的精神》，陕西师范大学出版社 2005 年版。

郭沫若：《青铜时代》，中国人民大学出版社 2005 年版。

郭沫若：《十批判书》，东方出版社 1996 年版。

葛剑雄：《普天之下》，广东人民出版社 2014 年版。

葛剑雄：《亿兆斯民》，广东人民出版社 2014 年版。

葛剑雄：《追寻时空》，广东人民出版社 2015 年版。

葛兆光：《中国思想史》，复旦大学出版社 2001 年版。

古文字诂林编纂委员会：《古文字诂林》，上海教育出版社 1999 年版。

郭齐勇：《第二届海峡两岸青年易学论文发表会闭幕词》，肖汉明主编《大易情性》，湖北教育出版社 2001 年版。

郭齐勇：《中国儒学之精神》，复旦大学出版社 2009 年版。

郭齐勇：《中国人的智慧》，中华书局 2018 年版。

郭齐勇：《中国思想的创造性转化》，上海教育出版社 2018 年版。

郭齐勇：《中国哲学史十讲》，复旦大学出版社 2020 年版。

宫长为：《李学勤说先秦》，上海科技文献出版社 2009 年版。

干春松编：《儒家、儒教与中国制度资源》，江西人民出版社 2007 年版。

侯外庐：《中国古代思想学说史》，岳麓书社 2009 年版。

侯外庐等：《中国思想通史》，人民出版社 1957 年版。

胡留元、冯卓慧：《夏商西周法制史》，商务印书馆 2009 年版。

胡杨、李长铎：《莱布尼茨二进制与伏羲八卦图考》，上海人民出版社 2006 年版。

洪汉鼎：《诠释学：它的历史和当代发展》（修订版），中国人民大学出版社 2018 年版。

金岳霖：《知识论》，中国人民大学出版社 2010 年版。

金岳霖：《论道》，商务印书馆 2015 年版。

江山：《中国法理念》（第四版），中国政法大学出版社 2005 年版。

刘述先：《儒家思想开拓的尝试》，中国社会科学出版社 2001 年版。

刘述先：《儒家思想的转型与展望》，河北人民出版社 2010 年版。

刘述先：《理想与现实的纠结》，吉林出版集团有限责任公司 2011 年版。

刘小枫：《儒教与民族国家》，华夏出版社 2007 年版。

金景芳：《周易讲座》，广西师范大学出版社 2005 年版。

金景芳：《先秦思想史讲义》，天津古籍出版社 2007 年版。

黎红雷编：《朱谦之文集》，中山大学出版社 2004 年版。

李零：《上博楚简三篇校读记》，中国人民大学出版社 2007 年版。

李零：《中国方术续考》，中华书局 2006 年版。

李零：《去圣乃得真孔子》，生活·读书·新知三联书店 2008 年版。

李零：《唯一的规则：〈孙子〉的斗争哲学》，生活·读书·新知三联书店 2010 年版。

李明辉：《论所谓"儒家的泛道德主义"》，《儒学与现代意识》，（台北）文津出版社 1991 年版。

李明辉：《康德与儒家》，（台北）联经出版事业公司 1990 年版。

李孝定编选：《甲骨文字集释》（全八册），（台北）乐学书局 1965 年版。

李学勤：《重写学术史》，河北教育出版社 2001 年版。

李学勤：《简帛佚籍与学术史》，江西教育出版社 2001 年版。

李学勤：《中国古代文明研究》，华东师范大学出版社 2004 年版。

李学勤：《周易溯源》，巴蜀书社 2005 年版。

李学勤：《走出疑古时代》，长春人民出版社 2007 年版。

李学勤：《通向文明之路》，商务印书馆 2010 年版。

李学勤：《李学勤讲演录》，长春人民出版社 2012 年版。

李学勤：《初识清华简》，中西书局 2013 年版。

李学勤主编：《清华大学藏战国竹简》（伍），中西书局 2015 年版。

李学勤著，本书导读组读解：《李学勤卷》，中西书局 2017 年版。

李耀仙主编：《廖平学术论著选集》，巴蜀书社 1989 年版。

李嶷编著：《国粹》，光明日报出版社 2004 年版。

李伟民主编：《法经考释》，香港中国法制出版社 2003 年版。

李钟声：《中华法系》，（台北）台湾华欣文化事业中心 1985 年版。

李泽厚：《批判哲学的批判》，人民出版社 1979 年版。

李泽厚：《中国古代思想史论》，人民出版社 1986 年版。

李泽厚：《论语今读》，安徽文艺出版社 1998 年版。

李泽厚：《论语今读》，生活·读书·新知三联书店 2004 年版。

李泽厚：《新版古代中国思想史论》，天津社会科学院出版社 2008 年版。

李泽厚：《人类学历史本体论》，天津社会科学院出版社 2008 年版。

李泽厚、刘绪源：《该中国哲学登场了？》，上海译文出版社 2011 年版。

李泽厚、刘绪源：《中国哲学如何登场？》，上海译文出版社 2012 年版。

李泽厚：《说巫史传统》，上海译文出版社 2012 年版。

李泽厚：《说儒学四期》，上海译文出版社 2012 年版。

李泽厚：《说西体中用》，上海译文出版社 2012 年版。

李泽厚：《说文化心理》，上海译文出版社 2012 年版。

李泽厚：《回应桑德尔及其他》，生活·读书·新知三联书店 2014 年版。

李泽厚：《哲学纲要》（最新修订版），中华书局 2015 年版。

李宗桂：《中国优秀传统文化的现代价值》，人民出版社 2020 年版。

厉时熙：《尹文子简注》，上海人民出版社 1977 年版。

梁启超：《儒家哲学》，上海人民出版社 2009 年版。

梁启超：《先秦政治思想史》，岳麓书社 2010 年版。

廖名春：《〈周易〉经传与易学史新论》，齐鲁书社 2001 年版。

廖名春：《中国学术史新证》，四川大学出版社 2005 年版。

廖名春：《帛书〈周易〉论集》，上海古籍出版社 2008 年版。

廖名春选编：《周易二十讲》，华夏出版社 2008 年版。

廖名春等著：《写在简帛上的文明：长江流域的简牍和帛书》，浙江大学出版社 2011 年版。

廖名春：《〈周易〉经传与易学史续论：出土简帛与传世文献的互证》，中国财富出版社 2012 年版。

廖名春解读：《荀子：节选》，国家图书馆出版社 2019 年版。

廖名春：《〈周易〉真精神》，广东高等教育出版社 2019 年版。

廖名春主编：《〈诗经〉真精神》，广东高等教育出版社 2019 年版。

廖名春主编：《〈尚书〉真精神》，广东高等教育出版社 2019 年版。

廖名春主编：《三〈礼〉真精神》，广东高等教育出版社 2019 年版。

廖名春主编：《〈春秋〉经传真精神》，广东高等教育出版社 2019 年版。

刘大钧：《周易概论》（增补修订本），巴蜀书社 2010 年版。

刘刚纪：《〈周易〉美学》，武汉大学出版社 2006 年版。

刘国忠：《走近清华简》（增补版），清华大学出版社 2020 年版。

刘小枫：《儒教与民族国家》，华夏出版社 2007 年版。

刘翔：《中国价值观诠释学》，华东师范大学出版社 2010 年版。

刘悦笛：《情理合一：中国人的生存智慧》，广西人民出版社 2021 年版。

卢风：《生态文明：文明的超越》，中国科学技术出版社 2019 年版。

马承源主编：《上海博物馆藏战国楚竹书》（一—九），上海古籍出版社 2001 年版。

牟宗三：《智的直觉与中国哲学》，中国社会科学出版社 2008 年版。

牟宗三：《宋明儒学的问题与发展》，（台北）联经出版事业股份有限公司 2009 年版。

牟宗三：《中西哲学之会通十四讲》，吉林出版集团有限公司 2010 年版。

牟宗三：《圆善论》，（台北）学生书局 1985 年版。

牟宗三：《心体与性体》（全 3 册），上海古籍出版社 1999 年版。

牟宗三：《历史哲学》，吉林出版集团有限公司 2010 年版。

牟宗三：《政道与治道》，吉林出版集团有限公司 2010 年版。

牟宗三：《道德的理想主义》，吉林出版集团有限公司 2010 年版。

庞朴：《竹帛〈五行〉篇校注及研究》，（台北）万卷楼图书有限公司 2000 年版。

庞朴、马勇等：《先秦儒家研究》，湖北教育出版社 2003 年版。

庞朴：《儒家辩证法研究》，中华书局 2009 年版。

裘锡圭：《中国出土古文献十论》，复旦大学出版社 2004 年版。

饶宗颐：《饶宗颐史学论著选》，上海古籍出版社 1993 年版。

容庚：《金文编》，中华书局 1996 年版。

任国杰：《童子问易》，人民出版社 2013 年版。

任俊华：《易学与儒学》，中国书店出版社 2001 年版。

任平：《广义认识论原理》，江苏人民出版社 1992 年版。

任平：《交往实践的哲学》，云南人民出版社 2003 年版。

任晓明：《逻辑学视野中的认知研究》，中国社会科学出版社 2021 年版。

尚秉和：《周易尚氏传》，九州出版社 2011 年版。

舒大刚：《蜀学论衡》，孔学堂书局有限公司 2018 年版。

孙增春：《先秦法哲学思想研究》，山东大学出版社 2009 年版。

谭嗣同：《仁学》，高等教育出版社 2010 年版。

唐君毅：《中国哲学原论·原性篇》，中国社会科学出版社 2005 年版。

唐君毅：《中国哲学原论·原道篇》（上、下），中国社会科学出版社 2006 年版。

唐君毅：《生命存在与心灵境界》，中国社会科学出版社 2006 年版。

唐明邦等著：《易学与长江文化》，湖北教育出版社 2003 年版。

唐文明：《隐秘的颠覆》，生活·读书·新知三联书店 2012 年版。

汤用彤：《魏晋玄学论稿》（增订版），生活·读书·新知三联书店 2009 年版。

汤一介：《儒学十论及外五篇》，北京大学出版社 2009 年版。

汤一介：《儒道释与内在超越问题》，江西人民出版社 1991 年版。

汤一介：《新轴心时代与中国文化建构》，江西人民出版社 2007 年版。

汪奠基：《中国逻辑思想史》，上海人民出版社 1979 年版。

王国维：《观堂集林》（附别集），中华书局 2020 年版。

王辉编著：《古文字通假字典》，中华书局 2008 年版。

王力：《中国语言学史》，上海复旦大学出版社 2010 年版。

王树人、李凤鸣编：《西方哲学家评传》，山东人民出版社 1984 年版。

韦政通：《传统与现代之间》，中华书局 2011 年版。

吴怀祺：《易学与史学》，中国书店出版社 2004 年版。

武树臣：《中国法的源与流》，人民出版社 2013 年版。

萧公权：《近代中国与世界：康有为变法与大同思想研究》，汪荣祖译，江苏人民出版社 2007 年版。

萧公权：《政治多元论：当代政治理论研究》，周林刚译，中国人民大学出版社 2014 年版。

熊十力：《体用论》，中国人民大学出版社 2006 年版。

熊十力：《乾坤衍》，上海书店出版社 2008 年版。

徐复观：《中国人性论史·先秦篇》，上海三联书店 2001 年版。

徐复观：《中国人性论史》，华东师范大学出版社 2005 年版。

奚洁人：《面向 21 世纪的领导创新》，华东师范大学出版社 2009 年版。

席泽宗主编：《科学编年史》，上海科技教育出版社 2011 年版。

谢龙编著：《中西哲学与文化比较新论：北京大学名教授演讲录》，人民出版社 1994 年版。

谢耀庭：《从出土简帛看思孟学派的内圣外王思想》，科学出版社 2011 年版。

杨树达：《周易古义；老子古义》，上海古籍出版社 2007 年版。

杨伯峻：《春秋左传注》（修订本）（1—4），中华书局 2009 年版。

杨朝明：《儒学精神与中国梦》，安徽文艺出版社 2015 年版。

杨朝明：《孔孟正源》，山东人民出版社 2019 年版。

杨国荣：《存在之维：后形而上学时代的形上学》，人民出版社 2005 年版。

杨国荣：《善的历程：儒家价值体系研究》，中国人民大学出版社 2012 年版。

杨国荣：《成己成物：意义世界的生成》，北京大学出版社 2020 年版。

杨国荣：《道论》，北京大学出版社 2020 年版。

杨国荣：《伦理与存在：道德哲学研究》，北京大学出版社 2020 年版。

杨国荣：《人类行动与实践智慧》，北京大学出版社 2020 年版。

杨国枢：《中国人的价值观》，中国人民大学出版社 2012 年版。

杨鸿烈：《中国法律思想史》，中国政法大学出版社 2003 年版。

杨景凡、俞荣根：《孔子的法律思想》，群众出版社 1984 年版。

杨庆中：《二十世纪中国易学史》，人民出版社 2000 年版。

杨庆中:《周易经传研究》,商务印书馆 2005 年版。

杨庆中:《国学视野下的经学与子学研究》,中国社会科学出版社 2018 年版。

姚新中:《儒教与基督教:仁与爱的比较研究》,赵艳霞译,中国社会科学出版社 2002 年版。

叶秀山:《思·史·诗:现象学和存在哲学研究》,人民出版社 1995 年版。

叶秀山:《哲学要义》,世界图书出版公司北京分公司 2006 年版。

叶秀山:《美的哲学》,世界图书出版公司北京分公司 2010 年版。

叶秀山:《启蒙与自由》,江苏人民出版社 2011 年版。

余英时:《现代危机与思想人物》,生活·读书·新知三联书店 2012 年版。

余英时:《论天人之际:中国古代思想起源试探》,中华书局 2014 年版。

詹石窗:《易学与道教符号揭秘》,中国书店出版社 2001 年版。

詹石窗:《应用国学》,人民出版社 2020 年版。

章炳麟:《国学概论——外一种:国学讲演录》,岳麓书社 2009 年版。

章太炎:《菿汉三言》,上海书店出版社 2011 年版。

章太炎:《诸子略说》,岳麓书社 2009 年版。

章太炎:《章太炎全集》,上海人民出版社 2014 年版。

张岱年:《中国哲学史》,中国大百科全书出版社 2010 年版。

张东辉:《费希特的法权哲学》,中国社会科学出版社 2010 年版。

张汝伦:《海德格尔与现代哲学》,复旦大学出版社 1995 年版。

张汝伦:《黑格尔与我们同在:黑格尔哲学新论》,上海人民出版社 2017 年版。

张汝伦:《现代西方哲学十五讲》,中信出版社 2020 年版。

张世英:《黑格尔哲学五讲》,文化艺术出版社 2017 年版。

张政烺:《张政烺论易丛稿》,中华书局 2011 年版。

张元济、王云五编:《欧阳文忠公集》,台湾商务印书馆 2011 年版。

赵敦华:《圣经历史哲学》(修订版),江苏人民出版社 2016 年版。

赵晓春编:《莱布尼茨》,上海交通大学出版社 2009 年版。

赵士林:《李泽厚思想评述》,上海译文出版社 2012 年版。

郑开:《德礼之间:前诸子时期的思想史》,生活·读书·新知三联书店 2009 年版。

郑昕:《康德学述》,商务印书馆 2011 年版。

曾振宇校注:《孟子新注》,人民出版社 2012 年版。

曾振宇等校注:《论语新注》,人民出版社 2015 年版。

曾振宇等校注:《大学、中庸新注》,人民出版社 2015 年版。

曾振宇:《孝经今注今译》,人民出版社 2018 年版。

中央党校编写小组:《〈路德维希·费尔巴哈和德国古典哲学的终结〉提要和注释》,人民出版社 1973 年版。

周予同著,朱维铮编校:《经学和经学史》,上海人民出版社 2012 年版。

中国天文学史整理研究小组:《中国天文学史》,科学出版社 1981 年版。

朱高正:《朱高正讲康德》,北京大学出版社 2005 年版。

朱汉民:《中国传统文化导论》,湖南大学出版社 2010 年版。

朱汉民:《儒学的多维视域》,东方出版社 2015 年版。

朱谦之:《中国哲学对欧洲的影响》,上海人民出版社 2005 年版。

3. 论文类

陈新夏:《康德的目的论与"人类中心主义"问题》,《首教师范大学学报》(社科版) 2003 年第 1 期。

董光璧:《道家思想的现代性与世界意义》,《道家文化研究》第 1 辑,上海古籍出版社 1992 年版。

邓晓芒:《论中西本体论的差异》,《世界哲学》 2004 年第 1 期。

郭齐勇:《重新"发现"中国》,《北京日报》 2018 年 10 月 27 日。

龚颖:《伦理学在日本近代的历史命运》(1868—1945),《道德与文明》 2008 年第 1 期。

李零:《出土发现与古书年代的再认识》,《九州学刊》 1988 年第 3 卷第 1 期。

李零:《从文物看山西:启以夏政,疆以戎索》,《澎湃新闻》 2021 年 11 月 3 日。

李学勤:《祭会谋父之德论》,《齐鲁学刊》 1988 年第 3 期。

李学勤先生 2005 年 10 月在岳麓书院关于《国学与经学的几个问题》演讲。

李学勤先生 2008 年 4 月在岳麓书院关于《中国学术的缘起》演讲。

李学勤:《从简帛佚籍〈五行〉谈到〈大学〉》,《孔子研究》 1998 年第 3 期。

廖名春:《上博〈诗论〉简的天命论和"诚"论》,《哲学研究》 2002 年第 9 期。

刘放桐:《文德尔班哲学批判》,《复旦大学学报》 1964 年第 1 期。

庞朴:《孔孟之间——郭店楚简的思想史地位》,《中国社会科学院辑刊》 1998 年第

5 期。

钱善刚：《中国语境下的本体论》，《东方丛刊》2008 年第 2 期。

秦晖：《共同体·社会·大共同体：评滕尼斯〈共同体与社会〉》，《书屋》2000 年第 2 期。

任国杰：《〈易传〉的"宗揆驱鬼""以形判道"》，《辽宁师范大学学报》（社科版）2014 年第 4 期。

任国杰：《〈易经〉的"内外超越"与"命运共同体"思想管窥》，《渤海大学学报》（社科版）2016 年第 5 期。

任国杰：《论儒学分期的原则和标准：以"内圣外王"之道演变为例》，《大连海事大学学报》（社科版）2016 年第 6 期。

任国杰：《〈周易〉经传法哲学思想新论》，《大连海事大学学报》（社科版）2017 年第 1 期。

任国杰：《试论〈易经〉的德本体思想》，《沈阳师范大学学报》（社科版）2017 年第 1 期。

任国杰：《再论〈易经〉的德本体思想》，《渤海大学学报》（社科版）2018 年第 2 期。

任国杰：《"学以成人"如何可能?》，《大连海事大学学报》（社科版）2018 年第 2 期。

任国杰：《〈易经〉"共同体"与"君子社会"思想同源并存论》，《大连海事大学学报》（社科版）2019 年第 2 期。

史学善：《"爻辞周公"说辨析》，《周易研究》2001 年第 2 期。

汤一介：《论儒学的境界观》，《北京社会科学》1987 年第 4 期。

万俊人：《道德类型学及其文化视镜：兼及现代伦理问题与罗尔斯和麦金泰尔对话》，《北京大学学报》（社科版）1995 年第 6 期。

王德培：《〈书〉传求是札记》，《天津师范大学学报》1983 年第 4—5 期。

王太庆、曹青春：《王太庆教授访谈》，《学术月刊》2019 年第 8 期。

奚洁人：《中国共产党领导力范畴体系及其逻辑结构》，《中国领导科学》2021 年第 5 期。

张岱年：《论〈易大传〉的著作年代及其哲学思想》，《中国哲学》1979 年第 1 辑。

张岱年：《中国古代本体论的发展规律》，《社会科学战线》1985 年第 3 期。

张岱年:《〈周易〉经传的历史地位》,《人文杂志》1990 年第 6 期。

张汝伦:《永远的黑格尔》,《东方早报》2009 年 7 月 6 日。

张汝伦:《从黑格尔的康德批判看黑格尔哲学》,《哲学动态》2016 年第 7 期。

张鸿庆:《易化数学与诗化数学》,在 2019 年 7 月 27 日第九届全国数学文化论坛上宣读的论文。

张汝伦:《义利之辨的若干问题》,《复旦大学学报》(社科版)2010 年第 3 期。

张荣明:《霸道、王道与新王道:中国发展战略思考》,《天津师范大学学报》(社科版)2015 年第 1 期。

郑开:《中国哲学语境中的本体论与形而上学》,《哲学研究》2018 年第 2 期。

朱通华:《试论王道、霸道与正道》,《南京师大学报》(社科版)1994 年第 1 期。

朱学勤:《老内圣开不出新外王》,《探索与争鸣》1991 年第 6 期。

https：//www. yidianzixun. com/article/0JpZxtoW？ s = 4&share_ count = 2&from = sin-glemessage.

后　记

　　2016 年春，有位在美国康奈尔大学访学的华裔学者专程来连找我"论学"；入夏，有朋友传话给我，说李学勤先生对我的处女作《童子问易》评价颇高（廖名春先生在《童子问易》修订版"序"中有正式披露），这个好消息一时间在大连文化圈传了开来。对我来说，前后这两件非同寻常之事大大增加了我的自信。当年金秋的一天，我心血来潮接受了《大连日报》记者的专访，报道题目叫《心怀为建设有中国特色社会科学学科体系添砖加瓦抱负的"易童子"》，其中"添砖加瓦"四个字是在我的坚持下硬加上去的。当时我只是想在拙著《童子问易》基础上写几篇论文，凑凑热闹，为儒家义务"站站台"。没成想我们这些体制外的人发篇文章真难！投稿常常碰壁。在经过一两年与某杂志总编混熟后，方知审稿专家在我 2016 年年底投稿的小文"审稿意见"一栏写道：建议这个稿子不要发。因为任国杰的观点与某某某某观点相左。如果我们得罪了某某某某，将来我校许多国家级评审都会受牵连！这个信息让我惊出一身冷汗，方知原来体制内还有这么多"节目"，更联想到了有关"学阀"的可怕传言。加上对小书《童子问易》初版不加反思地运用他人观点去填充"空心化"哲学心有不安，我的犟脾气上来后，铁了心：咱惹不起，躲得起！那就干脆再写一本书吧。

　　小书在选题方面主要有以下几方面特色：

1. 选题新

当代国内本体论研究主要成果有李泽厚先生的"情本体论"和陈来先生的"仁本体论"。陈先生认为"情本体论"存在的主要问题是：一、"情本体论"在科学的范式下展开，不能为其形上学提供坚实的基础；二、"情本体"把不可知的"物自体"设定为"人类与宇宙协同共在"，把人与自然宇宙视为对一个世俗世界的肯定，这等于自行取消了中国哲学的本体论；三、"情本体"论主要依据是郭店楚简的"道始于情"，其实李先生隐匿了后半句"情生于性"。

在本选题看来，"仁本体论"也有不足之处：一、"仁本体论"主要依据是郭店楚简的"情生于性"，其实陈先生又隐匿了一整句叫"性自命出，命自天降"；二、"仁本体论"把"仁"视为"整体""实体"，其实，儒家的观点是"仁、义、礼、智、圣五行和谓之德。德，天道也"，即"仁"只是"五行"之一端，它与"德"相比不具有"整体"，特别是"大全"义，更难会通天人、"穷理尽性以至于命"；三、"仁"无法与西哲亚里士多德的"美德"（伦理的依据）通约，无法与西方展开实质意义上的对话（据有关专家介绍，陈来先生认为"德本体论"成立，且有前途。为此陈先生还在 2017 年修订其名著《孔子·孟子·荀子：先秦儒家讲稿》时开篇讲："有些学者以'成德'或'明德'为中国哲学的特色，以与爱智形成对比，这些说法也都言之成理"，向人们敞开了"德"视界）。

中国科学院董光璧先生赐"序"指出："中国社会科学院李泽厚先生提出'情本体'论，以期'中国哲学登场'世界舞台。北京清华大学陈来先生以'仁本体'论响应。大连重明书院任国杰先生以'德本体'论跟进。李、陈、任，比肩而立，成鼎足之势。"武汉大学郭齐勇先生赐《序》指出《德本体—德道论》具有"问题意识强""逻辑性强""原创性强"等特点。说"国杰君有理论创造的勇气，心知其意，返本开新，在'德本体'论上下了真功夫，对中国文化的'两创'作出了新贡献。"

清华大学廖名春先生认为本论在"形而上学方面"有了重大创获，行将"文王之道转识成智"，"德道"完全可以塑造我们时代的真精神。德国西门子集团首席科学家梁楠博士赐《跋》说，"任国杰先生在深刻揭示国人具有'拒绝诱惑，永不堕落'禀赋的同时，还找到了原儒思想与亚里士多德哲学会通的'公分母'"。"他凭一己之力不仅将作为"区域文明"的中华文化成功地转化为普世文化、为中华文化航母打造了一颗强大的中国芯，还为世界新的诺亚方舟装上了'德芯'"。山东大学刘大钧先生不仅题写了"德道论"书名，还赐"栋才集国瑞，俊杰聚祥风"墨宝，赞誉《德本体—德道论》堪称国家"祥瑞"。

鉴于李约瑟早已指出，"西方在没有适当的资具和准备的情况下，因科技和工商业的片面发达而被推为世界领袖，结果造成了灾难性的后果"，本选题的主要目的在于：从中国传统文化中寻找"新资具"——对话的资具、"破茧"的资具和"引领"的资具。

2. 理论新

本选题具备新时代社科领域"三大体系"建设的全部特征：

关于"中国特色"。从知识论角度体察，与"数理""物理""生理""心理""命理""地理"诸科学各讲各的"理"相区别，本选题讲的是"道理"，即"道"的"理"。"德"作为"道的理"，是先秦主要思想家的共识。只不过道家的"万物莫不尊道而贵德"和"德之尊，道之贵，莫夫之命而常自然"，重"玄德"。老年孔子的"非道德不尊，非德道不明"、子思的"苟不至德，至道不凝焉"，讲"明德"。世间"道"有千万条，"德"是最高的"道"——德道；

关于"中国风格"。本选题的全部努力，就是力图结束百年来任由西方解释中国的历史，坚持"自己讲，讲自己"，彻底拆除了西方横撑竖架在儒学基地上的"临建"：如马科斯·韦伯的中国文化缺乏超越性，不具备"资本主义精神"论。马扎亚尔的中国自古以来就是一个"亚细亚社会"论。费正清的中国文化动力不足的"冲击——回应"模式论。列文森的中国文化"博物馆化"论。此外，本选题还大胆跨域"雷池"、跳出了海内、外思想家作茧自缚提出的所谓"伦理本位""内圣开外王"和"西体中用"论等窠臼；

关于"中国气派"。本选题在"自己讲，讲自己"的同时，还以高度的理论自信，坚持"品他人，讲他人"，努力展示了"静观西方哲思纷纷谢幕，试看中华思想登台从容"和"今日世界秩序重建，敢问天下舍我其谁"（"我"泛指新时代所有中华好儿女）的豪迈志向。

本选题比较成功地将"大中华文化圈"之讲差等、尊卑和专制的"地域文明"创造性地转化为去尊卑、无差等、追求天地人"三才"共治的、具有"普适性"的世界文明。

3. 结论新

本选题重新定义的概念包括"原儒""形""法""本体""德""德道"等，澄清的概念包括"筮""元""圣""民""超越""法权""共同体"和"现代性"等；提出的新范畴包括0（无）和1（有），数和度，终和始，理和欲、义和利等；提出的新命题包括"德者自得""两个世界，一元德本""国人拒绝诱惑，永不堕落""形而中者谓之法""以德安人，依法治国""德元为体，东西为用""德道成就民主与科学"等。

书稿提出了将老年孔子单列第一期的"儒学五期说"，得出了"内圣外王思想不是儒家真传""原儒的真传是德道""德道是老年孔子会通儒易开创的新儒学"、中国文化不仅"早熟"而且"成熟"等结论；发出了"德先生·赛先生就藏身于中华文明大厦之中""原儒的德文化与'两希文明'可以通约"以及儒学第五期的任务就是回归第一期的老年孔子，从中国再出发，使老年孔子开创的"新儒学"重新走向世界的呐喊！

4. 资料新

本选题在选取文化多元主义视角方面，采用了卡尔·雅斯贝斯、克利福德·吉尔兹和社群主义者的许多重要观点；在认定中国学术的源与流关系方面，依据的是李学勤先生有关"中华传统文化的核心是儒学，儒学的核心是经学，群经之首是《易经》"的思想；在打破中华文明"中原（华夏）中心论"束缚方面，主要引用了廖名春、张德良等先生有关"写在长江流域简帛上的文明"和舒大刚先生在《蜀学论衡》中认定的诸多观点；在定义"原儒孔子"时，超拔于"今古文之争"和"超越的突破"观念之外，采用了S.N.艾森斯塔特有关轴心文化"第二序反思"的理论；在论证《易传》是孔室作品时，主要依据李学勤、刘大钧、廖名春等先生的考证结果和侯外庐先生指证的有关"《易传》'探赜索隐，钩深致远'和'显微阐幽'思想处处与思孟学派相通"的结论；在证明原儒于世界上最早发明事物"自否定"的辩证法论断时，运用的是《易传》讲"夫乾，其静也专，其动也直；夫坤，其静也翕，其动也辟"和简、帛《五行》篇讲"慎独"（"为1"）、"贞1"等有关0与1的资料，还引用了饶宗颐先生发现在甲骨文就有𝌀（0），齐国刀币用〇换算（如𝌀工✕〇＝左工五〇）等材料；在讨论马克思唯物辩证法思想来源时，引用了金景芳先生关于"中国之《周易》与西土之唯物辩证法，时隔几千年，地距几万里，而其说若合符节"的观点；在法治建设方面，引用了当代法学界有关法治建设以"统一人性论"为基础，绝非单纯以"性恶论"为基础和康德"批判法学"等理论；在阐述多元现代性理论时，吸收了汤因比、列维·施特劳施、列奥·施特劳施、朗格和亨廷顿等的观点；在讨论打造人类命运共同体有关章节，借鉴了滕尼斯的"共同体"与"社会"关系的思想；在澄清"元"在《易经》中不具有"终极""本体"义时，运用的是《左传》和《国语》筮例中有关穆姜讲"固在下位而有不仁，不可谓元"。子服惠伯讲"上美为元，下美则裳"和司空季子所讲的"主震雷，长也，故曰元"等材料；在从哲学角度诠释甲骨文"德"具有"正直""正义""寻道"义时，运用的是商朝遗老箕子在《洪范》中所讲"三德"——"一曰刚克，二曰柔克，三曰正直"等资料；在讨论"泛道德主义"思想与原儒"德道"思想差别时，引证了李泽厚先生在《新版古代中国思想史论》中所说"将'德'理解为道德，是远为后来的事情"和唐文明先生新著《隐秘的颠覆》中的有关资料；在证明老年孔子与西周思想家、东周思想家思想渐行渐远，开始注重研究执政者本人思想时，主要运用了"清华简"《保训》篇、《尚书·无逸》篇、《史记·周本纪》、《论语·泰伯》等文王早已暗地"称王""三分天下有其二，以服事殷"和清华简《程寤》篇有关文王晚年自知自己时日不多，巧妙地"改命"给武王，确立其子发继位合法性、正当性的资料，特别突出了《中庸》所说孔子"祖述尧舜，宪章文武"等话语；在论证原儒的"德世界"是一个"堕落"之前的世界——不论尊卑、没有差等、开源开放的世界时，我们转换到孔子"老而好易"超越的语境，运用了廖名春先生隶定的帛书易《要》与《衷》篇孔子"观易之德"论、《易传·大象传》之价值论和《尚书·泰誓》讲"虽有周亲，不如仁人"、《诗经》讲"勿念尔祖，聿修厥德"、《左传》讲"太上以德抚人，然后亲亲以相及也"等资料；在讨论"德"作为"本体""大全"属性时，借鉴了怀特海"过程哲学"的"本体讲价值"的说法和叶秀山先生关于西方哲学到现、当代才实现知识论、本体论、价值论的统一及杨国荣先生关于在中国传统中，知识论、本体论和价值论原本就是统一的观点。

在解构西方思想家消解"统一价值论"方面，运用了当代韦伯思想研究权威沃尔夫冈·施路赫特关于将"二战"后"美国的韦伯"还原为"一战"时德国的韦伯，韦伯绝不是什么"先知"，仅仅是位研究社会学的学人等资料。运用了维特根斯坦收官之作《论确实性》和卡尔·波普尔指证晚年维特根斯坦的神秘主义就是"典型的本体论"等资料。在揭露罗尔斯等"价值中立"思想的虚伪性和不彻底性时，引用了哈佛燕京学社学者们指证罗尔斯等的"价值中立"是建立在以民主、自由等价值优先基础上的"价值中立"，该理论具有不彻底性和十足的虚伪性等观点；在"同情的理解"工具理性作用基础上重塑生态伦理语境下的"内在目的论"和价值理性方面，导入了康德有关"如果没有一个目的论的框架，有关道德的全部筹划都将变得不可理解"，特别是经验神学家尼尔森·魏曼有感于传统基督教相信一个全知、全能、全善的上帝，致使恶的来源问题得不到善解，不得不求助于"过程哲学"的天才发现，以及《世俗之城》作者、神学家哈维·柯克斯有关"人并不是生活在一个完成的世界中，人与上帝其实是'伙伴关系'，一同来创造世界"和原儒"赞天地之化育""天生人成"观念，还吸收了现代量子理论"波粒二象性"与控制论"自反馈系统"、耗散结构理论等最新研究成果；在从正面立定生态伦理（"统一价值"）具有不可消解的纯粹"客观性"方面，引述了大易"自否定""自我赋形"的"纯粹客观性形式"理论、托马斯·阿奎那"纯粹存在"的"纯粹活动"理论和现代本体论有关通过终极存有的肯定使价值成为"客观对象"（非经验对象）等理论成果。

　　在反对基督教的霸凌说辞方面，引用了"世界普遍伦理"行动有力推动者史迪威勒认定耶稣作为人子是个地地道道的犹太教拉比，进而揶揄"基督徒对神学文化传统完全无知"等材料；在揭露基督徒迷信"他律"思想时，引用了刘述先关于"救赎"原本分为自力和他力。由于基督教会偏向奥古斯丁"原罪说"，将强调自力说的贝拉基判为异端，从而演变为"只剩性下靠他力救赎之一途"的观点；在论证"内在超越"思想的普遍意义时，引用了当代著名神学家戈尔登·考夫曼关于"上帝的观念是人创造的，即使'启示'，也要通过人的理解和解释。若掘井及泉，上帝很可能就在我们内心深处"和保罗·田立克有关"自那次堕落之后，基督徒们有强烈的与存在的依据（上帝）重新结合愿望"、理性的非基督徒们有向往"德世界"愿望等主张。

　　在回击黑格尔嘲讽贬损中华文明、特别是中国哲学的诸多说辞时，我们按着张汝伦先生强调的"不要单纯从马克思主义经典作家对黑格尔的评价角度出发研究黑格尔"的主张，站在贺麟中西哲学"比较参证"的角度重读黑格尔，恰如哈贝马斯洞察到"黑格尔的哲学与西方相异"一样，我们发现黑格尔从骨子里反对希腊哲学的"努斯支配说"和宗教神学的"神意信仰说"，在其内心深处崇尚的竟然是《易经》"理性之变化的范畴"！进而以子之矛攻子之盾，深刻揭露了黑格尔"阳违阴奉"中华文化的目的正在于他积极鼓吹、推销"欧洲中心论"的思想实质。

在回敬杨振宁老先生"炮轰"《易经》方面，我们发现杨振宁、李政道当年决定合作搞科研，有在选项时因担心决策失误影响前途命运而迟迟下不了决心的经历，二位最后竟是通过"算卦"决定重大科研选题的实例，并找到、引证了 1962 年 5 月《纽约人》发表的《宇称守恒的探索》专题报道。杨振宁在指导已故爱徒张首晟转向"凝固态物理"研究方向时，其理由是《易经》的"穷则思变"。杨振宁在《美与物理学》名篇中讲物理公式的"至简美""对称美"都出于《易经》"大道至简""畅于四肢，美之至也"思想。杨振宁在北大 105 周年校庆与莫言对话会上，他送给北大学子的最后一句话，竟然也是《易经》的"自强不息"。当记者追问他为什么迎娶孙女一般年龄的翁帆时，杨老说是"枯杨升华"，而这恰是《易经》"大过"卦九五爻爻辞。

在辨析"卜""筮"文化区别时，引用了金景芳先生关于《易经》的筮占不同于龟卜，"筮的本质是数"的论断及万物皆可用 0 和 1 表示，皆可数字化，皆可互联互通等现代数码科技知识；在进一步辨识《周易》与《归藏》等易文化本身的差异时，不仅从廖名春先生关于今传本《周易》卦、爻辞的 111 见"贞"字中，"无一例是讲'贞问'"的考察结论讨得了说法，又通过李学勤先生考证"商人一般以'鼎'为贞"，周人卜辞的"贞"都改为"从卜的贞"（如卧）这一重要发现中找到了商、周易文化易理转向的发生学依据，而且还从易学实践角度指证：《归藏》等筮占"不变"的 7 和 8，是在算不变的"命"；《易经》筮占"变化"的 9 和 6，是在搞预测。

在驳斥国内左派自由主义者所谓的"儒家全部现代性的努力都只是表明自己对资本主义的认同，在证明别人的现代性"说辞和右派自由主义者所谓的"儒家对平等、正义的诉求意在强化政府的权力，显示了'通向奴役之路'倾向"呓语时强调：海外学者所谓的"儒学只有经过创造性转换才可现代化（现代化的转换）；只有经过现代转化的儒学才能助力现代化（现代性的呈现）"的"儒学悖论"并不存在。由老年孔子会通儒、易开创的新儒学具有普适性。它不仅可以启蒙封建社会，也可以启蒙资本主义的上升时期，更可以启蒙社会主义社会。

在回应西方所谓的"中国文化威胁论"方面，通过对中华诸多"创世说"，如两个版本的"嫦娥奔月说"、刑天争帝的"愿赌服输说"，乃至"太上以德抚人"的"天爱说"与希伯来文化"上帝创世说"的全面比较，我们发现中华族群仍然是没有"堕落"的族群。我们还对中华文化的"集大成者"孔子和古希腊文化的"集大成者"亚里士多德的主要思想做了全面的比较：在甄别西方道德主义与亚里士多德的美德思想的实质差异时，我们引用了麦金泰尔指证的"是休谟将亚里士多德美德的复数形式（virtues）改造为单数用法（virtue），进而导致今世道德与传统美德的分途"等资料。在论证亚氏的美德理论和原儒德文化可以"通约"问题上，引述了周辅成先生有关亚氏、原儒皆重视社会的公平与正义，亚氏的"隐德莱希"就是大易的"生生之德"等观点。特别是，在阐明原儒会通儒、易创造的新儒学作为普适文明所具有的优越性方面，我们全面揭示了去"中心化"（"逻各斯中心主义""上帝中心主义""欧洲中心主义""自我中心主义"）的德道理论在世界政治、经济乃至生态文明建设领域作为"引领的资具"所具有的光明前景。针对马丁·雅克提出的当中国重新崛起后"中国统治世界"的方式问题，我们反对雅克先生囿于"大中华圈"这种地域文明观念提出的中国或将重蹈"藩属国"的朝贡体系说，主张在中华民族全面复兴之后，我们既不行西方的"霸道"，也不会重复传统的"王道"，而是行去"中心化"的、与各个主权国家平等相处的、开源·开放·共建·共赢·共享之德道。

本选题涉及易学、文字学、训诂学、文献批判学、中国哲学（儒、道、法、墨）、西方哲学（古希腊哲学、德国古典哲学及形形色色的现代·后现代哲学）、宗教神学、法学、法权哲学、政治学、经济学、社会学、伦理学、历史学、天文学、数学、物理学、地理学、心理学、生命科学等诸多学科理论知识，所引证资料皆高端、上乘、可信、可靠。

5. 体例新

（1）本选题坚持将马克思主义的普遍原理与优秀传统文化紧密结合。马克思主义最重要的原理就是实事求是。在这个普遍原理指导下，作者还大胆地提出了以下几个想法：

第一，"两个世界，一元德本"（与没有超越性的"一个世俗世界"相区别）。

第二，"一分为多"（与"一分为二""一分为三"相区别）。

第三，提出"大易之道在运刚柔，人来人道、鬼来鬼谋"的论断。

第四，"德道"属于普适性的、新的高级文明形态。

本选题还客观地估计了它的现实意义：

第一，德道论能疏通社会主义核心价值的源头活水；

第二，德道论能夯实社会主义良法善治的学理基础；

第三，德道论能为打造人类命运共同体提供理论支援。

此外，德道论不仅与当代数字经济理论相通，与我国建设多极世界的政治主张更加合拍。

（2）通篇论证。本选题没有沿袭传统哲学家"喜顿悟""下转语"的做法，通篇论证，圆融自洽，一气呵成。

（3）创造了中西文化比较、文明会通及深层次学科交叉、综合研究——"新文科"的基本范式。

（4）在书稿附录中重新编排了《易经》全文，恢复了《易经》的历史面貌（据刘大钧先生考证，《易经》原本分为《周易》本经二篇和《易传》十篇不相附属，是东汉郑玄将《易传》的《彖辞》《象辞》分别合于《周易》本经之中；魏晋时期王弼又把《彖辞》《象辞》按六十四卦拆开，分别配于每卦的卦辞与爻辞的后面，再把《文言》拆开附于《乾》《坤》二卦之后），返璞归真，简洁明了，利于后学。

　　关于本书内容详略的处理问题，可以说是做到了"有详""有略"。比如对于古"德"字含义的演变，笔者本该学习陈来先生在《古代宗教与伦理》第一部和"第二部"那样，从统计学角度对西周及春秋战国"德"字使用实例尽量全面地统计出来仔细加以辨析，以研究其演化变迁的内、外诸因素的。可当我发现即使在《尚书》中关于"德"字用法也不完全一致，特别是有伪"《尚书》"穿插其间，有不少"颠覆厥德"的说辞，始知对"德"字含义作全面统计分析难度很大、对本论意义却不大。因为在本论中我们只要能提供足够证据证明周初周室所说的"德"与后世的道德含义（比如"德"作为"神圣思想"不断"内向化""权利"权重下降，"义务"权重上升等）不一致即可，所以这部分比较简略。像宋儒李觏对孟子思想的批判，我曾专门到大连市图书馆借阅了《李泰伯先生全集》（台北文海出版社，民国六十年七月版）。恕我眼拙，我实在没有找到对本论有价值的证据，因此，关于李觏"诃孟子"的言论一概不引，努力地"略"。像对于解构西方"两希文明"的资料，对于有利于证明我国古代有科学、有利于从自身传统中疏通建立民主政治学理的资料，我是不惜笔墨，尽量地"详"。仅此而已。

　　在 2020 年年底小书杀青后，我把"绪论"发给十几位前辈大家，真诚的请求赐教、斧正，前辈们都给予我热情的鼓励、鞭策和高度的评价。岳麓书院朱汉民先生在勉励我的同时，又提醒我："国杰，以自己的建设性论证为主，不必花太多精力批驳他人"。先生的良苦用心我懂！可有些问题实在绕不开，无奈只好按着弗·梅林著《马克思传》时引述的马克思的教导："当一个哲学家有这样或那样的缺点时，他的门徒不应该责备老师，而应当用产生这种缺点的根源——原则之不完善等等——来解释这个缺点。从而使看来是良心上的收获变成学术上的收获"聊以自慰并请求前辈和先行者们见谅、宽恕了！

　　有些看似多余的话，这里却不得不说。我现在的家庭成分挺"复杂"：哥哥姐姐们近年来陆续全部信奉了基督教。在乡下老家的，不仅不祭祖，反倒总想"转化"我；在城里的，年节也不许我给老母亲（受过基督教洗礼）"上坟"，怕影响老人家顺利"升天"。他们对基督教的迷信，在我们的国度绝不是个别现象。华人世界的终极关怀究竟应该是什么？这真让我忧心忡忡！我爱人的祖祖辈辈又都是纯正的回民。我发现回民除了饮食与我们有些差别、个别男士重男轻女外，其他的都很好相处。有朋友开玩笑说我可促进基督文明、伊斯兰文明和中华文明的大融合。这话挺大，但也并非没有一点道理。周遭的处境让我不再怀疑"太上以德抚民，然后亲亲，以相及也"之神启和"虽有周亲，不如仁人"的古训。说实在的，我与几个兄弟相处，亲情绝不亚于自己的兄妹。谈到与异域文明的交流，我还真有特殊的经历。公元 2000 年，我有幸承接了英国政府援助中国的 SOERED 项目大连企改的咨询板块代理业务。当英国人看到当时国企"三角债"无解和职工无法推向市场时，深感他们的"工具"不灵了，便开始责怪说中国文化品质不好。对此我是当仁不让、据理力争的！有人问我说：国杰，你身上有一股"气"，你这种正义感到底是从哪来的？我想可能是与我十岁丧父，经常挨欺负，养成的自尊心、上进心和同情心有关吧。我十七八岁时曾是"雷锋第二故乡"抚顺市的"学雷锋标兵"（原来母校——抚顺师范学校被撤并，当事人找不到，已说不清是哪个部门授予的称号了。我想反正就一个雷锋，雷锋精神是不分什么系统和级别的）。我为了学雷锋还差点送了命，所以我有生命的终极体验！我对大易"穷理尽性以至于命"的命题有独到的体会。

常言道"书中自有颜如玉"。随着 2013 年《童子问易》的面世，上天又赏给我一个家庭、一个好太太。与《童子问易》"后记"中提到的婷婷小姐有了爱情的结晶后，我就给孩子起好了名字，叫任一，因为她的姐姐叫任媛（谐圆——○），"一阴一阳之谓道"吗！我原打算办个私塾自己带孩子。任一在 6 岁以前从没有报过任何特长班。而现在不"报班"的孩子是没有玩伴的（这是个严肃的社会问题，孩子们已经没有童年了），任一便抓住了我。她与姐姐任媛小时候一样，精力旺盛，不知疲倦，像个小永动机，总是把我缠得疲惫不堪才算完事。俩人性格、淘法也极其近似，搞得我常常叫错名字。白天，我的心是很难静下来的，没办法，我只好是清晨 3 点左右起来工作，好在这是几十年来养成的写作习惯。我这本小书的创作进度是与任一一块"成长"的。写书在深夜，看书大多是在白天。如得清静之时，我便几乎是整天关在书房里。太太看我太累，总是往外"轰"我。如果没达目的，她娘俩就强行给我扎小辫子，硬把我打扮成了"易童子"；有时孩子闹够了，也能干些正事。她由开始站在我椅子后面在墙上涂抹，到后来是站在我的椅子上和我背靠背往墙上画画。几年下来，不知不觉我的后墙已由墙根涂鸦一片，到中间动植物琳琅满目，再到高层的"气象万千"了。任一像妈妈会画画。我把作废的复印纸张裁成条，她给我制作了许多精美的书签。记得她 3—4 岁时，本来不认识几个字，我到卧室却发现她坐在阳台上翻一本大厚书。我笑问：一宝贝，能看懂吗？她说，能。我看这里写的全是"人"！孩子这句没有丝毫修饰的话让我惊愕不已！按着现象学的说法，无论无字天书、还是有字（符号）大书，写的不就是一个"人"吗?!

我这本小书即将面世，太太本是充满了期待，却疑惑地问我：能有伯乐和知音吗？她这一问，竟搞得我的眼圈湿润了。我心想，鄙人仅是一个传统文化的业余爱好者，只是因"位卑未敢忘忧国"而混迹于学术圈而已。我的小名能与为我赐序（跋）、题辞和做书评的诸位方家的大名永远联系在一起，已很知足了！

小书能问世，我要感谢的人实在太多！好在有媒体想把我作为"励志教育"的典型作了专访，其中我都提到了。在小书出版前，我请母校辽宁师范大学出版社的王星董事长给我精心制做了样书，其间文字编辑闫丽颖老师付出了许多辛苦。该社的美编陶非小姐给我设计了封面，她参照的是陈来先生的大著《仁学本体论》。小书封面淡青色浅于《仁学本体论》，意味着高度不够；封皮不取《仁学本体论》通体一色，下面三分之一留白，代表着需要弥补的差距，这些想法都甚合我意。我不能忘怀人民出版社王萍编审的支持、关照和帮助，是她让我的小书找到了好"婆家"、好归宿！

如果说小书出版还存在什么遗憾的话，就在于我的处女作《童子问易》的修订没有与此同步，好多精彩内容无法在引文中呈现。这或许能转化成为我将来认真修订本书的动力吧！

任国杰

壬寅年孟夏于大连北斗家园

跋

作者 1988 年毕业留校在我父亲梁启昆先生身边工作时，我已准备赴外留学了；待我留德工作时，他早已成为我们家庭中的一员。我俩年龄相仿，处得犹如亲生兄弟一般。他从政，被称为改革式的人物；经商，被誉为新儒商；问学，成就亦可与大师"比肩"！

身为作者的兄长，我有幸提前读到《德本体—德道论》书稿，情不自禁写下如下感想。

中华文明是世界上唯一一个有始有终、延续五千年没有断脉的伟大文明。尽管我们常年身居海外，但仍深以为傲，深感自豪！然而其生命力究竟何在？对其进行诠释的说服力又何在？从国杰先生的《德本体—德道论》中，我找到了答案。

我们先看看作者对中华文明绵延不绝的生命力来源的体察。他认为，这个生命力来自于老年孔子会通儒、易创立的新儒学，他名之为"德本体—德道论"。

作者指出，在西周初期和东周初期，思想家们分别提出了两种不同的"天命观"：西周初期强调天命为人王所独有；东周初期强调"民"之天命对于"王"的优先性。而"轴心时期"的老年孔子则异于二者。他重拾执政者周襄王（甚至包括武王、宣王和平王）向往的"太上以德抚人，然后亲亲，以相及也"的理想，开创了一个人人平等、爱无差等、三才共治的"德世界"。在这个世界里不存在家庭伦理的束缚，可开发出普适的新型伦理。

作者指证，"前轴心时期"世界的动力来自超越的皇天上帝，"轴心时期"世界的动力来源于事物内部——生生之德。

作者对孔子的"天下观"作了揭示：圣人比类取象，"易与天地准"，绘就了"天地之撰"；孔子"以历解易"，他把北斗七星视为宇宙大钟，以描摹宇宙运行的节律。可以看出，这种"人人共范"的天下观绝非是"一家一姓的天下观"。作者还通过"清华简"《保训》篇等新材料说明，《说卦传》不仅是周朝《周易》的"传"、商朝《归藏》的"传"、夏朝《连山》的"传"，甚至还是"三代"以前唐虞"阴阳之物"的"传"。特别是，国杰先生通过引述秦汉之际儒家关于"三代"前后"公共天下原理"（公天下）和"血缘原理"（私天下）的辨析，充分证明，老年孔子所秉持的天下观是"公天下"的天下观。

大著处处体现着"文化中国"的深度关切。首先让人眼前一亮的是，作者直言："五四新文化运动"先驱们盛情邀请的"德先生"和"赛先生"原本就藏身于中华自家的文明大厦之中。这个新发现，得益于作者深厚的易学研究功底和超群的识力：

国杰先生坚定地指出，筮占与龟卜有本质上的不同，"筮的本质是数"，万物皆可数字化，皆可互联互通。《周易》与《连山》和《归藏》也不同：《连山》《归藏》占不变的 7 和 8，是在算命；而《周易》占变化的 9 和 6，是在搞预测。他以科学严谨的态度提出：如果说甲骨文（0）和"齐刀"（齐国刀币）换算中使用的"○"是"偶""无""空""终"和"关"，那么《周易》"贞一"（1）和简帛《五行》"为一"（1）就是"奇""有""多""始"和"开"。0 和 1 是一对哲学范畴。"1"是多，可以代表十进制中的一切数。他认为，《周易》"衍卦"原理遵循的主要是十进制，"重卦"原理遵循的主要是二进制。国杰先生还对《易经》中宏观世界的"三才感应"抱有浓厚的兴趣，对微观世界的"阴阳纠缠"量子意识尤为关注。如果说，《易经》"二进制原理"为世界第三次工业革命奠定了一个基础的话，那么具有"纠缠"和"感应"意识的"赛先生"能否为下次工业革命开启一个新的途径呢？

国杰先生对港台新儒家从"良知的自我坎陷"（内圣）开"外王"（民主）的艰辛探索有同情的理解。但他深谙"大易至简"的道理，另辟蹊径，从"形而上"与"形而下"的分判中找到了"形而中"的"形"本身。他指认"形"就是"制器之器"，就是模、范和法，从而搭上了"德先生"之"法"的直通车，刻画出了社会良法善治的轨迹。

作者坚持把世界作"大全"来把握，或把世界把握成"大全"。这让他不仅看到了中华文明的长度和宽度，更看到了古老中华文明的高度。而德本体这种不讲黑格尔意义上"整体"的"大全"，恰恰利于释放"个体"的自由。这种"自由"既有"见仁见智"的"主观自由"，也有"变动不居"的"客观自由"。

不可否认，从新文化运动以来，中国的历史、文化一直处于由西方来解释的被动局面。如马扎亚尔所谓的中国自古以来就是"亚细亚生产方式"论，这种论调认定中国始终是个"不变的、以农村经济为主的、停滞不前的社会"；列文森的中华文化"博物馆化"论。他断定中国传统文化已经随着小农经济的解体、封建帝国的崩塌及科举制度的废除而死掉，进而"博物馆化"了；费正清的中华文化"冲击—反映"模式下之"动力不足"论；韦伯的儒学超越性不足、不具有"现代性"论，如此等等。国杰先生运用原儒自洽的、系统的德本体——德道论，对来自西方这些形形色色的"解释"和理论给予了全面的驳证和回应。他又通过联合国"普遍伦理计划"的有力推动者史威德勒对人子耶稣真实身份的确认，认同了"拯救"的"自力"之途；借助沃尔夫冈·施路赫特恢复"一战前德国韦伯"本来面目的诉求，解构了韦伯的"新教伦理"；依靠卡尔·波普尔对晚年维特根斯坦的"神秘主义是典型的本体论"指控，消解了当代价值统一性的危机；凭借杜维明先生对罗尔斯以自由、民主价值优先的"价值中立"思想的批判，揭示了其"价值中立"理论的不彻底性和虚伪性等，全面拆除了横撑竖架在儒学基地上的"临建"，比较彻底地清理了儒学的地基，展现了他在其佳作《形上赋》中提出的"静观西方哲思纷纷谢幕，试看中华思想登台从容"的高迈志趣。

国杰先生一改国内哲学家喜欢"顿悟""下转语"等写法，书稿通篇严密论证，一气呵成，凝练自洽，解释力强，令人信服。

事实上，大著不仅是面对传统"自己讲""讲自己"，还面向西方"品他人""讲他人"，能与西方平等对话。

当今世界已经进入了一个新时代。越来越多的外国人关注中国，越来越多的外国专家研究中国，这本《德本体—德道论》恰逢其时。它着眼于中外哲学发展的共同进程，准确地将中华文明的哲学概念和世界其他文明的哲学概念连接起来，使得世界其他地区的哲学家能更容易地理解我们，使用世界都听得懂的语言，有益于搭建交流的桥梁，让我们中华文明之光更加璀璨，更加具有穿透力和影响力。

美国社群主义代表人物麦金泰尔在三十年前曾讲过亚里士多德与儒家思想不可"通约"。可国杰先生却找到了亚里士多德和儒家思想的"公分母"，这就是亚氏的"美德的复数形式"和"隐德莱希"，或者说是孔子的德道和"生生之德"。他通过著名神学家保罗·田立克关于基督信众对"自那次堕落之后，人们有强烈的与'存在的依据'——上帝重新结合的愿望"的心理体察和新人文主义者对发挥"上帝社会性"问题日益重视等视角洞察到："太上以德抚人"的"德世界"正是一个未"堕落"的世界；儒家的"天爱"与基督的"圣爱"若合符节；构建人类命运共同体就是为人类共同应对环境生态、公共危机等世界性挑战，建造新的、巨型"诺亚方舟"。令人欣喜的是，会通中西的"德本体—德道论"，不仅为中华文化"航母"打造了一颗强大的"中国芯"，也为世界新的"诺亚方舟"安上了"德芯"。

读到这样一本治学严谨又引人入胜的书，我十分感激作者！

国杰先生自学成才，大器晚成。他是个极其勤奋的人。多年来，我在埃尔朗根西门子能源集团担子较重、工作繁忙，往往是晚饭后与其联系，而无论是早期发送信息还是晚近发送微信，我都能随时得到回复。说明他在凌晨已开始读书、写作了。他的勤奋和成功，充分体现在他的处女作《童子问易》（已成为易学界畅销书）和其姊妹篇即这本《德本体—德道论》上。为了写这本书，他查阅了海量的中外资料，孜孜不倦地认真研究每一个细节，博采众家之长，厚积薄发。在勤奋之上，他还有难得的科学态度。这种科学态度使得他站在新时代的背景下想问题，努力做到在同行的共识背景下看世界，正所谓站得高看得远。他又是个高度自信且极其谦虚的人。当他提出"德本体"概念时，学界几乎无一例外地质问"德本体如何可能"？有专家甚至挖苦他是"庸人自扰""多此一举"，但他坚信自己的直觉，硬是把"铁杵磨成了针"！在书稿杀青之际，"科学易"权威董光璧先生赐序赞扬说大作"有气魄，够专业，取得了与李（泽厚）、陈（来）比肩"的学术成果后，他并没有沾沾自喜，而是把董老的大序先藏匿起来，做了二十几本样书，利用"第七届尼山世界文明论坛"启幕机会小心翼翼地、主动找寻相关专家征求批评意见；在李泽厚先生仙逝后，他也没有采纳有人提出可借机推出自己新成果这种"炒作自己"的建议，而是感叹哲人其萎！其高情远致由此可见一斑。

国杰先生还在筹建大连重明书院。他身体力行，努力弘扬中华优秀传统文化，情怀感人、拳拳之心可表。

国杰先生研究传统文化，其得出的结论往往具有颠覆性，在视觉上具有冲击力。我心知其意，他的全部努力就是想让"任由他人解释中国"的现象彻底成为历史。因此，我祈盼诸位先生和同胞们在对他提出批评的同时给予更多的呵护与包容！

梁 楠

公元 2021 年 12 月 9 日

于德国埃尔朗根

（作者梁楠博士系德国西门子集团首席科学家）